Die Ausprägung des Gläubigerschutzes in der geschichtlichen Entwicklung des Aktienrechts

Frankfurter wirtschaftsrechtliche Studien

Band 106

PL ACADEMIC RESEARCH

Maike Sauter

Die Ausprägung des Gläubigerschutzes in der geschichtlichen Entwicklung des Aktienrechts

PL ACADEMIC RESEARCH

Bibliografische Information der Deutschen Nationalbibliothek
Die Deutsche Nationalbibliothek verzeichnet diese Publikation in der Deutschen Nationalbibliografie; detaillierte bibliografische Daten sind im Internet über http://dnb.d-nb.de abrufbar.

Zugl.: Frankfurt (Main), Univ., Diss., 2016

D 30
ISSN 0723-0427
ISBN 978-3-631-67891-6 (Print)
E-ISBN 978-3-653-07030-9 (E-PDF)
E-ISBN 978-3-631-70617-6 (EPUB)
E-ISBN 978-3-631-70618-3 (MOBI)
DOI 10.3726/978-3-653-07030-9

PL Academic Research ist ein Imprint der Peter Lang GmbH.

Peter Lang – Frankfurt am Main · Bern · Bruxelles · New York · Oxford · Warszawa · Wien

Diese Publikation wurde begutachtet.

www.peterlang.com

Vorwort

Diese Arbeit wurde vom Fachbereich Rechtswissenschaft der Johann Wolfgang Goethe-Universität Frankfurt am Main im Sommer 2015 als Dissertation angenommen.

Meinem Doktorvater Herrn Professor Dr. Dres. h.c. Theodor Baums danke ich aus vollem Herzen für die stete und uneingeschränkte Unterstützung dieser Arbeit und aller meiner Projekte in den letzten Jahren. Frau Professor Dr. Katja Langenbucher danke ich für die rasche und freundliche Erstattung des Zweitgutachtens. Für das Angebot der Aufnahme dieser Arbeit in die vorliegende Schriftenreihe danke ich neben meinen Gutachtern auch dem Vorsitzenden der Prüfungskommission, Herrn Professor Dr. Tobias Tröger, sehr herzlich.

Mein persönlicher Dank gilt meiner Familie und besonders meinem Ehemann, Gunnar Schmitt-Sauter, für ihre Geduld und ihren bedingungslosen Glauben an mich und meine Arbeit. Für ihre stete Diskussionsbereitschaft und Unterstützung danke ich herzlich Frau Dr. Ulrike Malcher und Frau Dr. Annelen Micus. Mit den ehemaligen Kollegen am Lehrstuhl und am Institute for Law and Finance in Frankfurt am Main durfte ich viele anregende Diskussionen und Gespräche führen, die zur Fertigstellung dieser Arbeit sehr beigetragen haben – hierfür sei auch ihnen herzlich gedankt.

Inhaltsverzeichnis

Literaturverzeichnis XIII

A. Vorbemerkungen 1

I. Vom Zweck und Nutzen einer Analyse der Ausprägung des Gläubigerschutzes 4
1. Die Analyse der Ausprägung aktienrechtlicher Gläubigerschutzmechanismen 8
2. Die Wirkung gesetzlicher Gläubigerschutzmechanismen im Aktienrecht 12

II. Zur Einordnung der gesellschaftsrechtlichen Reformdiskussion 14

III. Gang der Untersuchung 22

B. Theoretisches Grundgerüst einer Entwicklung rechtlicher Normen 25

I. Zum Erfordernis einer Theorie der Rechtsnormentwicklung 25

II. Effizienz als Maßstab guter Gläubigerschutznormen 26
1. Effizienz oder Ineffizienz aktienrechtlicher Gläubigerschutznormen 27
2. Tauglichkeit eines mathematisch-technischen Effizienzbegriffs 28

III. Chaostheorie, Evolutionswissenschaft und Pfadabhängigkeit aktienrechtlicher Normen 29
1. Chaostheorie im Aktienrecht 31
1.1 Aktienrechtliche Gläubigerschutzvorschriften als komplexes System 31
1.2 Der Einfluss des Zufalls auf komplexe Systeme 32
2. Evolution aktienrechtlicher Normsysteme 32
2.1 Globales versus lokales Optimum als Entwicklungsrichtung 32
2.2 Unterschiede der Rechtsentwicklung zur natürlichen Evolution 33
3. Das Prinzip der Pfadabhängigkeit im Aktienrecht 34
3.1 Der Begriff des rechtlichen Paradigmas 36
3.2 Untergruppen der Pfadabhängigkeit rechtlicher Paradigmen 39

3.2.1 Schwach, gemäßigt oder stark pfadabhängige Rechtsinstitute ... 40
3.2.2 Die Appellfunktion einer Kategorisierung ... 41
3.2.3 Die Aussagekraft einer Kategorisierung ... 42
3.3 Die Stabilität eines rechtlichen Paradigmas ... 43
3.4 Die Überwindung der Pfadabhängigkeit durch Paradigmenwechsel ... 45
3.4.1 Der Wettbewerb und die Konvergenz verschiedener Rechtssysteme ... 45
a) Der Wettbewerb funktionsäquivalenter Paradigmen ... 45
b) Mangelnder Wettbewerb als Ursache von Pfadabhängigkeit? ... 48
c) Tauglichkeit des Konzepts einer Konvergenz der Rechtssysteme ... 49
3.4.2 Erleichterungen des Paradigmenwechsels durch nationale Skandale und Krisen ... 51
a) Aktienrecht als Gesellschaftsrecht im wörtlichen Sinne ... 51
b) Der Aufbau von innerem Druck durch nationale Krisen ... 52
c) Der Einfluss von Wirtschaftskrisen auf das deutsche Aktienrecht ... 53
3.4.3 Zwischenergebnis zur Überwindung von Paradigmenstabilität im Aktienrecht ... 54

IV. Zusammenfassung der vorgestellten Theorie der Rechtsentwicklung ... 55

C. Gesetzlicher Gläubigerschutz im Aktienrecht ... 57

I. Der Gläubigerbegriff und Gläubigergruppen im Aktienrecht ... 57
1. Die Gläubiger einer Aktiengesellschaft ... 58
2. Verschiedene Gruppen innerhalb der Gläubigerschaft ... 61

II. Spezifische Risiken der Gläubiger von Aktiengesellschaften ... 62
1. Das allgemeine Geschäftsrisiko der Aktiengesellschaft ... 63
1.1 Die Trennung von Aktiengesellschafts- und Aktionärsvermögen ... 63
1.2 Das Stufenverhältnis in der Risikotragungspflicht zwischen Aktionären und Gläubigern der Aktiengesellschaft ... 64
2. Vorvertragliche Informationsasymmetrien ... 66

3. Nachträglich gläubigerschädigendes Verhalten 68
3.1 Das Problem der nachträglichen Unterinvestition 69
3.2 Das Problem der Überinvestition 71
3.3 Das Problem einer Erhöhung des Verschuldungsgrades („Leverage") 73
4. Gesamtdarstellung der Gefahren für Gläubiger einer Aktiengesellschaft 74

III. Notwendigkeit eines gesetzlichen Gläubigerschutzsystems im Aktienrecht 75
1. Die Kritik an einem gesetzlichen Gläubigerschutzsystem im Aktienrecht 76
2. Stellungnahme zur Notwendigkeit gesetzlicher Gläubigerschutzregelungen 78
3. Das Maß des gesetzlichen Gläubigerschutzes im Aktienrecht 80

D. Die einzelnen Gläubigerschutzparadigmen des Aktienrechts in ihrer historischen Entwicklung 83

I. Die Satzungsstrenge als Grundpfeiler zwingenden Gläubigerschutzrechts im deutschen Aktienrecht 85
1. Staatliche Aufsicht und Satzungsfreiheit als Vorläufer der Satzungsstrenge 87
2. Die Entstehung eines Paradigmas der Satzungsstrenge 95
3. Gläubigerschutz durch Satzungsstrenge 98

II. Die Finanzverfassung der Aktiengesellschaft unter Gläubigerschutzaspekten 100
1. Aktienrechtliche Regelungen zur Kapitalaufbringung in der geschichtlichen Entwicklung 102
1.1 Das Paradigma einer festen Grundkapitalziffer 109
1.2 Die Regelungen zur Aufbringung des Nennkapitals 113
1.3 Das Paradigma eines gesetzlichen Mindestkapitals als Gläubigerschutzinstrument 116
1.3.1 Die Entstehung des Paradigmas eines gesetzlichen Mindestkapitals im deutschen Aktienrecht 116
1.3.2 Der Bruch mit dem Paradigma eines Mindestkapitalerfordernisses im Recht der Kapitalgesellschaften 121
1.3.3 Zum Erfordernis eines gesetzlichen Mindestkapitals im Aktienrecht 122

1.4 Die Ausprägung der Regelungen zur (verdeckten) Sacheinlage 125
1.5 Zusammenfassung zum Gläubigerschutz durch aktienrechtliche Kapitalaufbringungsregelungen 127
2. Aktienrechtliche Regelungen zur Kapitalerhaltung in der geschichtlichen Entwicklung 128
2.1 Das Verbot einer Rückgewähr von Einlagen an die Aktionäre 129
2.2 Das aktienrechtliche Zinsverbot 133
2.3 Der Rückerwerb eigener Aktien der Aktiengesellschaft 138
2.4 Die Regelung und Bemessung der Ausschüttung von Gesellschaftsvermögen an Aktionäre 146
2.4.1 Das System der bilanziellen Kapitalerhaltung als Status Quo 147
2.4.2 Kritik am bilanzgestützten europäischen Kapitalerhaltungssystem 149
2.4.3 „Solvenztests" im bisherigen deutschen Aktienrecht 150
2.4.4 Das Kapitalschutzregime de lege ferenda 151
2.4.5 „Solventztest" versus „Bilanztest" – eine Stellungnahme 156
2.5 Zusammenfassung zum Gläubigerschutz durch aktienrechtliche Kapitalerhaltungsregeln 157
3. Zusammenfassung zum Gläubigerschutz durch Regelungen der aktienrechtlichen Finanzverfassung 158

III. Rechnungslegung, Rechnungsprüfung, Publizität und die Entwicklung des Gewinnbegriffs unter Gläubigerschutzaspekten 160
1. Geschichtliche Ausprägung von Rechnungslegungsnormen und Publizitätserfordernissen 161
2. Herausforderung bilanzrechtlicher Grundsätze auf europäischer und deutscher Ebene 170
2.1 IFRS, IAS und die Auswirkungen auf das Kapitalschutzsystem 172
2.2 „HGB-Bilanzierung" versus „Bilanzierung nach IAS / IFRS" unter Gläubigerschutzaspekten 174
2.3 Das Bilanzrechtsmodernisierungsgesetz als Aktualisierung des Gläubigerschutzes 175
3. Zusammenfassung zum aktienrechtlichen Gläubigerschutz durch Rechnungslegungsnormen und Publizitätsregelungen 176

IV. Die Herabsetzung des Grundkapitals der Gesellschaft 177

V. Durchbrechungen der Haftungsbeschränkung zugunsten der Gläubiger der Aktiengesellschaft 183
1. Allgemeine Durchbrechungen des Trennungsprinzips 183
2. Durchgriffsmöglichkeiten für Deliktsgläubiger? 187

E. Die Funktionsfähigkeit des aktienrechtlichen Gläubigerschutzsystems 191
1. Paradigmen und Paradigmenwechsel im deutschen Aktienrecht 191
2. Gläubigergruppen und Gläubigerrisiken 193
2.1 Das Risiko vorvertraglicher Informationsasymmetrien und anfänglicher materieller Unterinvestition 194
2.2 Die Risiken nachträglicher Unter- und Überinvestition 196
2.3 Das Risiko einer Erhöhung der Verschuldensquote 197
3. Zusammenfassung zur Funktionsfähigkeit 199

F. Schlussfolgerungen 201

Literaturverzeichnis

Ackermann, Rolf, Pfadabhängigkeit, Institutionen und Regelreform, Tübingen 2001.

Adams, Michael, Eigentum, Kontrolle und beschränkte Haftung, Baden-Baden 1991.

Adams, Michael, Normen, Standards, Rechte, JZ 1991, S. 941–955.

Adolff, Johannes, Unternehmensbewertung im Recht der börsennotierten Aktiengesellschaft, München 2007.

Alexy, Robert, Begriff und Geltung des Rechts, Freiburg/München 1. Auflage 1992 (Originalausgabe).

Altschul, William, Zwingendes Aktienrecht und Statuten von Aktiengesellschaften, Sächsisches Archiv für Rechtspflege 1908, S. 49–55.

Amstutz, Marc, Evolutorisches Wirtschaftsrecht. Vorstudien zum Recht und seiner Methode in den Diskurskollisionen der Marktgesellschaft, Baden-Baden 2001.

Amstutz, Marc, Rechtsgeschichte als Evolutionstheorie, Rechtsgeschichte: Zeitschrift des Max-Planck-Instituts für Europäische Rechtsgeschichte Rg 01 / 2002, S. 26–31.

Antunes, José E. / Baums, Theodor / Clarke, Blanaid, et al. (Hrsg.), Report of the Reflection Group on the Future of EU Company Law, Brüssel 2011.

Arbeitsgruppe europäisches Gesellschaftsrecht, Zur Entwicklung des Europäischen Gesellschaftsrechts: Stellungnahme der Arbeitsgruppe europäisches Gesellschaftsrecht (Group of German Experts on Corporate Law) zum Report of the High Level Group of Company Law Experts on a Modern Regulatory Framework for Company Law in Europe, Zeitschrift für Wirtschaftsrecht 2003, S. 863–880.

Arbeitskreis „Unternehmerische Mitbestimmung“, Entwurf einer Regelung zur Mitbestimmungsvereinbarung sowie zur Größe des mitbestimmten Aufsichtsrats, Zeitschrift für Wirtschaftsrecht 2009, S. 885–899.

Armour, John, Share Capital and Creditor Protection: Efficient Rules for a Modern Company Law, 63 Modern Law Review 2000, S. 355–378.

Armour, John / Deakin, Simon / Lele, Priya / Siems, Mathias M., How Do Legal Rules Evolve? Evidence from a Cross-Country Comparison of Shareholder, Creditor and Worker Protection, European Corporate Governance Institute Law (ECGI) Working Paper No. 129/2009.

Armour, John / Ringe, Wolf-Georg, European Company Law 1999–2010: Renaissance and Crisis, European Corporate Governance Institute (ECGI) Law Working Paper No. 175/2011.

Arnold, Arnd, Zur ökonomischen Theorie des Solvenztests, Der Konzern 2007, S. 118–127.

Arnold, Arnd / Tettinger, Peter W., Diskussionsbericht zu den Referaten Schulze-Osterloh und Böcking, Der Konzern 2004, S. 183–184.

Arthur, W. Brian / Arrow, Kenneth J., Increasing Returns and Path Dependence in the Economy, Ann Arbor 2004.

Bahrenfuss, Dirk, Die Entstehung des Aktiengesetzes von 1965. Unter besonderer Berücksichtigung der Bestimmungen über die Kapitalgrundlagen und die Unternehmensverfassung, Berlin 2001.

Bainbridge, Stephen M., Corporation Law and Economics, New York 2002.

Bak, Jacek, Aktienrecht zwischen Markt und Staat: Eine ökonomische Kritik des Prinzips der Satzungsstrenge, Wiesbaden 2003.

Ballwieser, Wolfgang, Gläubigerschutz durch bilanzielle Kapitalerhaltung, Der Konzern 2007, S. 419–421.

Barth, Kuno, Die Entwicklung des deutschen Bilanzrechts und die ihm zugrundeliegenden Bilanzauffassungen handelsrechtlich und steuerrechtlich: zugleich mit einem wichtige Buchführungs- und Bilanzbestimmungen enthaltenden Anhang, 2 Bände, Stuttgart 1953 / 1955.

Baums, Theodor (Hrsg.), Gesetz über die Aktiengesellschaften für die königlich preussischen Staaten vom 9. November 1843. Text und Materialien, hrsg. und mit einer Einführung von Theodor Baums, Aalen 1981.

Baums, Theodor (Hrsg.), Entwurf eines allgemeinen Handelsgesetzbuches für Deutschland (1848 / 49). Text und Materialien, hrsg. und mit einer Einführung von Theodor Baums, Heidelberg 1982.

Baums, Theodor (Hrsg.), Bericht der Regierungskommission Corporate Governance. Unternehmensführung, Unternehmenskontrolle, Modernisierung des Aktienrechts, Köln 2001.

Baums, Theodor, Das Zinsverbot im Aktienrecht, in: Berger, Klaus Peter / Borges, Georg / Herrmann, Harald u.a. (Hrsg.), Festschrift für Norbert Horn zum 70. Geburtstag. Zivil- und Wirtschaftsrecht im europäischen und globalen Kontext, Berlin 2006, S. 249–269.

Baums, Theodor, Die Fremdkapitalfinanzierung der Aktiengesellschaft durch das Publikum, in: Bayer, Walter / Habersack, Mathias (Hrsg.), Aktienrecht im Wandel: 1807–2007. Historische Entwicklung des Aktienrechts in Deutschland, Tübingen 2007, Bd. 2, S 955–994.

Baums, Theodor, Rücklagenbildung und Gewinnausschüttung im Aktienrecht, in: Bitter, Georg / Lutter, Marcus / Priester, Hans-Joachim / Schön, Wolfgang / Ulmer, Peter (Hrsg.), Festschrift für Karsten Schmidt zum 70. Geburtstag, Köln 2009, S. 57–84.

Baums, Theodor, Zur monistischen Verfassung der deutschen Aktiengesellschaft. Überlegungen de lege ferenda, in: Baums, Theodor / Hutter, Stephan (Hrsg.), Gedächtnisschrift für Michael Gruson, Berlin 2009, S. 1–36.

Baums, Theodor, Verbindungen zwischen Banken und Unternehmen im amerikanischen Wirtschaftsrecht, Tübingen 1992.

Baums, Theodor, Risiko und Risikosteuerung im Aktienrecht, ZGR 2011, S. 218–274.

Baums, Theodor, Eigenkapital: Begriff, Aufgaben, Sicherung, ZHR 175 (2011), S. 160–209.

Baums, Theodor, Das preußische Schuldverschreibungsgesetz und F.C. von Savigny, in: Bechthold, Stefan / Jickeli, Joachim / Rohe, Mathias (Hrsg.), Recht, Ordnung und Wettbewerb, Festschrift zum 70. Geburtstag von Wernhard Möschel, Baden-Baden 2011, S. 1097–1118.

Baums, Theodor, Die Mobilisierung des Fremdkapitals – ein rechtsgeschichtlicher Rückblick, in: Bessler, Wolfgang (Hrsg.), Börsen, Banken und Kapitalmärkte. Festschrift für Hartmut Schmidt zum 65. Geburtstag, Berlin 2006, S. 333–347.

Baums, Theodor / Andersen, Paul Krüger, The European Model Company Act Project, in: Tison, Michel / de Wulf, Hans / van der Elst, Christoph / Steennot Reinhard (Hrsg.), Perspectives in Company Law and Financial Regulation. Essays in Honour of Eddy Wymeersch, Cambridge 2009, S. 5–17.

Baums, Theodor / Gruson, Michael, The German Banking System – System of the Future?, Brooklyn Journal of International Law, Vol. 19 (1993), S. 101–129.

Baums-Stammberger, Brigitte, Der Versuch einer Aktiengesetzgebung in Sachsen 1836 / 1837, Hagen 1980.

Bayer, Walter, Die Bankbestätigung gemäß § 37 Abs. 1 S. 3 AktG im Rahmen der präventiven Kapitalaufbringungskontrolle, in: Berger, Klaus Peter / Borges, Georg / Herrmann, Harald u.a. (Hrsg.), Festschrift für Norbert Horn zum 70. Geburtstag. Zivil- und Wirtschaftsrecht im europäischen und globalen Kontext, Berlin 2006, S. 271–289.

Bayer, Walter, Grundkapital, Kapitalaufbringung, Kapitalerhaltung, in: Bayer, Walter / Habersack, Mathias (Hrsg.), Aktienrecht im Wandel: 1807–2007. Historische Entwicklung des Aktienrechts in Deutschland, Tübingen 2007, Bd. 2, S. 708–762.

Bayer, Walter, Moderner Kapitalschutz, ZGR 2007, S. 220–240.

Bayer, Walter, Grundsatzfragen der Regulierung der aktienrechtlichen Corporate Governance, NZG 2003, S. 1–16.

Bayer, Walter, Empfehlen sich besondere Regeln für börsennotierte und geschlossene Gesellschaften?, Bd. 1, Gutachten E zum 67. Deutschen Juristentag in Erfurt, 2008.

Bayer, Walter, Unterschiede im Aktienrecht zwischen börsennotierten und nichtbörsennotierten Gesellschaften, in: Grundmann, Stefan / Haar, Brigitte / Merkt, Hanno et al. (Hrsg.), Festschrift für Klaus J. Hopt zum 70. Geburtstag am 24. August 2010, S. 373–390, Berlin 2010.

Bayer, Walter / Engelke, Sylvia, Die Revision des Aktienrechts durch das Aktiengesetz von 1937, in: Bayer, Walter / Habersack, Mathias (Hrsg.), Aktienrecht im

Wandel: 1807–2007. Historische Entwicklung des Aktienrechts in Deutschland, Tübingen 2007, Bd. 1, S. 619–669.

Bayer, Walter / Habersack, Mathias (Hrsg.), Aktienrecht im Wandel: 1807–2007. Historische Entwicklung des Aktienrechts in Deutschland, 2 Bände, Tübingen 2007.

Bayer, Walter / Schmidt, Jessica, Schutz der grenzüberschreitenden Verschmelzung durch die Niederlassungsfreiheit, Zeitschrift für Wirtschaftsrecht 2006, S. 210–213.

Bayer, Walter / Schmidt, Jessica, Die SE: über 100 Gründungen und auch für den Mittelstand attraktiv, Status: Recht 2007, S. 334–335.

Bayer, Walter / Schmidt, Jessica, Überlagerungen des deutschen Aktienrechts durch das Europäische Unternehmensrecht: Eine Bilanz von 1968 bis zur Gegenwart, in: Bayer, Walter / Habersack, Mathias (Hrsg.), Aktienrecht im Wandel: 1807–2007. Historische Entwicklung des Aktienrechts in Deutschland, Tübingen 2007, Bd. 1, S. 944–998.

Bebchuk, Lucian A. / Roe, Mark J., A Theory of Path Dependence in Corporate Ownership and Governance, 52 Stanford Law Review 1999, S. 127–170.

Behrens, Peter, Das Internationale Gesellschaftsrecht nach dem Centros-Urteil des EuGH, IPRax 1999, S. 323–331.

Behrens, Peter, Das Internationale Gesellschaftsrecht nach dem Überseering-Urteil des EuGH und den Schlussanträgen zu Inspire Art, IPRax 2003, S. 193–207.

Behrens, Peter, Gemeinschaftliche Grenzen der Anwendung inländischen Gesellschaftsrechts auf Auslandsgesellschaften nach Inspire Art, IPRax 2004, S. 20–26.

Beisse, Heinrich, Gläubigerschutz – Grundprinzip des deutschen Bilanzrechts, in: Beisse, Heinrich / Lutter, Marcus / Närger, Heribald (Hrsg.), Festschrift für Karl Beusch zum 68. Geburtstag am 31. Oktober 1993, Berlin 1993, S. 77–97.

Beitzke, Günther, Konzessionssystem, Normativbestimmungen und freie Körperschaftsbildung, ZHR 108 (1941), S. 32–62.

Benckendorff, Andreas, Erwerb eigener Aktien im deutschen und US-amerikanischen Recht, Baden-Baden 1998.

Berger, Klaus Peter, Die Anglisierung des Wirtschaftsrechts, in: Grunewald, Barbara / Westermann, Harm Peter (Hrsg.), Festschrift für Georg-Maier-Reimer zum 70. Geburtstag, München 2010, S. 17–28.

Bezzenberger, Tilman, Erwerb eigener Aktien durch die AG, Köln 2002.

Bezzenberger, Tilman, Das Kapital der Aktiengesellschaft. Kapitalerhaltung – Vermögensbindung – Konzernrecht, Köln 2005.

Blaurock, Uwe (Hrsg.), Anleger- und Gläubigerschutz bei Handelsgesellschaften. Verhandlungen der Fachgruppe für Vergleichendes Handels- und Wirtschaftsrecht bei der 30. Tagung für Rechtsvergleichung vom 22. bis 24. September 2005 in Würzburg, Bd. 4, Tübingen 2006.

Böcking, Hans-Joachim, Internationalisierung der Rechnungslegung und ihre Auswirkungen auf die Grundprinzipien des deutschen Rechts, Der Konzern 2004, S. 177–183.

Böcking, Hans-Joachim, Zur Notwendigkeit des Bilanzrechtsmodernisierungsgesetzes, Der Konzern 2008, S. 461–466.

Böcking, Hans-Joachim / Dutzi, Andreas, Zur Notwendigkeit eines zusätzlichen Solvenztests, Der Konzern 2007, S. 435–441.

Bogenschütz, Nina, Neuausrichtung des Eigenkapitalbegriffs. Dogmatische Überlegungen im Lichte hybrider Finanzierungen, Frankfurt am Main 2007.

Bork, Reinhard, Abschaffung des Eigenkapitalersatzrechts zugunsten des Insolvenzrechts?, ZGR 2007, S. 250–270.

Bösselmann, Kurt, Die Entwicklung des deutschen Aktienwesens im 19. Jahrhundert, Berlin 1939.

Böttcher, Oliver, Gesellschafter- und Gläubigerschutz beim Formwechsel aus der Personen- in die Kapitalgesellschaft, Baden-Baden 2006.

Bracht, Klaus, Der Bau der ersten Eisenbahnen in Preußen. Eine Untersuchung der rechtlichen Grundlagen und der bei der Gründung und dem Grunderwerb aufgetretenen Rechtsprobleme, Berlin 1998.

Brealey, Richard A. / Myers, Stewart C. / Allen, Franklin, Principles of Corporate Finance. Global Edition, 11. Aufl., Boston 2013.

Bremer, Jan, Neuere Entwicklungen in Brüssel, NZG 2015, S. 827–828.

Bunge, Felix, Das Telos des Stammkapitals im Lichte der Spieltheorie. Ein Beitrag zur ökonomischen Analyse als Methode juristischer Wertung, Berlin 2011.

Cahn, Andreas, Kapitalerhaltung im Konzern, Köln 1998.

Cahn, Andreas, Die Auswirkungen der Richtlinie zur Änderung der Kapitalrichtlinie auf den Erwerb eigener Aktien, Der Konzern 2007, S. 385–396.

Cahn, Andreas, Eigene Aktien und gegenseitige Beteiligungen, in: Bayer, Walter / Habersack, Mathias (Hrsg.), Aktienrecht im Wandel: 1807–2007. Historische Entwicklung des Aktienrechts in Deutschland, Tübingen 2007, Bd. 2, S. 763–826.

Carney, William J., The Political Economy of Competition for Corporate Charters, 26 The Journal of Legal Studies 1997, S. 303–329.

Claussen, Carsten P. / Preu, Peter, Weitere Deregulierungsmöglichkeiten im Aktienrecht, in: Kindler, Peter / Koch, Jens / Ulmer, Peter / Winter, Martin (Hrsg.), Festschrift für Uwe Hüffer zum 70. Geburtstag, München 2010, S. 131–144.

Charny, David, Competition among Jurisdictions in Formulating Corporate Law Rules. An American Perspective on the „Race to the Bottom“ in the European Communities, 32 Harvard International Law Journal 1991, S. 423–456.

Cheffins, Brian R., The History of Corporate Governance, European Corporate Governance Institute (ECGI) Law Working Paper No. 184/2012.

Chudzick, Frank, Schemes of Arrangements mit Gläubigern nach englischem Kapitalgesellschaftsrecht. Eine rechtsvergleichende Studie, Frankfurt am Main 2007.

Coase, Ronald H., The Problem of Social Cost, 3 Journal of Law and Economics 1960, S. 1–44.

Coing, Helmut, Europäisches Privatrecht. Bd. II: 19. Jahrhundert: Überblick über die Entwicklung des Privatrechts in den ehemals gemeinrechtlichen Ländern, München 1989.

Coing, Helmut / Wilhelm, Walter (Hrsg.), Wissenschaft und Kodifikation des Privatrechts im 19. Jahrhundert. Bd. IV: Eigentum und industrielle Entwicklung, Wettbewerbsordnung und Wettbewerbsrecht, Frankfurt am Main 1979.

Cordes, Albrecht / Jahntz, Katharina, Aktiengesellschaften vor 1807?, in: Bayer, Walter / Habersack, Mathias (Hrsg.), Aktienrecht im Wandel: 1807–2007. Historische Entwicklung des Aktienrechts in Deutschland, Tübingen 2007, Bd. 1, S. 1–22.

David, Paul A., Clio and the Economics of QWERTY, 75 American Economic Review 1985, S. 332–337.

David, Paul A., Path Dependence and the Quest for Historical Economics: One More Chorus of the Ballad of QWERTY, Discussion Papers in Economic and Social History, University of Oxford No. 20 (11 / 1997).

Davies, Paul L., Die Struktur der Unternehmensführung in Großbritannien und Deutschland: Konvergenz oder fortbestehende Divergenz?, ZGR 2001, S. 268–293.

Davies, Paul L., / Hopt, Klaus J., Boards in Europe – Accountability and Convergence, European Corporate Governance Institute Law (ECGI) Working Paper No. 203/2013.

Deutsch, Andreas, Die AG im Code de Commerce von 1807 und ihre Vorbildfunktion für die Entwicklung in Deutschland, in: Bayer, Walter / Habersack, Mathias (Hrsg.), Aktienrecht im Wandel: 1807–2007. Historische Entwicklung des Aktienrechts in Deutschland, Tübingen 2007, Bd. 1, S. 46–97.

Dippel, Karlhans, Die Reform des Aktienrechts – zugleich ein Beitrag zur Geschichte des Aktienrechts, DRiZ 1965, S. 315–362.

Döge, Melanie / Jobst, Stefan, Aktienrecht zwischen börsen- und kapitalmarktorientierten Ansatz, BKR 2010, S. 136–144.

Doralt, Maria, Sevic: Traum und Wirklichkeit – die grenzüberschreitende Verschmelzung ist Realität, IPRax 2006, S. 572–578.

Doralt, Peter, Gläubigerschutz bei Unterkapitalisierung und Gesellschafterdarlehen im Recht der GmbH, WiPolBl Beilage 1 (1974), S. 23–27.

Doralt, Peter / Kalss, Susanne (Hrsg.), Franz Klein – Vorreiter des modernen Aktien- und GmbH-Rechts, Wien 2004.

Drinhausen, Florian / Keinath, Astrid, Regierungsentwurf eines Gesetzes zur Umsetzung der Aktionärsrechterichtlinie (ARUG) – Überblick über die Änderungen gegenüber dem Referentenentwurf, Betriebsberater 2009, S. 64–71.

Drobnig, Ulrich, Haftungsdurchgriff bei Kapitalgesellschaften, Frankfurt am Main 1959.

Drukarcyk, Jochen, Finanzierung. Eine Einführung, 9. Aufl., Stuttgart 2003.

Drygala, Tim, Finanzielle Unterstützung des Aktienerwerbs nach der Reform der Kapitalrichtlinie, Der Konzern 2007, S. 396–406.

Easterbrook, Frank H. / Fischel, Daniel R., The Economic Structure of Corporate Law, Harvard 1991.

Eckert, Jörn (Hrsg.), Der praktische Nutzen der Rechtsgeschichte. Hans Hattenhauer zum 8. September 2001, Heidelberg 2003.

Foegen, Marie Theres, Rechtsgeschichte – Geschichte der Evolution eines sozialen Systems. Ein Vorschlag, Rg1/2002, S. 14–18.

Ehricke, Ulrich / Rotstegge, Jochen P., Die Aktiengesellschaft in Liquidation und Insolvenz, in: Bayer, Walter / Habersack, Mathias (Hrsg.), Aktienrecht im Wandel: 1807–2007. Historische Entwicklung des Aktienrechts in Deutschland, Tübingen 2007, Bd. 2, S. 1096–1187.

Eidenmüller, Horst, Unternehmenssanierung zwischen Markt und Gesetz: Mechanismen der Unternehmensreorganisation und Kooperationspflichten im Reorganisationsrecht, Köln 1999.

Eidenmüller, Horst, Wettbewerb der Gesellschaftsrechte in Europa. Zugleich Besprechung des Urteils des Europäischen Gerichtshofs vom 5.11.2002 in der Rechtssache C-208 / 00 (Überseering BV gegen Nordic Construction Company Baumanagement GmbH), Zeitschrift für Wirtschaftsrecht 2002, S. 2233–2245.

Eidenmüller, Horst / Engert, Andreas, Die angemessene Höhe des Grundkapitals der Aktiengesellschaft, AG 2005, S. 97–108.

Eidenmüller, Horst / Grunewald, Barbara / Noack, Ulrich, Das Mindestkapital im System des festen Kapitals, in: Lutter, Marcus (Hrsg.), Das Kapital der Aktiengesellschaft in Europa. ZGR Sonderheft 17, Berlin 2006, S. 17–41.

Eidenmüller, Horst / Rehm, Gebhard, Niederlassungsfreiheit versus Schutz des inländischen Rechtsverkehrs: Konturen des Europäischen Internationalen Gesellschaftsrechts. Zugleich eine Besprechung der Entscheidung Inspire Art, EuGH NJW 2003, 3331, ZGR 2004, S. 159–188.

Eidenmüller, Horst / Schön, Wolfgang (Hrsg.), Efficient Creditor Protection in European Company Law, European Business Organization Law Review (EBOR) Vol. 7 (2006).

Engelke, Sylvia / Maltschew, Reni, Weltwirtschaftskrise, Aktienskandale und Reaktionen des Gesetzgebers durch Notverordnungen im Jahre 1931, in: Bayer, Walter / Habersack, Mathias (Hrsg.), Aktienrecht im Wandel: 1807–2007. Historische Entwicklung des Aktienrechts in Deutschland, Tübingen 2007, Bd. 1, S. 570–619.

Engisch, Karl, Die Einheit der Rechtsordnung, Heidelberg 1935.

Enriques, Luca / Macey, Jonathan R., Creditors versus Capital Formation: the Case against the European Legal Capital Rules, 86 Cornell Law Review 2001, S. 1165–1204.

Escher-Weingart, Christina, Reform durch Deregulierung im Kapitalgesellschaftsrecht. Eine Analyse der Reformmöglichkeiten unter besonderer Berücksichtigung des Gläubiger- und Anlegerschutzes, Tübingen 2001.

Escher-Weingart, Christina / Kübler, Friedrich, Erwerb eigener Aktien. Deutsche Reformbedürfnisse und europäische Fesseln, ZHR 162 (1998), S. 537–562.

Ewert, Ralf, Rechnungslegung, Gläubigerschutz und Agency-Probleme, Wiesbaden 1986.

Fastrich, Lorenz, Optimierung des Gläubigerschutzes bei der GmbH – Praktikabilität und Effizienz, DStR 2006, S. 656–663.

Feldenkirchen, Wilfried, Die wirtschaftliche Rivalität zwischen Deutschland und England im 19. Jahrhundert, Zeitschrift für Unternehmensgeschichte 25 (1980), S. 77–107.

Feller, Matthias, Mindeststammkapital und Kapitalaufbringung als Instrumente des Gläubigerschutzes bei kleinen und mittleren Unternehmen, Hamburg 2014.

Felix, Dagmar, Einheit der Rechtsordnung. Zur verfassungsrechtlichen Relevanz einer juristischen Argumentationsfigur, Tübingen 1998.

Fick, Heinrich, Über Begriff und Geschichte der Aktiengesellschaften, ZHR 5 (1862), S. 1–59.

Fischer, Michael, Die Verlagerung des Gläubigerschutzes vom Gesellschafts- in das Insolvenzrecht nach „Inspire Art“, Zeitschrift für Wirtschaftsrecht 2004, S. 1477–1486.

Fischer, Rudolf, Aktiengesellschaft, in: Ehrenberg, Victor G. (Hrsg.), Handbuch des gesamten Handelsrechts mit Einschluß des Wechsel-, Scheck-, See- und Binnenschiffahrtsrechts, des Versicherungsrechts sowie des Post- und Telegraphenrechts, Leipzig 1916, 3 / 1.

Fleckner, Andreas M., Aktienrechtliche Gesetzgebung (1807–2007), in: Bayer, Walter / Habersack, Mathias (Hrsg.), Aktienrecht im Wandel: 1807–2007. Historische Entwicklung des Aktienrechts in Deutschland, Tübingen 2007, Bd. 1, S. 999–1138.

Fleischer, Holger, Vorstandsverantwortlichkeit und Fehlverhalten von Unternehmensangehörigen – Von der Einzelüberwachung zur Errichtung einer Compliance-Organisation, AG 2003, S. 291–300.

Fleischer, Holger, Gesellschaftsrechts-Geschichten – Annäherungen an die narrative Seite des Gesellschaftsrechts, NZG 2015, S. 769–778.

Fleischer, Holger, Die „Business Judgment Rule“: Vom Richterrecht zur Kodifizierung, Zeitschrift für Wirtschaftsrecht 2004, S. 685–692.

Fleischer, Holger, Erweiterte Außenhaftung der Organmitglieder im Europäischen Gesellschafts- und Kapitalmarktrecht. Insolvenzverschleppung, fehlerhafte Kapitalmarktinformation, Tätigkeitsverbote, ZGR 2004, S. 437–479.

Fleischer, Holger, Gesetz und Vertrag als alternative Problemlösungsmodelle im Gesellschaftsrecht, ZHR 168 (2004), S. 673–707.

Fleischer, Holger, Legal Transplants im deutschen Aktienrecht, in: Doralt, Peter / Kalss, Susanne (Hrsg.), Franz Klein – Vorreiter des modernen Aktien- und GmbH-Rechts, Wien 2004, S. 115–138.

Fleischer, Holger, Legal Transplants im deutschen Aktienrecht, NZG 2004, S. 1129–1137.

Fleischer, Holger, Verdeckte Gewinnausschüttung und Kapitalschutz im Europäischen Gesellschaftsrecht, in: Lutter, Marcus (Hrsg.), Das Kapital der Aktiengesellschaft in Europa. ZGR Sonderheft 17, Berlin 2006, S. 114–133.

Florstedt, Tim / Redenius-Hövermann, Julia / Segna, Ulrich / Vogel, Hans-Gert (Hrsg.), Theodor Baums, Beiträge zur Geschichte des Wirtschaftsrecht, Tübingen 2012.

Florstedt, Tim / Redenius-Hövermann, Julia / Segna, Ulrich / Vogel, Hans-Gert (Hrsg.), Theodor Baums, Corporate Governance und Anlegerschutz, Tübingen 2013.

Fuchs, Markus / Stibi, Bernd, Solvenztests als Grundlage der Ausschüttungsbemessung – Anforderungen und betriebswirtschaftliche Gestaltungsmöglichkeiten, Betriebsberater 2007, S. 19–24.

Funke, Marcus C., Gläubigerschutz durch Information im Recht der Aktiengesellschaft, Baden-Baden 2011.

Ganske, Joachim, Das Zweite gesellschaftsrechtliche Koordinierungsgesetz vom 13. Dezember 1978, Der Betrieb 1978, S. 2461–2464.

Geßler, Ernst, Bedeutung und Auslegung des § 23 Abs. 5 AktG, in: von Glossner, Ottoarndt / Reimers, Walter (Hrsg.): Festschrift für Martin Luther zum 70. Geburtstag am 13. Juli 1976, München 1976, S. 69–84.

Geßler, Ernst / Hefermehl, Wolfgang / Eckardt, Ulrich / Kropff, Bruno (Hrsg.), Kommentar zum Aktiengesetz. Bd. 1 §§ 1–75, Berlin 1973.

Geyrhalter, Volker / Gänßler, Peggy, Perspektiven nach „Überseering" – wie geht es weiter?, NZG 2003, S. 409–414.

Geyrhalter, Volker / Weber, Thomas, Transnationale Verschmelzungen – im Spannungsfeld zwischen SEVIC Systems und der Verschmelzungsrichtlinie, DStR 2006, S. 146–151.

Gilson, Ronald J., Globalizing Corporate Governance: Convergence of Form or Function, Columbia Law School Working Paper No. 174 (2000), S. 1–34.

Glagau, Otto, Der Börsen- und Gründungsschwindel in Deutschland, Leipzig 1877.

Gmür, Rudolf, Die Emder Handelscompagnien des 17. und 18. Jahrhunderts, in: Hefermehl, Wolfgang / Gmür, Rudolf (Hrsg.), Festschrift für Harry Westermann zum 65. Geburtstag, Karlsruhe 1974, S. 167–197.

Goette, Wulf / Habersack, Mathias / Kalss, Susanne (Hrsg.), Münchener Kommentar zum Aktiengesetz. Bd. 1 §§ 1–75, 3. Aufl., München 2008.

Goldschmidt, Levin, Herabsetzung des Grundkapitals einer Aktiengesellschaft durch Ankauf und Amortisation eigener Aktien, ZHR 21 (1876), S. 1–11.

Goldschmidt, Levin, Die Reform des Aktiengesellschaftsrechts, ZHR 30 (1885), S. 69–89.

Görk, Stefan, Das EuGH-Urteil in Sachen „Centros" von 19. März 1999 – Kein Freibrief für Briefkastengesellschaften, GmbHR 1999, S. 793–800.

Grieß, Erich, Der Gläubigerschutz im Deutschen Aktienrecht, Berlin 1914.

Grohmann, Uwe / Gruschinske, Nancy, Beschränkungen des Wegzugs von Gesellschaften innerhalb der EU – die Rechtssache Cartesio, EuZW 2008, S. 463–464.

Gros, Marius, Bilanzrechtsmodernisierungsgesetz und Annäherung an die IFRS: Auswirkungen auf die Publizität, Ausschüttungsbemessung und steuerliche Gewinnermittlung, Der Konzern 2008, S. 466–477.

Großfeld, Bernhard, Aktiengesellschaft, Unternehmenskonzentration und Kleinaktionär, Tübingen 1968.

Großfeld, Bernhard, Die rechtspolitische Beurteilung der Aktiengesellschaft im 19. Jahrhundert, in: Coing, Helmut / Wilhelm, Walter (Hrsg.), Wissenschaft und Kodifikation des Privatrechts im 19. Jahrhundert. Bd. IV: Eigentum und industrielle Entwicklung, Wettbewerbsordnung und Wettbewerbsrecht, Frankfurt am Main 1979, S. 236–254.

Grundmann, Stefan, Europäisches Gesellschaftsrecht. Eine systematische Darstellung unter Einbeziehung des europäischen Kapitalmarktrechts, Heidelberg 2004.

Grundmann, Stefan / Möslein, Florian, ECLR – Die Goldene Aktie, ZGR 2003, S. 317–366.

Grünhut, Carl S., Das Recht auf die Dividende und der Dividendencoupon, Zeitschrift für das Privat- und öffentliche Recht der Gegenwart 1 (1874), S. 375–401.

Grünhut, Carl S., Zur Reform des Actiengesellschaftsrechtes, Zeitschrift für das Privat- und öffentliche Recht der Gegenwart 1 (1874), S. 79–113.

Gullifer, Louise / Payne, Jennifer, Corporate Finance Law. Principles and Policy, Oxford 2011.

Haas, Ulrich, Mindestkapital und Gläubigerschutz in der GmbH, DStR 2006, S. 993–1000.

Haas, Ulrich, Reform des gesellschaftsrechtlichen Gläubigerschutzes. Gutachten E für den 66. Deutschen Juristentag, München 2006.

Habersack, Mathias, Das Andienungs- und Erwerbsrecht bei Erwerb und Veräußerung eigener Anteile, Zeitschrift für Wirtschaftsrecht 2004, S. 1121–1127.

Habersack, Mathias, Europäisches Gesellschaftsrecht. Einführung für Studium und Praxis, 3. Aufl., München 2006.

Habersack, Mathias / Schürnbrand, Jan, Modernisierung des Aktiengesetzes von 1965, in: Bayer, Walter / Habersack, Mathias (Hrsg.), Aktienrecht im Wandel: 1807–2007. Historische Entwicklung des Aktienrechts in Deutschland, Tübingen 2007, Bd. 1, S. 889–943.

Hachenburg, Max (Hrsg.), Gesetz betreffend die Gesellschaften mit beschränkter Haftung. Kommentar, 3 Bände, 8. Aufl., Berlin 1992 / 1997.

Hadding, Walther / Kießling, Erik, Anfänge deutschen Aktienrechts: Das Preußische Aktiengesetz vom 9. November 1842, in: Eckert, Jörn (Hrsg.), Der praktische Nutzen der Rechtsgeschichte. Hans Hattenhauer zum 8. September 2001, Heidelberg 2003, S. 159–190.

Hahn, Carl / Mugdan, Benno (Hrsg.), Materialien zum Handelsgesetzbuch. Bd. 6 der gesammelten Materialien zu den Reichs-Justizgesetzen, herausgegeben von C. Hahn, fortgesetzt von B. Mugdan, Berlin 1897.

Hansemann, David, Die Eisenbahnen und deren Aktionäre in ihrem Verhältnis zum Staat, Leipzig, Halle 1937.

Hansen, Ulrike, Die verdeckten Sacheinlagen in Frankreich, Belgien und Deutschland und ihre Behandlung durch die zweite EU-Gesellschaftsrechtsrichtlinie, Frankfurt am Main 1996.

Hansmann, Henry / Kraakman, Reinier, Toward Unlimited Shareholder Liability for Corporate Torts, 100 Yale Law Journal 1991, S. 1879–1934.

Hansmann, Henry / Kraakman, Reinier, The End of History for Corporate Law, 89 Georgia Law Review 2001, S. 439–468.

Hansmann, Henry / Kraakman, Reinier / Squire, Richard, Law and the Rise of the Firm, 119 Harvard Law Review 2006, S. 1335–1403.

Harris, Ron, The Bubble Act: its Passage and its Effects on Business Organization, 54 The Journal of Economic History 1994, S. 610–627.

Hauschka, Christoph E. (Hrsg.), Corporate Compliance – Handbuch der Haftungsvermeidung im Unternehmen, München, 2. Aufl. 2010.

Hautle, Albert, Der Gläubigerschutz im Aktienrechte, Berlin 1907.

Heckschen, Heribert, Gründungserleichterungen nach dem MoMiG – Zweifelsfragen in der Praxis, DStR 2009, S. 166–174.

Heine, Klaus, Regulierungswettbewerb im Gesellschaftsrecht. Zur Funktionsfähigkeit eines Wettbewerbs der Rechtsordnungen im europäischen Gesellschaftsrecht, Berlin 2003.

Heintze, Joachim, Zum Aktiengesetz vom 30. Januar 1937, in: Koch, Waldemar / Heintze, Joachim (Hrsg.), Die Neugestaltung des Aktienrechts und Umgründung einer o.H.G. in eine Kapitalgesellschaft, Berlin 1948, S. 46–64.

Hennrichs, Joachim, Zur Zukunft der Kapitalerhaltung: Bilanztest – Solvenztest – oder beides?, Der Konzern 2008, S. 42–50.

Hennrichs, Joachim, Kapitalschutz bei GmbH, UG (haftungsbeschränkt) und SPE, NZG 2009, S. 923–928.

Henssler, Martin / Wiedemann, Herbert, Die Aktiengesellschaft im System des deutschen Gesellschaftsrechts, in: Bayer, Walter / Habersack, Mathias (Hrsg.), Aktienrecht im Wandel: 1807–2007. Historische Entwicklung des Aktienrechts in Deutschland, Tübingen 2007, Bd. 2, S. 1–30.

Henze, Hartwig, Reichweite und Grenzen des aktienrechtlichen Grundsatzes der Vermögensbindung – Ergänzung durch die Rechtsprechung zum Existenz vernichtenden Eingriff?, AG 2004, S. 405–415.

Hergenhahn, Theodor, Die Kommanditgesellschaft auf Aktien, insbesondere ihre Entstehungsgeschichte, rechtliche und wirtschaftliche Natur, ZHR 42 (1894), S. 69–75.

Hicks, John R., The Foundations of Welfare Economics, 49 Economic Journal 1939, S. 696–712.

Hirte, Heribert, Genußrecht oder verbotener Gewinnabführungsvertrag? Anmerkung zum Urteil des OLG Bremen vom 22.8.1991–2 U 114 / 90 (Bankverein Bremen), ZBB 1992, S. 50–55.

Hirte, Heribert, Die aktienrechtliche Satzungsstrenge: Kapitalmarkt und sonstige Legitimationen versus Gestaltungsfreiheit, in: Lutter, Marcus / Wiedemann, Herbert (Hrsg.), Gestaltungsfreiheit im Gesellschaftsrecht. Deutschland, Europa und USA, 11. ZGR-Symposion „25 Jahre ZGR", ZGR Sonderheft 13, Berlin 1998, S. 61–98.

Hirte, Heribert, Kapitalgesellschaftsrecht, 5. Aufl., Köln 2006.

Hirte, Heribert, Forschungsperspektiven des Unternehmens- und Kapitalmarktrechts sowie des Verfahrens- und Insolvenzrechts, ZGR 2007, S. 511–519.

Hirte, Heribert, Kapitalmaßnahmen: Kapitalerhöhung und Kapitalherabsetzung, in: Bayer, Walter / Habersack, Mathias (Hrsg.), Aktienrecht im Wandel: 1807–2007. Historische Entwicklung des Aktienrechts in Deutschland, Tübingen 2007, Bd. 2, S. 827–893.

Hirte, Heribert, IFRS und Insolvenzrecht, ZGR 2008, S. 284–293.

Hofer, Sibylle, Das Aktiengesetz von 1884 – ein Lehrstück für prinzipielle Schutzkonzeptionen, in: Bayer, Walter / Habersack, Mathias (Hrsg.), Aktienrecht im Wandel: 1807–2007. Historische Entwicklung des Aktienrechts in Deutschland, Tübingen 2007, Bd. 1, S. 388–414.

Hommelhoff, Peter, Modernisiertes HGB-Bilanzrecht im Wettbewerb der Regelungssysteme. Konzeptionelle Bemerkungen aus Anlass des RefE BilMoG, ZGR 2008, S. 250–274.

Hopt, Klaus J., Ideelle und wirtschaftliche Grundlagen der Aktien-, Bank- und Börsenrechtsentwicklung im 19. Jahrhundert, in: Coing, Helmut / Wilhelm, Walter (Hrsg.), Wissenschaft und Kodifikation des Privatrechts im 19. Jahrhundert. Bd. V: Geld und Banken, Frankfurt am Main 1980, S. 128–168.

Hopt, Klaus J., Die Haftung von Vorstand und Aufsichtsrat – Zugleich ein Beitrag zur Corporate Governance-Debatte, in: Immenga, Ulrich / Möschel, Wernhard / Reuter, Dieter (Hrsg.), Festschrift für Ernst-Joachim Mestmäcker zum siebzigsten Geburtstag, Baden-Baden 1996, S. 909–931.

Hopt, Klaus J., Gestaltungsfreiheit im Gesellschaftsrecht in Europa. Generalbericht, in: Lutter, Marcus / Wiedemann, Herbert (Hrsg.), Gestaltungsfreiheit im Gesellschaftsrecht. Deutschland, Europa und USA, 11. ZGR-Symposion „25 Jahre ZGR", ZGR Sonderheft 13, Berlin 1998, S. 123–147.

Hopt, Klaus J. / Merkt, Hanno (Hrsg.), Handelsgesetzbuch. Beck´scher Kurz-Kommentar, Bd. 9, 34. Aufl., München 2009.

Hopt, Klaus J. / Trautmann, Clemens, Zukunftsperspektiven der privatrechtlichen Forschung, ZGR 2007, S. 480–483.

Hopt, Klaus J. / Wiedemann, Herbert (Hrsg.), Großkommentar zum Aktiengesetz. Einleitung §§ 1–53, 4. Aufl., Berlin 1992.

Horn, Norbert, Deutsches und europäisches Gesellschaftsrecht und die EuGH-Rechtsprechung zur Niederlassungsfreiheit – Inspire Art, NJW 2004, S. 893–901.

Hu, Henry T. C. / Black, Bernard, Empty Voting and Hidden (Morphable) Ownership: Taxonomy, Implications, and Reforms, 61 The Business Lawyer 3 (2006), S. 1011–1070.

Huber, Ulrich, Rückkauf eigener Aktien, in: Forster, Karl-Heinz / Grunewald, Barbara / Lutter, Marcus u.a. (Hrsg.), Aktien und Bilanzrecht, Festschrift für Bruno Kropff, Düsseldorf 1997, S. 101–125.

Huber, Ulrich, Entstehungsgeschichte und aktuelle Auslegungsprobleme des § 241 Nr. 3 AktG, in: Horn, Norbert (Hrsg.), Europäisches Rechtsdenken in Geschichte und Gegenwart, Festschrift für Helmut Coing zum 70. Geburtstag, Bd. 2, 1982, S. 167–192.

Hüffer, Uwe, Aktiengesetz, Beck´scher Kurzkommentar, 11. Aufl., München 2014.

Immenga, Ulrich, Die personalistische Kapitalgesellschaft. Eine rechtsvergleichende Untersuchung nach deutschem GmbH-Recht und dem Recht der Corporations in den Vereinigten Staaten, Bad Homburg v.d.H. 1970.

Jahntz, Katharina, Privilegierte Handelscompagnien in Brandenburg und Preußen. Ein Beitrag zur Geschichte des Gesellschaftsrechts, Berlin 2006.

Jungmann, Carsten, Solvenztest- versus Kapitalschutzregeln. Zwei Systeme im Spannungsfeld von Gläubigerschutz und Finanzierungsfreiheit in der Kapitalgesellschaft, ZGR 2006, S. 638–682.

Kaldor, Nicholas, Welfare Propositions in Economics and Interpersonal Comparisons of Utility, 49 Economic Journal 1939, S. 549–552.

Kallmeyer, Harald, Grenzüberschreitende Verschmelzungen und Spaltungen nach SEVIC Systems und der EU-Verschmelzungsrichtlinie, AG 2006, S. 224–238.

Kalss, Susanne / Eckert, Georg, Zentrale Fragen des GmbH-Rechts. Entwicklung, Perspektiven, Materialien, Wien 2005.

Kebekus, Frank, IAS / IFRS und Insolvenzrecht, ZGR 2008, S. 275–283.

Keyssner, Hugo, Die Aktiengesellschaften und die Kommanditgesellschaften auf Aktien unter dem Reichs-Gesetz vom 11. Juni 1870, Berlin 1873.

Kieninger, Eva-Maria, Wettbewerb der Privatrechtsordnungen im Europäischen Binnenmarkt. Studien zur Privatrechtskoordinierung in der Europäischen Union auf den Gebieten des Gesellschafts- und Vertragsrechts, Tübingen 2002.

Kießling, Erik, Das preußische Aktiengesetz von 1843, in: Bayer, Walter / Habersack, Mathias (Hrsg.), Aktienrecht im Wandel: 1807–2007. Historische Entwicklung des Aktienrechts in Deutschland, Tübingen 2007, Bd. 1, S. 193–236.

Kießling, Erik, Das preußische Eisenbahngesetz von 1838, in: Bayer, Walter / Habersack, Mathias (Hrsg.), Aktienrecht im Wandel: 1807–2007. Historische Entwicklung des Aktienrechts in Deutschland, Tübingen 2007, Bd. 1, S. 126–167.

Kießling, Erik, Eisenbahnbau und Industrialisierung als Katalysator der Entwicklung des Aktienrechts, in: Bayer, Walter / Habersack, Mathias (Hrsg.), Aktienrecht im Wandel: 1807–2007. Historische Entwicklung des Aktienrechts in Deutschland, Tübingen 2007, Bd. 1, S. 98–125.

Kindler, Peter, „Inspire Art“ – Aus Luxemburg nichts Neues zum internationalen Gesellschaftsrecht, NZG 2003, S. 1086–1090.

Kindler, Peter, Grundzüge des neuen Kapitalgesellschaftsrechts – Das Gesetz zur Modernisierung des GmbH-Rechts und zur Bekämpfung von Missbräuchen (MoMiG), NJW 2008, S. 3249–3256.

Kinzl, Ulrich-Peter, Wie angemessen muss „angemessene Information“ als Grundlage für Vorstandsentscheidungen sein?, Der Betrieb 2004, S. 1653–1654.

Klausing, Friedrich, Die Reform des Aktienrechts, Berlin, Wien 1933.

Klausing, Friedrich, Gesetz über Aktiengesellschaften und Kommanditgesellschaften auf Aktien, Berlin 1937.

Klein, Franz, Die neueren Entwicklungen in Verfassung und Recht der Aktiengesellschaften, Wien 1904.

Kleindiek, Detlef, Krisenvermeidung in der GmbH: Gesetzliches Mindestkapital, Kapitalschutz und Eigenkapitalersatz, ZGR 2006, S. 335–365.

Kock, Martin / Dinkel, Renate, Die zivilrechtliche Haftung von Vorständen für unternehmerische Entscheidungen – Die geplante Kodifizierung der Business Judgment Rule im Gesetz zur Unternehmensintegrität und Modernisierung des Anfechtungsrechts, NZG 2004, S. 441–448.

Kohl, Helmut, Path Dependence and German Corporate Law: Some Skeptical Remarks from the Sideline, 5 Columbia Journal of European Law 1999, S. 189–198.

Kopp, Hans J., Erwerb eigener Aktien. Ökonomische Analyse vor dem Hintergrund von Unternehmensverfassung und Informationseffizienz des Kapitalmarktes, Wiesbaden 1996.

Kort, Michael, Verhaltensstandardisierung durch Corporate Compliance, NZG 2008, S. 81–86.

Kraakman, Reinier / Armour, John / Davies, Paul / Enriques, Luca / Hansmann, Henry B. / Hertig, Gerard / Hopt, Klaus J. / Kanda, Hideki / Rock, Edward B., The Anatomy of Corporate Law. A Comparative and Functional Approach, 2. Auflage Oxford 2009.

Krapf, Jana / Schürmann, Jochen, Solvenztest. Ausschüttungsbemessung und Gläubigerschutz, Berlin 2008.

Kropff, Bruno, Textausgabe des Aktiengesetzes vom 6.9.1965 (Bundesgesetzblatt I S. 1089) und des Einführungsgesetzes zum Aktiengesetz vom 6.9.1965 (Bundesgesetzblatt I S. 1185) mit Begründung des Regierungsentwurfs. Bericht des Rechtsausschusses des Deutschen Bundestags, Verweisungen und Sachverzeichnis. Im Anhang: Aktiengesetz von 1937, Düsseldorf 1965.

Kropff, Bruno, Reformbestrebungen im Nachkriegsdeutschland und die Aktienrechtsreform von 1965, in: Bayer, Walter / Habersack, Mathias (Hrsg.), Aktienrecht im Wandel: 1807–2007. Historische Entwicklung des Aktienrechts in Deutschland, Tübingen 2007, Bd. 1, S. 670–888.

Goette, Wulf / Habersack, Mathias / Kalss, Susanne (Hrsg.), Münchener Kommentar zum Aktiengesetz. Bd. 4, §§ 179–277, 3. Aufl., München 2011.

Krüger, Markus E., Mindestkapital und Gläubigerschutz, Baden-Baden 2005.

Kübler, Friedrich, Aktie, Unternehmensfinanzierung und Kapitalmarkt. Rechtsvergleichende Untersuchung der Möglichkeiten der Eigenkapitalbeschaffung in der Bundesrepublik und in den USA unter besonderer Berücksichtigung der mit der nennwertlosen Aktie verbundenen Vor- und Nachteile, Köln 1989.

Kübler, Friedrich, Kapitalmarktgerechte Aktien?, WM 1990, S. 1853–1858.

Kübler, Friedrich, Institutioneller Gläubigerschutz oder Kapitalmarkttransparenz? Rechtsvergleichende Überlegungen zu den „stillen Reserven", ZHR 159 (1995), S. 550–566.

Kübler, Friedrich, Fragen und Wünsche des Gesellschafts- und Kapitalmarktrechts an das Recht der Rechnungslegung, ZGR 2000, S. 550–564.

Kübler, Friedrich, The Rules of Capital under Pressure of the Securities Markets, in: Hopt, Klaus J. / Wymeersch, Eddy (Hrsg.), Capital Markets and Company Law, Oxford 2003, S. 95–114.

Kuhn, Thomas S., Die Struktur wissenschaftlicher Revolutionen. Sonderausgabe der 2., revidierten, um das Postskriptum von 1969 ergänzten Auflage von 1976, Frankfurt am Main 2003.

Kühnberger, Manfred, Verlustanzeigebilanz – zu Recht kaum beachteter Schutz für Eigentümer?, Der Betrieb 2000, S. 2077–2085.

Kuhner, Christoph, Zur Zukunft der Kapitalerhaltung durch bilanzielle Ausschüttungssperren im Gesellschaftsrecht der Staaten Europas, ZGR 2005, S. 753–787.

Kuhner, Christoph / Sabiwalsky, Ralf, Instrumente zur Verhinderung gläubigerschädigender Ausschüttungen im US-amerikanischen Unternehmensrecht – Vorbild für Europa?, Der Konzern 2006, S. 504–521.

Landwehr, Götz, Die Verfassung der Aktiengesellschaften – Rechtsverhältnisse in Preußen vom Anfang des 19. Jhds. bis zum Jahre 1870, SZGerm 69 (1982), S. 1–112.

Lanfermann, Georg / Richard, Marc, Ausschüttungen auf Basis von IFRS: Bleibt die deutsche Bundesregierung zu zögerlich? Zum Regierungsentwurf eines Gesetzes zur Modernisierung des Bilanzrechts (Bilanzrechtsmodernisierungsgesetz – BilMoG), Der Betrieb 2008, S. 1925–1932.

Lanfermann, Georg / Richard, Marc, Kapitalschutz der Europäischen Privatgesellschaft, Betriebsberater 2008, S. 1610–1614.

Lanfermann, Georg / Richard, Marc, Machbarkeit eines alternativen Kapitalerhaltungssystems in Europa, Der Aufsichtsrat 2008, S. 39–41.

Lanfermann, Georg / Röhricht, Victoria, Stand der europäischen Diskussion zur Kapitalerhaltung, Betriebsberater 2007, S. 8–13.

Lefebvre-Teillard, Anne, La société anonyme au XIXe siècle. Du code de commerce à la loi de 1867, histoire d'un instrument juridique du développement capitaliste, Paris 1985.

Lehmann, Karl, Die geschichtliche Entwicklung des Aktienrechts bis zum Code de Commerce, Berlin 1895 [Neudruck Frankfurt am Main 1968].

Lehmann, Karl, Das Recht der Aktiengesellschaften, Bd. 1, Berlin 1898; Bd. 2, Berlin 1904.

Leidig, Guido, Chaostheorie und Zukunftsherausforderungen. Theorieentstehung, Wissenschaftskonzeption, Anwendungsfelder, in: Bosshardt, Christoph (Hrsg.), Problembereiche interdisziplinärer Forschung. 30 Jahre IAfEF, Klausurtagungen in Freiburg i.Br. und Wien, Bern 1999, S. 77–98.

Lieder, Jan, Die 1. Aktienrechtsnovelle vom 11. Juni 1870, in: Bayer, Walter / Habersack, Mathias (Hrsg.), Aktienrecht im Wandel: 1807–2007. Historische Entwicklung des Aktienrechts in Deutschland, Tübingen 2007, Bd. 1, S. 318–387.

Lieder, Jan, Der Aufsichtsrat im Wandel der Zeit. Leitlinien der geschichtlichen Entwicklung sowie der Fortentwicklung des deutschen Aufsichtsratssystems, Jena 2006.

Loss, Louis / Seligman, Joel, Fundamentals of Securities Regulation, 5. Aufl., New York 2004.

Löwenfeld, Hermann, Das Recht der Actien-Gesellschaften. Kritik und Reformvorschläge, Berlin 1879.

Luther, Martin, § 23 Abs. 5 AktG im Spannungsfeld von Gesetz, Satzung und Einzelentscheidungen der Organe der Aktiengesellschaft, in: Bernhardt, Wolfgang / Hefermehl, Wolfgang / Schilling, Wolfgang (Hrsg.), Freundesgabe für Hans Hengeler zum 70. Geburtstag am 1. Februar 1972, Berlin, Heidelberg 1972, S. 167–190.

Lutter, Marcus, Kapital, Sicherung der Kapitalaufbringung und Kapitalerhaltung in den Aktien- und GmbH-Rechten der EWG, Karlsruhe 1964.

Lutter, Marcus, Gesetzliches Garantiekapital als Problem europäischer und deutscher Rechtspolitik, AG 1998, S. 375–377.

Lutter, Marcus (Hrsg.), Das Kapital der Aktiengesellschaft in Europa. ZGR Sonderheft 17, Berlin 2006.

Lutter, Marcus / Ulmer, Peter / Zöllner, Wolfgang (Hrsg.), Festschrift 100 Jahre GmbH-Gesetz, Köln 1992.

Lutter, Marcus / Wiedemann, Herbert (Hrsg.), Gestaltungsfreiheit im Gesellschaftsrecht. Deutschland, Europa und USA, 11. ZGR-Symposion „25 Jahre ZGR“, ZGR Sonderheft 13, Berlin 1998.

Mainzer, Klaus, Komplexe Systeme und nichtlineare Dynamik in Natur und Gesellschaft. Komplexitätsforschung in Deutschland auf dem Weg ins nächste Jahrhundert, Berlin 1999.

Malcher, Ulrike, Die Rechtsform(en) der Aktiengesellschaften, Baden-Baden 2014.

Maltschew, Reni, Der Rückerwerb eigener Aktien in der Weltwirtschaftskrise 1929–1931. Eine Untersuchung zu den Hintergründen und Zielen der Notverordnung des Reichspräsidenten vom 19. September 1931, Berlin 2004.

Martens, Fritz, Die Aktiengesellschaft in der Kritik der ersten drei Viertel des 19. Jahrhunderts und ein Beitrag zu ihrer Geschichte, Kiel 1934.

Martin, Paul C., Die Entstehung des preußischen Aktiengesetzes von 1843, VSWG 56 (1969), S. 500–542.

Maul, Silja / Richard, Marc, Brennpunkt Kapitalerhaltung: Kosten und Alternativen zum europäischen System und die Folgen einer IFRS-Nutzung als Basis, Status: Recht 2008, S. 85.

Maul, Silja / Richard, Marc, Die EU-Studie zur Kapitalerhaltung – Gibt es Alternativen zum europäischen Kapitalsystem? Welche Folgen hat die Nutzung der IFRS für Gewinnausschüttungen?, Status: Recht 2008, S. 169–170.

Mendelson, Nina A., A Control-Based Approach to Shareholder Liability, 102 Columbia Law Review 2002, S. 1203–1303.

Merkt, Hanno, Vom Konzessionssystem zum Delaware-Effekt. Die Entwicklung des US-amerikanischen Gesellschaftsrechts, ZfRV 37 (1996), S. 1–11.

Merkt, Hanno, Der Kapitalschutz in Europa – ein rocher de bronze?, ZGR 2004, S. 305–323.

Merkt, Hanno, Creditor Protection through Mandatory Disclosure, in: Eidenmüller, Horst / Schön, Wolfgang (Hrsg.), Efficient Creditor Protection in European Company Law, European Business Organization Law Review (EBOR) 7 (2006), S. 96–122.

Merkt, Hanno, IFRS und die Folgen für den Kapitalschutz im Gesellschaftsrecht, in: Börsig, Clemens / Wagenhofer, Alfred (Hrsg.), IFRS in Rechnungswesen und Controlling. 59. Deutscher Betriebswirtschafter-Tag 2005, Stuttgart 2006, S. 89–109.

Merkt, Hanno / Spindler, Gerald, Fallgruppen der Durchgriffshaftung und verwandte Rechtsfiguren, in: Lutter, Marcus (Hrsg.), Das Kapital der Aktiengesellschaft in Europa. ZGR Sonderheft 17, Berlin 2006, S. 207–276.

Mertens, Hans-Joachim, Satzungs- und Organisationsautonomie im Aktien- und Konzernrecht, ZGR 1994, S. 426–441.

Mestmäcker, Ernst-Joachim, Verwaltung, Konzerngewalt und Rechte der Aktionäre: eine rechtsvergleichende Untersuchung nach deutschem Aktienrecht und dem Recht der Corporations in den Vereinigten Staaten, Karlsruhe 1958.

Molle, N. N., Die Lehre von den Aktiengesellschaften und den Commanditgesellschaften auf Aktien. Nach dem allgemeinen deutschen Handelsgesetzbuche und dem Reichsgesetz vom 11. Juni 1870, Berlin 1875.

Moxter, Adolf, Die Helmrich-Konzeption des Bilanzrichtlinien-Gesetzes. Bedeutung und Bedrohung, in: Letzgus, Klaus / Hill, Hermann / Klein, Hans Hugo u.a. (Hrsg.), Festschrift für Herbert Helmrich zum 60. Geburtstag. Für Recht und Staat, München 1994, S. 709–719.

Mülbert, Peter O., Zukunft der Kapitalaufbringung / Kapitalerhaltung, Der Konzern 2004, S. 151–162.

Mülbert, Peter O. / Birke, Max, Legal Capital – Is there a Case against the European Legal Capital Rules?, EBOR 3 (2002), S. 695–732.

Müller, Welf, Zum Entwurf eines Gesetzes zur Durchführung der Zweiten Richtlinie des Rates der Europäischen Gemeinschaften zur Koordinierung des Gesellschaftsrechts (Kapitalschutzrichtlinie), WPg 1978, S. 565–573.

Müller-Freienfels, Wolfram, Zur Lehre vom sogenannten Durchgriff bei juristischen Personen im Privatrecht, AcP 156 (1957), S. 522–543.

Myers, Stewart C., Determinants of Corporate Borrowing, Journal of Financial Economics, Vol. 5 (1977), S. 147–175.

Naumann, Klaus-Peter, Fortentwicklung der handelsrechtlichen Rechnungslegung und Konsequenzen für die Kapitalerhaltung, Der Konzern 2007, S. 422–427.

Neal, Larry, The Financial Crisis of 1825 and the Restructuring of the British Financial System, Journal of the Federal Reserve Bank of St. Louis 5 (1998), S. 53–76.

Nicklisch, Annette Christina, Die Auswirkungen des Sarbanes-Oxley Act auf die deutsche Corporate Governance. Ein Beitrag zur Amerikanisierung des deutschen Aktienwesens, Berlin 2007.

Nikoleyczik, Tobias, Gläubigerschutz zwischen Gesetz und Vertrag. Alternativen zum System eines festen Nennkapitals, Lohmar / Köln 2007.

Noack, Ulrich, ARUG: das nächste Stück der Aktienrechtsreform in Permanenz, NZG 2008, S. 441–447.

Nonnenmacher, Rolf / Pohle, Klaus / von Werder, Axel, Aktuelle Anforderungen an Prüfungsausschüsse, Der Betrieb 2007, S. 2412–2417.

Nörr, Knut W., Zur Entwicklung des Aktien- und Konzernrechts während der Weimarer Republik, ZHR 150 (1986), S. 155–181.

Nörr, Knut W., Zwischen den Mühlsteinen: eine Privatrechtsgeschichte der Weimarer Republik, Tübingen 1988.

Oechelhaeuser, Wilhelm, Die Nachtheile des Aktienwesens und die Reform der Aktiengesetzgebung, Berlin 1878.

Oechsler, Jürgen, Die Änderung der Kapitalrichtlinie und der Rückerwerb eigener Aktien, ZHR 170 (2006), S. 72–89.

Oechsler, Jürgen, Der kapitalmarkt- und börsenrechtliche Regelungsrahmen, in: Bayer, Walter / Habersack, Mathias (Hrsg.), Aktienrecht im Wandel: 1807–2007. Historische Entwicklung des Aktienrechts in Deutschland, Tübingen 2007, Bd. 2, S. 150–216.

Paefgen, Walter G., Dogmatische Grundlagen, Anwendungsbereich und Formulierung einer Business Judgement Rule im künftigen UMAG, AG 2004, S. 245–261.

Pahlow, Louis, Aktienrecht und Aktiengesellschaft zwischen Revolution und Reichsgründung. Das Allgemeine Deutsche Handelsgesetzbuch von 1861, in: Bayer, Walter / Habersack, Mathias (Hrsg.), Aktienrecht im Wandel: 1807–2007. Historische Entwicklung des Aktienrechts in Deutschland, Tübingen 2007, Bd. 1, S. 237–286.

Pahlow, Louis, Das Aktienrecht im Handelsgesetzbuch von 1897, in: Bayer, Walter / Habersack, Mathias (Hrsg.), Aktienrecht im Wandel: 1807–2007. Historische Entwicklung des Aktienrechts in Deutschland, Tübingen 2007, Bd. 1, S. 415–439.

Pellens, Bernhard / Jödicke, Dirk / Schmidt, André, Mindestkapital und bilanzielle Kapitalerhaltung versus Solvenztest: Alternativen zur Reform des deutschen Gläubigerschutzsystems, in: Küting, Karlheinz / Pfitzer, Norbert / Weber, Claus Peter (Hrsg.), Bilanz als Informations- und Kontrollinstrument. Kapitalmarktorientierte Rechnungslegung und integrierte Unternehmenssteuerung, Stuttgart 2008, S. 7–30.

Pellens, Bernhard / Brandt, Eva / Richard, Marc, Kapitalschutz in Kalifornien – Vorbild für die europäische Gesellschaftsrechtsreform?, Der Betrieb 2006, S. 2021–2027.

Pellens, Bernhard / Gassen, Joachim / Richard, Marc, Ausschüttungspolitik börsennotierter Unternehmen in Deutschland, Die Betriebswirtschaft 2003, S. 309–332.

Pellens, Bernhard / Jödicke, Dirk / Richard, Marc, Solvenztests als Alternative zur bilanziellen Kapitalerhaltung?, Der Betrieb 2005, S. 1393–1401.

Pellens, Bernhard / Jödicke, Dirk / Schmidt, André, Reformbestrebungen zum Gläubigerschutz, Der Konzern 2007, S. 427–435.

Peltzer, Oliver, Die Neuregelung des Erwerbs eigener Aktien, WM 1998, S. 322–331.

Pentz, Andreas / Priester, Hans-Joachim / Schwanna, André, Bar- und Sachkapitalaufbringung bei Gründung und Kapitalerhöhung, in: Lutter, Marcus (Hrsg.), Das Kapital der Aktiengesellschaft in Europa. ZGR Sonderheft 17, Berlin 2006, S. 42–90.

Petersen, Jens, Der Gläubigerschutz im Umwandlungsrecht, München 2001.

Pleßke, Claudia, Die Satzungsstrenge im Aktienrecht. Mehr Gestaltungsfreiheit für die kapitalmarktferne Aktiengesellschaft, Frankfurt am Main 2007.

Pöhls, Meno, Das Recht der Actiengesellschaften mit besonderer Rücksicht auf Eisenbahngesellschaften, Hamburg 1842.

Posner, Dirk, Der Erwerb eigener Aktien in der US-amerikanischen Unternehmenspraxis, AG 1994, S. 312–320.

Procaccia, Uriel, The Corporate Code as a Standard Form Contract – General Theoretical Remarks and Implications for German Law, ZGR 1990, S. 169–202.

Pütz, Paul / Willgerodt, Hans, Gleiches Recht für Beteiligungskapital. Vorschläge zur Reform von Unternehmensrecht und Kapitalmarkt, Baden-Baden 1985.

Radbruch, Gustav, Gesetzliches Unrecht und übergesetzliches Recht, Süddeutsche Juristenzeitung 1946, S. 105–108.

Rammert, Stefan, Lohnt die Erhaltung der Kapitalerhaltung?, BFuP 06 / 2004, S. 578–595.

Reich, Norbert, Die Entwicklung des deutschen Aktienrechts im 19. Jahrhundert, Ius Commune 2 (1969), S. 239–276.

Reichling, Peter / Bietke, Daniela / Henne, Antje, Praxishandbuch Risikomanagement und Rating: Ein Leitfaden, 2. Aufl., Wiesbaden 2007.

Renaud, Achilles, Das Recht der Actiengesellschaften, 1. Aufl., Leipzig 1863, 2. Aufl., Leipzig 1875.

Ribstein, Larry E., Bubble Laws, 40 Hous. L. Rev. 2003, S. 77–97.

Richard, Marc, Kapitalschutz der Aktiengesellschaft. Eine rechtsvergleichende und ökonomische Analyse deutscher und US-amerikanischer Kapitalschutzsysteme, Frankfurt am Main 2007.

Richter, Lutz, Der identitätswahrende Wegzug deutscher Gesellschaften ins EU- / EWR-Ausland auf dem Vormarsch – Zugleich Anmerkungen zu den Schlussanträgen in der Rechtssache Cartesio vom 22. 5. 2008, IStR 2008, S. 719–723.

Rickford, Jonathan, Reforming Capital. Report of the Interdisciplinary Group on Capital Maintenance, 15 European Business Law Review 2004, S. 919–1027.

Roe, Mark J., Chaos and Evolution in Law and Economics, 109 Harvard Law Review 1996, S. 641–668.

Roe, Mark J., Strong Managers, Weak Owners. The Political Roots of American Corporate Finance, 2. Aufl., Princeton 1996.

Röhricht, Victoria, Gläubigerschutz im Spannungsverhältnis zwischen Gesellschafts-, Bilanz- und Insolvenzrecht. Eine rechtsvergleichende Analyse, Baden-Baden 2011.

Rösch, Max Jacob, Gesellschafterfremdfinanzierung, Gläubigerschutz und Gläubigerrisikoverantwortung. Die insolvenzrechtliche Sonderbehandlung der Gesellschafterfremdfinanzierung als Ausdruck von Gläubigerschutz und Gläubigerrisikoverantwortung der Gesellschafter, Frankfurt am Main 2013.

Roth, Günter, Gläubigerschutz bei der GmbH: Was ist unverzichtbar?, in: Kalss, Susanne (Hrsg.), Festschrift Peter Doralt zum 65. Geburtstag, Wien 2004, S. 479–493.

Rothweiler, Estelle / Geyer, Stefan, Von der Compagnie de commerce zur société anonyme: Die Geschichte der Aktiengesellschaften in Frankreich bis zum Code de commerce, in: Bayer, Walter / Habersack, Mathias (Hrsg.), Aktienrecht im Wandel: 1807–2007. Historische Entwicklung des Aktienrechts in Deutschland, Tübingen 2007, Bd. 1, S. 23–45.

Sandrock, Otto / Wetzler, Christoph F. (Hrsg.), Deutsches Gesellschaftsrecht im Wettbewerb der Rechtsordnungen nach Centros, Überseering und Inspire Art, Heidelberg 2004.

Sauter, Maike, Offene Fragen zum Referentenentwurf eines Gesetzes zur Umsetzung der Aktionärsrechterichtlinie (ARUG), Zeitschrift für Wirtschaftsrecht 2008, S. 1706–1714.

Schall, Alexander, Kapitalgesellschaftsrechtlicher Gläubigerschutz. Grund und Grenzen der Haftungsbegrenzung nach Kapitaldebatte, MoMiG und Trihotel, München 2009.

Schäfer, Carsten, Vereinfachung der Kapitalrichtlinie – Sacheinlage, Der Konzern 2007, S. 407–413.

Schäfer, Carsten / Jahntz, Katharina, Gründungsverfahren und Gründungsmängel, in: Bayer, Walter / Habersack, Mathias (Hrsg.), Aktienrecht im Wandel: 1807–2007. Historische Entwicklung des Aktienrechts in Deutschland, Tübingen 2007, Bd. 2, S. 217–285.

Schäfer, Hans-Bernd / Ott, Claus, Lehrbuch der ökonomischen Analyse des Zivilrechts, 4. Aufl., Berlin 2005.

Schäffle, Albert E., Das heutige Aktienwesen im Zusammenhang mit der neueren Entwicklung der Volkswirtschaft, Deutsche Vierteljahresschrift 4 (1856), S. 259–292.

Schluck-Amend, Alexandra, Gesellschaftsrecht versus Insolvenzrecht – Möglichkeiten und Probleme in der Sanierung, in: Gesellschaftsrechtliche Vereinigung (VGR)(Hrsg.), Gesellschaftsrecht in der Diskussion 2014. Jahrestagung der Gesellschaftsrechtlichen Vereinigung, Köln 2015, S. 151–186.

Schmidt, Jessica, Neuere Entwicklungen im Europäischen Gesellschaftsrecht, in: Gesellschaftsrechtliche Vereinigung (VGR)(Hrsg.), Gesellschaftsrecht in der Diskussion 2014. Jahrestagung der Gesellschaftsrechtlichen Vereinigung, Köln 2015, S. 25–58.

Schmidt, Karsten, Die sanierende Kapitalerhöhung im Recht der Aktiengesellschaft, GmbH und Personengesellschaft, ZGR 1982, S. 519–538.

Schmidt, Karsten, Gesellschaftsrecht, 4. Aufl., Köln 2002.

Schmidt, Karsten, Verlust der Mitte durch „Inspire Art"? Verwerfungen im Unternehmensrecht durch Schreckreaktionen der Literatur, ZHR 168 (2004), S. 493–502.

Schmidt, Karsten, Insolvenzgründe und Haftung für Insolvenzverschleppung – Notwendige Ergänzung des Kapitalschutzes, in: Lutter, Marcus (Hrsg.), Das Kapital der Aktiengesellschaft in Europa. ZGR Sonderheft 17, Berlin 2006, S. 188–206.

Schmidt, Karsten, 150 Jahre Kommanditgesellschaft auf Aktien: Balanceakte eines Sonderlings, in: Bayer, Walter / Habersack, Mathias (Hrsg.), Aktienrecht im Wandel: 1807–2007. Historische Entwicklung des Aktienrechts in Deutschland, Tübingen 2007, Bd. 2, S. 1188–1211.

Schmidt, Karsten, GmbH-Reform, Solvenzgewährleistung und Insolvenzpraxis, GmbHR 2007, S. 1–10.

Schmidt, Reinhard H. / Spindler, Gerald, Path Dependence, Corporate Governance and Complementarity, International Finance 2002, S. 311–333.

Schmidtbleicher, Roland, Die Anleihegläubigermehrheit: Eine institutionenökonomische, rechtsvergleichende und dogmatische Untersuchung, Tübingen 2010.

Schmölder, Karl / Geßler, Ernst / Merkle, Franz (Hrsg.), DM-Bilanzgesetz. Kommentar mit einer allgemeinen Einführung und einem Anhang mit allen einschlägigen Gesetzen und Durchführungsverordnungen, Stuttgart 1950.

Schmoller, Gustav, Die geschichtliche Entwicklung der Unternehmung. Die Handelsgesellschaften des 17.–18. Jahrhunderts, hauptsächlich die großen Kompagnien, Schmollers Jahrbuch 17 (1893), S. 959–1018.

Schneider, Uwe H., Compliance als Aufgabe der Unternehmensleitung, Zeitschrift für Wirtschaftsrecht 2003, S. 645–650.

Scholz, Franz (Hrsg.), Kommentar zum GmbH-Gesetz. Mit Anhang Konzernrecht, 3 Bände, 10. Aufl., Köln 2006.

Schön, Siegfried, Geschichte und Wesen der eigenen Aktien, Frankfurt am Main 1937.

Schön, Wolfgang, Gesellschafter-, Gläubiger- und Anlegerschutz im Europäischen Bilanzrecht, ZGR 2000, S. 706–742.

Schön, Wolfgang, Sitzverlegung von Kapitalgesellschaften nach Gesellschafts- und Steuerrecht – EuGH v. 9.3.1999, Rs. C 212 / 97 (Centros), Jahrbuch der Fachanwälte für Steuerrecht 2000/ 2001, S. 34–52.

Schön, Wolfgang, Die Zukunft der Kapitalaufbringung / -erhaltung, Der Konzern 2004, S. 162–172.

Schön, Wolfgang / Osterloh-Conrad, Christine, Rechnungslegung in der Aktiengesellschaft, in: Bayer, Walter / Habersack, Mathias (Hrsg.), Aktienrecht im Wandel: 1807–2007. Historische Entwicklung des Aktienrechts in Deutschland, Tübingen 2007, Bd. 2, S. 893–954.

Schubert, Werner, Die Einführung der Allgemeinen Deutschen Wechselordnung und des Allgemeinen Deutschen Handelsgesetzbuchs als Bundesgesetze (1869), ZHR 144 (1980), S. 484–492.

Schubert, Werner, Die Abschaffung des Konzessionssystems durch die Aktienrechtsnovelle von 1870, ZGR 1981, S. 285–317.

Schubert, Werner (Hrsg.), Protokolle der Commission zur Berathung eines allgemeinen deutschen Handelsgesetz-Buches. Eingeleitet und neu herausgegeben von Werner Schubert, Bd. 1, Frankfurt am Main 1984.

Schubert, Werner (Hrsg.), Der Entwurf eines Handelsgesetzbuchs für die preußischen Staaten nebst Motiven (1857), Frankfurt am Main 1986.

Schubert, Werner (Hrsg.), Verhandlungen über die Entwürfe eines Allgemeinen Deutschen Handelsgesetzbuches 1861, Frankfurt am Main 1986.

Schubert, Werner (Hrsg.), Ausschuß für Aktienrecht. Akademie für Deutsches Recht, 1933–1945, Bd. 1, Berlin 1996.

Schubert, Werner, Das preußische Eisenbahngesetz von 1838, SZGerm 116 (1999), S. 152–203.

Schubert, Werner, Das GmbH-Gesetz von 1892 – „eine Zierde unserer Reichsgesetzsammlung“, in: Lutter, Marcus / Ulmer, Peter / Zöllner, Wolfgang (Hrsg.), Festschrift 100 Jahre GmbH-Gesetz, Köln 1992, S. 1–47.

Schubert, Werner (Hrsg.), Quellen zur Aktienrechtsreform der Weimarer Republik (1926–1931). Eingeleitet und herausgegeben von Werner Schubert, 2 Bände, Frankfurt am Main, Berlin 1999.

Schubert, Werner / Hommelhoff, Peter (Hrsg.), Hundert Jahre modernes Aktienrecht. Eine Sammlung von Texten und Quellen zur Aktienrechtsreform 1884 mit zwei Einführungen. ZGR Sonderheft 4, Berlin 1985.

Schubert, Werner / Hommelhoff, Peter (Hrsg.), Die Aktienrechtsreform am Ende der Weimarer Republik. Die Protokolle der Verhandlungen im Aktienrechtsausschuß des Vorläufigen Reichswirtschaftsrats unter dem Vorsitz von Max Hachenburg, Berlin 1987.

Schulze-Osterloh, Joachim, Internationalisierung der Rechnungslegung und ihre Auswirkungen auf die Grundprinzipien des deutschen Rechts, Der Konzern 2004, S. 173–177.

Schumacher, Herrmann, Die Entwicklung der inneren Organisation der Aktiengesellschaft im deutschen Recht bis zum Allgemeinen Deutschen Handelsgesetzbuch. Ein Beitrag zur Frage der Führung der Aktiengesellschaft, Stuttgart 1937.

Schütte, Burkhard, Die Dividendenentscheidung in der Aktiengesellschaft. Eine Untersuchung neuerer Regelungsvorschläge unter besonderer Berücksichtigung der US-amerikanischen Diskussion, Berlin 1995.

Schutte-Veenstra, Hanny / Boschma, Hylda / Lennarts, Marie-Louise, Alternative Systems for Capital Protection. Institute for Company Law, Groningen 2005.

Schwegmann, Ricarda, Der Gläubigerschutz in der Unternehmergesellschaft (haftungsbeschränkt), Hamburg 2013.

Seibert, Ulrich, Der Referentenentwurf eines Gesetzes zur Umsetzung der Aktionärsrechterichtlinie (ARUG), Zeitschrift für Wirtschaftsrecht 2008, S. 906–910.

Seibert, Ulrich, Endspurt auf schwankendem Grund – Gesellschaftsrecht zum Ende der 16. Wahlperiode, Status: Recht 1 / 2009, S. 26–27.

Seibert, Ulrich / Florstedt, Tim, Der Regierungsentwurf des ARUG – Inhalt und wesentliche Änderungen gegenüber dem Referentenentwurf, Zeitschrift für Wirtschaftsrecht 2008, S. 2145–2152.

Serick, Rolf, Rechtsform und Realität juristischer Personen. Ein rechtsvergleichender Beitrag zur Frage des Durchgriffs auf die Personen oder Gegenstände hinter der juristischen Person, Berlin 1955.

Servatius, Wolfgang, Gläubigereinfluss durch Covenants: Hybride Finanzierungsinstrumente im Spannungsfeld von Fremd- und Eigenfinanzierung, Tübingen 2008.

Siegfried, R., Die Rechte der Aktionäre und der Schutz ihrer Interessen nach dem neuen Aktiengesetz vom 18. Juli 1884, Berlin 1884.

Siems, Mathias M., Die Konvergenz der Rechtssysteme im Recht der Aktionäre. Ein Beitrag zur vergleichenden Corporate Governance in Zeiten der Globalisierung, Tübingen 2005.

Simon, Hermann Veit, Die Bilanzen der Aktiengesellschaften und der Kommanditgesellschaften auf Aktien, 3. Aufl., Berlin 1899.

Söhnchen, Markus, Die historische Entwicklung der rechtlichen Gründungsvoraussetzungen von Handels- und Aktiengesellschaften, Berlin 2005.

Spindler, Gerald, Recht und Konzern. Interdependenzen der Rechts- und Unternehmensentwicklung in Deutschland und den USA zwischen 1870 und 1933, Tübingen 1993.

Spindler, Gerald, Die Empfehlungen der EU für den Aufsichtsrat und ihre deutsche Umsetzung im Corporate Governance Kodex, Zeitschrift für Wirtschaftsrecht 2005, S. 2033–2045.

Spindler, Gerald, Die Entwicklung der Satzungsfreiheit und Satzungsstrenge im deutschen Aktienrecht, in: Bayer, Walter / Habersack, Mathias (Hrsg.), Aktienrecht im Wandel: 1807–2007. Historische Entwicklung des Aktienrechts in Deutschland, Tübingen 2007, Bd. 2, S. 995–1026.

Spindler, Gerald, Kriegsfolgen, Konzernbildung und Machtfrage als zentrale Aspekte der aktienrechtlichen Diskussion in der Weimarer Republik, in: Bayer, Walter / Habersack, Mathias (Hrsg.), Aktienrecht im Wandel: 1807–2007. Historische Entwicklung des Aktienrechts in Deutschland, Tübingen 2007, Bd. 1, S. 440–569.

Spindler, Gerald / Stilz, Eberhard (Hrsg.), Kommentar zum Aktiengesetz, 2 Bände, München 2007.

Steffek, Felix, Gläubigerschutz in der Kapitalgesellschaft. Krise und Insolvenz im englischen und deutschen Gesellschafts- und Insolvenzrecht, Tübingen 2011.

Tasma, Martin, Leveraged Buyout und Gläubigerschutz, Tübingen 2012.

Teichmann, Christoph, Binnenmarktkonformes Gesellschaftsrecht, Berlin 2006.

Teichmann, Christoph, Reform des Gläubigerschutzes im Kapitalgesellschaftsrecht, NJW 2006, S. 2444–2451.

Teichmann, Christoph, Cartesio: Die Freiheit zum formwechselnden Wegzug. Zugleich Besprechung EuGH v. 16.12.2008 – Rs C-210 / 06, ZIP 2009, 24 – Cartesio, Zeitschrift für Wirtschaftsrecht 2009, S. 393–404.

Thieme, Sebastian, Auswirkungen einer Veränderung der Mindeststammkapitalziffer im Spiegel der gesellschaftsrechtlichen Praxis, Hamburg 2013.

Toulmin, Stephen, Menschliches Erkennen. Bd. 1 Kritik der kollektiven Vernunft, Frankfurt am Main 1978.

Ulmer, Peter, Die Anpassung von Aktiengesellschaftssatzungen an das Mitbestimmungsgesetz, eine Zwischenbilanz, ZHR 141 (1977), S. 490–519.

Ulmer, Peter, Die Anpassung der Satzungen mitbestimmter Aktiengesellschaften an das MitbestG 1976, Heidelberg 1980.

Ulmer, Peter, Das Centros-Urteil des EuGH und seine Relevanz für das deutsche Internationale Gesellschaftsrecht, JZ 1999, S. 662–665.

Ulmer, Peter, Haftungsfreistellung bis zur Grenze grober Fahrlässigkeit bei unternehmerischen Fehlentscheidungen von Vorstand und Aufsichtsrat?, Der Betrieb 2004, S. 859–863.

Ulmer, Peter, Aktienrecht und richterliche Rechtsfortbildung, in: Bayer, Walter / Habersack, Mathias (Hrsg.), Aktienrecht im Wandel: 1807–2007. Historische Entwicklung des Aktienrechts in Deutschland, Tübingen 2007, Bd. 2, S. 113–149.

Veil, Rüdiger, Die Unternehmergesellschaft im System der Kapitalgesellschaften, ZGR 2009, S. 623–643.

Veith, Alexander, Der Gläubigerschutz beim Formwechsel nach dem Umwandlungsgesetz, Frankfurt am Main 2003.

Vogt, Gustav, Zur Theorie der Handelsgesellschaften, insbesondere der Aktiengesellschaften, ZHR 1 (1858), S. 477–539.

Von Hahn, Friedrich (Hrsg.), Commentar zum Allgemeinen Deutschen Handelsgesetzbuch, 3. Aufl., Braunschweig 1877.

Von Halen, Curt Christian, Das internationale Gesellschaftsrecht nach dem Überseering-Urteil des EuGH, WM 2003, S. 571–578.

Von Hayek, Friedrich A., Regeln und Ordnung, München 1980.

Von Hehn, Paul A. / Hartung, Wilhelm, Unabhängige interne Untersuchungen in Unternehmen als Instrument guter Corporate Governance – auch in Europa?, Der Betrieb 2006, S. 1909–1914.

Von Hein, Jan, Die Rezeption US-amerikanischen Gesellschaftsrechts in Deutschland, Tübingen 2008.

Von Ihering, Rudolf, Der Zweck im Recht. Bd. 1, Leipzig 1877.

Von Lutz, Johann (Hrsg.), Protokolle der Commission zur Berathung eines allgemeinen deutschen Handelsgesetzbuchs. 3 Teile, Würzburg 1858–1863.

Von Mohl, Robert, Die Aktiengesellschaft, Deutsche Vierteljahresschrift 4 (1856), S. 1–75.

Von Schimmelmann, Wulf / Franke, Günter (Hrsg.), Finanzplatz Deutschland. Neue Wege für das Bankensystem, Frankfurt am Main 2006.

Vossius, Oliver, Entwicklung und Zukunft des geltenden Kapitalschutzrechts, NotBZ 2006, S. 373–381.

Waclawik, Erich, Rechtsfortbildung in der Krise: Das „gesetzlich genehmigte Kapital“, Zeitschrift für Wirtschaftsrecht 2008, S. 2339.

Wagenhofer, Alfred / Ewert, Ralf, Externe Unternehmensrechnung mit sechs Tabellen, 2. Aufl., Berlin 2007.

Walter, Bernhard, Gesetzliches Garantiekapital und Kreditentscheidung der Banken, AG 1998, S. 370–372.

Walz, Rainer, Strategien zur Überwindung des bilanzrechtlichen Anpassungsbedarfs, in: Assmann, Heinz-Dieter / Gounalakis, Georgios / Brinkmann, Thomas (Hrsg.), Wirtschafts- und Medienrecht in der offenen Demokratie. Freundesgabe für Friedrich Kübler zum 65. Geburtstag, Heidelberg 1997, S. 557–581.

Watson, Alan, Legal Transplants. An Approach to Comparative Law, 2. Aufl., Athens 1993.

Wehler, Hans-Ulrich, Deutsche Gesellschaftsgeschichte, 4 Bde, Bd. 2, Von der Reformära bis zur industriellen und politischen „Deutschen Doppelrevolution" 1815–1845/49, München 2005; Bd. 3, Von der „Deutschen Doppelrevolution" bis zum Beginn des Ersten Weltkrieges 1849–1914, München 2007.

Weinhagen, Napoleon, Das Recht der Aktien-Gesellschaften nach dem Allgemeinen Deutschen Handelsgesetzbuche und dem Preußischen Gesetze vom 15. Februar 1864 nebst einem Anhange, Köln 1866.

Weiß, Stephan, Aktionärs- und Gläubigerschutz im System der echten nennwertlosen (Stück-)Aktie, Jena 2007.

Wellhöfer, Werner / Peltzer, Martin / Müller, Welf (Hrsg.), Die Haftung von Vorstand, Aufsichtsrat, Wirtschaftsprüfer mit GmbH-Geschäftsführer, München 2008.

Wenck, Rudolf A., Die Einberufung der Generalversammlung bei Aktiengesellschaften, Genossenschaften, GmbH, Gewerkschaften und Versicherungsvereinen, Berlin 1914.

Wiedemann, Herbert, Minderheitenschutz und Aktienhandel: eine rechtsvergleichende Studie zum amerikanischen und deutschen Gesellschaftsrecht, Stuttgart 1968.

Wiedemann, Herbert, Gesellschaftsrecht. Bd. 1: Grundlagen, München 1980.

Wiethölter, Rudolf, Interessen und Organisation der Aktiengesellschaft im amerikanischen und deutschen Recht, Karlsruhe 1961.

Wimmer, Konrad, MaRisk: Überblick und Konsequenzen für die Geschäftsführung, BKR 2006, S. 146–153.

Wouters, Jan, European Company Law: Quo Vadis?, 37 Common Market Law Review 2000, S. 257–307.

Zimmer, Daniel, Mysterium „Centros", ZHR 164 (2000), S. 23–42.

Zimmer, Daniel, Wie es Euch gefällt? Offene Fragen nach dem Überseering-Urteil des EuGH, Betriebsberater 2003, S. 1–7.

Zöllner, Wolfgang (Hrsg.), Kölner Kommentar zum Aktiengesetz, 1. Aufl., Köln-Berlin-Bonn-München seit 1970; 2. Aufl., Köln-Berlin-Bonn-München seit 1988.

Zöllner, Wolfgang, Aktienrechtsreform in Permanenz – Was wird aus den Rechten des Aktionärs?, AG 1994, S. 336–342.

Zöllner, Wolfgang / Noack, Ulrich (Hrsg.), Kölner Kommentar zum Aktiengesetz, 3. Aufl., Köln / Berlin / Bonn / München seit 2004.

A. Vorbemerkungen

„Companie ist Lumperie"

Anonymus

Die Welt befindet sich in einer fortwährenden Krise – dieser Eindruck scheint sich jedem aufzudrängen, der auch nur mit halbem Ohr den aktuellen Nachrichten folgt. Mal wird das drohende Ende Europas beschrieben, mal die drohende Wirtschaftskrise in den Schwellenländern, das neue Wort des drohenden *Grexit*[1] hat Einzug in die Wörterbücher gehalten, der Rettungsfonds Europäischer Stabilitätsmechanismus muss als Schutzwall für die Finanzmärkte herhalten und neue Buchstabenkürzel wie ESM[2], EFSM[3] und EFSF[4] sind inzwischen in den allgemeinen Sprachgebrauch übergegangen.

Darüber ist – auch in der gesellschaftsrechtlichen Literatur – eine andere Diskussion fast wieder in Vergessenheit geraten, die europaweit und jahrelang geführt wurde: die Diskussion um eine Reform der zweiten gesellschaftsrechtlichen Richtlinie[5] und damit auch des Kapitalschutzregimes (börsennotierter[6]) Aktiengesellschaften.[7] Das Schlagwort des *Wettbewerbs der Rechtsordnungen*, das die Aus-

1 Vgl. für viele *Kaushik Basu*, Weltbank, in: Handelsblatt, 16. April 2015: „Ein Grexit ist eine große Gefahr".

2 Europäischer Stabilitätsmechanismus (ESM), gegründet 8. Oktober 2012, Stammkapital von knapp EUR 700 Mrd.

3 Europäischer Finanzstabilisierungsmechanismus (EFSM): Gemeinschaftsinstrument der Europäischen Union, das zum temporären sogenannten Euro-Schutzschirm bis zu EUR 60 Mrd. beisteuerte und mit Ablösung durch den Europäischen Stabilitätsmechanismus Mitte 2013 entfiel.

4 Europäische Finanzstabilisierungsfazilität (EFSF): Weiteres Gemeinschaftsinstrument des früheren Europäischen Schutzschirms, das Finanzhilfen in Höhe von rund EUR 200 Mrd. für die Programmländer Irland, Portugal und Griechenland zusagt, vgl. http://www.bundesregierung.de, abgerufen am 17. April 2015.

5 Zweite Richtlinie 77/91/EWG des Rates vom 13. Dezember 1976 zur Koordinierung der Schutzbestimmungen, die in den Mitgliedstaaten den Gesellschaften im Sinne des Artikels 58 Absatz 2 des Vertrages im Interesse der Gesellschafter sowie Dritter für die Gründung der Aktiengesellschaft sowie für die Erhaltung und Änderung ihres Kapitals vorgeschrieben sind, um diese Bestimmungen gleichwertig zu gestalten, ABl. EG Nr. L 26 vom 31. Januar 1977, S. 1–13 (im Folgenden: „*Kapitalrichtlinie*").

6 *Claussen/Preu* zählen circa 15.000 Aktiengesellschaften in Deutschland, von denen nur 650 börsennotiert sind, vgl. *Claussen/Preu*, Weitere Deregulierungsmöglichkeiten im Aktienrecht, in: Kindler u.a. (Hrsg.), Festschrift für Uwe Hüffer zum 70. Geburtstag, 2010, S. 131.

7 Vgl. nur die Ausführungen von *Schmidt*, Neuere Entwicklungen im Europäischen Gesellschaftsrecht, in: VGR (Hrsg.), Gesellschaftsrecht in der Diskussion 2014, 2015, S. 25 ff.

einandersetzung lange dominiert hat, ist in den Hintergrund getreten. Es scheint, die Gesellschaftsrechtswissenschaft ist des Themas müde geworden – was geschrieben werden konnte, das wurde geschrieben, getan hat sich wenig bis nichts. Einigkeit über die weitere Vorgehensweise wurde nicht erzielt. Innerhalb der einzelnen europäischen Jurisdiktionen herrscht noch immer über eine eventuelle Reform Uneinigkeit. Für die jeweiligen nationalen Gesetzgeber hat sich die Frage der Zukunftsfähigkeit der einzelnen nationalen Aktiengesellschaftsformen jedoch nicht durch Zeitablauf von selbst erledigt, nur weil andere Themen die politische Agenda stärker erobert haben.

Auch in Deutschland wird im Aktienrecht momentan an anderen Fronten gestritten. Die ehemalige *Aktienrechtsnovelle 2011*[8] (wahlweise später als *Aktienrechtsnovelle 2012* und *Aktienrechtsnovelle 2013* bezeichnet) benötigt gerade unter dem jetzigen Kurzschlagwort *Aktienrechtsnovelle 2014*[9] zwei Legislaturperioden, um auch nur in die Nähe einer Verabschiedung zu gelangen. Es soll u.a. bei einer Wandelanleihe der Aktiengesellschaft die Möglichkeit geschaffen werden, ein Umtauschrecht zugunsten der Gesellschaft zu vereinbaren, und es sollen zudem Wahlrechte zwischen Inhaber- und Namensaktien auch bei nicht börsennotierten Aktiengesellschaften ermöglicht werden.[10] Auf europäischer Ebene müht sich derweilen die langdiskutierte Reform der EU-Aktionärsrechte-Richtlinie[11] „auf der Zielgeraden“[12]. Der Rechtsausschuss des Europäischen Parlamentes hat immerhin am 7. Mai 2015 den Berichtsentwurf der Europäischen Kommission schon einmal angenommen. Hiernach dürfen Aktionäre drei Jahre lang über die Vergütungspolitik der Aktiengesellschaft abstimmen und es wird eine Länderberichterstattung für große Unternehmen und solche von öffentlichem Interesse eingeführt. Gleichzeitig sollen die einzelnen

---

8 Vgl. zuerst den Referentenwurf des Bundesministeriums der Justiz eines Gesetzes zur Änderung des Aktiengesetzes, 2. November 2010, der mit dem maßgeblichen Ziel, die „Finanzierung der Aktiengesellschaft“ zu flexibilisieren, angetreten war, dann in die sog. „Aktienrechtsnovelle 2012“ unter dem Titel „Gesetz zur Verbesserung der Kontrolle der Vorstandsvergütung und zu Änderung weiterer aktienrechtlicher Vorschriften (VorstKoG)“, BT-Drucks. 17/14214 vom 27. Juni 2013 zwar vom Bundestag beschlossen wurde, aber vom Bundesrat am 20. September 2013 gestoppt wurde und damit am Grundsatz der Diskontinuität scheiterte.

9 Vgl. den momentan diskutierten Gesetzentwurf der Bundesregierung eines Gesetzes zur Änderung des Aktiengesetztes (Aktienrechtsnovelle 2014), BT-Drucks. 18/4349 vom 18. März 2015; vgl. beispielsweise die Stellungnahme des Deutschen Anwaltsvereins noch zum Referentenentwurf, abgedruckt in NZG 2006, 863 ff.

10 Gesetzentwurf der Bundesregierung eines Gesetzes zur Änderung des Aktiengesetztes (Aktienrechtsnovelle 2014), BT-Drucks. 18/4349 vom 18. März 2015, S. 1.

11 Vgl. Vorschlag der Europäischen Kommission für eine Richtlinie des Europäischen Parlaments und des Rates zur Änderung der Richtlinie 2007/36/EG im Hinblick auf die Förderung der langfristigen Einbeziehung der Aktionäre sowie der Richtlinie 2013/34/EU in Bezug auf bestimmte Elemente der Erklärung zur Unternehmensführung vom 9. April 2014, COM(2014) 213 final.

12 Vgl. jüngst *Bremer*, NZG 2015, 827 f.

Mitgliedstaaten Anreize für langfristige Engagements von Aktionären schaffen und Transaktionen mit nahestehenden Unternehmen weiter regeln.

Die jeweiligen nationalen Gesetzgeber müssen um die Frage der Zukunftsfähigkeit der einzelnen nationalen Aktiengesellschaftsform besorgt sein. *„Dasjenige Land, welches die sichersten, einfachsten und mannigfachsten Rechtsformen für die Vereinigung von Kapital und Personen bietet, muss vor anderen Nationen, die hierin zurückblieben, einen wirthschaftlichen Vorteil gewinnen."*[13] Ein attraktives Gesellschaftsrecht – so die Prämisse – lockt Investoren in das jeweilige Land und führt zu wirtschaftlichem Wohlstand und Stabilität. Erklärtes politisches Desideratum der Bundesrepublik ist es dementsprechend, internationale und nationale Investoren von der Aktiengesellschaft nach deutschem Recht zu überzeugen. Englischen, französischen oder niederländischen Pendants soll möglichst keine Bedeutung zukommen. Seit einigen Jahren besteht für die klassische deutsche Aktiengesellschaft auch zusätzliche Konkurrenz (im Inland) mit der *Societas Europaea* (SE).[14] Diese weitere Aktienrechtsform für Großunternehmen hat den numerus clausus der Gesellschaftsrechtsreformen weiter erweitert.[15] Die Entwicklung der Zahlen spricht seit Jahren gegen die deutsche Aktiengesellschaft. So gab es zwar 2015 in der Bundesrepublik fast 11.000 Aktiengesellschaften, dies sind jedoch circa 4.000 Aktiengesellschaften weniger als noch vor 10 Jahren.[16]

Bislang garantiert die Kapitalrichtlinie[17] großteils vergleichbare Regelungen für (börsennotierte) Aktiengesellschaften in den europäischen Mitgliedstaaten. Daher erscheint es nationalen Investoren nicht nötig, aus ökonomischen oder rechtlichen Erwägungen ihrer „Heimatrechtsordnung" den Rücken zu kehren. Vor allem von angelsächsischer Seite[18] wurde indessen in der Vergangenheit vehement eine Lockerung oder gar Aufhebung der Kapitalrichtlinie gefordert. Diese Forderung hat auch in der deutschen Literatur ihre Anhänger gefunden. Eine Lockerung der strengen Regelungen der Kapitalrichtlinie würde den deutschen Gesetzgeber für das Recht der Aktiengesellschaft unter erheblichen Reformdruck setzen.[19] Im Recht der *Gesell-*

---

13 *Oechselhäuser*, in: Stenographische Berichte über die Verhandlungen des Reichtages, V. Legislaturperiode, IV. Session 1884, S. 221, zitiert nach *Schubert*, in: Lutter u.a. (Hrsg.): Festschrift 100 Jahre GmbH-Gesetz, 1992, S. 1, 4.

14 Verordnung (EG) Nr. 2157/2001 des Rates vom 8. Oktober 2001 über das Statut der Europäischen Gesellschaft (SE), ABl. EG Nr. L 294 vom 10. November 2001, S. 1; Gesetz zur Einführung der Europäischen Gesellschaft (SE-Einführungsgesetz) vom 28. Dezember 2004, BGBl. Teil I, 2004, S. 3675 ff., in Kraft getreten am 29. Dezember 2004.

15 Vgl. ausführlich *Malcher*, Die Rechtsform(en) der Aktiengesellschaften, 2014.

16 Vgl. Halbjahresbericht des DAI, 50 Jahre Aktiengesetz, 1. Halbjahr 2015, S. 11.

17 A.a.O. (Fn. 5).

18 Vgl. den einflussreichen Bericht von *Rickford*, 15 European Business Law Review 2004, 919 ff.

19 Vgl. nur die vorbereitenden Überlegungen bei Lutter (Hrsg.), Das Kapital der Aktiengesellschaft in Europa, 2006, und Blaurock (Hrsg.), Anleger- und Gläubigerschutz bei Handelsgesellschaften, 2006.

schaft mit beschränkter Haftung (GmbH) konnte dies gut beobachtet werden, als Abwanderungsbefürchtungen des Gesetzgebers dazu führten, dass im deutschen Recht die *Unternehmergesellschaft* (UG) eingeführt wurde.[20] Neben der politischen Zielsetzung des deutschen Gesetzgebers, für Investoren möglichst attraktive Gesellschaftsrechtsmodelle anzubieten, treten darüber hinausgehende Schutzbestrebungen zugunsten der *Gläubiger* einer Gesellschaft häufig nicht mehr in den Vordergrund.[21] Der Begriff des „Gläubigers" lässt sich zurückführen auf den lateinischen Begriff „credere" (glauben). Er glaubt, laut *Steffek*[22], an „die Leistungswilligkeit und vor allem Leistungsfähigkeit der Gesellschaft sowie mögliche Beeinträchtigungen dieser Zukunftserwartung vor dem Hintergrund der Haftungsbeschränkung". Als wesentliche Bausteine des Gläubigerschutzregimes werden allgemein Kapitalaufbringung (samt Mindestkapital), Kapitalerhaltung und Registerpublizität genannt.

Auch wenn die Diskussion hierum ruhiger geworden ist, muss man kein Prophet sein, um vorherzusagen, dass die oben angerissene Diskussion zu gegebener Zeit wieder aufflackern wird.[23] Eine Liberalisierung oder Abschaffung der Kapitalrichtlinie würde die deutschen Regelungen zu Kapitalaufbringung, -erhaltung und Rechnungslegung unter Reformdruck setzen.[24]

I. Vom Zweck und Nutzen einer Analyse der Ausprägung des Gläubigerschutzes

„...it is sometimes not possible to uncover the logic (or illogic) of the world except by understanding how it got that way."[25]

Die Rechtshistorie kann hier einen Beitrag zur rechtspolitischen Diskussion leisten. In der Geschichte des Aktienrechts wurde eine Vielzahl von Lösungen schon aufgeworfen und wieder verworfen; zum Teil umgesetzt und dann wieder

---

20 Siehe § 5a GmbHG in der Fassung des Gesetzes zur Modernisierung des GmbH-Rechts und zur Bekämpfung von Missbräuchen (MoMiG) vom 23. Oktober 2008, BGBl. Teil I, 2008, S. 2026 ff.; einen Überblick bieten *Heckschen,* DStR 2009, 166 ff. und *Kindler,* NJW 2008, 3249 ff.

21 Vgl. nur die Forderungen nach einem „Finanzplatz Deutschland", zum Beispiel bei v. Schimmelmann/Franke (Hrsg.), Finanzplatz Deutschland, 2006.

22 *Steffek*, Gläubigerschutz in der Kapitalgesellschaft, 2011, S. 8.

23 Vgl. zu dieser Zyklizität schon *Armour/Ringe*, European Company Law 1999–2010: Renaissance and Crisis, ECGI Law Working Paper No. 175/2011 (January 2011).

24 Ein solcher besteht schon heute insoweit, als Rechnungslegungsvorschriften betroffen sind, vgl. die Annäherung handelsrechtlicher Bilanzierungsgrundsätze an internationale Rechnungslegungsstandards durch das Gesetz zur Modernisierung des Bilanzrechts vom 28. Mai 2009, BGBl. Teil I, 2009, S. 1102 ff.; zum Regierungsentwurf vgl. BT-Drucks. 16/10067 vom 30. Juli 2008; zur Annäherung an die IFRS siehe Gros, Der Konzern 2008, 466 ff.

25 Generell zum Nutzen eines rechtsgeschichtlichen Blickwinkels zum Verständnis bestehender Rechtsnormen vgl. *David,* 75 American Economic Review 1985, 332.

abgeschafft. Der moderne Gesetzgeber kann sich im Interesse der Wirtschaftsentwicklung nicht leisten, Erkenntnisse früherer Gesetzgeber zu ignorieren. In der Gesellschaftsrechtsgesetzgebung des letzten Jahrzehnts hat sich der deutsche Gesetzgeber stark an angloamerikanischen Vorbildern orientiert und die Gesellschaftsrechtsgesetzgebung war durch die Rezeption ausländischer Rechtsentwicklung geprägt, man denke nur an die Einführung von *Business Judgement Rule*[26] und *Corporate Governance Kodex* (hier zeugt schon der Name von der Herkunft der Rechtsinstitute).[27] So wie heute kein Gesetz ohne rechtsvergleichenden Blick über die deutschen Grenzen auskommt, so wird doch eine weitere Dimension der „Rechtsvergleichung" meist ignoriert: die durch die Zeit zurück zur eigenen Rechtsordnung. Nicht als *l'art pour l'art*, sondern als weitere Dimension des Erkenntnisgewinns, wenn man so will nicht räumlich, sondern zeitlich. Es wird in der Analyse festzustellen sein, welche sozial- und wirtschaftsgeschichtlichen Rahmenbedingungen und gewisse historische Bedingtheiten zu Lösungsansätzen geführt haben, die vielleicht, vielleicht aber auch nicht auf aktuelle Verhältnisse und Interessen übertragbar sind. Der spezifische Erkenntnisbeitrag des historischen Ansatzes ist daher aus Sicht der Verfasserin in diesem Zusammenhang, dass eine Mehrdimensionalität der rechtsvergleichenden Erkenntnisse erreicht wird, die die Diskussion befruchten kann. Ein Nachteil der Rezeption aktueller ausländischer Rechtsinstitute, der mangelnde *cultural fit* pfadabhängig in ausländischen Rechtstraditionen entwickelter Lösungsmechanismen, ist bei der eigenen Rechtsdiskussion und -tradition entstammenden Lösungsmechanismen nicht vorhanden.

Die historische Aktienrechtsgesetzgebung war häufig durch den Kampf des deutschen Gesetzgebers gegen Missbräuche der Rechtsform der Aktiengesellschaft zulasten ihrer Aktionäre, der Öffentlichkeit oder auch ihrer Gläubiger geprägt. Hierbei lässt sich der Begriff der Öffentlichkeit aufspalten in alle potentiellen (zukünftigen) Aktionäre der Aktiengesellschaft, die Kunden der Aktiengesellschaft und den Staat. Die Tatsache, dass Aktionäre lediglich in Höhe ihrer Einlage in die Aktiengesellschaft und damit nur beschränkt für Verbindlichkeiten der jeweiligen Aktiengesellschaft haften[28], machte den Schutz der Gläubiger einer Aktiengesellschaft in der Vergangenheit aus Sicht des deutschen Gesetzgebers jedenfalls dringender, als dies beispielsweise bei Personenhandelsgesellschaften mit persönlich haftendem Gesellschafter der Fall war.

---

26 Vgl. ausführlich *Easterbrook/Fischel*, The Economic Structure of Corporate Law, 1991, S. 90 ff. m.w.N.

27 Von einer „Aktienrechtsreform in Permanenz" sprach bereits 1994 *Zöllner*, AG 1994, 336 ff.

28 Der Grundsatz der beschränkten Haftung der Aktionäre einer Aktiengesellschaft galt auf dem Gebiet der deutschen Länder wenigstens seit der Einführung der Konzessionierungspflicht im 18. Jahrhundert, vgl. hierzu ausführlich *Schubert*, ZGR 1981, 285 ff.

Seit der erstmaligen gesetzlichen Erwähnung von Aktiengesellschaften im französischen *Code de Commerce* von 1807[29] wurden diese in der Folgezeit immer ausführlicher und detaillierter geregelt. Dabei kristallisierte sich in Deutschland ein System heraus, das zum großen Teil aus zwingenden Rechtsregeln besteht und das neben Regelungen zur inneren Organisation der Aktiengesellschaften auch Regelungen enthält, die gläubigerschützend wirken. Ihr Kernstück sind in Deutschland die aktienrechtlichen Regelungen zur Kapitalaufbringung und -erhaltung in Verbindung mit den handelsrechtlichen Rechnungslegungsvorschriften zur Ermittlung des ausschüttungsfähigen Gewinns der Aktiengesellschaft.[30]

Die vorliegende Arbeit kann auf ein reichhaltiges Fundament aktienrechtlicher Literatur zur Geschichte gläubigerschützender Rechtsinstitute des Aktienrechts aufbauen: Bisherige Darstellungen lassen sich aufteilen in solche, die eher eine zeitliche Entwicklung oder ein Phänomen einer spezifischen historischen Aktienrechtsreform untersuchen, und andere, die die Funktionsweise einzelner aktienrechtlicher Rechtsinstitute und ihre geschichtliche Entwicklung analysieren. In die erste Kategorie fallen zahlreiche monographische Untersuchungen zu einzelnen Aktienrechtsreformen, sehr ausführlich beispielsweise *Bahrenfuss*[31] zum Aktiengesetz von 1965.[32] In die zweite Kategorie fallen neben der extensiven Kommentarliteratur zu einzelnen aktienrechtlichen Vorschriften auch all jene monographischen Bearbeitungen, die einzelne Gläubigerschutzinstrumente in den Blick nehmen. Typischerweise enthalten letztere neben der analytischen Betrachtung der Funktionsweise des entsprechenden Rechtsinstituts einleitende Kapitel, die sich mit der Herkunft des einzelnen, im Folgenden zu untersuchenden Instruments beschäftigen.[33]

---

29 Dieser galt (zeitweise) ebenso in den linksrheinischen Gebieten Ostfriesland, Jever, Münster, Hamburg, Bremen, Lübeck, Lauenburg, dem Großherzogtum Berg, Rheinhessen, der bayerischen Rheinpfalz, der preußischen Rheinprovinz, im Großherzogtum Baden und im Großherzogtum Frankfurt am Main, vgl. ausführlich *Deutsch,* in: Bayer/Habersack (Hrsg.), Aktienrecht im Wandel, Bd. 1, S. 46, 91 ff. m.w.N.

30 Vgl. zu ihrer jeweiligen geschichtlichen Ausprägung ausführlich unter D.II. und D.III.

31 *Bahrenfuss,* Die Entstehung des Aktiengesetzes von 1965, 2001.

32 Zu nennen sind zu Frühformen der Aktiengesellschaft *Lehmann,* Die geschichtliche Entwicklung des Aktienrechts bis zum Code de Commerce, 1895 und *Jahntz,* Privilegierte Handelscompagnien in Brandenburg und Preußen, 2006 und *Söhnchen,* Die historische Entwicklung der rechtlichen Gründungsvoraussetzungen von Handels- und Aktiengesellschaften, 2005; zu einzelnen Länderentwürfen eines Aktiengesetzbuches beispielsweise *Baums-Stammberger,* Der Versuch einer Aktiengesetzgebung in Sachsen 1836/1837, 1980; zum preußischen Aktiengesetz von 1843 u.a. *Martin,* VSWG 56 (1969), 500, *Hadding/Kießling,* in: Eckert (Hrsg.), Der praktische Nutzen der Rechtsgeschichte, S. 159 und Baums (Hrsg.), Gesetz über die Aktiengesellschaften für die königlich preussischen Staaten vom 9. November 1843, 1981.

33 Für eine ausführliche Bibliographie zur Rechtsentwicklung im Aktienrecht und zu einzelnen soziokulturellen oder wirtschaftlichen Aspekten sei auf die Angaben in den Kommentierungen von *Assmann,* in: Großkommentar AktG, 4. Aufl., Einleitung B. II. und *Habersack,* in: MünchKomm AktG, Einleitung 1. Teil A. I. verwiesen.

Die geschichtliche Entwicklung des Aktienrechts als solches, der Ablauf, die Gründe und Argumentationsmuster der einzelnen Aktienrechtsreformen sind in den Grundzügen in der vorliegenden Literatur ebenfalls aufgearbeitet. Besonders in den letzten Jahren hat die Zahl der rechtsgeschichtlichen Bearbeitungen der Aktienrechtsentwicklung zugenommen. Das Aktienrecht bietet sich hierfür auch unter modernen Fragestellungen an: Es hat sich in Deutschland erst im 19. Jahrhundert und damit erst relativ spät entwickelt und wurde in einzelnen großen Aktienrechtsreformen über die Jahre kodifiziert und vertieft.[34] Auch die Analyse und Erschließung zeitgeschichtlicher Quellen ist weit vorangeschritten.[35] Ein Desiderat bleibt bislang eine ökonomische Analyse des heutigen deutschen Gläubigerschutzsystems.[36] Im Zuge der Evaluation der Kapitalrichtlinie[37] hat die Europäische Kommission eine Studie der Funktionsweise nationaler Gläubigerschutzregime in den Mitgliedstaaten der Europäischen Gemeinschaft anfertigen lassen. Diese enthält erste Ansätze einer ökonomischen Analyse, darunter eine Abschätzung der Kosten des deutschen und europäischen Kapitalerhaltungssystems.[38]

Bei einer zukünftigen grundlegenden Reform des deutschen Aktienrechts hin zu einer flexibleren Gestaltung im Interesse und zum Nutzen in- und ausländischer Investoren sollte das historisch gewachsene Gläubigerschutzsystem der Aktiengesellschaft keinesfalls außer Acht gelassen werden. Das heute im deutschen Aktienrecht bestehende „kunstvolle Gebäude" des Gläubigerschutzsystems[39] wurde erst im Laufe seiner Geschichte nach und nach errichtet. Eine umfassende Darstellung der Entwicklung dieses Gläubigerschutzsystems liegt für das deutsche Aktienrecht bis heute noch nicht vor.[40] Die

---

34 *Grieß,* Der Gläubigerschutz im Deutschen Aktienrecht, 1914 und *Hautle,* Der Gläubigerschutz im Aktienrechte, 1907 widmen sich schon früh der Untersuchung des Gläubigerschutzes im Aktienrecht.

35 Vgl. beispielsweise Baums (Hrsg.), Gesetz über die Aktiengesellschaften für die königlich preussischen Staaten vom 9. November 1843, 1981; Baums (Hrsg.), Entwurf eines allgemeinen Handelsgesetzbuches für Deutschland (1848/49), 1982; Schubert/Hommelhoff (Hrsg.), Die Aktienrechtsreform am Ende der Weimarer Republik, 1987; Schubert/Hommelhoff (Hrsg.), Hundert Jahre modernes Aktienrecht, 1985 oder auch Schubert (Hrsg.), Ausschuß für Aktienrecht, 1996.

36 Eine ökonomische Analyse deutscher und US-amerikanischer Kapitalschutzsysteme findet sich bei *Richard,* Kapitalschutz der Aktiengesellschaft, 2007.

37 Zweite Richtlinie 77/91/EWG des Rates vom 13. Dezember 1976, ABl. EG Nr. L 26 vom 31. Januar 1977, S. 1 ff.

38 Feasibility study on an alternative to the capital maintenance regime established by the Second Company Law Directive 77/91/EEC of 13 December 1976 and an examination of the impact on profit distribution of the new EU-accounting regime (KPMG-Studie). Siehe hierzu auch im Überblick *Maul/Richard,* Status: Recht 2008, 169 f. und die Analyse bei *Krapf/Schürmann,* Solvenztest, 2008, S. 193 ff. m.w.N.

39 *Baums,* in: Berger/Borges u.a. (Hrsg.), Festschrift für Norbert Horn zum 70. Geburtstag, S. 249 ff.

40 Vgl. allgemein zur Geschichte der Aktiengesellschaft Bayer/Habersack (Hrsg.), Aktienrecht im Wandel, 2007 und Schubert/Hommelhoff (Hrsg.), Hundert Jahre

vorliegende Arbeit analysiert vor diesem Hintergrund die spezifisch gläubigerschützenden Regelungen des deutschen Aktienrechts in ihrer historischen Entwicklung.

1. Die Analyse der Ausprägung aktienrechtlicher Gläubigerschutzmechanismen

Das hierbei zu bewältigende Forschungsprogramm ist umfangreich. Kernstück ist die Ausprägung der Vorschriften zur Kapitalaufbringung und der Erhaltung des festgesetzten Kapitals. Damit im Zusammenhang stehen die Entwicklung des handelsrechtlichen Begriffs des Gewinns, der einer Ausschüttung von Gesellschaftsvermögen an die Aktionäre zugrunde liegt, die Einführung eines gesetzlichen Mindestkapitals und das Erfordernis einer gesetzlichen Rücklage. Dem Kapitalschutzsystem heutiger Prägung liegt ein Rechnungslegungssystem zugrunde, das sich ebenfalls hauptsächlich in den letzten zwei Jahrhunderten entwickelt hat. Aufsichtsräte und unabhängige Abschlussprüfer überwachen seine Einhaltung.[41]

Erst bei näherer Betrachtung offenbaren sich Tücken: Unbestritten enthält das heute gültige deutsche Aktienrecht Regelungen, die auf den Schutz der Gläubiger der Aktiengesellschaft zugeschnitten sind. Aber *wer* wird als Gläubiger einer Aktiengesellschaft durch das Aktienrecht geschützt? Die Abgrenzung zwischen explizit gläubigerschützenden Regelungen des deutschen Aktienrechts und Regelungen, die (lediglich) Aktionärsminderheiten schützen sollen und hierbei auch den Gläubigern der Aktiengesellschaft zugutekommen, ist jedenfalls nicht in allen Fällen zwingend. Es hilft die Überlegung, *wovor* die Gläubiger einer Aktiengesellschaft geschützt werden (können). Welchen spezifischen Gefahren sind sie ausgesetzt, wenn sie eine deutsche Aktiengesellschaft als Schuldnerin haben?[42] Was unterscheidet eine Aktiengesellschaft als Schuldnerin von natürlichen Personen als Schuldner? Anders betrachtet: Bedarf es eines gesonderten Schutzes von Gläubigern von Aktiengesellschaften und wenn ja, wie wirkungsvoll erfüllt das bestehende System der Aktiengesellschaft angesichts der bestehenden Gefahren diese Schutzfunktion?

Zusätzlich ergeben sich strukturelle Probleme, versucht man, die historische Entwicklung des aktienrechtlichen Gläubigerschutzsystems darzustellen. Erstrebenswert wäre eine zweidimensionale Matrixdarstellung[43] anstelle der einzig zur Verfügung stehenden eindimensionalen textlichen Bearbeitung. Die einzelnen, heute im deutschen Aktienrecht bestehenden Gläubigerschutzinstrumente haben sich über eine Zeit-

---

modernes Aktienrecht, 1985; zu Begriff und Geschichte der Aktiengesellschaft auch *Fick, ZHR* 5 (1862), 1 ff.

41 Vgl. auch *Baums,* in: Berger/Borges u.a. (Hrsg.), Festschrift für Norbert Horn zum 70. Geburtstag, S. 249, 265, Fn. 76.

42 Zu diesem Ansatz im Rahmen der Frage eines binnenmarktkonformen Gläubigerschutzes siehe *Teichmann,* Binnenmarktkonformes Gesellschaftsrecht, 2006, S. 449.

43 So der Versuch einer tabellarischen Darstellung der geschichtlichen Daten sämtlicher Reformen des Aktienrechts im Überblick bei *Fleckner,* in: Bayer/Habersack (Hrsg.), Aktienrecht im Wandel, Bd. 1, S. 999 ff.

spanne von knapp zweihundert Jahren[44] hinweg und nicht unbedingt im Gleichschritt miteinander entwickelt.[45] Während beispielsweise die eine Aktienrechtsreform eher auf einem Spezialgebiet neue Rechtsregeln schuf, war Ziel der nächsten Reform die Bekämpfung eines aktuellen Missstandes[46] und führte eher beiläufig auch zu Effekten für das Gläubigerschutzregime der Aktiengesellschaft. *„Die Geschichte des Aktienrechts ist eine Geschichte ihrer Skandale."*[47] Eine rein chronologische Darstellung der Entwicklung des deutschen Gläubigerschutzsystems wird den zahlreichen Verzahnungen nicht gerecht und führt zu zahlreichen Brüchen in der Beschreibung der Entwicklung des jeweiligen Rechtsinstituts führen. Eine Darstellung in einer zweidimensionalen Matrixform wäre wünschenswert. Auf der einen Achse müsste die zeitliche Entwicklung und auf der anderen die inhaltliche Ausdifferenzierung der einzelnen Gläubigerschutzinstrumente aufgetragen werden. Eine Monographie lässt sich auf diese Weise freilich nicht schreiben. Auch können inhaltliche Zusammenhänge nur schwer analysiert und gedankliche Querverbindungen nicht berücksichtigt werden.

Aus diesen Gründen findet der Leser im Folgenden eine thematische Darstellung des Gläubigerschutzsystems im Aktienrecht, orientiert an den einzelnen, heute im deutschen Aktienrecht auszumachenden Gläubigerschutzinstrumenten. Diese werden jeweils in ihrer zeitlichen Entwicklung vorgestellt und analysiert. Die umfassenden Aktienrechtsreformen der Vergangenheit beschränkten sich nicht auf die Weiterentwicklung oder grundlegende Neugestaltung eines einzelnen gläubigerschützenden Rechtsinstituts. Eine thematische Darstellung der Gläubigerschutzinstrumente wird dem gerecht.

Auf eine allgemeine historische Einführung zur Aktienrechtsentwicklung in Deutschland in den letzten zweihundert Jahren wird im Folgenden verzichtet. Es sei auf die ausgezeichneten zusammenfassenden Darstellungen deutscher Aktien-

---

44 Sieht man von den Regelungen des Code de Commerce von 1807 ab, so wurde die moderne Aktiengesellschaft erstmals sektorspezifisch im preußischen Gesetz über die Eisenbahn-Unternehmungen vom 3. November 1838 geregelt, vgl. Preußische Gesetz-Sammlung (PreußGS) 1938, S. 505 ff.; hierzu eingehend *Schubert,* SZGerm 116 (1999), 152 ff.; *Kießling,* in: Bayer/Habersack (Hrsg.), Aktienrecht im Wandel, Bd. 1, S. 126 ff. Zur wirtschaftlichen Entwicklung vgl. monographisch *Bracht,* Der Bau der ersten Eisenbahnen in Preußen, 1998.

45 So erfolgte beispielsweise die Einführung eines gesetzlichen Mindestnennkapitals erst in der Goldbilanzverordnung vom 28. Dezember 1923, RGBl. Teil I, 1923, S. 1253 ff., während die Begrenzung der Ausschüttung von Gesellschaftsvermögen an die Aktionäre auf den Reingewinn spätestens mit Art. 217 Abs. 1 S. 2 AktG 1870 Gesetz wurde (Gesetz betreffend die Kommanditgesellschaft auf Aktien und die Aktiengesellschaft vom 11. Juni 1870, BGBl. des Norddeutschen Bundes, 1870, S. 325 ff.)

46 Vgl. so auch *Bayer,* NZG 2013, 1, 2 m.w.N. nach dem die „Geschichte des Aktienrechts belegt, dass die Rechtsordnung stets auf Neue auf aktuelle Entwicklungen und Missstände flexibel reagieren musste".

47 *Bayer,* NZG 2013, 1, 2 in Fn. 12 und unter Hinweis u.a. auf *Lieder,* Der Aufsichtsrat im Wandel der Zeit, 2006, S. 612 ff.

rechtsgeschichte beispielsweise bei *Escher-Weingart*[48], *Großfeld*[49], und umfassend in dem von *Bayer / Habersack* herausgegebenen Sammelband[50] verwiesen; eine umfangreiche Bibliographie zur Geschichte des Aktienrechts findet sich beispielsweise bei *Assmann*[51]. Wann immer es erforderlich ist, wird im Text auf die allgemeine Entwicklung des Aktienrechts und besonders auf politische, gesellschaftliche oder wirtschaftliche Zusammenhänge der jeweiligen Zeit Bezug genommen. Die Ausprägung der heutigen Gläubigerschutzinstrumente ist jeweils kontextgeprägt und erschließt sich nicht, ohne sowohl politische, als auch gesellschaftliche oder wirtschaftliche Hintergründe zu analysieren.[52]

Die vorliegende Arbeit beschränkt sich thematisch auf die deutsche Aktiengesellschaft. Um die vorletzte Jahrhundertwende kam zwar der *Kommanditgesellschaft auf Aktien* (KGaA) noch größere Bedeutung zu.[53] Heute ist die KGaA als Rechtsform zwar unverändert von Interesse[54], jedoch gesamtwirtschaftlich weitgehend unbedeutend.[55]

Gläubigerschutz im Aktienrecht wurde historisch betrachtet in Deutschland weniger durch Handelsbräuche oder die Handhabung in der Praxis geprägt, sondern langfristig gesehen maßgeblich durch die entsprechenden Kodifikationen des Aktienrechts

---

48 *Escher-Weingart,* Reform durch Deregulierung im Kapitalgesellschaftsrecht, 2001, S. 69–106.

49 *Großfeld,* Aktiengesellschaft, Unternehmenskonzentration und Kleinaktionär, 1968, S. 113 ff. mit besonderem Fokus auf wirtschaftspolitischen Erwägungen.

50 Bayer/Habersack (Hrsg.), Aktienrecht im Wandel, 2007, Bd. 1 Entwicklung des Aktienrechts. Damit wurde die von *Assmann* schon 1992 bemängelte Lücke einer umfassenden historischen Darstellung des Aktienrechts gefüllt, vgl. *Assmann,* in: Großkommentar AktG, 4. Aufl., Einleitung Rdz. 6.

51 *Assmann,* in: Großkommentar AktG, 4. Aufl., Einleitung B.II.

52 Vgl. für den Parallelfall der Analyse einzelner Rechtsprechungsentscheidungen im Kontext des Sachverhalts als „Gesellschaftsrechts-Geschichten" jüngst *Fleischer,* NZG 2015, 760.

53 Dieser Bedeutungswandel erklärt die aus heutiger Sicht merkwürdig anmutende Struktur des Aktiengesetzes von 1870, das die KGaA als Grundfall und die Aktiengesellschaft lediglich als Annex regelte, vgl. das Gesetz betreffend die Kommanditgesellschaften auf Aktien und die Aktiengesellschaften vom 11. Juni 1870, BGBl. des Norddeutschen Bundes 1870, S. 375 ff.

54 Siehe ausführlich zur Geschichte der KGaA *Hergenhahn, ZHR* 42 (1894), 69 ff.; *K. Schmidt,* in: Bayer/Habersack (Hrsg.), Aktienrecht im Wandel, Bd. 2, S. 1188 ff.

55 So befinden sich 2006 mit der Henkel KGaA, der REWE Deutscher Supermarkt KGaA und der Merck KGaA lediglich eine Handvoll Unternehmen in der Rechtsform der KGaA unter den „Größten 100" Unternehmen der Bundesrepublik, vgl. den Bericht der Monopolkommission, BT-Drucks. 16/10140 vom 19. August 2008. Bekannt ist des Weiteren noch die Fresenius Medical Care AG & Co. KGaA Die KGaA ist daneben lediglich bei einigen Lizenzspielerabteilungen von Bundesligavereinen und bei deutschen Privatbanken verbreitet.

bestimmt.[56][57] Die Arbeit orientiert sich daher an der geschichtlichen Entwicklung aktienrechtlicher Kodifikationen, statt eine systematisierte Analyse höchstrichterlicher Entscheidungen zum Gläubigerschutz im Aktienrecht vorzulegen.[58]

Schutzinteressen von Gläubigern einer Aktiengesellschaft bestehen anerkanntermaßen auch im Fall der Konzernierung oder des Formwechsels einer Aktiengesellschaft, im Fall einer Verschmelzung auf oder Eingliederung in eine andere Gesellschaft. Diese Schutzinteressen werden teilweise im Umwandlungsrecht berücksichtigt.[59] Gefahren für die Gläubiger der „alten" Aktiengesellschaft, die sich aus solchen Umstrukturierungen der Gesellschaft ergeben, lassen sich jedoch unter dem Stichwort „Vermögensverschiebungen"[60] abstrakt zusammenfassen und werden daher unter C.II.3 unter diesem Oberbegriff allgemein thematisiert. Der Fokus der vorliegenden Arbeit liegt auf dem Recht der Aktiengesellschaft als *going concern*. Von Interesse für internationale und nationale Investoren sind vorrangig Fragen der Gründung und des Bestandes der deutschen Aktiengesellschaft, wie sie (bislang) von der Kapitalrichtlinie festgeschrieben werden. Fragen der Liquidation[61] der Aktiengesellschaft oder ihrer Abwicklung in der Insolvenz[62] bestimmen Investitionsentscheidungen nicht.[63]

Die Analyse der bestehenden Gläubigerschutzinstrumente im deutschen Aktienrecht wird am Ende zeigen, dass einige der für Gläubiger von deutschen Aktiengesellschaften virulenten Gefahren ausführlich durch das bestehende Aktienrecht

---

56 A.A. *Cordes/Jahntz,* in: Bayer/Habersack (Hrsg.), Aktienrecht im Wandel, Bd. 1, S. 1, 9, die normative Quellen für die Entwicklung wenigstens des frühen Aktienrechts für von untergeordneter Bedeutung halten.

57 So wie hier *Deutsch* im Hinblick auf das erste *Wetboek van Koophandel* von 1838 und dessen Orientierung an französischen Ministerialinstruktionen statt an Handelsbräuchen, vgl. *Deutsch,* in: Bayer/Habersack (Hrsg.), Aktienrecht im Wandel, Bd. 1, S. 46, 90 f.

58 Im Bedarfsfall wird selbstverständlich auch auf Richtungsentscheidungen der Rechtsprechung eingegangen, vgl. beispielsweise unter D.I.2. zur Entwicklung der Satzungsstrenge im deutschen Aktienrecht.

59 Vgl. *Veith,* Der Gläubigerschutz beim Formwechsel nach dem Umwandlungsgesetz, 2003; *Böttcher,* Gesellschafter- und Gläubigerschutz beim Formwechsel aus der Personen- in die Kapitalgesellschaft, 2006; ebenso ausführlich *Petersen,* Der Gläubigerschutz im Umwandlungsrecht, 2001.

60 Vgl. hierzu ausführlich *Steffek,* Gläubigerschutz in der Kapitalgesellschaft, 2011, S. 892 ff. m.w.N.

61 Vgl. ausführlich hierzu *Ehricke/Rotstegge,* in: Bayer/Habersack (Hrsg.), Aktienrecht im Wandel, Bd. 2, S. 1096 ff.

62 Siehe hierzu *Ehricke/Rotstegge,* in: Bayer/Habersack (Hrsg.), Aktienrecht im Wandel, Bd. 2, S. 1096, 1154 ff. Zum Zusammenhang zwischen einer Rechnungslegung nach IFRS/IAS-Standards und der Insolvenz der Aktiengesellschaft vgl. *Hirte,* ZGR 2008, 284 ff.; *Kebekus,* ZGR 2008, 275 ff.

63 Vgl. monographisch *Röhricht,* Gläubigerschutz im Spannungsverhältnis zwischen Gesellschafts-, Bilanz- und Insolvenzrecht, 2011.

adressiert werden. Andere werden bisher eher stiefmütterlich behandelt. Historische Zufälligkeiten und wirtschaftliche Skandale und Krisen der Vergangenheit verknüpft mit der Stabilität gesellschaftsrechtlicher Paradigmen[64] bestimmen das heutige deutsche Gläubigerschutzsystem des Aktienrechts.

2. Die Wirkung gesetzlicher Gläubigerschutzmechanismen im Aktienrecht

Die Schutzbedürftigkeit und die Notwendigkeit eines Schutzes der Gläubiger einer Aktiengesellschaft durch das nationale Gesellschaftsrecht gehören heute zu den weithin anerkannten Axiomen des deutschen Kapitalgesellschaftsrechts.[65] Über die bestmögliche Ausgestaltung dieses Schutzes herrscht allerdings Uneinigkeit. Gesetzliche Vorschriften können Gläubigern der Gesellschaft präventiven Schutz vor Vermögensverlusten bieten. Andere Vorschriften wirken zwar primär erst nach Schadenseintritt ausgleichend, können aber schon allein dadurch zusätzlich auch eine präventive Wirkung entfalten. Die zwei möglichen Ansatzpunkte gläubigerschützender Regelungen spiegeln sich im deutschen Recht bedingt auch in der Wahl der Gesetze zu ihrer Regelung wider. International sind Schutzregelungen sowohl im Gesellschaftsrecht als auch im Insolvenzrecht anzutreffen.[66]

Der Bestand der Gläubigerschutzinstrumente zeigt für das deutsche Recht eine vorherrschende Lösung. *Präventive Schutzmechanismen* finden sich vorwiegend in aktienrechtlichen Regelungen. So schreibt beispielsweise § 57 Abs. 1 S. 1 Aktiengesetz (AktG)[67] das Verbot der Rückgewähr einer einmal geleisteten Einlage an die Aktionäre fest und soll diese dazu zwingen, einmal als Betriebskapital der Gesellschaft in diese eingelegtes Kapital dort auch zu belassen. Als Gegenbeispiel regeln die §§ 39 Abs. 1 Nr. 5, 135 Insolvenzordnung (InsO)[68] nach dem Inkrafttreten des MoMiG[69] die bisher unter dem Schlagwort der *„eigenkapitalersetzenden Gesellschafterdarlehen“* bekannt gewordenen Konstellationen und enthalten Gläubiger-

64 Siehe zum Begriff des Paradigmas ausführlich unter B.III.3.

65 Vgl. statt vieler *Hüffer*, Aktiengesetz, 2014, § 1 Rdz. 10; *Hennrichs*, NZG 2009, 923 m.w.N. *Teichmann*, Binnenmarktkonformes Gesellschaftsrecht, 2006, S. 449 hält diesen axiomatischen Gläubigerschutz für „erstaunlich.“

66 Für börsennotierte Gesellschaften finden sich gläubigerschützende Regelungen auch in Kapitalmarktschutzvorschriften. Vgl. zu deren historischer Entwicklung *Oechsler*, in: Bayer/Habersack (Hrsg.), Aktienrecht im Wandel, Bd. 2, S. 150 ff.

67 Aktiengesetz vom 6. September 1965, BGBl. Teil I, 1965, S. 1089 ff. Im Folgenden werden mit der Abkürzung „AktG“ immer Paragraphen aus dem Aktiengesetz von 1965 bezeichnet. Paragraphen aus früheren Aktiengesetzen werden mit der entsprechenden Jahreszahl kenntlich gemacht.

68 Insolvenzordnung, BGBl. Teil I, 1994, S. 2866 ff., in Kraft getreten am 1. Januar 1999.

69 Gesetz zur Modernisierung des GmbH-Rechts und zur Bekämpfung von Missbräuchen (MoMiG) vom 23. Oktober 2008, BGBl. Teil I, 2008, S. 2026 ff.

schutzregelungen *ex post*.[70] Diese klare Aufteilung in präventiv wirkende und *ex post* wirkende Gläubigerschutzmechanismen[71] wird unschärfer, führt man sich vor Augen, dass *ex post* wirkende Gläubigerschutzregelungen auch eine präventive Wirkung entfalten können (wenn auch nicht müssen) und insofern eine Doppelfunktion haben.[72]

Ob präventive oder *ex post* wirkende gesetzliche Vorschriften zum Schutz der Gläubiger der Kapitalgesellschaft effektiver und gleichzeitig weniger bürokratisch und belastend für Aktiengesellschaften und Investoren sind, ist Gegenstand von Auseinandersetzungen in der Literatur.[73] Die vorliegende Arbeit betrachtet die *präventiven* Gläubigerschutzmechanismen des deutschen Aktienrechts.[74] Diese Regelungen sind es, die im Tagesgeschäft der Gesellschaft berücksichtigt werden müssen. Hat die Gesellschaft wirtschaftlich Erfolg – und das ist die Investitionshoffnung jedes Investors[75] –, verlieren nachträgliche und ausgleichend wirkende Regelungen ihre Bedeutung für eine Investitionsentscheidung. Auch von einer Reform der Kapitalrichtlinie und einen sich daraus ergebenden Zwang des deutschen Gesetzgebers zur Reform des deutschen Aktienrechts wären nicht die nachträglich wirkenden, ausgleichenden Schutzmechanismen zugunsten der Gläubiger betroffen, die in Deutschland vorwiegend im Insolvenzrecht geregelt sind. Der Zugriff auf das Vermögen einer insolventen Aktiengesellschaft steht unbestritten vorrangig ihren Gläubigern und erst danach ihren Aktionären zu.[76] Es sind *präventive* Gläubiger-

---

70 Zu den bisher maßgeblichen §§ 32a, 32b GmbHG und den sogenannten „Rechtsprechungsregeln“ vgl. ausführlich *K. Schmidt*, in: Scholz (Hrsg.), GmbHG, 2006, §§ 32a, 32b, S. 1582 ff.

71 Vgl. kritisch zu dieser Aufteilung *Steffek*, Gläubigerschutz in der Kapitalgesellschaft, 2011, S. 65 nach dem die Unterscheidung zwar zur Wirkweise einzelner Rechtsnormen sinnvoll sei, jedoch nicht zur Einteilung ganzer Rechtsinstitute, da auch ein klassisch als *ex ante* wirkendes Rechtsinstitut wie die Kapitalerhaltung regelmäßig nach Eintritt der Insolenz einer Gesellschaft *ex post* durch den Insolvenzverwalter durchgesetzt wird (vgl. § 31 Abs. 3 GmbHG).

72 Vgl. ausführlich zum Stand der Debatte nach Einführung des MoMiG *Schall*, Kapitalgesellschaftsrechtlicher Gläubigerschutz, 2009, S. 95 ff.; zu den den Schwierigkeiten eines dementsprechenden Coding vgl. *Armour et al.*, How Do Legal Rules Evolve?, ECGI Law Working Paper No. 129/2009, S. 17.

73 So diskutiert beispielsweise *Bork* die Abschaffung der Kapitalerhaltungsvorschriften zugunsten einer insolvenzrechtlichen Regelung, vgl. *Bork*, ZGR 2007, 250 ff.

74 Vgl. jedoch *Steffek*, Gläubigerschutz in der Kapitalgesellschaft, 2011, S. 65, nach dem sich bei fast jedem Rechtsinstitut präventive und *ex post* wirkende Gläubigerschutzelemente ausmachen ließen.

75 Die unter dem Stichwort „*empty voting*“ bekannt gewordenen Praktiken einzelner Investoren, die an einer negativen Geschäfts- und Aktienkursentwicklung der Aktiengesellschaft interessiert sind, sollen hier außen vor bleiben, vgl. dazu beispielsweise ausführlich *Hu/Black*, 61 The Business Lawyer 3 (2006), 1011 ff.

76 Vgl. *Ehricke/Rotstegge*, in: Bayer/Habersack (Hrsg.), Aktienrecht im Wandel, Bd. 2, S. 1096 ff.

schutzinstrumente, die im täglichen Leben der Aktiengesellschaft wahlweise als unflexibel, ineffektiv oder veraltet charakterisiert werden und daher im Wettbewerb der Aktienrechtsordnungen zur Disposition gestellt werden könnten.[77]

Die Arbeit konzentriert sich auf den Schutz von Gläubigern einer Aktiengesellschaft außerhalb der Insolvenz[78] und damit auf das Vorfeld, d.h. die Krise vor der Insolvenz, die Vorbeugung der Krise, diejenigen Normen, die präventiv wirken (sollen) und sowohl die reine Gefährdung oder spätere Beeinträchtigungen von Forderungen der Gläubiger der Gesellschaft zu vermeiden.

II. Zur Einordnung der gesellschaftsrechtlichen Reformdiskussion

Der deutsche Gesetzgeber sah sich von europäischer Seite Forderungen nach einer Reform gläubigerschützender Normen des Aktienrechts ausgesetzt. Bisher schon erfolgte Reformschritte des deutschen Rechts mit Bezug zu Gläubigerschutzfragen warfen weitere Fragen auf. Diese Herausforderungen für den deutschen Gesetzgeber sollen im Folgenden kurz skizziert werden. Der durch die neuere Rechtsentwicklung in Deutschland und Europa aufgebaute Reformdruck kann dazu dienen, langjährige Paradigmen des aktienrechtlichen Gläubigerschutzes zu überwinden.[79]

Bei der Durchsicht des aktienrechtlichen Schrifttums der letzten Jahre sieht man eine Grundfeste des europäischen Gesellschaftsrechts wanken. Die Kapitalrichtlinie[80] hat seit 1977 der europäischen Aktienrechtsentwicklung börsennotierter Aktiengesellschaften ein strenges Korsett angelegt. Die Gründung von Aktiengesellschaften, deren Kapitalerhaltung, -erhöhung und -herabsetzung wurden vereinheitlicht. Eine grundlegende Reform nationaler aktienrechtlicher Regelungen konnte in der Folgezeit nicht mehr stattfinden.[81] Seit etlichen Jahren wird europaweit die Reformfrage und dabei insbesondere die Frage nach einer Öffnung der europäischen

---

77 Vgl. *Escher-Weingart,* Reform durch Deregulierung im Kapitalgesellschaftsrecht, 2001; für das Recht der GmbH ausführlich *Haas,* Reform des gesellschaftsrechtlichen Gläubigerschutzes, 2006.

78 Zum Gläubigerschutz in der Krise und Insolvenz der Gesellschaft, vgl. ausführlich *Steffek,* Gläubigerschutz in der Kapitalgesellschaft, 2011, S. 8 ff., der sich allerdings hauptsächlich einem Vergleich der Gesellschaft mit beschränkter Haftung mit der englischen Limited widmet.

79 Vgl. zu dem Begriff des aktienrechtlichen Paradigmas und dessen Überwindung durch inneren und äußeren Druck unten B.III.3.

80 Zweite Richtlinie 77/91/EWG des Rates vom 13. Dezember 1976, ABl. EG Nr. L 26 vom 31. Januar 1977, S. 1 ff. (Fn. 5). Ausführlich zu ihrer Entstehung *Bayer/Schmidt,* in: Bayer/Habersack (Hrsg.), Aktienrecht im Wandel, Bd. 1, S. 944 ff.

81 Vgl. aber zu Einzelfragen einer Änderung der Kapitalrichtlinie *Oechsler, ZHR* 170 (2006), 72 ff. und zu Vereinfachungen des Aktienrechts durch die Änderung *Schäfer,* Der Konzern 2007, 407 ff.

Vorgaben für angelsächsische und US-amerikanische Rechtsmodelle gestellt.[82] Intensiviert hat sich die europaweite Diskussion durch einen Bericht der englischen *Rickford-Kommission*, welche die Abschaffung des gesetzlichen Mindestkapitals und des europäischen Kapitalschutzsystems bei Aktiengesellschaften forderte.[83] Schon 1999 hatte die sogenannte *SLIM-M-Gruppe* eine Reform des europäischen Kapitalerhaltungssystems angeregt.[84]

Die Europäische Kommission erwog ebenfalls einige Jahre eine Aufhebung oder jedenfalls grundsätzliche Überarbeitung der Kapitalrichtlinie.[85][86] Im Zuge der „Globalisierung der Volkswirtschaften" und der „rasanten technologischen Entwicklung" müssten Unternehmen unter anderem für Ausschüttungen an Aktionäre größere Spielräume erhalten, da sich ansonsten die harmonisierten Regelungen als „Innovationshemmnis" erweisen würden.[87] Aus diesem Grund ließ die Europäische Kommission eine ausführliche Machbarkeitsstudie betreffend die möglichen Alternativen zum traditionellen System der Kapitalerhaltung, wie es noch in der Kapitalrichtlinie vorgesehen ist, anfertigen.[88] Unter dem zu diesem Zeitpunkt zuständigen EU-Binnenmarktkommissar *Charlie McCreevy* wurde keine grundlegende Entscheidung über die zukünftige Reform getroffen, genauso wenig wie unter seinem Nachfolger, dem Franzosen *Michel Barnier*. Ob die Reformchancen der

---

82 Im Zuge dieser Forderungen diagnostiziert ein Teil der Literatur deswegen eine „Konvergenz der Rechtssysteme", vgl. ausführlich *Siems*, Die Konvergenz der Rechtssysteme im Recht der Aktionäre, 2005.

83 Vgl. *Rickford* (Hrsg.), 15 European Business Law Review 2004, 919 ff.

84 Vgl. den Bericht der Europäischen Kommission vom 4. Februar 2000 zu den Ergebnissen der vierten Phase der SLIM-Initiative („Simpler Legislation for the Internal Market"), KOM (2000) 56 endgültig, S. 4 ff.

85 Grundlage ist der „Aktionsplan der Europäischen Kommission zur Modernisierung des Gesellschaftsrechts und Verbesserung der Corporate Governance in der Europäischen Union" vom 21. Mai 2003 (KOM(2003) 284 endgültig. Der Aktionsplan entstand als Reaktion auf den „Bericht der Hochrangigen Gruppen von Experten auf dem Gebiet des Gesellschaftsrechts über moderne gesellschaftsrechtliche Rahmenbedingungen in Europa" (sog. „Winter-Gruppe") vom 4. November 2002.

86 Vgl. indes den nachfolgenden Aktionsplan „Europäisches Gesellschaftsrecht und Corporate Governance" vom 12. Dezember 2012, der zwar an den Aktionsplan aus 2003 anknüpft, aber den Fokus inhaltlich verschiebt, vgl. *Bayer*, NZG 2013, 1 f., 15 f. m.w.N. zu Motivation und Einflüssen u.a. durch das vorangegangene Grünbuch „Europäischer Corporate Governance Rahmen" vom 5. April 2011.

87 Vgl. die Mitteilung der Europäischen Kommission über ein vereinfachtes Unternehmensumfeld in den Bereichen Gesellschaftsrecht, Rechnungslegung und Abschlussprüfung vom 10. Juli 2007 (KOM (2007) 394 endgültig), S. 5, 1 und 4 (Zitate in dieser Reihenfolge).

88 Feasibility study on an alternative to the capital maintenance regime established by the Second Company Law Directive 77/91/EEC of 13 December 1976 and an examination of the impact on profit distribution of the new EU accounting regime, KPMG, January 2008 (im Folgenden: "*KPMG-Studie*").

Kapitalrichtlinie unter seiner polnischen Nachfolgerin *Elżbieta Bieńkowska* steigen oder fallen, bleibt abzuwarten.[89]

Die Europäische Kommission hat jedenfalls schon einmal am 19. Mai 2015 eine Agenda zur besseren Rechtssetzung veröffentlicht.[90] Diese verfolgt das designierte Ziel von Kommissionspräsident *Jean-Claude Juncker*, die Europäische Union vor allem schlanker und auch schlagkräftiger aufzustellen. Hierzu soll vorrangig bestehendes europäisches Recht optimiert werden, indem Rechtsvorschriften im Hinblick auf ihren Nutzen und ihre Praktikabilität überprüft und überflüssige Vorschriften gestrichen werden[91]. Die ausgerufene „*EU Budget focused on results*"-Initiative soll zu einem neuen Fokus und stringenterer Zielrichtung führen.

Unantastbar ist die die Kapitalrichtlinie jedenfalls schon seit langem nicht (mehr). Die sogenannte *Änderungsrichtlinie*[92] vom 6. September 2006 ermöglichte es den Mitgliedstaaten unter anderem, bei Gesellschaftsgründungen oder Kapitalerhöhungen auf ein externes Wertgutachten für Sacheinlagen unter bestimmten Umständen zu verzichten.[93] Auch können sie ihren Aktiengesellschaften den Erwerb eigener Aktien bis zur Höhe ihrer ausschüttungsfähigen Rücklagen gestatten.[94] Daneben erleichterte die Änderungsrichtlinie die Unterstützung Dritter beim Erwerb von Aktien der Gesellschaft durch diese (sog. *financial assistance*).[95] Zusätzlich wurde festgeschrieben, dass der Gesetzgeber Gläubigern ermöglichen muss, im Fall einer Herabsetzung des Kapitals der Aktiengesellschaft vor nationalen Gerichten gegen eine solche vorzugehen, wenn sie glaubhaft machen können, dass durch die Kapitalherabsetzung die Realisierung ihrer Forderung(en) gefährdet wird und sie keine ausreichenden Sicherheiten von der Gesellschaft erhalten konnten. Die Änderungsrichtlinie ließ die Regelungen zur Kapitalerhaltung unverändert. Deutschland setzte die Optionen der Richtlinie im „Gesetz zur Umsetzung der Aktionärsrechterichtlinie

---

89 Vgl. zu Möglichkeiten der Deregulierung des Aktienrechts ohne Änderung der europarechtlichen Bestimmungen *Claussen/Preu*, in: Kindler u.a. (Hrsg.), Festschrift für Uwe Hüffer zum 70. Geburtstag, 2010, S. 131 ff. m.w.N.

90 Vgl. Communication from the Commission to the European Parliament, the Council, the European Economic and Social Committee and the Committee of the Regions on Better regulation for better results – An EU agenda, dated 19 May 2015, COM(2015)215 final.

91 Vgl. jüngst *Bremer*, NZG 2015, 827, 828.

92 Richtlinie 2006/68/EG des Europäischen Parlaments und des Rates vom 6. September 2006 zur Änderung der Richtlinie 77/91/EWG in Bezug auf die Gründung von Aktiengesellschaften und die Erhaltung und Änderung ihres Kapitals, Amtsblatt EG Nr. L 264 vom 25. September 2006, S. 32 (im Folgenden: „*Änderungsrichtlinie*").

93 Vgl. zu Vereinfachungen der Sacheinlage durch die Änderungsrichtlinie *Schäfer*, Der Konzern 2007, 407 ff.

94 Siehe ausführlich *Cahn*, Der Konzern 2007, 385 ff. und *Oechsler*, *ZHR* 170 (2006), 72 ff. Zu Fragen des Gläubigerschutzes durch eine Einschränkung der Rückerwerbsmöglichkeit für eigene Aktien siehe unter D.II.2.3.

95 Vgl. speziell hierzu *Drygala*, Der Konzern 2007, 396 ff.

(ARUG)“ lediglich teilweise[96] um.[97] Insbesondere die Option der Richtlinie, nach der das Verbot der finanziellen Unterstützung Dritter durch die Aktiengesellschaft beim Erwerb ihrer Aktien gelockert werden kann, wurde in Deutschland nicht umgesetzt.[98]

Während also die Zukunft der Kapitalrichtlinie und damit des bisherigen Kapitalerhaltungsregimes der (börsennotierten) Aktiengesellschaft in Europa bislang noch nicht endgültig entschieden ist, steht eine Änderung des langjährigen Rechnungslegungssystems fest[99]: Seit 2005 müssen börsennotierte Aktiengesellschaften ihre Konzernabschlüsse nach den *International Financial Reporting Standards* (IFRS) errichten, statt wie bisher in Deutschland üblich nach den Grundsätzen des Handelsgesetzbuches.[100] „*Vorsichts*“- und „*Realisationsprinzip*“ werden jedenfalls für den Konzernabschluss zugunsten einer „realitätsnäheren“ Bewertung teilweise aufgegeben.[101] Im Zuge der andauernden weltweiten Finanzmarktkrise zeigten sich 2008 und 2009 die (aus deutscher Sicht) mannigfaltigen Probleme, die mit einer solchen Bewertung einhergehen.[102]

Anpassungen an internationale Rechnungslegungsentwicklungen und -standards mit Auswirkungen auf das Gläubigerschutzniveau im Recht der Aktiengesellschaft werden auch im nationalen Recht der Rechnungslegung vorgenommen. Regelungen des *Gesetzes zur Modernisierung des Bilanzrechts* (BilMoG)[103] vom 28. Mai 2009 soll-

---

96 Vgl. zu dieser zurückhaltenden Umsetzung ebenso *Schall*, Kapitalgesellschaftsrechtlicher Gläubigerschutz, 2009, S. 2, 243 f.

97 Gesetz vom 30. Juli 2009, BGBl. Teil I, 2009, S. 2479. Vgl. zum Referentenentwurf des ARUG vom 6. Mai 2008 einführend *Noack*, NZG 2008, 441 ff. und *Seibert*, ZIP 2008, 906 ff.; zu offenen Fragen *Sauter*, ZIP 2008, 1706 ff. Zum Regierungsentwurf vom 7. November 2008 noch *Seibert/Florstedt*, ZIP 2008, 2145 ff. und *Drinhausen/Keinath*, BB 2009, 64 ff.

98 Dies lässt sich auf den politischen Willen zurückführen, das ARUG noch in der 16. Legislaturperiode in Kraft treten zu lassen, und den daraus resultierenden, erheblichen Zeitdruck bei der Umsetzung, vgl. *Seibert*, Status: Recht 1/2009, 26.

99 *Funke*, Gläubigerschutz durch Information im Recht der Aktiengesellschaft, 2011, S. 278 f. spricht insofern von einem Paradigmenwechsel.

100 Nach *Röhricht*, Gläubigerschutz im Spannungsverhältnis zwischen Gesellschafts-, Bilanz- und Insolvenzrecht, 2011, S. 99 f. bleibt abzuwarten, ob die IFRS – eventuell über die „Hintertür“ des Konzernergebnisses – den Ausschüttungsbetrag von Aktiengesellschaften beeinflussen.

101 Vgl. statt vieler *Merkt*, in: Börsig/Wagenhofer (Hrsg.), IFRS in Rechnungswesen und Controlling, S. 89 ff.

102 Siehe die Ausführungen unter D.III. Zu der Frage des Einflusses einer Bilanzierung nach IFRS/IAS auf die Insolvenzwahrscheinlichkeit der Aktiengesellschaft vgl. *Kebekus*, ZGR 2008, 275 ff. und *Hirte*, ZGR 2008, 284 ff.

103 Gesetz zur Modernisierung des Bilanzrechts vom 28. Mai 2009 (Bilanzrechtsmodernisierungsgesetz – BilMoG), BGBl. Teil I, 2009, S. 1102 ff., in Kraft getreten am 29. Mai 2009; zum Regierungsentwurf vgl. BT-Drucks. 16/10067 vom 30. Juli 2008.

ten neben der Umsetzung der sogenannten *Abschlussprüferrichtlinie*[104] und der sogenannten *Abänderungsrichtlinie*[105] die Aussagekraft des handelsrechtlichen Jahresabschlusses verbessern.[106] Aus diesem Grund wurden die handelsrechtlichen Grundsätze der Bilanzierung zum Teil an die IFRS / IAS angenähert.[107] So werden immaterielle, selbst geschaffene Vermögensgegenstände zu bilanzierungspflichtigen Posten des Anlagevermögens. Sie sollen die Eigenkapitalbasis der Unternehmen stärken. Finanzinstrumente wie Aktien, Schuldverschreibungen[108], Derivate und Fondsanteile, die zu Handelszwecken erworben wurden, sollen mit ihrem aktuellen Zeitwert und nicht mehr höchstens mit ihren Anschaffungskosten bewertet werden. Des Weiteren sollen die Posten für Rückstellungen und hierbei insbesondere für Pensionsrückstellungen „realistischer" bewertet werden. Aufwandsrückstellungen werden eingeschränkt. Auch nach der Reform bleibt zwar ein eigenständiges handelsbilanzrechtliches Regelwerk erhalten.[109] Man darf hier gespannt die weitere Entwicklung verfolgen: Bilanztechnische Änderungen des Gewinnbegriffs im Einzelabschluss haben jedenfalls „durch die Hintertür" Einfluss auf das Ausschüttungsregime deutscher Aktiengesellschaften.[110] Das Recht der Rechnungslegung gilt als technisch schwierig. Es ist trotzdem verwunderlich, wie – von der gesellschaftsrechtlichen Literatur praktisch unbemerkt – Änderungen beschlossen

104 Richtlinie 2006/43/EG des Europäischen Parlaments und des Rates vom 17. Mai 2006 über Abschlussprüfungen von Jahresabschlüssen und konsolidierten Abschlüssen, zur Änderung der Richtlinien 78/660/EWG und 83/349/EWG des Rates und zur Aufhebung der Richtlinie 84/253/EWG des Rates, ABl. EU Nr. L 157, S. 87 ff., ergänzt durch die Richtlinie 2008/30/EG des Europäischen Parlaments und des Rates vom 11. März 2008 zur Änderung der Richtlinie 2006/43/EG über Abschlussprüfungen von Jahresabschlüssen und konsolidierten Abschlüssen im Hinblick auf die der Kommission übertragenen Durchführungsbefugnisse, ABl. EU Nr. L 81 S. 53 ff.

105 Richtlinie 2006/46/EG des Europäischen Parlaments und des Rates vom 14. Juni 2006 zur Änderung der Richtlinien des Rates 78/660/EWG, 83/349/EWG, 86/635/EWG und 91/674/EWG, ABl. EU Nr. L 224, S. 1 ff.

106 Vgl. ausführlich zu den Vorgaben der Jahresabschlussrichtlinie und der Umsetzung in Deutschland *Röhricht*, Gläubigerschutz im Spannungsverhältnis zwischen Gesellschafts-, Bilanz- und Insolvenzrecht, 2011, S. 62 ff. m.w.N.

107 Vgl. näher unter D.III. und *Lanfermann/Richard,* DB 2008, 1925 ff.; *Böcking,* Der Konzern 2008, 461 ff.; *Gros,* Der Konzern 2008, 466 ff.; zum Referentenentwurf noch *Hommelhoff,* ZGR 2008, 250 ff.

108 Vgl. zur historischen Entwicklung *Baums*, Das preußische Schuldverschreibungsgesetz und F.C. von Savigny, in: Bechthold/Jickeli/Rohe (Hrsg.), Recht, Ordnung und Wettbewerb, 2011, S. 1097 ff.

109 Vgl. zur historischen Betrachtung *Barth,* Die Entwicklung des deutschen Bilanzrechts und die ihm zugrundeliegenden Bilanzauffassungen handelsrechtlich und steuerrechtlich, 1955; zur handelsrechtlichen Rechnungslegung nach dem BilMoG *Gros,* Der Konzern 2008, 466 ff.

110 Vgl. ausführlich unter D.III.

werden konnten, die unmittelbar auf die Höhe von Gewinnausschüttungen der Aktiengesellschaften Einfluss haben.[111]

Außerhalb des Aktienrechts ist das traditionelle deutsche Kapitalaufbringungssystem des Kapitalgesellschaftsrechts zum Teil schon gefallen: Das MoMiG[112] hat eine Unternehmergesellschaft (UG) eingeführt, deren Gründung mit einem gesetzlichen Mindestkapital von lediglich einem Euro möglich ist.[113] Daneben wurde lange auf europäischer Ebene in Erwägung gezogen, im Statut der geplanten *Europäischen Privatgesellschaft* (EPG) ein weitgehend eigenständiges Kapitalschutzsystem zu etablieren.[114] So könnte unabhängig von einer etwaigen Öffnung der Kapitalrichtlinie europäischen Kapitalgesellschaften ein Alternativsystem angeboten werden.

Das Projekt einer Europäischen Privatgesellschaft wurde durch die Europäische Kommission am 2. Oktober 2013 aufgegeben zugunsten der geplanten europäischen Einpersonengesellschaft, sog. *Societas Unius Personae* (SUP).[115] Diese soll allerdings keine neue supranationale Rechtform der „Einpersonengesellschaft begründen, sondern in der grenzüberschreitenden Tätigkeit lediglich wahrgenommene Beschränkungen abbauen, v. a. durch eine formularmäßige europaweite Gründungsstandardisierung.[116]

Das europäische Gesellschaftsrecht hat ein Auf und Ab der Entwicklung hinter (und wohl auch noch vor) sich.[117] Während das europäische Gesellschaftsrecht lange Zeit allein auf Harmonisierung angelegt war,[118] sollte nach dem Willen der Euro-

---

111 Diese Nichtbeachtung steht im Widerspruch zu den zahlreichen Beiträgen zu einer möglichen direkten Reform des Kapitalerhaltungsregimes im Aktienrecht beispielsweise im achthundertseitigen Werk von Lutter (Hrsg.), Das Kapital der Aktiengesellschaft in Europa, 2006.

112 Gesetz zur Modernisierung des GmbH-Rechts und zur Bekämpfung von Missbräuchen (MoMiG) vom 23. Oktober 2008, BGBl. Teil I 2008, S. 2026. Vgl. einführend *Kindler,* NJW 2008, 3249; zu Gründungserleichterungen *Heckschen,* DStR 2009, 166 ff.

113 Vgl. § 5a GmbHG zur haftungsbeschränkten UG, hierzu ausführlich *Veil,* ZGR 2009, 623 ff.; zum Kapitalschutz der UG auch *Hennrichs,* NZG 2009, 923, 924 ff.

114 Vgl. den beispielsweise noch den Vorschlag der Kommission für eine Verordnung des Rates über das Statut der Europäischen Privatgesellschaft vom 25. Juni 2008. Siehe zum Kapitalschutz in der EPG auch Lanfermann/Richard, BB 2008, 1610 ff. m.w.N.

115 Vgl. Vorschlag der Europäischen Kommission für eine Richtlinie des Europäischen Parlaments und des Rates über Gesellschaften mit beschränkter Haftung mit einem einzigen Gesellschafter vom 9. April 2014 COM(2014) 212 final.

116 Vgl. Vorschlag der Europäischen Kommission für eine Richtlinie des Europäischen Parlaments und des Rates über Gesellschaften mit beschränkter Haftung mit einem einzigen Gesellschafter vom 9. April 2014 COM(2014) 212 final, S. 2.

117 Vgl. die Darstellung von „Renaissance and Crisis" des europäischen Gesellschaftsrechts beispielsweise bei *Armour/Ringe,* ECGI Law Working Paper No. 175/2011 (January 2011).

118 Vgl. *Wouters,* 37 Common Market Law Review 2000, 257.

päischen Kommission im ersten Jahrzehnt des 20. Jahrhundert in Zukunft durch ein Nebeneinander nationaler Rechtsformen für jeden Investor ein attraktives Rechtsvehikel geschaffen werden.[119] Zum Teil werden als zukünftige Regulierungsmittel der Wahl Modellgesetze an Stelle der bisherigen, eher starren Richtlinienvorgaben gewünscht.[120] Als Beispiel eines solchen Modellgesetzes kann die Initiative zur Einführung eines *European Model Company Act* (EMCA) nach dem Beispiel des US-amerikanischen *(Revised) Model Business Corporation Act* (MBCA)[121] gelten.[122][123] Spätestens mit der neuen Europäischen Kommission hat ein Streben nach Effektivität aller europäischer Normen Einzug gehalten.

> *„That is why it is so important that every single measure in the EU's rulebook is fit for purpose, modern, effective, proportionate, operational and as simple as possible."*[124]

Da die Zukunft der gläubigerschützenden Regelungen der Kapitalaufbringung und -erhaltung in der Kapitalrichtlinie noch ungeklärt ist, wird auf europäischer Ebene der Wettbewerb der Gesetzgeber im Aktienrecht durch die Rechtsprechung des Europäischen Gerichtshofs (EuGH) befeuert.[125] In den Rechtssachen *Centros*[126], *Überseering*[127],

---

119 Siehe zum darauf folgenden Wettbewerb zwischen Gesetzgebern *Baums/Andersen,* The European Model Company Act Project, in: Tison/de Wulf et al. (Hrsg.), Perspectives in Company Law and Financial Regulation, 2009, S. 5, 7 in Fn. 3 mit ausführlichen Nachweisen.

120 *Baums/Andersen,* The European Model Company Act Project, in: Tison/de Wulf et al. (Hrsg.), Perspectives in Company Law and Financial Regulation, 2009, S. 5, 12.

121 Dieser wurde erstmals durch die American Bar Association 1946 erstellt und seit seiner Reform 1984 als „Revised Model Business Corporation Act" (RMBCA) bezeichnet. Seitdem wird er jährlich aktualisiert. Der jeweils gültige RMBCA ist auf den Seiten der American Bar Association (www.abanet.org) zu finden.

122 *Baums/Andersen,* The European Model Company Act Project, in: Tison/de Wulf et al. (Hrsg.), Perspectives in Company Law and Financial Regulation, 2009, S. 5, 12 ff.

123 Vgl. zum Gläubigerschutz durch Ausschüttungsbemessung des MBCA *Krapf/Schürmann,* Solvenztest, 2008, S. 121 ff. m.w.N.

124 Vgl. Communication from the Commission to the European Parliament, the Council, the European Economic and Social Committee and the Committee of the Regions on Better regulation for better results – An EU agenda, dated 19 May 2015, COM(2015)215 final, p. 2.

125 Vgl. ausführlich *Heine,* Regulierungswettbewerb im Gesellschaftsrecht, 2003, S. 26 ff. m.w.N.

126 EuGH, Urteil vom 9. März 1999 – C-212/97, Slg. 1999, I-1459 = EuZW 1999, 216 (Centros), dazu beispielsweise *Behrens,* IPRax 1999, 323 ff.; *Görk,* GmbHR 1999, 793 ff.; *Schön,* JbFfSt 2000/2001, 34 ff.; *Ulmer,* JZ 1999, 662 ff.; *Zimmer, ZHR* 164 (2000), 23 ff.

127 EuGH, Urteil vom 5. November 2002 – C-208/00, Slg. 2002, I-9919 = EuZW 2002, 754 (Überseering); dazu *Behrens,* IPRax 2003, 193 ff.; *Eidenmüller,* ZIP 2002, 2233 ff.; *Geyrhalter/Gänßler,* NZG 2003, 409 ff.; *v. Halen,* WM 2003, 571 ff.; *Zimmer,* BB 2003, 1 ff.

Inspire Art[128] und *Sevic*[129] hat der der EuGH zu Fragen der europäischen Niederlassungsfreiheit im Gesellschaftsrecht entschieden[130] und sich für sogenannte *Zuzugsfälle* der *Gründungstheorie* angeschlossen.[131] Danach können in anderen Mitgliedsstaaten gegründete Gesellschaften ihren tatsächlichen Verwaltungssitz frei in das Inland verlegen; für ihre gesellschaftsrechtliche Verfassung bleibt weiterhin das Recht ihres Gründungsstaates maßgebend.[132] Den Zuzug von Gesellschaften aus anderen Mitgliedsstaaten zu beschränken oder zu verhindern, beispielsweise durch die Pflicht, ein bestimmtes Mindestkapital oder Grundsätze der Geschäftsführerhaftung vorzusehen, widerspricht der europäischen Niederlassungsfreiheit. Diese Rechtsprechung hat in der Vergangenheit in Deutschland zu einer Konkurrenz der GmbH[133] vor allem mit der englischen *limited liability company* („Limited") geführt.[134] Aufgrund der weitgehenden Harmonisierung des Rechts (börsennotierter) Aktiengesellschaften durch die Kapitalrichtlinie halten nur wenige Investoren eine „Jurisdiktionenarbitrage" auf diesem Gebiet bisher für gewinnversprechend.

---

128 EuGH, Urteil vom 30. September 2003 – C-167/01, Slg. 2003, I-10155 = EuZW 2003, 687 (Inspire Art); dazu *Behrens*, IPRax 2004, 20 ff.; *Fischer*, ZIP 2004, 1477 ff.; *Horn*, NJW 2004, 893 ff.; *Kindler*, NZG 2003, 1086 ff.; *K. Schmidt*, *ZHR* 168 (2004), 493 ff.

129 EuGH, Urteil vom 13. Dezember 2005 – C-411/03, Slg. 2005, I-10805 = EuZW 2006, 81 (Sevic); dazu *Bayer/Schmidt*, ZIP 2006, 210 ff.; *Doralt*, IPRax 2006, 572 ff.; *Geyrhalter/Weber*, DStR 2006, 146 ff.; *Kallmeyer*, AG 2006, 224 ff.

130 Vgl. die ausführliche Besprechung jüngst bei *Feller*, Mindeststammkapital und Kapitalaufbringung als Instrumente des Gläubigerschutzes bei kleinen und mittleren Unternehmen, 2014, S. 97 ff. m.w.N.

131 Vgl. zur Unterscheidung zwischen den sog. „Wegzugsfällen" und den „Zuzugsfällen" *Eidenmüller/Rehm*, ZGR 2004, 159, 175 ff. Der Referentenentwurf eines „Gesetzes zum Internationalen Privatrecht der Gesellschaften, Vereine und juristischen Personen" vom 7. Januar 2008 sieht für Deutschland eine Aufgabe der Sitztheorie vor (vgl. §§ 10–10b EGBGB-E); allerdings ist unklar, ob und wann dieser Vorschlag Gesetz wird, vgl. Antwort der BReg. auf eine Anfrage nach dem Stand der Gesetzgebung, BT-Drucks. 16/11004 vom 21. November 2008, S. 7 f.

132 Im Falle des Wegzugs von Gesellschaften ist der Heimatstaat allerdings nicht verpflichtet, dies den Gesellschaften aus Gründen der Niederlassungsfreiheit zu gestatten, vgl. EuGH, Urteil vom 16. Dezember 2008 – C-210/06 = EuZW 2009, 75 (Cartesio); dazu *Teichmann*, ZIP 2009, 393 ff. Vgl. zu den Schlussanträgen des Generalanwaltes Maduro, der noch eine Beeinträchtigung der Niederlassungsfreiheit auch in Wegzugsfällen bejahte *Grohmann/Gruschinske*, EuZW 2008, 463 ff. und *Richter*, IStR 2008, 719 ff. Der EuGH hielt damit die Grundsätze seiner Entscheidung *Daily Mail* (vgl. EuGH, Urteil vom 27. September 1988, Rs. 81/87, Slg. 1988, 5483) weiterhin aufrecht.

133 In dieser Rechtsform sind heute über die Hälfte aller deutschen Unternehmen organisiert, vgl. *Thieme*, Auswirkungen einer Veränderung der Mindeststammkapitalziffer im Spiegel der gesellschaftsrechtlichen Praxis, S. 1.

134 *Teichmann*, Binnenmarktkonformes Gesellschaftsrecht, 2006, S. 449 nennt daneben auch die spanische „Blitz-GmbH" und die französische „Ein-Euro-GmbH" als Konkurrenten.

Werden die harmonisierenden Regelungen der Kapitalrichtlinie von europäischer Seite dagegen aufgegeben, so bedarf es vor dem Hintergrund der Rechtsprechung des EuGH zur Niederlassungsfreiheit keiner hellseherischen Fähigkeiten, um auch für die Aktiengesellschaft einen verstärkten Wettbewerb der europäischen Gesetzgeber zu prognostizieren. Ein solcher besteht aktuell schon im Verhältnis zur *Societas Europaea.* Und hier können auch schon Abwanderungserscheinungen von der Aktiengesellschaft in die SE diagnostiziert werden,[135] namhafte Beispiele sind *SAP SE, Porsche SE, MAN SE* oder *Bilfinger SE.*

Es lässt sich damit festhalten, dass das Recht der Aktiengesellschaft gegenwärtig unter einem permanenten erheblichen Reformdruck steht und weiter stehen wird.[136] Dieser geht sowohl von der deutschen Rechtsentwicklung im Bilanzrecht aus, als auch von der Rechtsprechung des Europäischen Gerichtshofs zur Niederlassungsfreiheit und den Reformbestrebungen zur Kapitalrichtlinie. Im Wettbewerb der europäischen Gesetzgeber wird auch der deutsche Gesetzgeber darum bemüht sein, nationalen und internationalen Investoren ein attraktives Aktienrecht anzubieten. So heißt es wörtlich im Koalitionsvertrag der letzten Bundesregierung:

> *„Die deutsche Rechtsordnung ist ein internationaler Standortvorteil der Bundesrepublik. Wir wollen deren Vorzüge, auch gegenüber den anglo-amerikanischen Rechtsordnungen, auf internationaler Ebene deutlich herausstellen.“*[137]

Gläubigerschutz und Investorenfreundlichkeit stehen häufig in einem Spannungsverhältnis. Daher erscheint es als wahrscheinlich, dass eine künftige Reform auch aktienrechtliche Gläubigerschutzregelungen auf den Prüfstand stellen wird. Zur Lösung des Konfliktes kann ein Blick in die Geschichte der Ausprägung aktienrechtlicher Gläubigerschutznormen beitragen.

III. Gang der Untersuchung

In der vorliegenden Arbeit wird die Ausprägung des deutschen Gläubigerschutzsystems in der geschichtlichen Entwicklung des Aktienrechts untersucht. Die Arbeit soll des Weiteren eine Brücke schlagen zwischen der geschichtlichen Entwicklung der entsprechenden gläubigerschützenden aktienrechtlichen Normen und den oben angerissenen aktuellen Fragegestellungen des Aktienrechts.

Die geschichtliche Entwicklung des deutschen Gläubigerschutzsystems im Aktienrecht ist nicht nur eine Ansammlung von Fakten, Daten und Zahlen eingebettet

135 Vgl. *Eidenmüller/Engert,* AG 2005, 97 ff. und für weitere statistische Auswertungen *Bayer/Schmidt,* Status: Recht 2007, 334.

136 Aus diesem Grund hält auch *Bayer* eine Begutachtung der historischen Entwicklung beispielsweise des Kapitalschutzregimes für notwendig, vgl. *Bayer,* in: Bayer/Habersack (Hrsg.), Aktienrecht im Wandel, Bd. 2, S. 708.

137 Koalitionsvertrag der letzten Bundesregierung vom 26. Oktober 2009, Zeilen 5035–5037.

in den sozio-ökonomischen Hintergrund und die politische Historie der jeweiligen Zeit. Sie lässt sich auch theoretisch begreifen als ein kunstvolles Gebilde aus ineinander greifenden Regeln und Normen, das sich über die Zeit entwickelt hat. Als Einstieg in die Untersuchung der geschichtlichen Entwicklung des Gläubigerschutzsystems im Aktienrecht wird daher zunächst allgemein die Entwicklung von Rechtsnormen im Zeitablauf untersucht und auf eine theoretische Grundlage gestellt (vgl. unter B). Die vorliegende Arbeit möchte hierbei keinen allgemeinen theoretischen Überblick über Entwicklungstheorien und -diskussionen geben; dies würde den Rahmen der Arbeit sprengen. Sie orientiert sich an einer von *Mark J. Roe* 1996 vorgestellten Synthese aus Chaostheorie, Pfadabhängigkeit und Evolutionswissenschaft zur Erklärung der Entwicklung juristischer Normen.[138] Es werden Bedingungen für gesellschaftsrechtliche *Paradigmen* und *Paradigmenwechsel* im deutschen aktienrechtlichen Gläubigerschutzsystem definiert.[139] Dies ordnet den Blick für die wesentlichen Grundzüge, die einzelnen Rechtsinstitute und ihr Zusammenspiel und die Entwicklung im Zeitablauf.

Darauf folgend werden unter C. die spezifischen strukturellen Gefahren herausgearbeitet, die Gläubigern einer haftungsbeschränkten Kapitalgesellschaft[140] typischerweise drohen. *Wovor* haben gesetzliche Gläubigerschutzmechanismen im Aktienrecht die Gläubiger überhaupt zu schützen? Die Arbeit stellt infrage, ob ein *gesetzliches* Gläubigerschutzsystem im Aktienrecht erforderlich ist und es werden Begründungsansätze geprüft, nach denen eine Verankerung von Gläubigerschutzinstrumenten im Aktienrecht gerechtfertigt oder sogar gefordert ist.[141] Eines der Axiome der Gesellschaftsrechtswissenschaft – „es gibt einen Gläubigerschutz im Aktienrecht" – wird hinterfragt.

Unter D. wird dann nachfolgend die Entwicklung des präventiven Gläubigerschutzsystems der deutschen Aktiengesellschaft thematisch geordnet im zeitlichen Verlauf analysiert. Dabei werden die unter C. herausgearbeiteten, typspezifischen Gefahren für die Gläubiger der Aktiengesellschaft als Maßstab der Analyse zugrunde gelegt. Die genannten typischen Gefahren für Gläubiger der Aktiengesellschaft resultieren aus der beschränkten Haftung der Aktionäre für Verbindlichkeiten ihrer Aktiengesellschaft.[142] Sie haben sich seit der Einführung der Haftungsbeschränkung im Aktienrecht nicht verändert. Diese Gefahren hat der deutsche

138 Siehe *Roe*, 109 Harvard Law Review 1996, 641 ff.; zu Pfadabhängigkeiten im Gesellschaftsrecht noch einmal ausführlich *Bebchuk/Roe*, 52 Stanford Law Review 1999, 127 ff.

139 Siehe sogleich unter B.III.3.

140 Eine lediglich beschränkte Haftung der Aktionäre lediglich in Höhe ihrer Einlageverbindlichkeit sah schon der Code de Commerce von 1807 in Art. 33 vor, vgl. *Vogt, ZHR* 1 (1858), 477, 483.

141 Siehe unter C.

142 Schon der französische Gesetzgeber des Code de Commerce meinte, dass zwar die persönliche Haftung eines Komplementärs in der Kommanditgesellschaft Gläubigerschutzinteressen genüge, nicht jedoch die beschränkte Haftung der Aktionäre

Gesetzgeber jeweils versucht, mit eigenständigen Mechanismen zu begegnen, sie einzudämmen und die negativen Auswirkungen im Fall ihres Eintritts abzumildern. Die zur jeweiligen Zeit vom deutschen Gesetzgeber gefundenen Lösungen werden in Übereinstimmung mit der theoretischen Grundlage der Arbeit als gesellschaftsrechtliche Paradigmen begriffen. Die Arbeit wird aufzeigen, wann und wie sich gesellschaftsrechtlichen Paradigmen des Gläubigerschutzes entwickelt haben und wann und warum es in der Geschichte der Aktiengesellschaft zu Umbrüchen des Gläubigerschutzsystems – zu Paradigmenwechseln – gekommen ist.[143] Vor dem Hintergrund dieser rechtshistorischen Überlegungen, sozial-, wirtschaftsgeschichtlichen und allgemein historischen Bedingtheiten lassen sich einzelnen Paradigmen Rahmenbedingungen zuordnen, die untrennbar mit der Ausprägung des jeweiligen gläubigerschützenden Rechtsinstituts verknüpft sind.

Die aus der historischen Aufarbeitung gewonnenen Erkenntnisse werden unter E. auf ihre Funktionsfähigkeit analysiert. Indem sich die Arbeit an den typischen Gefahren für Aktiengesellschaftsgläubiger orientiert und die jeweils gefundenen Lösungswege als Paradigmen begreift, kann das deutsche Gläubigerschutzsystem der Aktiengesellschaft in seiner Gesamtheit in der geschichtlichen Entwicklung dargestellt und die immer komplizierteren Verästelungen des deutschen Aktienrechts außer Acht gelassen werden. An den jeweils angemessenen Stellen wird auf gesetzgeberische Herausforderungen eingegangen.

Im letzten Teil der Arbeit unter F. werden die Ergebnisse zusammengeführt und noch einmal abschließend bewertet.

---

der Aktiengesellschaft, vgl. *Rothweiler/Geyer,* in: Bayer/Habersack (Hrsg.), Aktienrecht im Wandel, Bd. 1, S. 23, 41 m.w.N. zum französischen Recht.

143 Siehe beispielsweise für den Übergang vom Konzessionssystem zum System der Normativbestimmungen durch die erste Aktienrechtsnovelle von 1870 *Spindler,* in: Bayer/Habersack (Hrsg.), Aktienrecht im Wandel, Bd. 2, S. 995, 1005.

B. Theoretisches Grundgerüst einer Entwicklung rechtlicher Normen

Die vorliegende Bearbeitung analysiert die Ausprägung des Gläubigerschutzsystems im deutschen Aktienrecht. Wie unter A.III. beschrieben ist der Erkenntnisgewinn aus einer Aneinanderreihung von Fakten und Daten gering, werden diese nicht in ein Konzept der Rechtsentwicklung eingebettet und so analysiert. Hierfür werden einige theoretische Grundlagen über die Entwicklung von Rechtsnormen über die Zeit angesprochen. Wie und aus welchen Gründen entstehen einzelne, gesetzlich fixierte Rechtsinstitute und wie entwickeln sich schon bestehende Rechtsinstitute über die Zeit weiter? Wann werden sie angepasst, revidiert oder ersetzt? Hierbei soll weder eine allumfassende Theorie der Rechtsentwicklung vorlegt werden noch das Für und Wider einzelner Theorien diskutiert werden. Eine Kurzdarstellung ist jedoch notwendig, nicht zwangsläufig für das Thema der Arbeit als solches, sondern dafür, den historischen Stoff der Arbeit zu strukturieren und so die historische Methode für die oben genannten Zwecke nutzbar zu machen.

I. Zum Erfordernis einer Theorie der Rechtsnormentwicklung

Eine Theorie zur Erklärung der Entwicklung von Rechtsnormen sollte insofern umfassend sein, als sowohl kulturelle, wirtschaftliche und politische als auch persönliche Gegebenheiten und Befindlichkeiten berücksichtigt werden.[144] Auch historische Zufälligkeiten dürfen nicht außer Acht gelassen werden. Nachfolgend vorgestellte Theorie der Entwicklung von Rechtsnormen wird im weiteren Verlauf der Arbeit ermöglichen, aus der zweihundertjährigen Geschichte einer gesetzlichen Regulierung der Aktiengesellschaft diejenigen historischen *Events* heraus zu filtern, die maßgebend für die Entstehung des heutigen aktienrechtlichen Gläubigerschutzsystems und für Wendepunkte in seiner Entwicklung waren.[145] Der zweihundertjährige Zeitstrom der Aktienrechtsgeschichte mit seinen überaus komplizierten Verästelungen kann so radikal vereinfacht und auf die für diese Arbeit wesentlichen Punkte heruntergebrochen werden. Dies kann durch eine Theorie geleistet werden, die die *Entstehung* gläubigerschützender Rechtsinstitute und ihren *Bestand* oder ihre *Änderung* im Zeitablauf beschreibt. Prognostische Elemente für die Beschreibung der zukünftigen Entwicklung müssen nicht enthal-

144 Vgl. die Beiträge in Eckert (Hrsg.), Der praktische Nutzen der Rechtsgeschichte, 2003.

145 Dabei ist der Fehler zu vermeiden, kausale und lineare Entwicklungen zu leicht(fertig) (nachträglich) zu konstruieren, vgl. *Foegen*, Rechtsgeschichte – Geschichte der Evolution eines sozialen Systems, Rg1/2002, S. 14, 17.

ten sein.[146] Die unter III. vorzustellende synthetisierte Theorie aus Chaostheorie, Evolutionswissenschaften[147] und der Pfadabhängigkeit gesellschaftsrechtlicher Paradigmen leistet genau dies.

II. Effizienz als Maßstab guter Gläubigerschutznormen

Ein naheliegender Maßstab – zumal in einer wirtschaftsrechtlichen Arbeit – wäre, für „gute" gläubigerschützende Rechtsinstitute des Aktienrechts das Maß ihrer *Effizienz* zur Lösung eines vorher durch den Gesetzgeber identifizierten Gläubigerschutzproblems zu wählen.[148] Als „beste" Gläubigerschutznorm wäre dementsprechend diejenige zu definieren, die die effizienteste Lösung eines zugrunde liegenden Gläubigerschutzproblems bietet.[149]

Die Begriffe eines „Nutzens" der Rechtsgeschichte und der „Effizienz" gläubigerschützender Normen mag manchem frevelhaft vorkommen. Ziel dieser Arbeit ist es jedoch, gerade diesen Nutzen für die zukünftige Rechtsentwicklung im Aktienrecht zu untersuchen und gegebenenfalls herauszustellen. In Zeiten, in denen Effizienzerwägungen zum Standardrepertoire auch des Gesetzgebers gehören – man werfe nur einen Blick auf den folgenden nonchalanten Satz der Europäischen Kommission:

> *„Today we outline further measures to deliver better rules for better results."*[150] –

kommt man nicht umhin, denn Sinn einer Theorie der Rechtsentwicklung für das verfolgte Ziel dieser Arbeit zu diskutieren. Wie oben schon einmal angerissen führt historische Ahnungslosigkeit des Gesetzgebers zu einem teuer erkauften Erkenntnisgewinn. Fehler zweimal zu machen, sollte sich jedenfalls kein Staat leisten. Das geschichtliche Erbe kann als *Asset* oder als *Debt,* als Gewinn oder Verlust konstruiert werden. Historische Ahnungslosigkeit führt jedoch in jedem Fall entweder zu einer reflexhaften Verteidigungshaltung von dem, was „schon immer" so war. Oder aber im Gegenteil werden Rechtsinstitute leichtfertig aufgegeben, quasi „unter Wert" verkauft. Die manchmal verbreitete Illusion des Gesetzgebers, dass der „große Wurf" mit der geplanten Reform gelingen könnte, wird durch die hier vorgestellte Theorie der Rechtsentwicklung deutlich. Hierbei wird deutlich werden, dass die

---

146 Siehe aber beispielsweise *Vossius,* NotBZ 2006, 373 ff. zur Entwicklung und Zukunft des Kapitalschutzrechts oder auch zu den Zukunftsperspektiven privatrechtlicher Forschung *Hopt/Trautmann,* ZGR 2007, 480 ff.

147 Zur Rechtsgeschichte als Evolutionstheorie auch *Amstutz,* Rg 01/2002, 26 ff.

148 Vgl. zu den einzelnen Gläubigerschutzproblemen unter C.II.

149 *Schmidt/Spindler,* International Finance 2002, 311, 312 sprechen für das analoge Problem eines „guten" Corporate Governance Systems wahlweise von „guten", „besseren", „effizienten" oder „funktionsfähigen" Regelungen.

150 Vgl. Communication from the Commission to the European Parliament, the Council, the European Economic and Social Committee and the Committee of the Regions on Better regulation for better results – An EU agenda, dated 19 May 2015, COM(2015)215 final, p. 2.

hier vorgestellte Theorie der Rechtsentwicklung keine deterministische ist, sondern (lediglich) faktische Zwänge und Paradigmen der Rechtsentwicklung verdeutlicht.

1. Effizienz oder Ineffizienz aktienrechtlicher Gläubigerschutznormen

Von der These ausgehend, dass sich rechtliche Normen über die Zeit hinweg entwickeln, könnte als eine nahe liegende, auf ökonomischen Erwägungen begründete erste Schlussfolgerung gelten, dass sich im internationalen Wettbewerb verschiedener Rechtsinstitute das effizientere Rechtsinstitut mit der Zeit durchsetzt.[151] Dass diese Schlussfolgerung allerdings nicht vollends zutreffend sein kann, zeigt die tägliche Erfahrung.[152] Die heutzutage im deutschen Aktienrecht anzutreffenden Rechtsinstitute zum Schutz der Gläubiger einer Aktiengesellschaft sind aller juristischer Erfahrung nach nicht die effizientesten aller denkbaren Rechtsinstitute zur Lösung aktueller Gläubigerschutzprobleme. Es ist allerdings ebenso schwer vorstellbar, dass die umgekehrte Schlussfolgerung die richtige wäre und die deutschen Gläubigerschutzregelungen des Aktienrechts die ineffizientesten weltweit wären.[153] Der mittlere Weg ist wohl hier der zielführende: Es entspricht dem intuitiven Verständnis einer Entwicklung von wirtschaftsrechtlichen Rechtsnormen im Zeitablauf, davon auszugehen, dass über eine längere Zeitspanne ineffiziente Rechtsnormen tendenziell eher „aussterben" und effiziente tendenziell eher „überleben". Dies meint wohl auch *Kohl*, wenn er beispielsweise zu dem heute zum Teil als veraltet betrachteten Rechtsinstitut des „Kaufmanns" schreibt: *„Nobody would establish such rules today. If they remained unchanged for so many decades [it was] because in the end it did not hurt so much."*[154] Nimmt man als gegeben an, dass deutsche Aktiengesellschaften sich zumindest momentan im internationalen Wettbewerb (einigermaßen) akzeptabel behaupten, so kann für die vorliegende Arbeit angenommen werden, dass das aktuell geltende deutsche Aktienrecht die Probleme des Gläubigerschutzes nicht auf eine allzu ineffiziente Art und Weise löst.[155] Ob das Kriterium der Effizienz

---

151 Vgl. Eidenmüller/Schön (Hrsg.), Efficient Creditor Protection in European Company Law, EBOR 7 (2006) zur Effizienz eines europäischen Gläubigerschutzsystems.

152 So auch *Kohl*, 5 Columbia Journal of European Law 1999, 189 f.

153 Auf diese Idee könnte man allerdings kommen, wenn man die unzähligen Beiträge zur Verbesserung des gläubigerschützenden Kapitalschutzsystems der Aktiengesellschaft in den letzten Jahren betrachtet, vgl. statt vieler Eidenmüller/Schön (Hrsg.), Efficient Creditor Protection in European Company Law, EBOR 7 (2006) oder *Chudzick*, Schemes of Arrangements mit Gläubigern nach englischem Kapitalgesellschaftsrecht, 2007; zur Optimierung des Gläubigerschutzes im Recht der GmbH vgl. *Fastrich*, DStR 2006, 656 ff.

154 Siehe *Kohl*, 5 Columbia Journal of European Law 1999, 189, 192.

155 So auch die Studie der Europäischen Kommission, die einen Effizienznachteil des europäischen Kapitalschutzsystems gegenüber angelsächsischen Solvenzregelungen nicht ausmachen konnte, vgl. Feasibility study on an alternative to the

für Gläubigerschutznormen des Aktienrechts darüber hinaus praktikabel gehandhabt werden kann, ist mit dieser Schlussfolgerung noch nicht geklärt.[156]

2. Tauglichkeit eines mathematisch-technischen Effizienzbegriffs

Eine „effiziente Lösung“ eines Problems ist im Alltagssprachgebrauch eine „gute“, „effektive“ oder auch „brauchbare“ Lösung.[157] In der wirtschaftlichen Analyse des Rechts wird der Begriff der Effizienz hingegen eher technisch im Sinne des von *Coase*[158] und *Kaldor / Hicks* geprägten Begriffs verstanden.[159] Die Lösung eines Rechtsproblems ist effizient, wenn die hierdurch erzielten Gewinne für eine Partei die Verluste für eine andere Partei überwiegen und die Verluste der letzteren aus den Gewinnen der ersten Partei ersetzt werden.[160] Theoretisch lässt sich eine effiziente Lösung in diesem Sinne also mathematisch berechnen. In der Praxis fällt dies schwer.[161] Dies gilt besonders, wenn – wie gerade argumentiert – die aktienrechtlichen Regelungen zum Gläubigerschutz in Deutschland wohl weder die effizientesten noch die ineffizientesten denkbaren Regelungen zur Lösung von Gläubigerschutzproblemen sind.

Der Begriff der Effizienz im mathematisch-technischen Sinne hat durch die ökonomische Analyse des Rechts wirtschaftsrechtliche Zusammenhänge und Rechtsnormgebilde objektiviert und neue Blickwinkel auf alte Gerechtigkeitsprobleme eröffnet. Er ist jedoch im „Graubereich“ der nicht ganz ineffizienten und nicht perfekt effizienten, historisch gewachsenen Gläubigerschutzregelungen des deutschen Aktienrechts nicht aussagekräftig. Auftretende Effizienzeffekte sind schwer oder gar nicht messbar. Wo quantitative Maßstäbe versagen, können diese auch nicht gewinnbringend für qualitative Aussagen herangezogen werden. Der Begriff der Effizienz ist somit für Zwecke der vorliegenden Arbeit nicht einträglich. So er im

---

capital maintenance regime established by the Second Company Law Directive 77/91/EEC of 13 December 1976 and an examination of the impact on profit distribution of the new EU-accounting regime, Executive Summary.

156 Gleichwohl wird der Begriff Effizienz verbreitet für Rechtsnormen verwendet, nach *Armour et al.*, How Do Legal Rules Evolve?, ECGI Law Working Paper No. 129/2009, S. 13 führen „high-quality legal rules“ zu „efficient economic outcomes“.

157 So auch die Verwendung bei *Schmidt/Spindler*, International Finance 2002, 311, 312.

158 Vgl. den grundlegenden Beitrag von *Coase*, 3 Journal of Law and Economics 1960, 1 ff.

159 Siehe *Kaldor*, 49 Economic Journal 1939, 549 ff. und ergänzend *Hicks*, 49 Economic Journal 1939, 696 ff.; jüngst ausführlich *Bunge*, Das Telos des Stammkapitals im Lichte der Spieltheorie, 2011, S. 17 m.w.N.

160 Vgl. *Kohl*, 5 Columbia Journal of European Law 1999, 189, 191; eine eingängige Definition des *Kaldor/Hicks´schen* Kompensationskriteriums findet sich bei *Schäfer/Ott*, Lehrbuch der ökonomischen Analyse des Zivilrechts, 2005, S. 31 ff.

161 Zu diesem Problemkreis ausführlich für die Bestimmung des „besten“ Corporate Governance Systems *Schmidt/Spindler*, International Finance 2002, 311 ff.

weiteren Verlauf überhaupt verwendet wird, ist er nicht im mathematischen Sinne zu verstehen, sondern eher als ein intuitiver Näherungswert an ein postuliertes Optimum.[162]

Andere Kriterien „guter" Gläubigerschutzbestimmungen, so wünschenswert sie wären, bieten sich ebenfalls nicht an – zu unterschiedlich sind die Interessen der Beteiligten. Vertrags- und Deliktsgläubiger, große durchsetzungsstarke und verhandlungsschwache Gläubiger, Investoren, Aktionäre, die Gesamtgesellschaft[163]: Die Wertentscheidung des Gesetzgebers für die eine Norm und nicht die andere, für dieses Rechtsinstitut und nicht für jenes, ist nur schwer zu optimieren. „Unerträglich ungerechte" Rechtsnormen im Sinne der sogenannten *Radbruch´schen Formel*[164] zulasten bestimmter Gläubiger- oder Gläubigergruppen hat die historische Analyse der Entstehung heute bestehender Gläubigerschutzbestimmungen nicht ergeben.[165] Wie bereits erwähnt, wird auch aufgrund der historischen Entwicklung der Lebenswirklichkeit und der wirtschaftlichen Entwicklung in Deutschland davon ausgegangen, dass Effizienzextreme im System der deutschen Gläubigerschutzbestimmungen nicht zu finden sind.

Wird ein gläubigerschützendes Rechtsinstitut durch ein anderes ersetzt, so erfordert dies in jedem Fall ein Umdenken auf Seiten des Gesetzgebers, werden Interessenlagen neu priorisiert und die zugrunde liegenden wirtschaftlichen Interessen neu bewertet. Eine darüber hinausgehende – quasi übergeordnete – Bewertung der getroffenen Gläubigerschutzbestimmungen kann nicht objektiv getroffen werden. Die hier gewählte Theorie einer Entwicklung von Rechtsnormen trifft daher auch keine Wertentscheidung zur Beurteilung der Qualität gläubigerschützender Rechtsinstitute des deutschen Aktienrechts.

III. Chaostheorie, Evolutionswissenschaft und Pfadabhängigkeit aktienrechtlicher Normen

Die historische *Entstehung* gläubigerschützender Rechtsinstitute des Aktienrechts hängt von den tatsächlichen Ausgangsbedingungen in der jeweiligen Rechtsgemeinschaft ab, die zum Zeitpunkt der Entstehung eines Rechtsinstituts herrschten. Diese Bedingungen unterliegen so vielen Vorbedingungen, persönlichen und wirtschaftlichen Unwägbarkeiten, dass sie auch in der Rückschau oftmals nur als zufällig

---

162 Vgl. zu Kriterien zur Bestimmung des Optimums einer Regelung jüngst *Davies / Hopt*, Boards in Europe – Accountability and Convergence, ECGI Working Paper No. 203/2013.

163 Hinzu kommen noch die Interessen der Aktiengesellschaft selbst, so man ein separates „Unternehmensinteresse" außerhalb des Interesses der Aktionäre oder sonstigen Stakeholder anerkennt.

164 Vgl. *Radbruch,* Süddeutsche Juristenzeitung 1946, 105 ff. Ausführlich zu Trennungs- und Verbindungsthesen auch *Alexy,* Begriff und Geltung des Rechts, 1992, S. 29 ff.

165 Dazu ausführlich unter D.

eingestuft werden können. Zur Erklärung ihrer Entstehung können daher gewinnbringend chaostheoretische Ansätze verwendet werden (vgl. unter 1.).[166]

Hat sich ein Rechtsinstitut einmal herausgebildet, so entwickelt sich dieses Rechtsinstitut nicht geschichtslos weiter, sondern vor dem Hintergrund des schon Bestehenden. Damit trägt jedes Rechtsinstitut die Geschichte der Probleme, zu deren Lösung es geschaffen wurde, mit sich durch die Zeit. Dies ist unabhängig davon, ob diese früheren Probleme heutzutage noch aktuell sind oder nicht. Eine Ähnlichkeit mit der Entwicklung biologischer Lebensformen drängt sich auf: So können heutige Rechtsinstitute erscheinen wie ein *Atavismus* in der Biologie, eine Struktur oder auch ein Organ eines Lebewesens, das scheinbar keine Aufgabe mehr hat. Auch Rechtsnormen können „veraltet" wirken oder gar „totes Recht" sein.[167] Hier können evolutionswissenschaftliche Ansätze helfen, Bestand und Entwicklung von Rechtsnormen zu beschreiben (vgl. unter 2.)[168] Der Blick auf die spezifischen Entstehungsbedingungen einer Norm, die diese vielleicht im heutigen Kontext obsolet macht, versteht sich sowohl für den heutigen Rechtsanwender als Interpret eines Rechtstextes und auch für den Rechtshistoriker von selbst. Die Übertragung eines naturwissenschaftlichen Erklärungsansatzes auf die Rechtsentwicklung stellt dies in einem neuen Kontext dar.

Die Entwicklung von Rechtsnormen unterscheidet sich allerdings insoweit von natürlichen Evolutionsmechanismen, als Mutationen nicht ständig und frei stattfinden können. Aktienrechtliche Gläubigerschutznormen lassen sich als rechtliche Paradigmen beschreiben, die sich pfadabhängig entwickeln und vor allem pfadstabil auf Veränderungs- oder Modernisierungsbemühungen reagieren. Lediglich Paradigmenwechsel, die durch äußeren oder inneren Druck (auf den Gesetzgeber) stattfinden, überwinden die Pfadstabilität (vgl. näher unter 3.).[169]

Überträgt man diese Prämissen aus Chaostheorie, Pfadabhängigkeit und Evolutionswissenschaften auf die Rechtswissenschaft, so lässt sich daraus eine synthetisierte Theorie der Entwicklung von Rechtsinstituten ableiten. *Marc Roe* stellte diese in seinem Aufsatz *Chaos and Evolution in Law and Economics*[170] 1996 der Öffentlichkeit

---

166 Zur Chaostheorie als Erklärungsansatz der Entstehung gesellschaftsrechtlicher Rechtsinstitute vgl. auch *Roe,* 109 Harvard Law Review 1996, 641 ff. und *Leidig,* in: Bosshardt (Hrsg.), Problembereiche interdisziplinärer Forschung, S. 77.

167 *"For many decades, if not centuries, jurists and others have wondered why some legal rules and institutions which might have been beneficial in the past survived even though they now seem useless, cumbersome or downright detrimental, and why some rules which for a long time were almost forgotten, suddenly are revitalized"*, vgl. *Kohl,* 5 Columbia Journal of European Law 1999, 189.

168 Vgl. beispielsweise *Amstutz,* Evolutorisches Wirtschaftsrecht, 2001 und zur Rechtsgeschichte als Evolutionstheorie *Amstutz,* Rg 01/2002, 26 ff.

169 Ausführlich beispielsweise *Ackermann,* Pfadabhängigkeit, Institutionen und Regelreform, 2001 und für das Gesellschaftsrecht *Roe,* 109 Harvard Law Review 1996, 641 ff.

170 Siehe *Roe,* 109 Harvard Law Review 1996, 641.

vor. Diese wird in der vorliegenden Arbeit als Grundlage verwendet.[171]. Die Entwicklung des Gläubigerschutzes im deutschen Aktienrecht über die letzten knapp zweihundert Jahre kann systematisiert analysiert werden.[172] Im Folgenden wird auf die einzelnen Bestandteile vertiefend eingegangen.

1. Chaostheorie im Aktienrecht

1.1 Aktienrechtliche Gläubigerschutzvorschriften als komplexes System

Erkenntnisse der Chaostheorie lassen sich zur Erklärung einer Entstehung von Rechtsinstituten nutzbar machen. Schafft der Gesetzgeber ein neues Rechtsinstitut zur Lösung eines zur Zeit der gesetzgebenden Handlung bestehenden Rechtsproblems, so hängt seine genaue Ausgestaltung häufig von den oftmals zufälligen Ausgangsbedingungen ab, unter denen es zustande kam. Dies trifft besonders auf *komplexe Systeme* zu.[173] Die bekannte Frage von *Edward N. Lorenz:* "Does the Flap of a Butterfly's Wings in Brazil Set Off a Tornado in Texas?"[174] trifft hier den Kern. Einige komplexe Systeme sind so empfindlich, dass eine kleine Änderung in den Ausgangsbedingungen so massive Veränderungen im Gesamtsystem auslösen kann, dass Vorhersagen dieser Veränderungen (fast) unmöglich sind.[175] Manche der heute bestehenden komplexen Systeme sind natürlichen Ursprungs.[176] Andere sind von Menschen erzeugt.[177] Das deutsche Rechtssystem in seiner Gesamtheit ist ein solches von Menschen erzeugtes komplexes System. Dies gilt ebenso für das Subsystem des Aktienrechts. Angewendet auf die Geschichte des Gläubigerschutzes im Aktienrecht

171 *Kohl,* 5 Columbia Journal of European Law 1999, 189 ff. bezeichnete die zugrunde liegende Idee als „faszinierend".

172 So schon *Roe,* 109 Harvard Law Review 1996, 641, nach dem durch die Applikation der Theorie ein tiefergehendes Verständnis von der Funktionsweise wirtschaftlicher und rechtlicher Institute erlangt werden kann.

173 Vgl. *Mainzer,* Komplexe Systeme und nichtlineare Dynamik in Natur und Gesellschaft, 1999.

174 So der Titel seines Vortrags im Jahr 1972, gehalten auf der Jahrestagung der American Association for the Advancement of Science, vgl. The Central Program of the 1972 AAAS Annual Meeting, Science 24, November 1972, S. 886 ff. Das deutsche Sprichwort "Kleine Ursache, große Wirkung" zielt in die gleiche Richtung.

175 Wann und aufgrund welcher Ereignisse Zeiten verstärkter „Unruhe" im Recht ausgelöst werden, ist nach Ansicht von *Foegen* zwar nicht prognostizierbar, aber vermutlich rekonstruierbar, vgl. *Foegen,* Rechtsgeschichte – Geschichte der Evolution eines sozialen Systems, Rg1/2002, S. 14, 15.

176 Zum Beispiele können die komplexe Funktionsweise des menschlichen Gehirns oder auch das Lebensgleichgewicht der Ozeane genannt werden.

177 Hierzu wird in der einschlägigen Literatur an vorderster Stelle das Internet gerechnet, aber auch beispielsweise das Zugsystem der Deutschen Bahn soll Regeln komplexer Systeme folgen, statt vieler *Mainzer,* Komplexe Systeme und nichtlineare Dynamik in Natur und Gesellschaft, 1999.

bedeutet dies: Einige Male standen in der Vergangenheit dem deutschen Gesetzgeber mehrere denkbare Lösungen für ein Gläubigerschutzproblem zur Verfügung. Welche dieser Lösungen gewählt wurde, hing auch von den damaligen, zum Teil zufälligen Ausgangsbedingungen ab.

1.2 Der Einfluss des Zufalls auf komplexe Systeme

Welchen Einfluss ein neu eingeführtes, gläubigerschützendes Rechtsinstitut im Gefüge des Aktienrechts im Laufe der Zeit entwickeln wird, ist zu seinem Einführungszeitpunkt schwer oder überhaupt nicht mit Sicherheit vorherzusehen. Es kann mit einiger Sicherheit davon ausgegangen werden, dass die Einführung eines neuen Rechtsinstituts in der Geschichte des Aktienrechts unvorhergesehene und vielleicht auch manchmal politisch ungewollte Folgen nach sich zog.[178] Geschichtliche Ereignisse und die jeweiligen politischen Gegebenheiten sind für die Entwicklung von Rechtsinstituten von größerer Bedeutung, als eine Orientierung an rein ökonomischen oder Effizienzkriterien erklären könnte.[179] Als Fazit lässt sich festhalten: Komplexe Systeme, wie das deutsche Rechtssystem, reagieren auf die Einführung neuer Elemente oder die Veränderung von alten zwangsläufig teilweise unvorhersehbar. Historische Zufälligkeiten können nicht nur den Lauf der Geschichte, sondern auch die Ausgestaltung einzelner Rechtsinstitute und ihre Fernwirkung auf andere maßgeblich beeinflussen.[180]

2. Evolution aktienrechtlicher Normsysteme

2.1 Globales versus lokales Optimum als Entwicklungsrichtung

Die biologischen Evolutionstheorien haben als wissenschaftliche Hypothesen keine Konkurrenz.[181] Biologische Lebewesen akkumulieren im Laufe von Generationen

---

178 So führte die Einführung eines Mindestnennkapitals im Recht der GmbH Anfang des letzten Jahrhunderts zu einer „Flucht“ unseriöser Unternehmensgründer in die Aktiengesellschaft. Auch daraus resultierten in der Wirtschaftskrise der Weimarer Republik große Verlusten von Gläubigern und Aktionären dieser Gesellschaften, vgl. näher zur Entwicklung des Aktienrechts in der Weimarer Republik *Nörr*, *ZHR* 150 (1986), 155 ff. m.w.N.

179 *Roe*, Strong Managers, Weak Owners, 1996 überträgt diesen Zusammenhang auch auf gesellschaftsrechtliche Themenkreise.

180 Siehe zu chaostheoretischen Überlegungen zur Erklärung komplexer Systeme auch *Leidig*, in: Bosshardt (Hrsg.), Problembereiche interdisziplinärer Forschung, S. 77.

181 In letzter Zeit treten zwar vermehrt Verfechter eines sogenannten „Intelligent Design“ in die Öffentlichkeit – unbestritten stellen diese aber keine wissenschaftliche und damit falsifizierbare Hypothese auf und können somit hier außen vor gelassen werden. Jegliche Nuancen von deterministischen Theoremen widersprechen einer jeden Theorie der Evolution. Diese funktioniert vielmehr nach dem Prinzip von Trial-and-Error.

genetische Mutationen. Diese können einer Art das Überleben sichern oder sie dem Aussterben ausliefern. Gibt es zu einer Zeit mehrere Lösungsalternativen für ein Problem, beispielsweise mehrere Arten, die um den gleichen Lebensraum konkurrieren, so überlebt diejenige Art, die an den Lebensraum am besten angepasst ist, am optimiertesten arbeitet. In anderen Worten: Es überlebt diejenige Art, die aktuelle Probleme am besten löst. Dies heißt nicht, dass diese Art auch für neue Lebensräume oder für zukünftige Probleme die am besten gerüstete Art ist. Möglicherweise wäre dies eine früher schon ausgestorbene. Die biologische Evolution entwickelt sich nicht „rückwärts". Ein einmal eingeschlagener Weg ist unumkehrbar.[182] Eine ausgestorbene Art kann *per definitionem* nicht wieder auferstehen. Dies bedeutet, dass sich jedenfalls in der Natur nicht das absolut energieeffizienteste oder angepassteste Lebewesen in einem Lebensraum durchsetzt, sondern (lediglich) das relativ effizienteste. Sobald Entwicklungslinien einmal „ausgestorben" sind, bleiben sie es auch *ad infinitum.* In den Evolutionswissenschaften wird deswegen davon gesprochen, dass Evolution lediglich zu einem lokalen Optimum und nicht zu einem globalen Optimum führt. Mit der Zeit werden zwar schlechter angepasste Arten aus dem Evolutionsprozess ausgeschieden. Aber da schon ausgestorbene Arten nicht mit momentan lebenden konkurrieren, setzt sich nicht die zeitgeschichtlich absolut gesehen optimierteste Art, sondern die zeitlich und lokal am besten angepasste Art durch. Dieser Sachverhalt wird häufig durch das bekannte „Hügel"-Beispiel illustriert: Evolutionäre Entwicklung führt lediglich zur Kuppe des nächstgelegenen Hügels. Die weiter entfernt gelegene, möglicherweise weit höhere Hügelkuppe oder auch der Gipfel des nächstgelegenen Berges wird nicht erreicht, da der Weg dorthin durch ein „Tal" führt.[183] Dass eine Lösung heute besteht und dass sie in der Vergangenheit „überlebt" und sich durchgesetzt hat, bedeutet demnach nicht, dass sie auch die absolut beste Lösung ist.[184]

2.2 Unterschiede der Rechtsentwicklung zur natürlichen Evolution

Die Entwicklung von Rechtsnormen unterscheidet sich von der biologischen Evolution wenigstens in zwei wichtigen Punkten: Der Gesetzgeber hat die Möglichkeit, durch ein solches beschriebenes „Tal" zu gehen, um den nächsten am Horizont entdeckten, höheren Hügel zu erklimmen. Ebenso können „ausgestorbene" Lösungen früherer Gesetzgeber wieder animiert werden, wenn ihr Nutzen für die heutigen oder zukünftigen Gläubigerschutzprobleme erkannt wird.[185]

182 *„Die Evolutionsbiologie ist eine historische Wissenschaft"* (*Ernst Mayr*), zitiert nach *Foegen*, Rechtsgeschichte – Geschichte der Evolution eines sozialen Systems. Rg1/2002, S. 14.

183 Vgl. *Schmidt/Spindler*, International Finance 2002, 311, 315 f. m.w.N.; ebenso *Roe*, 109 Harvard Law Review 1996, 641, 643 ff.

184 „Survival does not imply superiority to untried alternatives", vgl. *Roe*, 109 Harvard Law Review 1996, 641, 643.

185 Zu diesem Schluss kommt auch *Kohl*, 5 Columbia Journal of European Law 1999, 189, 190.

Anders als biologische Lebewesen muss sich das Recht nicht zwangsläufig „vorwärts" in der Zeit entwickeln. Der Gesetzgeber schafft sich seine Rechtswirklichkeit selbst. In einem Wettbewerb der Rechtsinstitute kann man daher durchaus gedanklich „ausgestorbene" Institute gegen heutige antreten lassen. Ein kleiner Unterschied zwischen „lebenden" und „ausgestorbenen" Rechtsinstituten ist allerdings zu machen; ein Vorurteil gegenüber den schon „ausgestorbenen" Rechtsinstituten muss entkräftet werden. Diese wurden immerhin schon einmal durch die Geschichte überholt und abgeschafft oder ersetzt. Die Gründe dafür müssen in eine Abwägung von Vor- und Nachteilen der unterschiedlichen Rechtsinstitute durch den Gesetzgeber der Zukunft mit einbezogen werden.[186] Es ist aber vor dem Hintergrund der Entwicklungsgeschichte mancher Rechtsinstitute durchaus denkbar, dass früher einmal bestehende Lösungen, die einen früheren Rechtsreformprozess nicht „überlebt" haben, für die heute sich stellenden Probleme gut geeignete Lösungen wären.[187] Überträgt man diese evolutionswissenschaftlichen Erkenntnisse auf die Rechtswissenschaft und die Entwicklung von Rechtsnormen über die Zeit, so deckt sich die obige Schlussfolgerung mit den getroffenen Annahmen. Erstens kann davon ausgegangen werden, dass die heute bestehenden Gläubigerschutznormen des Aktienrechts nicht die besten denkbaren sind. Zweitens sagt ihr Bestand heute wenig über ihre Tauglichkeit aus, zukünftige Herausforderungen des Gläubigerschutzes im Aktienrecht zu bestehen.[188] Drittens kann der deutsche Gesetzgeber auch schon einmal „ausgestorbene" gläubigerschützende Rechtsinstitute der Vergangenheit wieder aktivieren, ohne sich damit dem Vorwurf der Rückschrittlichkeit auszusetzen.

3. Das Prinzip der Pfadabhängigkeit im Aktienrecht

Der dritte Erklärungsansatz, welcher die der vorliegenden Arbeit zugrunde liegende synthetisierte Theorie der Rechtsentwicklung komplettiert, ist der der *Pfadabhängigkeit.*[189] Das Konzept der Pfadabhängigkeit wurde ursprünglich in der technischen Innovationsforschung entwickelt und ist auch in den Wirtschaftswissenschaften als Erklärungsmuster verbreitet.[190] In seiner ersten Anwendungsform beschreibt es

---

186 Vgl. ebenso *Armour et al.*, How Do Legal Rules Evolve?, ECGI Law Working Paper No. 129/2009, S. 19 nachdem nicht das Maximum, sondern das Optimum schützender Regeln anzustreben ist.

187 Siehe zum Ganzen ausführlich und mit Beispielen *Roe,* 109 Harvard Law Review 1996, 641 ff.

188 Vgl. zu aktuellen Reformvorhaben auf europäischer Ebene auch *Schmidt,* Neuere Entwicklungen im Europäischen Gesellschaftsrecht, in: VGR (Hrsg.), Gesellschaftsrecht in der Diskussion 2014, 2015, S. 25 ff.

189 Vgl. zur Begriffsdefinition *David,* Discussion Papers in Economic and Social History, University of Oxford No. 20 (11/1997), 15.

190 Einführend *Ackermann,* Pfadabhängigkeit, Institutionen und Regelreform, 2001, S. 46 ff.

technische Entwicklungen über eine gewisse Zeit. Im Rahmen dieser Arbeit wird es als ein genauerer Erklärungsansatz für die Entwicklung rechtlicher Normen gebraucht. Allein eine Theorie der Evolution ist als Erklärungsansatz rechtlicher Normentwicklung defizitär. Sie lässt sich nicht mit den Erlebnissen des „vernünftigen Rechtsanwenders" in Einklang bringen. Rechtsentwicklung findet nicht nur *einfach* (automatisiert) statt hin zu einem (lokalen) Optimum des Rechts. Rechtsentwicklung ist träge.[191] Häufig scheinen sich Rechtsnormen gegen Veränderung regelrecht zu sträuben, sind politische, gesellschaftliche oder wirtschaftliche Beharrungskräfte so groß, dass daran schon manche (Rechts-)Reform gescheitert ist.[192] Um dieses Phänomen konzeptuell zu erfassen, ist der Erklärungsansatz der Pfadabhängigkeit von Rechtsinstituten geeignet.[193]

Mit *Ackermann* lässt sich definieren: Ein Entwicklungsprozess kann (nur) dann pfadabhängig sein, wenn er erstens nicht determiniert ist und zweitens von einer zeitlichen Entwicklung abhängt.[194] Daraus folgt zunächst *per definitionem*, dass das Ergebnis dieses Entwicklungsprozesses vorab nicht vorhersehbar ist, „kleine historische Ereignisse" also darüber entscheiden können, welche Richtung eine Entwicklung nimmt.[195] Zugleich weist der Entwicklungsprozess eine Tendenz auf, sich selbst zu stabilisieren und zu verfestigen (ähnlich einem rollenden Rad, das desto schwerer von seiner Bahn abgelenkt werden kann, je schneller es sich dreht). Ein träger, zeitabhängiger und nicht determinierter Prozess kann potentiell auch zu ineffizienten Entwicklungen führen.[196]

Jede evolutorische Theorie, wie sie oben dargestellt wurde, impliziert somit eine Theorie der Pfadabhängigkeit. Einmal gefundene Lösungen für eine evolutorische Herausforderung haben die Tendenz, sich zu stabilisieren. Dabei spielt es für die Verfestigungstendenz zunächst einmal keine Rolle, ob die Lösung zum Zeitpunkt ihrer Einführung die beste, praktikabelste, einzige oder auch effizienteste Lösung war.

---

191 So vergingen beispielsweise zwischen den ersten Reformentwürfen und der grundlegenden Reform des Aktiengesetzes von 1965 fünfzehn Jahre, vgl. ausführlich *Bahrenfuss,* Die Entstehung des Aktiengesetzes von 1965, 2001.

192 So scheiterten im GmbH-Recht gleich mehrere große Reformentwürfe (1939, 1971/73), erst 1980 kommt es zu einer kleinen GmbH-Novelle, vgl. ausführlich *Kalss/Eckert,* Zentrale Fragen des GmbH-Rechts, 2005, S. 185 ff.; auch der sächsische Entwurf eines AktG scheiterte beispielsweise 1837, vgl. ausführlich *Baums-Stammberger,* Der Versuch einer Aktiengesetzgebung in Sachsen 1836/1837, 1980.

193 Siehe für ausführliche Nachweise zu „Pfadabhängigkeiten" als theoretischem Konzept *Heine,* Regulierungswettbewerb im Gesellschaftsrecht, 2003, S. 197 in Fn. 225 und speziell im Gesellschaftsrecht *Heine,* Regulierungswettbewerb im Gesellschaftsrecht, 2003, S. 212 in Fn. 260.

194 Vgl. die Herleitung bei *Ackermann,* Pfadabhängigkeit, Institutionen und Regelreform, 2001, S. 7 f.

195 So auch *Arthur/Arrow,* Increasing Returns and Path Dependence in the Economy, 2004, S. 45.

196 Vgl. *Ackermann,* Pfadabhängigkeit, Institutionen und Regelreform, 2001, S. 29.

Dies lässt sich an dem bekannten Beispiel des „Pelzhändlers“[197] verdeutlichen: Wenn in früheren Zeiten ein Pelzhändler mit der Axt einen Pfad durch einen dichten Wald schlagen musste, um einen sicheren Transportweg zu bauen, so entstand als Resultat ein kurviger Handelspfad. Möglicherweise war das zur damaligen Zeit die beste oder auch einzige Lösung für das Problem des Pelzhändlers. In den folgenden Jahren, Jahrzehnten und Jahrhunderten wird der Pfad vertieft, verbreitert, schließlich gepflastert und geteert; in den Straßenkurven werden Häuser gebaut. Obwohl die Ursprungserwägungen des „Pelzhändlers“ heute keine Rolle mehr in der Planung von Straßen spielen, steht am Ende der Straßenentwicklung eine gewundene, wohl suboptimale Straße, die heute nicht mehr in dieser Form gebaut worden würde. Die heute bestehende Straße ist nicht erklärbar ohne ihren Vorgängerpfad.

Die Vertiefung eines einmal eingeschlagenen Weges, die Stabilisierung einmal gefundener Lösungen für ein (Rechts-)Problem ist ein grundlegendes Element der Theorie der Pfadabhängigkeit rechtlicher Normen.[198] Das Konzept der Pfadabhängigkeit soll deswegen im Folgenden als Erklärungsmodell für die Frage eingesetzt werden, aus welchen historischen Entwicklungslinien sich die heute bestehenden gläubigerschützenden Rechtsinstitute des deutschen Aktienrechts entwickelt haben. Die heutigen aktienrechtlichen Rechtsinstitute lassen sich vor diesem Hintergrund als *rechtliche Paradigmen* beschreiben.[199]

3.1 Der Begriff des rechtlichen Paradigmas

Der Begriff des Paradigmas wurde ursprünglich von *Lichtenberg*[200] eingeführt, ist aber vor allem durch die Arbeiten von *Thomas S. Kuhn* bekannt. In ihrer von *Kuhn* verwendeten Bedeutung sind Paradigmen (*„paradigm“*) „allgemein anerkannte wissenschaftliche Leistungen, die für eine gewisse Zeit einer Gemeinschaft von Fachleuten maßgebende Probleme und Lösungen liefern.“[201] Ihr Vorhandensein unterscheide „Astronomie, Physik, Chemie oder Biologie“ von wissenschaftlichen Disziplinen wie „Psychologie“ und „Soziologie“, in denen es schon tiefe Kontroversen über die Grundlagen des Faches gebe und damit keine Paradigmen im Sinne der Definition.[202] Mit den Rechtswissenschaften haben letztgenannte Fächer – im

---

197 Vgl. *Kohl,* 5 Columbia Journal of European Law 1999, 189, 190; ebenso *Roe,* 109 Harvard Law Review 1996, 641 ff.

198 Siehe *Ackermann,* Pfadabhängigkeit, Institutionen und Regelreform, 2001, S. 30 ff.

199 Vgl. zu gesellschaftsrechtlichen Paradigmen und Paradigmenwechseln auch *Heine,* Regulierungswettbewerb im Gesellschaftsrecht, 2003, S. 208 ff., 223 ff. m.w.N.

200 So jedenfalls *Toulmin,* der die Entstehung des Begriffs des Paradigmas *Georg Christoph Lichtenberg* zuschreibt, vgl. *Toulmin,* Menschliches Erkennen, 1978, S. 131 f.

201 *Kuhn,* Die Struktur wissenschaftlicher Revolutionen, 2003, S. 10.

202 Zunehmend entdecken jedoch auch geisteswissenschaftliche Fachdisziplinen das Denken in Paradigmen für sich, vgl. für die katholische Theologie die Werke von *Hans Küng* „Große christliche Denker“, 1994, und „Das Christentum – Wesen und Geschichte“, 1994.

Unterschied zu den erstgenannten – gemein, dass ihre theoretischen Grundlagen und Gedankenstrukturen nicht dem Negativbeweis zugänglich sind, nicht falsifiziert werden können. Rechtsinstitute können logisch inkonsequent, mit angrenzenden Rechtsinstituten inkonsistent, unpraktikabel oder ineffizient sein, einem irgendwie geartetem Gerechtigkeitsempfinden oder einem diffusen „Schönheitsgefühl" widersprechen. Sie sind jedoch nicht im naturwissenschaftlichen Sinne falsifizierbar. Paradigmen als Lösungsansätze, detaillierte Denk- und Argumentationsmuster verstanden lassen sich jedoch auch aus Rechtsinstituten destillieren.

Die Anerkennung eines neuen Rechtsinstituts macht das vorhergehende nicht denknotwendig unmöglich, wie dies in den Naturwissenschaften der Fall ist. Es gibt in der Rechtswissenschaft keine „äußeren Anomalien", die laut *Kuhn* in den Naturwissenschaften zur Entwicklung von neuen Theorien und in der Folge zu neuen Paradigmen führen. „Neue und unvermutete Phänomene"[203] von außen finden sich ebenso wenig.[204] Im *Kuhn*'schen Sinne gibt es in der gesamten Rechtswissenschaft wohl kein einziges Paradigma.[205] Es lohnt sich meines Erachtens dennoch, die *Kuhn*'schen Ideen auch auf die Rechtswissenschaft zu übertragen: Dass dabei der Begriff des Paradigmas teilweise einen neuen Inhalt erhält, ist der Eigenheit der Rechtswissenschaft als Disziplin geschuldet.[206]

Rechtliche Paradigmen werden im Idealfall durch den jeweiligen Gesetzgeber geschaffen.[207] Dieser schreibt „Lösungen" für rechtliche Probleme fest. In diesem unterscheidet sich die Rechtswissenschaft als Disziplin dann auch von anderen Geistes- und Gesellschaftswissenschaften: Es gibt außerhalb des einzelnen Forschers liegende „Regeln", die dieser nicht individuell beeinflussen oder festlegen kann und die seine Wirklichkeit in einem gewissen Sinne strukturieren. Zwar ist es dem Rechtswissenschaftler nicht „verboten", in ganz andere Richtungen als die gesetzgeberisch vorgezeichneten zu denken und ganz neue Lösungen für aktuelle

---

203 *Kuhn,* Die Struktur wissenschaftlicher Revolutionen, 2003, S. 65.

204 Nimmt man einmal die „Überraschung" deutscher Rechtswissenschaftler durch angelsächsische oder anglo-amerikanische Lösungsmodelle im Gesellschaftsrecht aus, vgl. hierzu Sandrock/Wetzler (Hrsg.), Deutsches Gesellschaftsrecht im Wettbewerb der Rechtsordnungen nach Centros, Überseering und Inspire Art, 2004 oder auch *Merkt,* ZfRV 37 (1996), 1 ff.

205 Eventuell könnte man noch die moralischen Grundlagen des Rechts (wie bspw. die Anerkennung der Menschenwürde als schützenswert) als Paradigmen im *Kuhn'schen* Sinne bezeichnen.

206 Der Begriff des „wissenschaftlichen Paradigmas" war auch in seiner ursprünglichen Bedeutung streitbehaftet. Dies meint *Kuhn,* wenn er in seinem Postscriptum von 1969 schreibt: *„Mehrere Hauptschwierigkeiten der ursprünglichen Fassung gruppieren sich um den Begriff des Paradigmas..."*, vgl. *Kuhn,* Die Struktur wissenschaftlicher Revolutionen, 2003, S. 186.

207 Zur zunehmenden Kodifikation des Privatrechts im 19. Jahrhundert vgl. ausführlich Coing/Wilhelm (Hrsg.), Wissenschaft und Kodifikation des Privatrechts im 19. Jahrhundert, 1979.

Probleme zu finden. Jedoch wird man sagen müssen, dass die juristische „Normalwissenschaft" sich auf die Strukturierung des geltenden Rechts beschränkt und Gesetzgebungsvorschläge *de lege ferenda* sich meist innerhalb des anerkannten Lösungsmodells, bestehend aus den „anerkannten" Rechtsinstituten als Paradigmen, bewegen.[208] Radikale Neuerungen und Umwälzungen gibt es selten.[209] Lediglich an den momentanen Rändern der Rechtswissenschaft (z.B. dem Internetrecht) kann „freier" gedacht werden. Spätestens der parlamentarische Gesetzgebungsprozess führt innovative Lösungsmodelle meist wieder auf anerkannte Lösungen zurück.[210]

Rechtliche Paradigmen im hier verwendeten Sinne sind also die vom Gesetzgeber zu seiner jeweiligen Zeit gefundenen Lösungsmechanismen für ein bestimmtes Rechtsproblem. Ein rechtliches Paradigma bildet ein jeweils in sich abgeschlossenes System, auch wenn es selbstverständlich Bezüge zwischen einzelnen Paradigmen gibt. Diese Paradigmen bilden zusammengenommen das deutsche aktienrechtliche Gläubigerschutzsystem. Der Begriff des Rechtsinstituts wird in diesem Sinne im Folgenden weitgehend bedeutungsgleich zum Begriff des Paradigmas verwendet. Letzterer birgt zusätzlich die Idee der Beständigkeit und Stabilität, die einem rechtlichen Paradigma definitionsgemäß innewohnt.

Paradigmenwechsel treten nach dieser Definition dann ein, wenn sich das grundlegende gesetzliche Lösungsmodell – meist durch eine Gesetzesänderung – verändert. Nicht jede Gesetzesänderung ist gleich auch ein Paradigmenwechsel: Wird die fünfte Umgehungsmöglichkeit einer Rechtsregelung beseitigt, der Wortlaut einer Norm deutlicher gefasst, die dritte Untervariante eingeführt o.ä., so handelt es sich dabei möglicherweise um bedeutende Gesetzesänderungen für die Rechtspraxis. Paradigmenwechsel sind es indes nicht. Diese setzen ein *Umdenken* des Gesetzgebers (und damit der rechtswissenschaftlichen Normalwissenschaft) voraus. Das bestehende Rechtsinstitut wird grundlegend überdacht, neu erarbeitet oder es wird sogar abgeschafft und ein neues an seine Stelle gesetzt. Es kann sich auch der Ansatzpunkt des Rechtsinstituts, sein Angriffspunkt an die Wirklichkeit ändern.[211]

Paradigmenwechsel in der Rechtswissenschaft sind damit zwar etwas weniger großartig als in den Naturwissenschaften wie sie *Kuhn* beschreibt: Sie stellen nicht zwangsläufig das gesamte Weltbild, wie es bisher bestand, auf den Kopf. Sie lassen

---

208 Vgl. beispielsweise den Entwurf des *Arbeitskreis „Unternehmerische Mitbestimmung"*, ZIP 2009, 885, der sich für eine Reform des Mitbestimmungsrechts in der Aktiengesellschaft an die Regelung der Societas Europaea anlehnt.

209 Wie es *Frau Leutheusser-Schnarrenberger* bei ihrer Willkommensrede als Bundesjustizministerin im Bundesministerium der Justiz im Oktober 2009 formulierte: „Die Rechtspolitik ist nicht der Ort für waghalsige Kapriolen."

210 Hierzu trägt nicht unerheblich das Ideal von der *Einheit der Rechtsordnung* bei, vgl. erstmals detailliert *Engisch*, Die Einheit der Rechtsordnung, 1935; später ausführlich *Felix*, Einheit der Rechtsordnung, 1998, S. 2 f. m.w.N.

211 Vgl. *Spindler*, in: Bayer/Habersack (Hrsg.), Aktienrecht im Wandel, Bd. 2, S. 995, 1005, der den Begriff des Paradigmenwechsel in diesem Sinne verwendet.

sich aber dennoch deutlich als Umwälzungen identifizieren.[212] Für die Gläubigerschutzregelungen des Aktienrechts lässt sich an dieser Stelle schon vorab sagen, dass die gläubigerschützenden Paradigmen des Aktienrechts schon im ausgehenden 19. Jahrhundert großteils im Aktienrecht zumindest angelegt waren.[213] Paradigmenwechsel in den nachfolgenden Jahrzehnten des zwanzigsten Jahrhunderts sind nicht häufig und sie sind es bis heute nicht.[214]

Zusammenfassend lässt sich sagen, dass rechtliche Paradigmen durch den Gesetzgeber oder auch die Rechtsprechung und wissenschaftliche Literatur gefundene allgemeine Lösungsmuster für ein rechtliches Problem sind. Ein Paradigmenwechsel ist demgemäß die Änderung der Ordnung, die Aufgabe eines Rechtsinstituts, die Schaffung eines neuen. In den Naturwissenschaften wird nach *Kuhn* ein altes Paradigma erst dann umgestoßen, wenn ein neues, vielversprechenderes zur Verfügung steht. Für die Rechtswissenschaften ist demgegenüber auch der Fall denkbar, dass das Recht „liberalisiert" wird und ein überkommenes Rechtsinstitut wegfällt, ohne dass ein neues an seine Stelle tritt. Die Begriffe *rechtliches Paradigma* und *Rechtsinstitut* werden im Folgenden weitgehend synonym verwendet, wobei ersterem Begriff zusätzlich noch die Konnotation der Stabilität innewohnt.[215] Die Entwicklung des Gläubigerschutzes im deutschen Aktienrecht wird als ein System von Paradigmen dargestellt, die ineinander greifen und aufeinander wirken.

3.2 Untergruppen der Pfadabhängigkeit rechtlicher Paradigmen

Allgemein werden in der Literatur Untergruppen der Pfadabhängigkeit unterschieden, die eine Einteilung der Paradigmen nach diesem Verständnis erleichtern und auf die daher im Folgenden kurz eingegangen werden soll.[216] Pfadabhängige Rechtsinstitute können in drei Untergruppen eingeteilt werden, die im Folgenden als *schwache*, *gemäßigte* und *starke Pfadabhängigkeit* bezeichnet werden sollen.

---

212 Zur großen Aktienrechtsreform von 1870, in der das aktienrechtliche Konzessionssystem von einem System der Normativbestimmungen abgelöst wurde, vgl. beispielsweise *Schubert,* ZGR 1981, 285 ff. Zu dem weitreichenden Verbot des Erwerbs eigener Aktien durch die Aktiengesellschaft siehe *Cahn,* in: Bayer/Habersack (Hrsg.), Aktienrecht im Wandel, Bd. 2, S. 763 ff.

213 Siehe hierzu ausführlich unter D.

214 Einige Ausnahmen gibt es allerdings dennoch: Man denke nur an die Einführung eines expliziten Mindestnennkapitals für Aktiengesellschaften im Nachgang der Wirtschaftskrise 1923, vgl. ausführlich *Krüger,* Mindestkapital und Gläubigerschutz, 2005 oder an die Einführung des Prinzips der Satzungsstrenge in das Aktiengesetz von 1965, mit der seit Beginn des Jahrhunderts geltendes Recht kodifiziert wurde, vgl. ausführlich *Pleßke,* Die Satzungsstrenge im Aktienrecht, 2007.

215 Siehe hierzu sogleich unter C.

216 Vgl. beispielsweise bei *Heine,* Regulierungswettbewerb im Gesellschaftsrecht, 2003, 194 ff.; ausführlich *Siems,* Die Konvergenz der Rechtssysteme im Recht der Aktionäre, 2005 oder *Bebchuk/Roe,* 52 Stanford Law Review 1999, 127 ff.

Eine Einteilung wird im Allgemeinen dazu verwendet, Reformforderungen an den Gesetzgeber mit Effizienzberechnungen argumentativ zu untermauern.[217]

3.2.1 Schwach, gemäßigt oder stark pfadabhängige Rechtsinstitute

Eine *schwache Pfadabhängigkeit* eines rechtlichen Paradigmas soll vorliegen, wenn dieses sich in der Vergangenheit zur Lösung eines Rechtsproblems im Laufe der Zeit herausgebildet hat und heutzutage nicht erkennbar unpraktikabler oder ineffizienter zur Lösung dieses Problems geeignet ist als ein anderes denkbares Rechtsinstitut. Als Beispiel für ein nach momentanem deutschen Verständnis schwach pfadabhängiges Rechtsinstitut kann das dualistische Vorstands-Aufsichtsrats-Modell im Gegensatz zu dem vor allem in angelsächsischen und romanischen Ländern verbreiteten monistische Board- oder Verwaltungsratsmodell genannt werden.[218] Bislang fehlt es hier an empirischen Beweisen oder logisch zwingenden Ansätzen, die zeigen, dass eines der beiden Systeme dem anderen tatsächlich überlegen ist.[219] Die Einordnung eines Rechtsinstituts als *schwach pfadabhängig* dient als Erklärungsmuster für eine bestimmte pfadabhängige Entwicklung dieses Rechtsinstituts. Nicht in jedem Fall müssen also erhebliche Effizienzunterschiede in der Lösung aktienrechtlicher Probleme durch Rechtsinstitute verschiedener Provenienz gegeben sein.[220] Als schwach pfadabhängig erkannte Rechtsinstitute werden lediglich der besseren Kategorisierung willen als schwach pfadabhängig bezeichnet.[221] Ein Appell an den Gesetzgeber zur Reform des jeweiligen Rechtsinstituts ist damit nicht verbunden.

Ein Rechtsinstitut wird demgegenüber als *stark pfadabhängig* eingestuft, wenn dieses zwar heutzutage nicht die wie auch immer geartete beste Lösung eines bekannten Problems darstellt, die gesellschaftlichen Wechselkosten zu einem alternativen Rechtsinstitut jedoch höher wären als die Effizienzverluste, die daraus resultieren, dass das Rechtsinstitut beibehalten wird. Um auf das erwähnte Beispiel des „Pelzhändlers“ zurück zu kommen: Wenn sich in den Kehren der aus historischen Gründen gewundenen Straße schon Häuser und ganze Städte angesiedelt haben, so ist es wahrscheinlich gesamtgesellschaftlich angeraten, mit der

---

217 So auch *Siems*, Die Konvergenz der Rechtssysteme im Recht der Aktionäre, 2005, S. 381 f.

218 Vgl. *Baums*, Zur monistischen Verfassung der deutschen Aktiengesellschaft, in: Baums/Hutter (Hrsg.), Gedächtnisschrift für Michael Gruson, 2009, S. 1 ff., neu abgedruckt auch in Florstedt u.a. (Hrsg.), Corporate Governance und Anlegerschutz, 2013, S. 549 ff.

219 Bericht der Regierungskommission Corporate Governance, BT-Drucks. 14/7515, S. 33, abgedruckt bei Baums (Hrsg.), Bericht der Regierungskommission Corporate Governance, 2001, Rdz. 18.

220 So auch *Hansmann/Kraakman*, 89 Georgia Law Review 2001, 439, 465.

221 Zur Lösung ähnlicher Rechtsprobleme durch verschiedene Rechtsinstitute nationaler Rechtsordnungen vgl. *Gilson*, Columbia Law School Working Paper No. 174 (2000), 1, zum Teil widersprechend *Hansmann/Kraakman*, 89 Georgia Law Review 2001, 439, 465 f. in Fn. 41.

gewundenen Straße auch in Zukunft zu leben, und nicht die Bewohner der Städte umzusiedeln und eine neue gerade Straße zu bauen. *Siems* nennt den Grundsatz des Mindestkapitals im deutschen Aktienrecht als ein Beispiel für die starke Pfadabhängigkeit eines Rechtsinstituts.[222] Wird ein Rechtsinstitut als stark pfadabhängig eingestuft, so bedeutet dies nicht, dass seine Ausprägung geschichtlich zu bedauern ist: Zu einer früheren Zeit mag seine Entwicklung die effizienteste oder auch eine zufällig gewählte Lösung eines zur Entstehungszeit vorhandenen Rechtsproblems gewesen sein, so wie ein gewundener Pfad früher vielleicht die einzige Möglichkeit war, einen Pfad durch einen Wald zu realisieren. Auch unter Berücksichtigung der Wechselkosten ist das entsprechende Rechtsinstitut heute ebenfalls das Beste für die jeweilige Gesellschaft.[223]

Handlungsanforderungen an den Gesetzgeber ergeben sich in Fällen der sogenannten *gemäßigten Pfadabhängigkeit.* Eine solche liegt vor, wenn es ungeachtet der bisherigen Rechtsentwicklung jedenfalls aus Effizienzgründen angeraten ist, einen alternativen Lösungsweg für altbekannte Probleme zu beschreiten und mit dem alten Rechtsinstitut zu brechen. Dies kann durch eine „Liberalisierung" des Rechts, das heißt die Abschaffung des alten zwingenden Rechtsinstituts zugunsten einer größeren Wahlfreiheit der Rechtssubjekte geschehen oder durch die zusätzliche Einführung eines nicht nur reformierten, sondern an dieser Stelle vorbildlosen neuen Rechtsinstituts.[224]

3.2.2 Die Appellfunktion einer Kategorisierung

Zur Kategorisierung muss demnach für ein jedes Paradigma zunächst der Effizienzverlust bestimmt werden, der aus der Geltung und Anwendung dieses Paradigmas im Vergleich zum denkbar effizientesten Paradigma resultiert. Ist dieser Effizienzverlust unbedeutend, so handelt es sich um einen Fall der schwachen Pfadabhängigkeit. In allen anderen Fällen müssen zusätzlich die Kosten eines Paradigmenwechsels berechnet werden. Sind diese höher als die berechneten Effizienzverluste, so handelt es sich um einen Fall der starken Pfadabhängigkeit. Sind die Wechselkosten niedriger, so wird das Rechtsinstitut als gemäßigt pfadabhängig eingestuft. Aus der Diagnose eines Rechtsinstituts als schwach oder stark pfadabhängig folgt somit,

---

222 Vgl. *Siems,* Die Konvergenz der Rechtssysteme im Recht der Aktionäre, 2005, S. 381 f., der meint, dass die Auswirkungen einer Änderung der Regelungen über das Mindestkapital sich auf so weite Bereiche des Aktienrechts erstrecken würden, das eine Änderung zu aufwendig und dadurch jedenfalls auch zu kostenintensiv wäre.

223 Siehe *Siems,* Die Konvergenz der Rechtssysteme im Recht der Aktionäre, 2005, S. 381 f., der jedoch auch für starke Pfadabhängigkeiten implizit davon ausgeht, dass der Gesetzgeber einen Paradigmenwechsel einleiten sollte und nur durch interne oder externe Widerstände davon abgehalten werde.

224 Vgl. zum Ganzen ausführlich *Bebchuk/Roe,* 52 Stanford Law Review 1999, 127 ff. und auch schon *Roe,* 109 Harvard Law Review 1996, 641 ff.

dass zumindest kein unmittelbarer Handlungsbedarf für den (deutschen) Gesetzgeber aus Effizienz- oder Wettbewerbsgesichtspunkten gegeben ist. Im ersten Fall ist ein effizienteres rechtliches Paradigma nicht ersichtlich, im zweiten Fall wäre ein Paradigmenwechsel sogar ineffizient. So „entspricht es Lebenserfahrung und Pfadabhängigkeit, im Zweifel an der bisherigen Rechtsordnung oder Rechtsprechung festzuhalten, wenn sie trotz gewisser Schwächen keine wesentliche Nachteile mit sich bringt und die Alternativen ihrerseits keine erhebliche Verbesserung zu bringen versprechen."[225]

3.2.3 Die Aussagekraft einer Kategorisierung

Gegen die oben beschriebene Einteilung der Paradigmen lassen sich allerdings sowohl praktische als auch systematische Argumente ins Feld führen. Zunächst ist die Verwendung der Begriffe „schwach", „stark" und „gemäßigt" zumindest missverständlich. Durch sie wird ein gleichmäßiges Stufenverhältnis zwischen den Kategorien angedeutet, das bei näherer Betrachtung nicht gegeben ist. Während zur Qualifikation eines Rechtsinstituts als schwach pfadabhängig lediglich eine Variable benötigt wird, bedarf es für die Einstufung in die Kategorien „gemäßigt" und „stark" derer zwei.

Des Weiteren wird durch eine Kategorisierung auch praktisch nichts gewonnen. Eine einwandfreie Einordnung eines Rechtsinstituts in die Kategorie „gemäßigt pfadabhängig" bedeutet einen Appell an den deutschen Gesetzgeber zur Gesetzesreform und setzt diesen unter Reformdruck. Die Einstufung eines Rechtsinstituts in die Kategorien schwach, gemäßigt oder stark pfadabhängig wird allerdings häufig nicht ohne weiteres zweifelsfrei gelingen, sondern ist selbst gerade Gegenstand politischer und wissenschaftlicher Diskussionen. Die Entscheidung zur Kategorisierung fällt daher erst mit der Entscheidung zur Rechtsänderung. Die Einstufung ist nicht originäre Begründung einer Rechtsänderung, sondern wird erst dann akzeptiert, um die politische Reformmeinung zu unterstützen, wenn eine Rechtsänderung sowieso schon bedacht wird. Die Effizienz eines Rechtsinstituts lässt sich nicht mathematisch genau und gleichzeitig wirklichkeitsgetreu bestimmen. Der hypothetische Austausch und Ersatz eines Rechtsinstituts durch ein anderes und die Berechnung eines realen „Effizienzgewinns" werden durch die Natur komplexer Systeme unmöglich gemacht.[226] Der Versuch einer Kategorisierung eines Paradigmas in die genannten Kategorien trägt demnach für die laufende Arbeit nichts ein. Da sie nicht mathematisch genau berechnet werden kann, ist die quantitative Methode insoweit schon strukturell nicht zur Unterstützung qualitativer Entscheidungsprozesse geeignet. Sie könnte lediglich willkürlich für Paradigmen des Gläubigerschutzes im deutschen Aktienrecht angestellt werden und soll daher im Folgenden ganz unterbleiben. Die Arbeit bleibt weiterhin allein auf qualitative Bewertungskriterien außerhalb mathematischer Modelle angewiesen.

---

225 Siehe *Arbeitsgruppe europäisches Gesellschaftsrecht,* ZIP 2003, 863, 872.
226 Siehe so schon oben unter II.2.

3.3 Die Stabilität eines rechtlichen Paradigmas

In den Fällen, in denen ein Rechtsinstitut nach einer Entscheidung des Gesetzgebers oder auch der „Gesamtstimmung" innerhalb der rechtswissenschaftlichen Gemeinde als reformbedürftig identifiziert wurde, kommt eine bereits kurz erwähnte, weitere Eigenschaft rechtlicher Paradigmen zum Tragen: Paradigmen haben die Tendenz, sich selbst über die Zeit zu verfestigen und so gegen äußeren (Modernisierungs-) Druck erstaunlich stabil zu werden. Einer Rechtsreform stellen sich meist unverzüglich gesellschaftliche Widerstände entgegen. Wissenschaftlicher Fortschritt wird durch den Wechsel wissenschaftlicher Paradigmen bestimmt. Aus anerkannten Paradigmen einer Disziplin erwachsen bestimmte festgefügte Traditionen wissenschaftlicher Forschung. Ein Paradigmenwechsel findet aufgrund der Tendenz zur Stabilisierung rechtlicher Paradigmen erfahrungsgemäß erst dann statt, wenn das alte Paradigma beim besten Willen keine funktionierenden Lösungen mehr für aktuelle Probleme bietet.[227]

Hayek weist beispielsweise im Zusammenhang mit der richterlichen Rechtsfortbildung im angloamerikanischen *common law* darauf hin, dass „der spontane Wachstumsprozess in eine ausweglose Situation führen kann, aus der er sich aus eigenen Kräften nicht befreien kann oder die er zumindest nicht schnell genug korrigieren kann."[228] Dies liege unter anderem daran, dass es nicht Aufgabe des Richters sein könne, dass er „vernünftige Erwartungen enttäuscht, die durch frühere Entscheidungen hervorgerufen worden sind."[229]

Auf der Ebene gesetzgeberischer Prozesse treten neben den genannten noch andere Stabilität gewährende Faktoren auf. Gesellschaftliche Gruppen, die im Vertrauen auf das alte Paradigma viel investiert haben, versuchen, gegen einen gesetzlichen Paradigmenwechsel unter anderem mit politischem Druck vorzugehen. *Heine*[230] sieht als Hinderungsgrund rechtlicher Paradigmenwechsel *versunkene Kosten,* sowohl bei den beteiligten Ministerien als auch auf Seiten der beratenden Anwaltschaft. *Enriques / Macey*[231] formulieren im Zusammenhang mit Fragen einer Reform des deutschen Kapitalerhaltungsregimes polemisch, dass für das deutsche System der bilanziellen Kapitalerhaltung keine guten Gründe mehr sprächen. Es würde aber deswegen weiter Bestand haben, weil die deutschen Anwälte und Hochschullehrer so viele Ressourcen in das Wissen über das System der bilanziellen

---

227 Als prominentes geschichtliches Beispiel dient die Auseinandersetzung zwischen Anhängern des *geozentrischen* und des *heliozentrischen* Weltbildes: Erst als sich die entdeckten „Anomalien" am Sternenhimmel überhaupt nicht mehr mit dem vorherrschenden geozentrischen Weltbild vereinbaren ließen, konnte sich das heliozentrische Weltbild durchsetzen.

228 Vgl. ausführlich *v. Hayek,* Regeln und Ordnung, 1980, S. 123.

229 Siehe *v. Hayek,* Regeln und Ordnung, 1980, S. 124.

230 Siehe zu einzelnen Beispielen *Heine,* Regulierungswettbewerb im Gesellschaftsrecht, 2003, S. 213.

231 Vgl. *Enriques/Macey,* 86 Cornell Law Review 2001, 1165 ff.

Kapitalerhaltung investiert hätten, dass sie kein alternatives System mehr zulassen könnten und würden.

Neue Paradigmen weisen auch aus Sicht des Rechtsanwenders einen entscheidenden Nachteil auf: Sie haben keine Vergangenheit, aus denen der Rechtsanwender lernen könnte. *Unsicherheiten* belasten die Entscheidung für Innovation – eine „gesicherte" Rechtsprechung erscheint als Rettungsanker. Auch ist die Verzahnung einzelner aktienrechtlicher Paradigmen untereinander und mit Rechtsinstituten aus anderen Rechtsgebieten nicht gerade geeignet, den Überblick des Rechtsanwenders über die Bedeutung eines Paradigmenwechsels zu erhöhen. Die Eigenschaft des Rechtssystems als komplexes System und die damit verbundenen Unwägbarkeiten der zukünftigen Entwicklung veranlassen Rechtsanwender und Gesetzgeber zur Vorsicht. Auch steigt der Nutzen eines Paradigmas für den Rechtsanwender, wenn komplementäre „Produkte", ganze „Bündel von Güter und Leistungen" durch das Recht zur Verfügung gestellt werden.[232] Des Weiteren muss konstatiert werden, dass *Lerneffekte* der Rechtsanwender zur Stabilisierung eines Paradigmas beitragen.[233] Ist ein rechtliches Paradigma erst einmal weitgehend bekannt, wurde es gar schon in die Studienordnungen juristischer Fakultäten aufgenommen, so erleichtert es die Kommunikation der mit der Rechtsanwendung befassten Personen. Eine Kommunikation in Schlagworten („Treupflicht"; „verdeckte Sacheinlage"; „business judgment rule") wird möglich.[234] Lerneffekte des Rechtsanwenders über die Zeit machen Anwendung und Kommunikation effektiver. Kommunikationserleichterungen und Lerneffekte steigen zusätzlich proportional zur Zahl der Rechtsanwender an.[235]

Die relative Stabilität eines (rechtlichen) Paradigmas gegen äußeren Druck ist der Grund, warum eine lediglich evolutionswissenschaftliche Betrachtungsweise von Rechtsentwicklung ungenügend ist. Die Natur kennt keine „Verfestigung" untauglicher oder ineffizienter Strukturen, sondern lediglich stetige Modifikation auf der Grundlage des Gegebenen. Die dargestellte evolutionswissenschaftliche Theorie der Rechtsentwicklung muss daher zwangsläufig durch die hier dargestellte Beobachtung der relativen Stabilität rechtlicher Paradigmen ergänzt werden, um eine zwar nicht empirisch erwiesene, aber doch der tatsächlichen Beobachtung entsprechende Theorie der Rechtsentwicklung aufzustellen.[236]

---

232 Vgl. *Ackermann,* Pfadabhängigkeit, Institutionen und Regelreform, 2001, S. 52.

233 *Arthur/Arrow,* Increasing Returns and Path Dependence in the Economy, 2004, S. 112. Zu sog. statischen und dynamischen Skalenerträgen vgl. *Ackermann,* Pfadabhängigkeit, Institutionen und Regelreform, 2001, S. 47 f.

234 Vgl. zur Verwendung von (Fach-)Sprache und dem konstatierten „Anglisierungsphänomen", *Berger,* Die Anglisierung des Wirtschaftsrechts, in: Grunewald/Westermann (Hrsg.), Festschrift für Georg-Maier-Reimer zum 70. Geburtstag, 2010, S. 17, 18.

235 Zu sog. Netzwerkexternalitäten vgl. *Ackermann,* Pfadabhängigkeit, Institutionen und Regelreform, 2001, S. 50.

236 Vgl. zum Ganzen *Roe,* 109 Harvard Law Review 1996, 641 ff.

3.4 Die Überwindung der Pfadabhängigkeit durch Paradigmenwechsel

Paradigmenentstehung und Paradigmenwechsel sind die großen Eckpunkte des Fortschritts der rechtlichen Entwicklung. Sie allein sollen im Hauptteil der Arbeit näher beleuchtet werden, um die großen Strukturlinien der Entwicklung der Gläubigerschutzregeln im deutschen Aktienrecht deutlich zu machen. Zunächst sollen jedoch die beiden Motoren der Rechtsentwicklung und damit der Überwindung der Stabilität von (aktienrechtlichen) Paradigmen vorgestellt werden: die äußere Herausforderung der Funktionsfähigkeit eines Paradigmas durch funktionsäquivalente Strukturen anderer Rechtssysteme (siehe unter 3.4.1) und die innere Herausforderung gerade aktienrechtlicher Paradigmen des Gläubigerschutzsystems durch geschichtliche Skandale und (Wirtschafts-)Krisen (siehe unter 3.4.2).

3.4.1 Der Wettbewerb und die Konvergenz verschiedener Rechtssysteme

Wie gerade ausgeführt wurde, führt die Stabilität gesellschaftsrechtlicher Paradigmen dazu, dass Gesetzesänderungen nur unter erschwerten Bedingungen stattfinden können. Eine Überwindung der Stabilität gesellschaftsrechtlicher Paradigmen gelingt erst dann, wenn ein Veränderungsdruck aufgebaut wird, der schlussendlich größer ist als alle Beharrungskräfte. Dieser Veränderungsdruck kann durch den Wettbewerb deutscher Rechtsregeln mit funktionsäquivalenten Paradigmen anderer internationaler Rechtssysteme entstehen.[237]

a) Der Wettbewerb funktionsäquivalenter Paradigmen

Nationale Gesellschaftsrechte konkurrieren in einer globalisierten (sprich: der heutigen) Zeit miteinander um die Gunst von weltweit tätigen Investoren. Das geflügelte Wort vom *Wettbewerb der Rechtsordnungen* taugt inzwischen politisch als allgültiges Argument für rechtliche Reformen.[238] Das deutsche Aktienrecht stand in den letzten Jahren und Jahrzehnten besonders unter einem äußeren Reformdruck aus Europa. Über ein Dutzend gesellschaftsrechtlicher Richtlinien waren in deutsches Recht umzusetzen.[239] Die Zeit der Bemühungen um eine Vollharmonisierung der europäischen Gesellschaftsrechte und damit der großen Richtlinien ist mittlerweile vorüber. Im letzten Jahrzehnt orientierte sich der deutsche Gesetzgeber bei aktienrechtlichen

---

237 Vgl. für den Fall der Unternehmensführung ausführlich *Davies / Hopt*, Boards in Europe – Accountability and Convergence, ECGI Working Paper No. 203/2013, S. 6 m.w.N.

238 Siehe nur *Kieninger*, Wettbewerb der Privatrechtsordnungen im Europäischen Binnenmarkt, 2002, S. 73 ff. m.w.N.

239 Ein ausführlicher Überblick findet sich bei *Habersack*, Europäisches Gesellschaftsrecht, 2006, S. 81 ff.; *Grundmann*, Europäisches Gesellschaftsrecht, 2004, S. 48 ff.; für eine tabellarische Übersicht der deutschen Änderungen im Aktiengesetz siehe *Fleckner*, in: Bayer/Habersack (Hrsg.), Aktienrecht im Wandel, 2007, S. 999, 1079.

Reformvorhaben (wieder[240]) zunehmend an angloamerikanischen Rechtsmodellen.[241] Als prominentes Beispiel kann die *corporate opportunities*-Doktrin[242] gelten, die als *Geschäftschancenlehre*[243] in die deutschen Gesellschaftsrechtsbücher gelangt ist, gelten. Die Anerkennung einer *business judgment rule* durch die ARAG / Garmenbeck-Entscheidung[244] des Bundesgerichtshofs und ihre gesetzliche Fixierung in § 93 Abs. 2 S. 1 AktG durch das Gesetz zur Unternehmensintegrität und Modernisierung des Anfechtungsrechts (UMAG)[245] bildet eine weitere Etappe.[246] Als Beispiel kann das auch das permanente „Modethema" *corporate compliance* genannt werden:[247] Jede Unternehmensleitung hat die Pflicht, das rechtmäßige Verhalten der Mitarbeiter des Unternehmens dadurch sicherzustellen, dass sie geeignete Organisations- und Überwachungsvorkehrungen trifft.[248]

Mit der Einführung der Societas Europaea können auch Unternehmen mit Satzungssitz in Deutschland zwischen einer Form des sogenannten *one tier board* als Verwaltungsorgan und dem aus dem deutschen Aktienrecht bekannten *dualistischen*

---

240 So auch beispielsweise schon zum preußischen Aktiengesetz von 1843, vgl. *Reich,* Ius Commune 2 (1969), 239, 251 und *Coing,* Europäisches Privatrecht, 1989, Bd. 2, S. 125; mit ähnlichen Überlegungen schon die Verhandlungen des 34. DJT, Bd. 1 (1926) und Bd. 2 (1927) basierend auf dem Gutachten von *Julius Lehmann.*

241 Vgl. ausführlich *v. Hein,* Die Rezeption US-amerikanischen Gesellschaftsrechts in Deutschland, 2008; *Fleischer,* in: Doralt/Kalss (Hrsg.), Franz Klein – Vorreiter des modernen Aktien- und GmbH-Rechts, S. 115, 118 ff.

242 Dazu erstmals rechtsvergleichend *Mestmäcker,* Verwaltung, Konzerngewalt und Rechte der Aktionäre: eine rechtsvergleichende Untersuchung nach deutschem Aktienrecht und dem Recht der Corporations in den Vereinigten Staaten, 1958, S. 166 ff.; des Weiteren *Immenga,* Die personalistische Kapitalgesellschaft, 1970, S. 155 ff.

243 Ausführlich *Fleischer,* in: Spindler/Stilz (Hrsg.), AktG, 2007, § 93 Rdz. 124 ff.

244 BGH, Urteil vom 21. April 1997, BGHZ 135, 244, 253 f. = NJW 1997, 1926, 1927 f. (ARAG/Garmenbeck).

245 Gesetz vom 22. September 2005, BGBl. Teil I, 2005, vom 27. September 2005, S. 2802 ff. Kritisch zur Kodifikation der business judgment rule noch im Entwurf *Ulmer,* DB 2004, 859 ff.; siehe auch einführend *Paefgen,* AG 2004, 245 ff.; *Kock/ Dinkel,* NZG 2004, 441, ff.; *Kinzl,* DB 2004, 1653, ff.; *Fleischer,* ZIP 2004, 685 ff. Ausführliche Nachweise auch bei *Fleischer,* in Spindler/Stilz (Hrsg.), AktG, 2007, § 93 Rdz. 55 ff.

246 Hierzu grundlegend *Hopt,* in: Immenga/Möschel u.a. (Hrsg.), Festschrift für Ernst-Joachim Mestmäcker zum siebzigsten Geburtstag, S. 909, 919 ff.

247 Vgl. u.a. zu den Anforderungen, die der Deutsche Corporate Governance Kodex für die *corporate compliance* aufstellt, *Kort,* NZG 2008, 81, 83 f. und ausführlich das Standardwerk von Hauschka (Hrsg.), Corporate Compliance, 2010.

248 Vgl. Hauschka (Hrsg.), Corporate Compliance, 2010 m.w.N. und beispielshaft die einleitenden Aufsätze von *v. Hehn/Hartung,* DB 2006, 1909 ff.; *Schneider,* ZIP 2003, 645, 648 f. und *Fleischer,* AG 2003, 291, 298 ff. Zum Dreiecksverhältnis zwischen Corporate Compliance, guter Corporate Governance und Risikomanagement vgl. *Kort,* NZG 2008, 81 ff.

System aus Vorstand und Aufsichtsrat wählen.[249] Der Deutsche Corporate Governance Kodex (DCGK) sieht in Ziffer 5.3.2 die Errichtung eines Prüfungsausschusses vor, der sich an dem Leitbild des amerikanischen *audit committees* orientiert und seinen Aufgabenschwerpunkt bei der Rechnungslegung, Prüfung und Risikokontrolle hat.[250] Mit der Umsetzung eines Teils[251] der Abschlussprüferrichtlinie[252] durch das Bilanzrechtsmodernisierungsgesetz[253] sind Prüfungsausschüsse auch in das Aktiengesetz eingeführt worden.[254] *Alan Watson* bezeichnete diesen „Zuzug" ausländischer Rechtsinstitute als rechtliche Transplantate (*legal transplants).*[255]

---

249 Artt. 38b, 43 ff. Verordnung Nr. 2157/2001 des Rates vom 8. Oktober 2001 über das Statut der Europäischen Gesellschaft (SE), ABl. EG Nr. L 294 vom 10. November 2001, S. 1. Vgl. auch §§ 20 ff. des deutschen Ausführungsgesetzes zur Einführung der Europäischen Gesellschaft vom 22. Dezember 2004, BGBl. Teil I 2004, S. 3675. Zur monistischen Verfassung der deutschen Aktiengesellschaft siehe *Baums*, in: Baums/Hutter (Hrsg.), Gedächtnisschrift für Michael Gruson, 2009, S. 1 ff.

250 Zu diesem Themenkreis schon zuvor die Empfehlung der EU-Kommission 2005/162/EG vom 15. Februar 2005 zu den Aufgaben von nicht geschäftsführenden Direktoren/Aufsichtsratsmitgliedern börsennotierter Gesellschaften sowie zu den Ausschüssen des Verwaltungs-/ Aufsichtsrats, ABl. EG L 52 vom 15. Februar 2005, S. 51 ff.; *Spindler*, ZIP 2005, 2033 ff. Zu Anforderungen an Prüfungsausschüsse vgl. *Nonnenmacher/Pohle u.a.*, DB 2007, 2412 ff.

251 Zur Umsetzung der berufsrechtlichen Themen siehe schon das Gesetz zur Stärkung der Berufsaufsicht und zur Reform berufsrechtlicher Regelungen in der Wirtschaftsprüferordnung, BGBl. Teil I, 2007, S. 2178 ff.

252 Zum Prüfungsausschuss vgl. Art. 41 und 39 i.V.m. Art. 2 Nr. 13 der Richtlinie 2006/43/EG des Europäischen Parlaments und des Rates vom 17. Mai 2006 über Abschlussprüfungen von Jahresabschlüssen und konsolidierten Abschlüssen, zur Änderung der Richtlinien 78/660/EWG und 83/349/EWG des Rates und zur Aufhebung der Richtlinie 84/253/EWG des Rates.

253 Gesetz zur Modernisierung des Bilanzrechts vom 28. Mai 2009, BGBl. Teil I, 2009, S. 1102. Regierungsentwurf eines Gesetzes zur Modernisierung des Bilanzrechts (Bilanzrechtsmodernisierungsgesetz – BilMoG) vom 21. Mai 2008, BT-Drucks. 344/08 vom 23. Mai 2008.

254 Verpflichtend ist ihre Einrichtung allerdings lediglich für kapitalmarktorientierte Unternehmen, die keinen Aufsichts- oder Verwaltungsrat haben, der entsprechende Aufgaben wahrnimmt, vgl. Erwägungsgrund 24 der Richtlinie 2006/43/EG des Europäischen Parlaments und des Rates vom 17. Mai 2006 über Abschlussprüfungen von Jahresabschlüssen und konsolidierten Abschlüssen, zur Änderung der Richtlinien 78/660/EWG und 83/349/EWG des Rates und zur Aufhebung der Richtlinie 84/253/EWG des Rates (Abschlussprüferrichtlinie). Ebenso die Begründung des Regierungsentwurfs des Gesetzes zur Modernisierung des Bilanzrechts (Bilanzrechtsmodernisierungsgesetz – BilMoG) vom 21. Mai 2008, BT-Drucks. 344/08 vom 23. Mai 2008, S. 202 f.

255 Vgl. *Watson*, Legal Transplants. An Approach to Comparative Law, 1993, S. 21 ff. Vgl. zu *legal transplants* im deutschen Gesellschaftsrecht ausführlich *v. Hein*, Die Rezeption US-amerikanischen Gesellschaftsrechts in Deutschland, 2008 m.w.N. Kritisch

b) Mangelnder Wettbewerb als Ursache von Pfadabhängigkeit?

Zum Teil wird der fehlende Wettbewerb der (europäischen) Gesellschaftsrechte in der Vergangenheit in der Literatur als Ursache dafür angeführt, dass Pfadabhängigkeiten im deutschen Aktienrecht überhaupt entstanden sind. Die in Deutschland bislang herrschende *Sitztheorie* verhinderte effektiv eine Inkorporation fremder Gesellschaftsformen in Deutschland und damit einen direkten Konkurrenzdruck auf nationalem Territorium.[256] Veränderungsdruck durch die Konkurrenz funktionsäquivalenter Paradigmen konnte auf dem deutschen Markt nicht entstehen. Dieser Argumentation ist allerdings aus zwei Gründen nicht zu folgen. Wie oben beschrieben, ist die Stabilität gesellschaftsrechtlicher Paradigmen Bestandteil der Definition eines Paradigmas. Trägheit gegenüber Veränderungen ist ein strukturelles Element von aus Paradigmen aufgebauten komplexen Systemen. Aus diesem Grund kann nicht gesagt werden, dass ein mangelnder internationaler Wettbewerb in der Vergangenheit zu einer Pfadabhängigkeit des deutschen Aktienrechts geführt hat. Die Pfadabhängigkeit desselben ist schon strukturell durch seine Eigenschaft als komplexes System gegeben. Mangelnder Wettbewerb kann lediglich verhindern, dass Veränderungsdruck aufgebaut wird, der die Stabilität gesellschaftsrechtlicher Paradigmen überwinden und zu einem Paradigmenwechsel führen kann.

Ein zweites Argument gegen die Beobachtung, mangelnder Wettbewerb habe zur Pfadabhängigkeit des deutschen Aktienrechts geführt, folgt aus der Geschichte der Aktiengesellschaft selbst:

> *„Das Inventar ihrer Verfassung kommt [...] aus aller Herren Länder. Der Aufsichtsrat ist niederländisch, die Generalversammlung stimmberechtigter Aktionäre englisch-französischer Herkunft. Der Widerstand gegen das Übergewicht der Hauptpartizipanten beginnt in England, das auch, wie es scheint, zuerst einer Minderheit von Aktionären das Recht zur Einberufung einer Generalversammlung zugestanden hat. In Holland tritt am frühesten die Idee des festen Grundkapitals auf, und Holland drängt auch durch beständige Abkürzung der Rechnungsperioden zur Jahresrechnung. Die negoziable Inhaberaktie aber stammt aus Frankreich [...] Es ist ein unausgesetztes voneinander lernen und entlehnen.“*[257]

Sowohl bei der ersten sektorspezifischen Kodifikation der Aktiengesellschaft eines deutschen Landes im preußischen Gesetz über die Eisenbahn-Unternehmungen

---

zur Verwendung angloamerikanischer Terminologie im deutschen Recht *Berger*, Die Anglisierung des Wirtschaftsrechts, in: Grunewald/Westermann (Hrsg.), Festschrift für Georg-Maier-Reimer zum 70. Geburtstag, 2010, S. 17 ff.

256 Vgl. *Heine*, Regulierungswettbewerb im Gesellschaftsrecht, 2003, S. 225, ebenso *Charny*, 32 Harvard International Law Journal 1991, 423, S. 440 ff. zur Einbettung gesellschaftsrechtlicher Regelungen in ihren jeweiligen Regulierungskontext.

257 Vgl. *Klein*, Die neueren Entwicklungen in Verfassung und Recht der Aktiengesellschaften, 1904, S. 10, zitiert nach dem Neuabdruck in Doralt/Kalss (Hrsg.), Franz Klein – Vorreiter des modernen Aktien- und GmbH-Rechts, 2004.

von 1838[258] als auch bei jeder darauf folgenden Großreform des Aktienrechts hat sich der deutsche Gesetzgeber über funktionsäquivalente Rechtsinstitute anderer Nationalstaaten informiert.[259] Ein Wettbewerb der Ideen und Lösungsmodelle fand somit von Beginn der Kodifikation der Aktiengesellschaft an statt.

c) Tauglichkeit des Konzepts einer Konvergenz der Rechtssysteme

Das Phänomen eines Zuzugs ursprünglich ausländischer Rechtsinstitute in den letzten Jahrzehnten nehmen einige Autoren zum Anlass, besonders im Gesellschaftsrecht eine „Konvergenz der Rechtssysteme" zu diagnostizieren.[260] Genauer betrachtet, wird konstatiert, dass sich das deutsche Gesellschaftsrechtssystem sich hin zum US-amerikanischen wendet und sich diesem annähert.[261][262] Sieht man einmal davon ab, dass es dieser Pauschalität kein einheitliches US-amerikanisches Gesellschaftsrechtssystem gibt, sondern sich dieses aus fünfzig verschiedenen Gesellschaftsrechten der Bundesstaaten zusammensetzt, so muss zu der These einer Konvergenz dennoch bemerkt werden: Das in den USA geltende System von Paradigmen ist kein „höheres" Stadium der Entwicklung im Verhältnis zu unserem Gesellschaftsrechtsystem, anders als dies mitunter dargestellt wird. Paradigmen beider Systeme haben sich pfadabhängig entwickelt.[263] Eine pfadabhängige Evolution US-amerikanischer rechtlicher Paradigmen hin zu einem

---

258 Preußische Gesetz-Sammlung (PreußGS) 1938, S. 505–516. Allerdings galt schon zuvor u.a. in der Rheinprovinz, in Rheinhessen und im Großherzogtum Baden der französische Code de Commerce von 1807, der ebenfalls das Recht der Aktiengesellschaft regelte; vgl. zur Entstehung des preußischen Eisenbahngesetzes eingehend *Kießling*, in Bayer/Habersack (Hrsg.), Aktienrecht im Wandel, 2007, S. 126 ff.

259 So beispielsweise im Vorfeld der Aktiengesetze von 1843 in Preußen oder zu den Aktienrechtsreformen von 1937 oder 1965, vgl. *Kropff*, in: Bayer/Habersack (Hrsg.), Aktienrecht im Wandel, Bd. 1, S. 670 oder auch *Schumacher*, Die Entwicklung der inneren Organisation der Aktiengesellschaft im deutschen Recht bis zum Allgemeinen Deutschen Handelsgesetzbuch, 1937.

260 Statt vieler *Hansmann/Kraakman*, 89 Georgia Law Review 2001, 439: „Despite very real differences in the corporate systems, the deeper tendency is toward convergence, as it has been since the nineteenth century"; ausführlich auch Heine, Regulierungswettbewerb im Gesellschaftsrecht, 2003, S. 194 ff. zur Konvergenz im Gesellschaftsrecht.

261 Monographisch zuletzt *Siems*, Die Konvergenz der Rechtssysteme im Recht der Aktionäre, 2005; ebenso *Fleischer*, in: Doralt/Kalss (Hrsg.), Franz Klein – Vorreiter des modernen Aktien- und GmbH-Rechts, S. 115, 130 f.

262 Diese „Hinwendung" ist daher keine Konvergenz im Wortsinne, da diese impliziert, dass sich von beiden Seiten her angenähert wird; der Terminus soll aber als üblich in der weiteren Bearbeitung weiter verwendet werden.

263 *Hansmann/Kraakman*, 89 Georgia Law Review 2001, 439, 466 warnt daher vor einer Konvergenz, diese könnte auch zu ineffizienten Lösungen führen; mit weiteren Beispielen auch *Hansmann/Kraakman*, 89 Georgia Law Review 2001, 439, 467.

absoluten Optimum ist ebenso unwahrscheinlich wie die der deutschen Funktionsäquivalente.[264]

Betrachtet man die Ausprägung und Entwicklung der Gläubigerschutzparadigmen im deutschen Aktienrecht, so überwiegen jedenfalls die Eigenheiten der deutschen Rechtsentwicklung. Das heutige aktienrechtliche System war in seinen Anfängen eine Synthese aus fremdländischen Rechtsinstituten. Aus der Synthese entstand etwas Eigenes: die deutsche Aktiengesellschaft. Diese lässt sich nicht mit dem Konzept einer „Konvergenz der Rechtssysteme" erklären. Sehr wohl lassen sich unterschiedliche nationale Entwicklungen allerdings mit dem hier verwendeten Dreiklang aus Chaostheorie, Evolutionswissenschaften und Pfadabhängigkeit beschreiben: Nationale Rechtsinstitute entstehen aufgrund der örtlichen politischen, wirtschaftlichen und sozialen Gegebenheiten, manchmal auf zufällig anmutende Art und Weise. Ein einmal eingeschlagener Lösungsweg wird durch den Gesetzgeber nur schwer wieder verlassen – Paradigmen verfestigen und stabilisieren sich. Die Ausdifferenzierung nationaler Paradigmen durch Rechtsprechung und Literatur führt zu einem lokalen Optimum. Dieses „Optimum" ist *per definitionem* lediglich lokal optimal, d. h. es kann auch andere lokale Optima geben, sowohl effizientere als auch ineffizientere, und daneben – zumindest theoretisch – das tatsächliche „globale" Optimum. Durch Paradigmenwechsel ist es einem Gesetzgeber möglich, Anregungen für Lösungsmöglichkeiten aus anderen Rechtssystemen zu transplantieren. *Siems* geht davon aus, dass Widerstände gegen eine Rechtsentwicklung desto mehr schwinden, je weiter sich die weltweiten gesellschaftlichen, politischen und wirtschaftlichen Rahmenbedingungen angleichen.[265] Dies mag so sein. Es erklärt allerdings nicht, wie – obwohl die Aktiengesellschaft in ihrem Ursprung eine europäische Mischform ist – sich ein eigenes deutsches aktienrechtliches System überhaupt ausprägen konnte.

Für die Betrachtung der innerdeutschen Aktienrechtsentwicklung ist es daher unerheblich, ob der deutsche Gesetzgeber ein altes Paradigma aufgibt und ein neues „eigenes" an seine Stelle setzt oder ob er Anleihen bei fremden Rechtsordnungen macht. Wichtig ist es im Gegenzug, welche Widrigkeiten den Gesetzgeber davon abhalten, als suboptimal identifizierte Paradigmen aufzugeben. Ob die Kluft zwischen unterschiedlichen Aktienrechtssystemen tatsächlich mit der Zeit geringer wird, wie dies das Bild einer „Konvergenz" suggeriert, sei hier dahingestellt.[266]

---

264 Nach Ansicht von *Heine* verhindern Pfadabhängigkeiten in der Gesellschaftsrechtsentwicklung deswegen schon grundsätzlich, dass ein interjurisdiktioneller Wettbewerb um die optimale gesellschaftsrechtliche Regelung problemlos stattfindet, vgl. *Heine,* Regulierungswettbewerb im Gesellschaftsrecht, 2003, S. 223.

265 Vgl. *Siems,* Die Konvergenz der Rechtssysteme im Recht der Aktionäre, 2005, S. 325 ff., 506.

266 So *Siems,* Die Konvergenz der Rechtssysteme im Recht der Aktionäre, 2005, S. 382. Kritisch hinsichtlich einer Konvergenz der System und für eine fortbestehende Divergenz für die Struktur der Unternehmensführung hingegen *Davis,* ZGR 2001, 268 ff.

Es kann angenommen werden, dass der *Wettbewerb der Rechtsordnungen* jedenfalls gesetzliche Veränderungen begünstigt und so den stabilisierenden Effekten gesellschaftsrechtlicher Paradigmen entgegenwirkt.[267] Durch die Konfrontation unterschiedlicher, miteinander konkurrierender Rechtsinstitute wird zum einen der nationale Gesetzgeber motiviert, im Interesse nationaler Unternehmen „sein" Aktienrecht wettbewerbsfähig zu halten. Werden dem nationalen Rechtsanwender neue Rechtswahlmöglichkeiten eröffnet, so werden alte Paradigmen liberalisiert.[268] Für die hier zu leistende Aufgabe einer strukturierten Darstellung der Ausprägung des Gläubigerschutzsystems im Aktienrecht trägt die These einer „Konvergenz" aktienrechtlicher Systeme darüber hinaus nichts ein.

3.4.2 Erleichterungen des Paradigmenwechsels durch nationale Skandale und Krisen

a) Aktienrecht als Gesellschaftsrecht im wörtlichen Sinne

Wie oben gezeigt, weisen einmal ausgeprägte gesellschaftsrechtliche Paradigmen eine Tendenz zur Selbststabilisierung auf. Wirtschaftliche Skandale und Krisen waren in der Vergangenheit häufig Auslöser erheblicher Aktienrechtsreformen und begünstigten die Durchbrechung der Stabilität von Paradigmen.[269] In „unsicheren" Zeiten lassen sich Paradigmenwechsel besser bewerkstelligen als in sicheren. Die politischen Widerstände und gesellschaftlichen Beharrungskräfte sind offenbar geringer.[270] Wirtschaftsskandale und -krisen von Aktiengesellschaften zeigen auch den am Gesetzgebungsprozess Beteiligten unmissverständlich Defizite in der bisherigen aktienrechtlichen Regulierung auf. Aufgrund der wirtschaftlichen Größe und Macht deutscher Aktiengesellschaften und ihrem Einfluss auf die Wirtschaftsleistung des Landes bedrohten Krisen des Aktienrechtssystems unmittelbar die Ertragsfähigkeit der deutschen Gesellschaft und Wirtschaft.[271]

---

267 *Hansmann/Kraakman* sehen daher die „Konvergenz" von jüngeren Corporate Governance Regeln zeitlich vor den älteren und etablierteren Rechtsinstituten des Aktienrechts voraus, vgl. *Hansmann/Kraakman,* 89 Georgia Law Review 2001, 439, S. 466.

268 Zu den möglichen Konvergenzrichtungen innerhalb der europäischen Systeme vgl. *Heine,* Regulierungswettbewerb im Gesellschaftsrecht, 2003.

269 Auch in der Geschichte des Wertpapierhandels ist der Zusammenhang zwischen Wirtschaftsskandalen und neuen Gesetzesvorhaben untersucht worden, vgl. *Ribstein,* 40 Hous. L. Rev. 2003, 77, 94 mit ausführlichen Nachweisen in Fn. 95.

270 Vgl. auch jüngst Davies / Hopt, Boards in Europe – Accountability and Convergence, ECGI Working Paper No. 203/2013, S. 7 ff. m.w.N. bezogen auf die Enwicklung der Unternehmensleitungsorgane.

271 Die Sorge vor der Wirtschaftsmacht der Aktiengesellschaften, von denen häufig befürchtet wurde, dass sie gegen das Gemeinwohl zu Monopolen und marktbeherrschenden Stellungen führen würden, stand schon zu Beginn der modernen Aktiengesellschaft häufig vor Aktionärs- oder Gläubigerschutzinteressen, vgl.

Aktienrechtliche Reformen hatten daher immer auch politische Konnotationen; die jeweils eigenen Vorstellungen der Gesetzgeber verschiedener Epochen des deutschen wirtschaftlichen Systems sollten im Recht der Aktiengesellschaft festgeschrieben werden.

b) Der Aufbau von innerem Druck durch nationale Krisen

Das Phänomen von Wirtschaftskrisen lässt sich sehr schön als Auslöser von gesellschaftsrechtlicher Gesetzgebung durch die Geschichte nachzeichnen. Der berühmte South Sea Company Act – auch *Bubble Act* genannt – war die Reaktion des englischen Gesetzgebers 1720 auf den Zusammenbruch der South Sea Company.[272] Er untersagte allen nicht mit einer staatlichen Konzession (*charter*) versehenen, das heißt nicht inkorporierten, dem englischen Recht unterliegenden Gesellschaften, Aktien zu veräußern.[273] Der inzwischen sprichwörtliche *Black Friday* am 25. Oktober 1929 läutete in den USA die erste Weltwirtschaftskrise ein und führte unmittelbar zum Erlass des weitreichenden Securities Act von 1933[274] und des Securities Exchange Act von 1934 (SEA)[275]. Zusätzlich trennte der Zweite Glass-Steagall-Act 1933 Investmentbanken und Geschäftsbanken in den USA[276] und in der Konsequenz zu den auch heute noch bemerkbaren Unterschieden im US-amerikanischen und im kontinentaleuropäischen Bankensystem.[277] Der weltweite Kurseinbruch bei IT-Unternehmen im Nachgang der Enron- und WorldCom-Skandale 2001 / 2002 beendete die erste große Börsenblase des Internetzeitalters und führte in den USA unmittelbar zum Erlass des *Sarbanes-Oxley-Act* (SOA) vom 30. Juli 2002.[278]

---

ausführlich *Großfeld,* in: Coing/Wilhelm (Hrsg.), Wissenschaft und Kodifikation des Privatrechts im 19. Jahrhundert, S. 236, 236 ff.

272 Vgl. zum Bubble Act auch *Harris,* 54 The Journal of Economic History 1994, 610 ff. m.w.N. Rechtsregeln, als Reaktion auf eine wirtschaftliche Krise oder einen Skandal erlassen werden, werden daher auch Bubble Laws genannt.

273 Vgl. mit weiteren Nachweisen *Hansmann/Kraakman u.a.,* 119 Harvard Law Review 2006, 1335, 1386 f.

274 H.R. Rep. No. 85, 73d Cong., 1st Sess. (1933).

275 Act of June 6, 1934 (Pub. L. No. 291; 48 Stat. 881), codified to 15 U.S.C. § 78a et seq. Siehe auch *Loss/Seligman,* Fundamentals of Securities Regulation, 2004, S. 201 ff., 435 ff.

276 Sog. *Banking Act,* vgl. Ch. 89, 48 Stat. 162, June 16, 1933. Erst am 12. November 1999 wurde er durch den *Gramm-Leach-Bliley Act* endgültig aufgehoben.

277 Dazu ausführlich *Roe,* Strong Managers, Weak Owners, 1996, S. 54 ff.; ausführlich auch *Baums,* Verbindungen zwischen Banken und Unternehmen im amerikanischen Wirtschaftsrecht, 1992, sowie zum deutschen Bankensystem *Baums/Gruson,* Brooklyn J. Int'l Law, Vol. 19 (1993), S. 101, 102 ff.

278 Vgl. H.R. 3763, 107th Cong., 2nd Sess., Public Law 107–204, 116 Stat. 745, July 30, 2002. Vgl. auch *Nicklisch,* Die Auswirkungen des Sarbanes-Oxley Act auf die deutsche Corporate Governance, 2007.

c) Der Einfluss von Wirtschaftskrisen auf das deutsche Aktienrecht

An der Wahl der obigen Beispiele aus dem anglo-amerikanischen Rechtskreis lässt sich erkennen, dass klassische *bubble laws* in der historischen Entwicklung des deutschen Aktienrechts eine geringere Rolle spielten. Die Reaktionen des Gesetzgebers auf entsprechende Krisen und Skandale vollzogen sich in der Vergangenheit im Allgemeinen nicht überhastet. Als „Krise" kann in diesem Sinne auch der Umbruch eines politischen Systems gezählt werden. Auch wenn daher beispielsweise eine Reform des Aktiengesetzes seit der Gründung der Bundesrepublik und dem Ende des sog. Dritten Reichs (dessen Einstufung als „Krise" im obigen Sinne wohl keiner Erklärung bedarf) gefordert wurde, zogen sich die Reformarbeiten zum Aktiengesetz von 1965 über fünfzehn Jahre hin.[279] Auch die Reform des Aktiengesetzes von 1937 kann als (langsame) Reaktion auf eine Wirtschaftskrise interpretiert werden. Im Gegenzug dazu steht der bislang historisch gesehen größte „Schnellschuss" des deutschen Gesetzgebers, das Finanzmarktstabilisierungsgesetz[280], das in § 3 des von Art. 2 FMStG eingeführten Finanzmarktstabilisierungsbeschleunigungsgesetz (FMStBG) die Möglichkeit einer *gesetzlich genehmigten Kapitalerhöhung* bis zum 31. Dezember 2009 schuf.[281]

Dennoch gaben auch in der Geschichte des deutschen Aktienrechts immer wieder einzelne (Wirtschafts-)Krisen den Anlass und Anstoß, Neuregelungen des Aktienrechts zu bedenken. So kann die Einführung eines expliziten gesetzlichen Mindestkapitals im Aktienrecht 1923 unmittelbar als eine Reaktion des Gesetzgebers auf den Missbrauch der Rechtsform der Aktiengesellschaft[282] durch unsolide Gründer zu dieser Zeit zurückgeführt werden.[283] Vor allem jedoch müssen hierzu die große Aktienrechtsreform 1884 und die Notverordnungen 1931 gezählt werden. Auch geht beispielsweise das deutsche Bankaufsichtsrecht (KWG) von 1934 auf die Weltwirtschaftskrise der damaligen Jahre zurück.[284] Die Pfadabhängigkeit gesell-

279 Für eine ausführliche Darstellung des gesamten Gesetzgebungsprozesses siehe ausführlich *Bahrenfuss,* Die Entstehung des Aktiengesetzes von 1965, 2001, S. 102 ff.

280 Gesetz zur Umsetzung eines Maßnahmenpakets zur Stabilisierung des Finanzmarktes (Finanzmarktstabilisierungsgesetz – FMStG) vom 17. Oktober 2008, BGBl. Teil I, 2008, S. 1982.

281 Vgl. zum gesetzlich genehmigten Kapital *Waclawik,* ZIP 2008, 2339.

282 Unternehmensgründungen erfolgten bis zur Einführung der GmbH typischerweise in der Rechtsform der Aktiengesellschaft, vgl. *Thieme,* Auswirkungen einer Veränderung der Mindeststammkapitalziffer im Spiegel der gesellschaftsrechtlichen Praxis, 2013, S. 5 m.w.N.

283 Siehe zur Einführung eines Mindestnennkapitals in das Recht der Aktiengesellschaft ausführlich unter D.II.1.c. Vgl. ebenso *Krüger,* Mindestkapital und Gläubigerschutz, 2005.

284 Vgl. ausführlich *Nörr,* Zwischen den Mühlsteinen, 1988, m.w.N.; zur Risikotragfähigkeit im Bankaufsichtsrecht auch *Baums,* Risiko und Risikosteuerung im Aktienrecht, ZGR 2011, 218, 246 ff. m.w.N.

schaftsrechtlicher Paradigmen und die daraus resultierende Stabilität aktienrechtlicher Rechtsinstitute bewirkten, dass es lediglich mit zeitlichen Verzögerungen zu einer Anpassung der Rechtsinstitute an die geänderte Rechtswirklichkeit kam.[285] Aus Sicht der Rechtsentwicklung wirken daher wirtschaftliche Skandale und Krisen als Katalysatoren, die die Beharrungskräfte gesellschaftsrechtlicher Paradigmen überwinden helfen. Auch wenn das deutsche Aktienrecht im historischen Kontext kein Rechtsgebiet für typische *bubble laws* war, so wurde es doch maßgeblich von Wirtschaftskrisen und -skandalen geprägt.[286]

3.4.3 Zwischenergebnis zur Überwindung von Paradigmenstabilität im Aktienrecht

Aktienrechtliche Paradigmen sind gegen Veränderungen einigermaßen stabil. Diese Stabilität kann aber auch überwunden werden. Hierzu ist der Aufbau von Druck als Gegenkraft zur Stabilisierungstendenz nötig. Ein solcher Druck zu einem Paradigmenwechsel kann extern durch den Wettbewerb des deutschen Gesetzgebers mit ausländischen Gesetzgebern durch einen Vergleich funktionsäquivalenter Paradigmen unterschiedlicher Rechtsordnungen entstehen. Eine weitere Möglichkeit sind internationale oder nationale (Wirtschafts-)Skandale und Krisen, die unmissverständlich Handlungserfordernisse für den deutschen Gesetzgeber aufzeigen. Klassische *Bubble laws* finden sich in der Geschichte der deutschen Aktienrechtsentwicklung ebenso. Daneben gaben aber Aktienrechtskrisen nicht (nur) Anstoß für Schnellschüsse, sondern auch Anstöße für großangelegte Reformvorhaben, deren Umsetzung sich zum Teil über mehrere Jahrzehnte erstreckte.

Deutsche Gesetzgeber haben sich im Aktienrecht stets an internationalen Funktionsäquivalenten zu heutigen deutschen Paradigmen orientiert. Dies reicht von der ersten Kodifizierung der Aktiengesellschaft im französischen Code de Commerce von 1807, der auch auf dem Gebiet der süddeutschen Kleinstaaten[287] galt, über die für die weitere Entwicklung der deutschen Aktiengesellschaft maßgebende Kodifikation im preußischen Gesetz über die Eisenbahn-Unternehmungen 1838 bis zum Aktiengesetz von 1965. Das Jahr 1965 markiert die letzte grundlegende Reform des deutschen Aktienrechts auf Initiative des deutschen Gesetzgebers. Danach widmete sich er sich hauptsächlich der Umsetzung europäischer Vorgaben.[288] Der Fokus

---

285 *Ribstein,* 40 Hous. L. Rev. 2003, 77, 78 meint deswegen richtigerweise: „*Regulators are more likely to react to past market mistakes than to prevent future mistakes*".

286 Vgl. *Wiethölter,* Interessen und Organisation der Aktiengesellschaft im amerikanischen und deutschen Recht, 1961, S. 44 und 63; *Lehmann,* Das Recht der Aktiengesellschaften, 1898, S. 67. Ausführlich auch *Schmoller,* Schmollers Jahrbuch 17 (1893), 959, 1003 und 1012.

287 Unter anderem in der Rheinprovinz, in Rheinhessen und im Großherzogtum Baden, vgl. ausführlich *Deutsch,* in: Bayer/Habersack (Hrsg.), Aktienrecht im Wandel, Bd. 1, S. 46 ff.

288 Beginnend mit der Umsetzung der Ersten Richtlinie 68/151/EWG des Rates vom 9. März 1968 zur Koordinierung der Schutzbestimmungen, die in den Mitgliedstaaten den Gesellschaften im Sinne des Artikels 58 Abs. 2 des Vertrages im Interesse der

eines international orientierten Gesetzgebungsprozesses ging verloren.[289] Erst in den neunziger Jahren entdeckten deutsche Rechtswissenschaftler und im Anschluss daran auch der deutsche Gesetzgeber den rechtssystemübergreifenden Blick neu. Es werden die Schlagworte des *Wettbewerbs der Rechtsordnungen* und der *Konvergenz der Rechtssysteme* geprägt.

IV. Zusammenfassung der vorgestellten Theorie der Rechtsentwicklung

Die vorgestellten Elemente einer nicht-empirisch begründeten, nicht auf mathematisch-technischen Effizienzberechnungen basierenden Theorie der Rechtsentwicklung im deutschen Aktienrecht ermöglichen ein Verständnis der grundlegenden Entwicklungsstränge des deutschen Aktienrechts und damit auch der Ausprägung des aktienrechtlichen Gläubigerschutzsystems. Für die Zwecke dieser Arbeit wird eine synthetisierte Theorie der Rechtsentwicklung aus Chaostheorie, Evolutionswissenschaften und Theoremen zur Pfadabhängigkeit von Rechtsinstituten zugrunde gelegt. Nach dieser ist, wenn ein Rechtsinstitut neu geschaffen wird, häufig nicht vorhersehbar, welche Wirkungen und Wechselwirkungen es in der Zukunft noch entfalten wird. Auch ist das Zusammenkommen der historischen Umstände, die die Entstehung gerade dieses Rechtsinstituts ermöglichten, als zufällig anzusehen. Die Unberechenbarkeit komplexer Systeme, worunter auch das deutsche Aktienrecht zu zählen ist, macht eine mathematisch-technische Effizienzbetrachtung der realen Entwicklung unmöglich.

Rechtsinstitute entwickeln sich auf der Grundlage des schon bestehenden Normensystems weiter. Durch kleinere Modifikationen erfolgt eine Entwicklung hin zu einem lokalen und nicht zu einem globalen Optimum. Aktienrechtliche Rechtsinstitute lassen sich darüber hinaus als Paradigmen beschreiben. Ein Paradigmenwechsel ist – im Unterschied zur natürlichen Evolution – dem Gesetzgeber möglich. Die Tendenz zur Stabilisierung, die rechtliche Paradigmen aufweisen, führt allerdings dazu, dass Paradigmenwechsel nur erschwert erfolgen können. Der Wettbewerb zwischen nationalen Rechtsordnungen um das optimale gesellschaftsrechtliche System und wirtschaftliche Skandale und Krisen helfen, diese Stabilisierungstendenz zu überwinden und begünstigen Paradigmenwechsel durch den Gesetzgeber. Die vorliegende Arbeit mit ihrem Fokus auf Paradigmenentstehung und Paradigmenwechsel im aktienrechtlichen System des Gläubigerschutzes liefert daher eine umfassende Analyse von dessen geschichtlicher Ausprägung.

Gesellschafter sowie Dritten vorgeschrieben sind, um diese Bestimmungen gleichwertig zu gestalten, ABl. Nr. L 065 vom 14. März 1968, S. 8–12.

289 In der rechtswissenschaftlichen Literatur fanden sich weiterhin einige Beispiele rechtssystemübergreifender Arbeiten, vgl. beispielsweise *Wiedemann,* Minderheitenschutz und Aktienhandel: eine rechtsvergleichende Studie zum amerikanischen und deutschen Gesellschaftsrecht, 1968.

C. Gesetzlicher Gläubigerschutz im Aktienrecht

Das heutige deutsche Aktienrecht enthält zahlreiche Rechtsinstitute, die dazu dienen, die Gläubiger einer Aktiengesellschaft vor verschiedenen (Vermögens-) Gefahren zu schützen. Hierbei ist zunächst ist mit *Steffek* zu konstatieren, dass das Primärinteresse aller Gläubiger zunächst einmal die Befriedigung ihrer Forderungen ist.[290] Darüber hinaus stehen jedoch folgende Fragen zur Beantwortung an. Warum werden bestimmte Gläubiger, Gläubigergruppen oder auch alle Gläubiger einer Aktiengesellschaft im Aktienrecht anders geschützt, als die Gläubiger von Privatpersonen oder auch von Personenhandelsgesellschaften?[291] Das Aktiengesetz selbst enthält weder eine Legaldefinition des Begriffs des „Gläubigers", noch eine Unterscheidung zwischen verschiedenen Gruppen von Gläubigern von Aktiengesellschaften (vgl. I.). Die spezifischen Gefahren für Gläubiger von Kapitalgesellschaften werden unter II. herausgearbeitet. Aus diesen Gläubigergefahren resultieren Kritikpunkte, die häufig in eine Kritik des Gläubigerschutzsystems im Aktienrecht insgesamt münden (vgl. III).

I. Der Gläubigerbegriff und Gläubigergruppen im Aktienrecht

Die Gläubiger einer deutschen Aktiengesellschaft werden durch das Aktienrecht besonders geschützt. Diese im Grundsatz wohl unstreitige Aussage muss allerdings inhaltlich ausgefüllt werden: Wie können diejenigen Normen des Aktienrechts herausgelöst und in ihrer historischen Entwicklung analysiert werden, die spezifisch gläubigerschützende Wirkung haben? Alle Rechtsinstitute, die dazu beitragen, stabile Aktiengesellschaften am Markt zu erhalten, wirken insofern gläubigerschützend, als solvente Unternehmen gemeinhin ihre Verbindlichkeiten gegenüber ihren Gläubigern erfüllen können und werden.[292] Wird das Vermögen der Aktiengesellschaft durch rechtliche Regelungen vor Zugriffen eines etwaigen Großaktionärs bewahrt, so werden neben den Vermögensinteressen der Minderheitsgesellschafter

290 Vgl. ausführlich *Steffek*, Gläubigerschutz in der Kapitalgesellschaft, 2011, S. 43 ff., der auch weitere Sekundärinteressen der Gläubiger darlegt und in das Gläubigerschutzregime einordnet. Zum Ausfallrisiko in jedem Schuldverhältnis vgl. *Tasma*, Leveraged Buyout und Gläubigerschutz, 2012, S. 60 ff. m.w.N.

291 Vgl. hierzu auch ausführlich *Funke*, Gläubigerschutz durch Information im Recht der Aktiengesellschaft, 2011, S. 72 ff. m.w.N.

292 Vgl. ausführlich zum Gläubigerschutz und dem Unterschied zwischen contractual and proprietary protection, *Gullifer/Payne*, Corporate Finance Law, 2011, S. 22 ff.

auch die Gläubiger der Aktiengesellschaft geschützt.[293] Der Schutz der Gläubiger ist in diesem Fall lediglich ein Reflex des Schutzes der Minderheitsgesellschafter. Steht das aktienrechtliche Gläubigerschutzsystem auf dem Prüfstand, so sind zunächst einmal die Rechtsinstitute des Aktienrechts einzugrenzen und zu definieren, aus denen es aufgebaut ist.

Interessen sogenannter *Stakeholder* einer Aktiengesellschaft werden (auch) außerhalb des Aktienrechts geschützt.[294] Arbeitnehmer[295] der Aktiengesellschaft werden nicht nur als Gläubiger, sondern auch durch Arbeitsvertragsrecht, Arbeitssicherheitsrecht, Rentenrecht und Antidiskriminierungsrecht geschützt. Konsumenten einer produzierenden Aktiengesellschaft können Rechte aus dem Produkthaftungsrecht, Gewährleistungsrecht, Deliktsrecht und aus Transparenz- und Kennzeichnungsanforderungen für einzelne Produkte für sich geltend machen. Die Allgemeinheit wird vor der Tätigkeit einer Aktiengesellschaft zum Beispiel allgemein über das Deliktsrecht oder auch über das Umweltrecht geschützt.[296] Aktienrechtsordnungen weltweit enthalten über diese allgemeinen Schutzvorschriften hinausgehende Schutzinstrumente für Gläubiger.[297] Das deutsche Aktienrecht ist hier keine Ausnahme. Im Folgenden wird der Begriff des Gläubigers und von Gläubigergruppen für die Zwecke dieser Arbeit definiert.[298]

1. Die Gläubiger einer Aktiengesellschaft

Gläubiger einer Aktiengesellschaft kann grundsätzlich jedes Rechtssubjekt sein, das Träger von Rechten und Pflichten sein kann, und dem ein Anspruch (§ 190 Abs. 2 BGB) gegen die Gesellschaft zusteht. Dies sind typischerweise die Fremdka-

---

293 Ausführlich zum Interessengegensatz zwischen Gläubiger- und Minderheitsschutz auch *Hansmann/Kraakman u.a.*, 119 Harvard Law Review 2006, 1335, 1399.

294 Vgl. zur Gläubigerrisiko- und Finanzierungsfolgenverantwortung der Gesellschafter *Rösch*, Gesellschafterfremdfinanzierung, Gläubigerschutz und Gläubigerrisikoverantwortung, 2013, S. 8 ff. m.w.N.

295 Arbeitnehmer sind regelmäßig Gläubiger der Aktiengesellschaft, wenigstens dann, wenn sie ihr Monatsgehalt erst am Monatsende erhalten und somit über den Monat mit ihrer Arbeitsleistung in Vorleistung treten.

296 Vgl. *Hansmann/Kraakman*, 89 Georgia Law Review 2001, 439, 442.

297 "*There remains general agreement that corporate law should directly regulate some aspects of the relationship between a business corporation and its creditors. Conspicuous examples include rules governing veil-piercing and limits on the distribution of dividends in the presence of inadequate capital. The reason for these rules, however, is that there are unique problems of creditor contracting that are integral to the corporate form, owing principally to the presence of limited liability as a structural characteristic of that form*", vgl. *Hansmann/Kraakman*, 89 Georgia Law Review 2001, 439, 442.

298 Vgl. hierzu auch den grundlegenden Überblick bei *Armour/Hertig/Kanda*, The Anatomy of Corporate Law, 2009, S. 115 ff.

pitalgeber der Aktiengesellschaft[299], unabhängig davon, ob sie Fremdkapitalgeber im engeren Sinne oder beispielsweise bei der Leistung von Waren in Vorleistung getreten sind.[300] *Eigenkapitalgeber* einer Aktiengesellschaft sind jedenfalls alle ihre *Aktionäre*. In Zeiten moderner Finanzierungstechniken, wie beispielsweise hybrider Mezzaninefinanzierungen[301], verwischen zunehmend die Unterschiede zwischen Eigenkapitalgebern der Aktiengesellschaft und ihren Fremdkapitalgebern.[302] Zum Teil wird daher heutzutage eine Zweiteilung der *financiers* der Aktiengesellschaft in Fremd- und Eigenkapitalgeber als überholt angesehen und lediglich noch als eine graduelle Abstufung verstanden.[303] Hybride Finanzierungsformen, wie sie auch im Aktienrecht zum Teil angelegt sind (man vergleiche nur die Regelungen zur Wandelschuldverschreibung in § 221 AktG)[304] werden für diese historisch ausgerichtete Betrachtung unberücksichtigt gelassen.[305] Ein Problem ergibt sich indes daraus, dass die Einordnung der *financiers* einer Aktiengesellschaft in die Kategorien der Eigen- und Fremdkapitalgeber auch vom deutschen Gesetzgeber nicht einheitlich gehandhabt wird. Zivil-, handels-, steuer- und aufsichtsrechtliche Eigenkapitalbegriffe unterscheiden sich nicht unerheblich.[306] Auch in der rechtswissenschaftlichen und betriebswissenschaftlichen Literatur finden mehrere Begriffe des „Eigenkapitals" Verwendung, die sehr unterschiedlichen Inhalts sein können: Das sogenannte *bilanzielle Eigenkapital* bezeichnet die Summe der in der Bilanz der Aktiengesellschaft unter den Posten „gezeichnetes Kapital", „Kapitalrücklage" und „Gewinnrücklage" ausgewiesenen Werte. Andere möglicherweise Eigenkapital enthaltende Passivposten der Handelsbilanz, wie beispielsweise überbewertete Rückstellungen, werden nicht hinzu gezählt.[307] Als *gezeichnetes Kapital*, *Grundkapital* oder *Stammkapital* einer Aktiengesellschaft wird das Kapital nach § 272 Abs. 1 S. 1 HGB bezeichnet.[308] Das *gesetzliche Mindestkapital* ist die

299 Vgl. zur den rechtsgeschichtlichen Rückblick bei *Baums*, Die Mobilisierung des Fremdkapitals, in: Bessler (Hrsg.), Börsen, Banken und Kapitalmärkte, 2006, S. 333 ff.

300 Vgl. hierzu *Gullifer/Payne*, Corporate Finance Law, 2011, S. 88 ff.

301 Vgl. zur Einstufung von Mezzanine-Kapital *Rösch*, Gesellschafterfremdfinanzierung, Gläubigerschutz und Gläubigerrisikoverantwortung, 2013, S. 338 ff.

302 Vgl. zur Eigenschaft der Gläubiger als Fremdkapitalgeber *Servatius*, Gläubigereinfluss durch Covenants, 2008, S. 6.

303 Vgl. zur Neuausrichtung des Eigenkapitalbegriffs im Lichte hybrider Finanzierungen *Bogenschütz*, Neuausrichtung des Eigenkapitalbegriffs, 2007 und *Servatius*, Gläubigereinfluss durch Covenants, 2008, S. 27 ff.

304 Siehe hierzu ausführlich aber *Baums*, in Bayer/Habersack (Hrsg.), Aktienrecht im Wandel, Bd. 2, S. 953, 957, 959 ff.

305 Vgl. aber schon zum preußischen Schuldverschreibungsgesetz *Baums*, Das preußische Schuldverschreibungsgesetz und F.C. von Savigny, in: Bechthold/Jickeli/Rohe (Hrsg.), Recht, Ordnung und Wettbewerb, 2011, S. 1097 ff.

306 Zum Ganzen *Bogenschütz*, Neuausrichtung des Eigenkapitalbegriffs, 2007.

307 Vgl. *Drukarcyk*, Finanzierung, 2003, S. 377.

308 Siehe ausführlich *Merkt*, in: Hopt/Merkt (Hrsg.), HGB, 2010, § 272 Rdz. 1.

gesetzliche Untergrenze des in der Satzung der Aktiengesellschaft festzulegenden Gründungskapitals.[309] Für Aktiengesellschaften beträgt es in Deutschland momentan EUR 50.000. Es ist nicht zu verwechseln mit dem *Mindestgründungskapital* einer Aktiengesellschaft. Dieses bezeichnet das bei der Gründung einer Aktiengesellschaft durch die Gründer mindestens aufzubringende Kapital und ist vor der Anmeldung der Gesellschaft zum Handelsregister in diese einzulegen.[310] Der bankaufsichtsrechtliche Terminus des *regulatorischen Eigenkapitals* bezeichnet die gesetzlichen Mindesteigenkapitalanforderungen deutscher Kreditinstitute. Nach der zunächst geltenden Basel I Regelung[311] bestand eine achtprozentige Eigenkapitalunterlegungspflicht von Kreditinstituten. Heute enthält § 10 Kreditwesengesetz i.V.m. der Solvabilitätsverordnung[312] eine vom Individualrisiko abhängigere Eigenkapitalunterlegungsregelung (sogenannte Basel II Regelung[313]). Das *ökonomische Eigenkapital*, den *Marktwert* oder auch den *Unternehmenswert* einer Gesellschaft ergibt sich aus einer Ertragsbewertung der Gesellschaft im Discounted-Cash-Flow-Verfahren (DCF) oder einzelner Optionspreismodelle, bei börsennotierten Gesellschaften auch aus der Gesamtbörsenkapitalisierung.[314] Unter *Börsen-* oder *Marktkapitalisierung* einer Aktiengesellschaft versteht man den Börsenkurs der Aktien multipliziert mit der Anzahl der ausgegebenen Aktien der Gesellschaft.[315] Den *Liquidations- oder Zerschlagungswert* bilden alle zum Zeitwert oder Marktwert bilanzierten Aktiva der Gesellschaft abzüglich der zum Zeitwert oder Marktwert bilanzierten Passiva der Gesellschaft.[316] Die jeweils mit den obigen Definitionen korrespondierenden tatsächlichen Werte können in der Rechtswirklichkeit von sehr unterschiedlicher Größe sein. Das deutsche aktienrechtliche Gläubigerschutzsystem knüpft maßgeblich an die Handelsbilanz als Grundlage für Ausschüttungen der Aktiengesellschaft an ihre Aktionäre an. Es ist daher praktikabel, als *Eigenkapitalgeber* im weiteren Verlauf jeden Geldgeber

---

309 Vgl. ausführlich zur Entstehung des Mindestnennkapitals *Krüger*, Mindestkapital und Gläubigerschutz, 2005.

310 Zum Mindestgründungskapital der Aktiengesellschaft nach § 36a Abs. 1 AktG vgl. *Hüffer*, Aktiengesetz, 2014, § 36a Rdz. 2. m.w.N.

311 Vgl. zum regulatorischen Eigenkapital im Bankaufsichtsrecht *Reichling/Bietke u.a.*, Praxishandbuch Risikomanagement und Rating: Ein Leitfaden, 2007, S. 23.

312 Verordnung über die angemessene Eigenmittelausstattung von Instituten, Institutsgruppen und Finanzholding-Gruppen (SolvV) vom 14. Dezember 2006, BGBl. Teil I, 2006, S. 2926 ff., in Kraft getreten am 1. Januar 2007.

313 Als „Basel II" wird die Gesamtheit der Eigenkapitalvorschriften für Kreditinstitute und Finanzdienstleistungsinstitute verstanden, die der Basler Ausschuss für Bankenaufsicht vorschlägt und die nach den Richtlinien 2006/48/EG und 2006/49/EG seit dem 1. Januar 2007 verbindlich in den Mitgliedsstaaten gelten.

314 Vgl. ausführlich etwa *Adolff*, Unternehmensbewertung im Recht der börsennotierten Aktiengesellschaft, 2007, S. 159 ff.

315 Vgl. http://boersenlexikon.faz.net/marktkap.htm, zuletzt abgerufen am 15. Juli 2015.

316 Vgl. *Wimmer*, BKR 2006, 146, 149.

der Aktiengesellschaft zu verstehen, der bilanzrechtlich als Eigenkapital zu behandelndes Kapital in die Gesellschaft einbringt. Welche Kapitalia hierzu zählen, ergibt sich aus §§ 266 Abs. 3 A., 272 HGB.[317]

Für den Gegenstand dieser Arbeit wird der Begriff des Gläubigers aufgrund der obigen Schwierigkeiten gegen den Begriff des Eigenkapitalgebers im bilanzrechtlichen Sinne und damit *nicht* formal gegen den Begriff des Aktionärs abgegrenzt. Haben sich vermögensrechtliche Ansprüche von Aktionären, die aus dem Aktionärsverhältnis resultieren, gegen ihre Gesellschaft konkretisiert[318], so sind diese Aktionäre insoweit ebenfalls Gläubiger der Aktiengesellschaft.[319]

2. Verschiedene Gruppen innerhalb der Gläubigerschaft

Die jeweiligen Gläubiger einer Aktiengesellschaft lassen sich des Weiteren in Untergruppen aufteilen. Es kann unterschieden werden zwischen *freiwilligen Gläubigern* aus Vertrag, wie Kredit- und Anleihegläubigern, Warengläubigern oder auch Arbeitnehmern, die sich die Aktiengesellschaft als Schuldner ihres Anspruchs „ausgesucht" haben.[320] Ihnen stehen *unfreiwillige Gläubiger* wie Deliktsgläubiger oder auch der Staat als Fiskus gegenüber. Vielen Vertragsgläubigern stehen bei Pflichtverletzungen der Aktiengesellschaft, die einen Schaden der Vertragspartner verursachen, nicht nur vertragliche Schadensersatzansprüche, sondern auch Ansprüche aus Delikt zu. Vertragsgläubiger und Deliktsgläubiger sind daher häufig personenidentisch. Der idealtypische Deliktsgläubiger steht in keiner vertraglichen Verbindung zu der Aktiengesellschaft. Der besseren Verständlichkeit und Lesbarkeit wegen und im Einklang mit der üblichen Terminologie wird im weiteren Verlauf lediglich diese Gruppe unter dem Begriff des *Deliktsgläubigers* gefasst und Vertragsgläubiger,

---

317 Dies können dann nach *Bogenschütz* auch Inhaber hybrider Finanzinstrumente sein, die keine Aktionäre der Gesellschaft sind, vgl. *Bogenschütz,* Neuausrichtung des Eigenkapitalbegriffs, 2007, S. 226.

318 Beispiele sind der Dividendenanspruch nach Feststellung des Jahresabschlusses und eines Verteilungsbeschlusses, der Rückzahlungsanspruch aus einer wirksam gewordenen Kapitalherabsetzung oder der Entgeltanspruch aus einer erbrachten Nebenleistung aus § 55 Abs. 1 AktG, vgl. *Ehricke/Rotstegge,* in: Bayer/Habersack (Hrsg.), Aktienrecht im Wandel, Bd. 2, S. 1096, 1185 m.w.N.

319 Ebenso sind Aktionäre, die Inhaber von Schuldverschreibungen sind, Gläubiger der Aktiengesellschaft, vgl. *Ehricke/Rotstegge,* in: Bayer/Habersack (Hrsg.), Aktienrecht im Wandel, Bd. 2, S. 1096, 1186. Gleiches gilt für den Inhaber einer Wandelanleihe vor Ausübung des Gestaltungsrechts, siehe *Hüffer,* Aktiengesetz, 2014, § 221 Rdz. 5 AktG; ausführlich auch schon zur Entwicklung *Baums,* Das preußische Schuldverschreibungsgesetz und F.C. von Savigny, in: Bechthold/Jickeli/Rohe (Hrsg.), Recht, Ordnung und Wettbewerb, 2011, S. 1097 ff.

320 Vgl. zur weiteren Unterscheidung zwischen aktuellen und potentiellen Vertragsgläubigern *Funke,* Gläubigerschutz durch Information im Recht der Aktiengesellschaft, 2011, S. 381 f.

denen ebenfalls deliktische Ansprüche gegen die Aktiengesellschaft zustehen, in diese Gruppe nicht mit eingeschlossen.

Die Gruppe der vertraglichen Gläubiger lässt sich faktisch unterteilen in solche Gläubiger, die in ihren Vertragsverhandlungen mit der Aktiengesellschaft Verhandlungsmacht ausüben und den Vertragsinhalt inhaltlich nach ihrem Belieben beeinflussen können und Gläubiger, die eine entsprechende Verhandlungsmacht entweder von vornherein nicht haben oder für die eine Verhandlung des Vertrages zu hohe Transaktionskosten bedeuten würde. An diesen Unterschieden zwischen den Gläubigern einer Aktiengesellschaft knüpft die Kritik an einem gesetzlichen Gläubigerschutzsystem im Aktienrecht an (vgl. unter III). Des Weiteren können durch Personal- oder Sachsicherheiten *besicherte* Gläubiger von den *ungesicherten* Gläubigern unterschieden werden. Diese Unterscheidung ist vor allem in der Insolvenz der Gesellschaft von Bedeutung.[321][322]

II. Spezifische Risiken der Gläubiger von Aktiengesellschaften

Aktienrechtliche Paradigmen zum Schutz der Gläubiger einer deutschen Aktiengesellschaft wurden geschaffen zur Lösung eines oder mehrerer als Defizit aktienrechtlicher Regelungen verstandener Gläubigerschutzprobleme.[323] Bei der Frage nach Gläubigerschutzstandards geht es im Kern um die Aufteilung des unternehmerischen Risikos der Aktiengesellschaft zwischen ihren Aktionären und ihren Gläubigern.[324] Eine abgestufte Risikozuteilung ist auch zwischen den unterschiedlichen Gläubigergruppen denkbar. Im folgenden Kapitel werden die spezifischen, durch die Struktur der heutigen deutschen Aktiengesellschaft bedingten Gefahren für ihre Gläubiger herausgearbeitet. Vor manchen Gefahren können sich Vertragsgläubiger selbstständig schützen (siehe unter III.). Bei der Analyse der Entwicklung gläubigerschützender Paradigmen im Aktienrecht wird auf die identifizierten Gläubigerschutzgefahren Bezug genommen.[325] So gelingt eine Kategorisierung der Rechtsschutzbestimmungen zugunsten der Gläubiger der Aktiengesellschaft. Hierbei wird im Folgenden unter 1. auf das allgemeine Geschäftsrisiko der Aktien-

---

321 Vgl. ausführlich zu diesem Komplex etwa *Servatius*, Gläubigereinfluss durch Covenants, 2008, S. 159 ff. m.w.N.

322 Vgl. zur neuen Balance zwischen Insolvenz- und Gesellschaftsrechts durch das Gesetz zur weiteren Erleichterung der Sanierung von Unternehmen (ESUG) jüngst *Schluck-Amend*, Gesellschaftsrecht versus Insolvenzrecht, in: VGR (Hrsg.), Gesellschaftsrecht in der Diskussion 2014, 2015, S. 151 ff.

323 Risiken, denen die Gläubiger einer Aktiengesellschaft unterliegen, sind zu trennen von spezifischen Gläubigerinteressen, vgl. hierzu ausführlich *Steffek*, Gläubigerschutz in der Kapitalgesellschaft, 2011, S. 38 ff. m.w.N.

324 Vgl. zum Begriff des Risikos und einzelnen Typen von Risiken *Baums*, Risiko und Risikosteuerung im Aktienrecht, ZGR 2011, 218, 223 ff.

325 Vgl. unter D.

gesellschaft eingegangen, danach werden unter 2. vorvertragliche Informationsasymmetrien zwischen der Aktiengesellschaft (ihren Leitungsorganen) und ihren Gläubigern analysiert und zuletzt werden unter 3. einzelne Risiken nachträglich gläubigerschädigenden Verhaltens dargestellt.

1. Das allgemeine Geschäftsrisiko der Aktiengesellschaft

Die wirtschaftlich bedeutendste Gefahr für einen Gläubiger einer Aktiengesellschaft ist die Gefahr ihrer Insolvenz. In diesem Fall besteht jedenfalls statistisch gesehen eine hohe Wahrscheinlichkeit, dass der Gläubiger mit einem sehr großen Teil seiner Forderungen gegen die Aktiengesellschaft ausfallen wird. Während *gesicherte* Gläubiger (faktisch vor allem kreditgebende Banken) noch auf einen Ausgleich ihrer Forderungen hoffen können, sind die Befriedigungsquoten *ungesicherter* Gläubiger meist kaum nennenswert.[326]

1.1 Die Trennung von Aktiengesellschafts- und Aktionärsvermögen

Den Gläubigern einer Aktiengesellschaft steht grundsätzlich über das Vermögen der Aktiengesellschaft hinaus keine weitere Haftungsmasse zur Verfügung. Insbesondere können Gläubiger der Aktiengesellschaft aufgrund des Prinzips der Vermögenstrennung zwischen der Aktiengesellschaft und ihren Aktionären (vgl. § 1 Abs. 2 AktG) nicht auf das Vermögen der Aktionäre der Aktiengesellschaft zugreifen.[327] Die Aktiengesellschaft nach heutigem Zuschnitt hat keinen unmittelbar haftenden Gesellschafter; im klassischen Verständnis also keine „Person", an der sich der Gläubiger der Aktiengesellschaft persönlich schadlos halten könnte. Umgekehrt hat der Gläubiger der Aktiengesellschaft allerdings auch den ersten Zugriff auf die Vermögensgegenstände derselben. Sie sind nicht nur vor dem Zugriff der Aktionäre selbst, sondern ebenso vor den Ansprüchen der Gläubiger der Aktionäre geschützt.[328] Letztere sind mit ihren Ansprüchen auf das Vermögen der Aktionäre beschränkt – sie können lediglich die Aktien der Gesellschaft pfänden und sich überweisen lassen.[329] Vermögensgegenstände der modernen deutschen Aktiengesellschaft sind über den Grundsatz der

326 Nach einer Studie des Instituts für Mittelstandsforschung (IFM), Die Quoten der Insolvenzgläubiger in Regel- und Insolvenzplanverfahren, 2009, liegt die durchschnittliche Befriedigungsquote in der Insolvenz einer Aktiengesellschaft bei 7,1 %; die bei einer GmbH bei 4,7 % (vgl. S. 14).

327 Vgl. zur Entwicklung des Konzeptes der sog. „limited liability" rechtsvergleichend *Hansmann/Kraakman u.a.*, 119 Harvard Law Review 2006, 1335.

328 Vgl. *Ehricke/Rotstegge*, in: Bayer/Habersack (Hrsg.), Aktienrecht im Wandel, Bd. 2, S. 1096, 1186 ff.

329 *Hansmann/Kraakman u.a.*, 119 Harvard Law Review 2006, 1335 halten dieses Merkmal der modernen Aktiengesellschaft für wichtiger für die Entwicklung derselben als das Konzept der beschränkten Haftung: „*Firms can prosper without limited liability, but significant enterprises lacking entity shielding are largely unknown in modern times.*" (S. 1336).

Kapitalerhaltung vor dem Zugriff ihrer Eigentümer und durch das komplementäre Prinzip des sogenannten *entity shielding* vor dem Zugriff der Gläubiger der Aktionäre selbst geschützt.[330] Hierbei bezeichnet der Anglizismus des *entitiy shielding* das Prinzip der Vermögenstrennung. Dieses wird im heutigen deutschen Aktienrecht nicht vollständig durchgeführt. Zwar können Gläubiger eines Aktionärs nicht unmittelbar auf die Aktiva des Unternehmens zugreifen, sondern nur auf die Beteiligung des Aktionärs als Schuldners. Der Gläubiger kann aber, wenn das Pfändungspfandrecht entstanden ist, die Rechte aus der Mitgliedschaft ausnutzen, das heißt zum Beispiel auch für eine Auflösung der Gesellschaft stimmen und so einen Einfluss ausüben. In diesem Fall versagt also das Prinzip des *entitiy shielding* gegenüber dem Privatgläubiger bzw. findet es seine Grenze. Daher wird man konstatieren müssen, dass der entscheidende Punkt nicht ist, dass Dritte nicht in die Gesellschaft hineinregieren können sollen[331], sondern dass sichergestellt werden soll, dass sie im Vergleich zu den Gläubigern der Gesellschaft selbst nur einen – vergleichbar den Eigenkapitalgebern -nachrangigen Zugriff auf das Gesellschaftsvermögen haben sollen. Hierbei muss das Prinzip der Abwehr eines Durchgriffs der Privatgläubiger auf das Gesellschaftsvermögen strikt von dem Prinzip getrennt werden, dass Risiken aus der Privatsphäre eines Aktionärs nicht voll auf die Gesellschaft durchschlagen und auch umgekehrt nur eingeschränkt.

1.2 Das Stufenverhältnis in der Risikotragungspflicht zwischen Aktionären und Gläubigern der Aktiengesellschaft

Primär tragen die jeweiligen Aktionäre das Geschäftsrisiko der Aktiengesellschaft. Ihnen steht lediglich bei Auflösung der Gesellschaft der Liquidationserlös zu. In einem Insolvenzverfahren der Aktiengesellschaft werden sie erst nach Masse- und Insolvenzgläubigern befriedigt.[332] Eine Aktiengesellschaft muss erst dann Insolvenz anmelden, wenn sie bilanziell überschuldet ist (vgl. § 19 InsO), das heißt ihr Vermögen ihre Verbindlichkeiten nicht mehr deckt und damit faktisch ihr Eigenkapital aufgezehrt, oder wenn sie nach § 17 InsO zahlungsunfähig ist.[333] Im folgenden Insolvenzverfahren können Altgläubiger der Aktiengesellschaft keinesfalls eine volle Befriedigung erreichen: Mindestens die Kosten eines Insolvenzverfahrens gehen zu ihren Lasten.[334]

---

330 So auch schon die Regelung des Code de Commerce von 1807. Ein Durchgriff von Gläubigern eines Aktionärs auf das Gesellschaftskapital der Aktiengesellschaft war in der Regel unzulässig, vgl. *Deutsch,* in: Bayer/Habersack (Hrsg.), Aktienrecht im Wandel, Bd. 1, S. 46, 64; aus der neueren Literatur *Hansmann/Kraakman u.a.,* 119 Harvard Law Review 2006, 1335, 1343.

331 So aber *Hansmann/Kraakman u.a.,* 119 Harvard Law Review 2006, 1335 ff.

332 Vgl. §§ 199 InsO, 271 AktG.

333 Der weitere fakultative Eröffnungsgrund der drohenden Zahlungsunfähigkeit findet sich in § 18 InsO.

334 Faktisch führt allerdings auch die strikte Insolvenzantragspflicht bei Kapitalgesellschaften nicht zu befriedigenden Insolvenzantragszeitpunkten. Nach Schät-

Mit der Eröffnung des Insolvenzverfahrens über das Vermögen der Aktiengesellschaft (§ 262 Abs. 1 Nr. 3 AktG) oder mit der Rechtskraft des Beschlusses, durch den die Eröffnung des Insolvenzverfahrens mangels Masse abgelehnt wird (§ 262 Abs. 1 Nr. 4 AktG), wird die Aktiengesellschaft aufgelöst.[335] Nach ihrer Abwicklung erlöschen die nicht befriedigten Forderungen der Gläubiger.[336] Außerhalb des Kapitalgesellschaftsrechts bleiben nicht im Insolvenzverfahren befriedigte Forderungen von Gläubigern bestehen; es herrscht der Grundsatz der unbeschränkten Nachhaftung.[337] Die Gläubiger der Aktiengesellschaft tragen somit stets jedenfalls einen Teil des Geschäftsrisikos der Aktiengesellschaft. Wie groß dieser Anteil ist und daraus folgend wie das Insolvenzrisiko der Gesellschaft zwischen Aktionären und Gläubigern der Aktiengesellschaft verteilt ist, ist eine politische Entscheidung des Gesetzgebers. Auch können einzelne Gläubiger in der Insolvenz der Gesellschaft eine Erpressungssituation schaffen, in der sie mit dem Scheitern von Sanierungsverhandlungen drohen, um ihre individuelle Position auf Kosten der anderen Gläubiger zu verbessern.[338]

Es ist ein unabdingbares Element einer Gesellschaftsform mit beschränkter Haftung, dass die Gesellschaftsgläubiger einen Teil des Geschäftsrisikos der Gesellschaft mittragen.[339] Die Trennung der Vermögen von Aktionären und Aktiengesellschaft hat volkswirtschaftliche Vorteile; sie ist in der Gegenwart in allen entwickelten Volkswirtschaften zu finden. Weder tragen Gläubiger der Aktionäre das Insolvenzrisiko der Aktiengesellschaft voll mit, da sie lediglich mediatisiert über den Wertverlust der entsprechenden Aktien im Vermögen ihres Schuldners betroffen sind. Noch tragen Gläubiger der Aktiengesellschaft das Risiko der Solvenz von deren Aktionären. Insgesamt wird durch die Haftungsbeschränkung das Gesamtrisiko von Gläubigern der Aktionäre und Gläubigern der Aktiengesellschaft reduziert. Die jeweils von den Gläubigern zu tragenden Risiken werden beherrschbarer.

Die im Recht der Aktiengesellschaft vorgesehene Vermögensabgrenzung führt dazu, dass nicht allein die Aktionäre das Insolvenzrisiko „ihrer" Gesellschaft tra-

---

zungen des Bundeskriminalamtes macht sich etwa jeder zweite Geschäftsführer einer insolventen Kapitalgesellschaft der Insolvenzverschleppung schuldig. Deren Gläubiger tragen dann ebenfalls noch zusätzlich das Solvenzrisiko der Geschäftsführung, vgl. die Studie des Instituts für Mittelstandsforschung (IFM), Die Quoten der Insolvenzgläubiger in Regel- und Insolvenzplanverfahren, 2009, S. 12 f.

335 Vgl. *Hüffer*, Aktiengesetz, 2014, § 262 Rdz. 13 f. m.w.N.

336 Für viele *Hüffer*, Aktiengesetz, 2014, § 141a FGG, Rdz. 1 ff. m.w.N.

337 Lediglich für den beschränkten Fall der Privatinsolvenzen besteht heute die Möglichkeit der Restschuldbefreiung nach Ablauf einer sechsjährigen Wohlverhaltensperiode, eingeführt mit dem Inkrafttreten der Insolvenzordnung am 1. Januar 1999.

338 Vgl. ausführlich etwa *Eidenmüller*, Unternehmenssanierung zwischen Markt und Gesetz, 1999, m.w.N. und *Servatius*, Gläubigereinfluss durch Covenants, 2008, m.w.N.

339 Siehe zum Ausfallrisiko jedes Gläubigers wegen der „allgemeinen Unwägbarkeiten des Wirtschaftsverkehrs", *Nikoleyczik*, Gläubigerschutz zwischen Gesetz und Vertrag, 2007, S. 14 f. m.w.N.

gen. Die gesetzgeberische Wertung, dass die Gläubiger der Gesellschaft vor ihren Aktionären Befriedigung aus dem Gesellschaftsvermögen verlangen können, verdeutlicht lediglich ein Stufenverhältnis in der Risikotragungslast. Das allgemeine Insolvenzrisiko der Aktiengesellschaft, das aus der ordentlichen Geschäftstätigkeit resultiert, wird als „Risiko“ der Gläubiger für die Betrachtungen dieser Arbeit ausgeklammert.[340] Das allgemeine Insolvenzrisiko aus der ordentlichen Geschäftstätigkeit sollen zum Zwecke dieser Arbeit die unvermeidbaren Verluste, praktisch also der *residual loss* sein, die sich auch bei vollständig ordnungsgemäßer Geschäftsführung nicht vermeiden lassen. Gegenstand eines aktienrechtlichen Gläubigerschutzsystems und damit von Gefahren für Gläubiger, gegen die möglicherweise ein gesetzlicher Schutz notwendig ist, können lediglich Risiken sein, die außerhalb des normalen Geschäftsrisikos der Gesellschaft liegen. Ein Schutz der Gläubiger der Aktiengesellschaft allgemein vor Unternehmensverlusten ist nicht mit der beschränkten Haftung der Aktionäre vereinbar.

Die übrigen spezifischen, außerhalb des ordentlichen Geschäftsrisikos (s. o.) der Gesellschaft liegenden Gefahren für die Gläubiger einer Aktiengesellschaft lassen sich in *vorvertragliche* (siehe unter 2.) und *nachträgliche* Gläubigergefahren (siehe unter 3.) aufteilen.

2. Vorvertragliche Informationsasymmetrien

Kein *Deliktsgläubiger* trifft eine bewusste Entscheidung für oder gegen eine bestimmte Aktiengesellschaft als Schuldnerin. Vor Eintritt des schädigenden Ereignisses besteht keine Verbindung zwischen späteren Deliktsgläubigern im oben definierten Sinne und der Aktiengesellschaft. Vor dem Entstehen ihrer Forderungen können sie daher keinen aktiengesellschaftsspezifischen Gefahren unterliegen, denen Deliktsgläubiger anderer juristischer Personen, Personenhandelsgesellschaften oder von natürlichen Personen nicht auch unterliegen würden. Auch für *Vertragsgläubiger* der Aktiengesellschaft kommen im Vorfeld des Entstehens ihrer Forderungen gegen diese lediglich *vorvertragliche Informationsasymmetrien*[341] als aktiengesellschaftsspezifische Gefahr in Betracht. Diese Informationsasymmetrien können zu Lasten der Gläubiger einer Aktiengesellschaft vertragliche Beziehungen zwischen der Aktiengesellschaft und ihren (späteren) Gläubigern belasten.[342] Sie führen dazu, dass (spätere) Gläubiger der Aktiengesellschaft auf der Grundlage falscher oder unvollständiger Information eine Investitionsentscheidung in die Aktiengesellschaft

340 Nach *K. Schmidt*, in: Lutter (Hrsg.), Das Kapital der Aktiengesellschaft in Europa, S. 188, 205 verkörpern die Insolvenzeröffnungsgründe präventive Gläubigerschutzaspekte insoweit, als sie sowohl die Grenzen der Finanzierungsfreiheit als auch die Grenzen der Fortführungsbefugnis für die Gesellschafter definieren.

341 Vgl. *Funke*, Gläubigerschutz durch Information im Recht der Aktiengesellschaft, 2011, S. 98 ff.

342 Vgl. *Nikoleyczik*, Gläubigerschutz zwischen Gesetz und Vertrag, 2007, S. 37 ff. m.w.N.

treffen. Da sie als Gläubiger der Gesellschaft deren Insolvenzrisiko zum Teil mittragen (siehe oben), investieren sie im Falle vorvertraglicher Informationsasymmetrien unter falschen Voraussetzungen in die Aktiengesellschaft. Sie setzen sich somit der Gefahr eines Verlustes ihrer Forderung gegen die Aktiengesellschaft unter falschen oder unvollständigen Annahmen aus.[343]

Hier lassen sich insbesondere Fälle der sogenannten anfänglichen *materiellen Unterkapitalisierung* einordnen: Wird die Aktiengesellschaft von ihren Gründern nicht mit genügend Eigenkapital für den Betrieb der Unternehmung ausgestattet, so steigt die Insolvenzwahrscheinlichkeit der Gesellschaft über das normale Maß des Geschäftsrisikos (s. o.) hinaus an. Wüssten (spätere) Vertragsgläubiger, dass die Aktiengesellschaft mit einer zu dünnen Kapitaldecke ihre werbende Tätigkeit aufnimmt, so würden sie ihr Kapital der Aktiengesellschaft entweder überhaupt nicht oder lediglich zu anderen Konditionen zur Verfügung stellen. Nach heutigem Wissensstand kommen als gesetzgeberische Mittel zur Bekämpfung vorvertraglicher Informationsasymmetrien im Aktienrecht sowohl Publizitäts- als auch individuelle Informationspflichten der Gesellschaft in Betracht. Eine theoretisch denkbare Haftung der Gesellschafter wegen materieller Unterkapitalisierung der Gesellschaft hat der BGH in seiner Gamma-Entscheidung im Fall einer Beschäftigungs- und Qualifizierungsgesellschaft abgelehnt.[344]

Manche Autoren nehmen eine vorvertragliche *Signalwirkung*[345] an die Gläubiger der Aktiengesellschaft dann an, wenn die Aktiengesellschaft durch die Festlegung einer hohen Nennkapitalziffer in der Satzung über das gesetzlich vorgeschriebene Mindestkapital hinausgeht. Diese zeigt an, dass ein Fall der materiellen Unterkapitalisierung gerade nicht gegeben sei.[346] Andere argumentieren, dass die Höhe der Nennkapitalziffer aus Sicht der Kreditgeber unbedeutend und daher die Signalwirkung zu vernachlässigen ist.[347] Gemeinhin wird das heute vorgeschriebene gesetzliche Mindestkapital der Aktiengesellschaft zumindest als *Seriositätsschwelle*[348]

343 Vgl. ausführlich zum Problem asymmetrischer Information zwischen Gläubigern als Fremdkapitalgebern und der Gesellschaft *Servatius*, Gläubigereinfluss durch Covenants, 2008, S. 51 ff.

344 BGH, Urteil vom 28. April 2008, BGHZ 176, 204–221 = NJW 2008, 2437–2441 (Gamma). Damit liegt in einer materiellen Unterkapitalisierung keine Fallgruppe des sog. *existenzvernichtenden Eingriffs*, der nach § 826 BGB zu Ersatzansprüchen führen kann. Vgl. ebenso ausführlich unter D.V.

345 Vgl. zu *Signaling* als vertrauensbildender Maßnahme *Servatius*, Gläubigereinfluss durch Covenants, 2008, S. 55 ff.

346 Vgl. *Mülbert/Birke*, EBOR 3 (2002), 695, 716 f.

347 Siehe *Armour*, 63 Modern Law Review 2000, 355, ff.; ebenso *Walter*, AG 1998, 370, 372.

348 Vgl. *Thieme*, Auswirkungen einer Veränderung der Mindeststammkapitalziffer im Spiegel der gesellschaftsrechtlichen Praxis, 2013, S. 6 ff., 19 ff. zur Gründungsgeschichte der GmbH und der historischen Argumentation einer Seriositätsschwelle im Recht der GmbH.

begriffen.[349] Unseriöse Gründer sollen sich nicht der Rechtsform einer Aktiengesellschaft für ihre Geschäfte bedienen können. Gläubiger der Gesellschaft sollen so geschützt werden. Je mehr Gläubiger über die Struktur einer Aktiengesellschaft und ihren rechtlichen Rahmen wissen, desto geringere Informationsasymmetrien bestehen zwischen den Gesellschaftern einer Aktiengesellschaft und ihren Gläubigern. Die im deutschen Aktienrecht geltende *Satzungsstrenge* (vgl. § 23 Abs. 5 AktG) erfüllt diese Funktion.[350] Zwingende Standards, wie beispielsweise das Prinzip der Satzungsstenge, ersparen Informationskosten der Gläubiger, als sie sich um Besonderheiten gerade ihrer Schuldnerin / Aktiengesellschaft nicht bekümmern brauchen. Auf (asymmetrische) Informationen zwischen Gläubigern und Aktionären kommt es also in diesem Punkt dann nicht mehr an. Informationsasymmetrien werden durch Standardisierung also minimiert.[351]

Im Folgenden wird auf spezifische Gläubigerrisiken durch nachträglich gläubigerschädigendes Verhalten der Aktiengesellschaft als Schuldnerin bzw. ihrer Leitungsorgane eingegangen (siehe unter 3.) Hierbei wird zwischen dem Problem der (nachträglichen) Unterinvestition (siehe sogleich unter 3.1.), dem Problem der Überinvestition (siehe unter 3.2.) und dem Problem der Erhöhung des Verschuldungsgrades (siehe unter 3.3) unterschieden.

3. Nachträglich gläubigerschädigendes Verhalten

Weitere Gefahren für Gläubiger einer Aktiengesellschaft treten durch nachträglich gläubigerschädigendes Verhalten entweder der Aktionäre der Aktiengesellschaft oder ihrer Geschäftsführung auf.[352] Das betreffende Verhalten findet erst statt, *nachdem* Forderungen der Gläubiger gegen die Aktiengesellschaft bereits entstanden sind. Deliktsgläubiger werden überhaupt nur von solchen nachträglichen Gefahren betroffen. Nachträglich gläubigerschädigendes Verhalten von Geschäftsführung oder Aktionären der Aktiengesellschaft betrifft im Gegensatz zu vorvertraglichen Gläubigergefahren damit sowohl Vertrags- als auch Deliktsgläubiger der Aktiengesellschaft.[353]

Die Kategorie des nachträglich gläubigerschädigenden Verhaltens ist nicht zu verwechseln mit der Kategorie *ex post* wirkender Gläubigerschutzmechanismen, etwa in der Insolvenz der Aktiengesellschaft. Einmal erfasst der zeitliche Bezug gläubigerschädigendes Verhalten, das stattfindet, nachdem eine bestimmte Gläubi-

---

349 Vgl. zur Diskussion *Haas*, DStR 2006, 993, 994 f. m.w.N., der sich gegen die Funktion des Mindestkapitals als Seriositätsschwelle ausspricht.

350 Vgl. ausführlich unter D.I.

351 Siehe grundlegend zur ökonomischen Bedeutung von Standards etwa *Adams*, JZ 1991, 941 ff. m.w.N.

352 Vgl. zu Methoden der Reduktion dieses in der US-amerikanischen Literatur als *moral hazard* diskutierten Problems ausführlich *Easterbrook/Fischel*, The Economic Structure of Corporate Law, 1991, S. 60 ff.

353 Vgl. zum Vermögensschutz der Gläubiger im Vorfeld der Insolvenz *Gullifer/Payne*, Corporate Finance Law, 2011, S. 98 ff.

gerforderung bereits entstanden ist.[354] Wie noch zu zeigen sein wird, soll dieses Verhalten durch das Aktienrecht möglichst unterbunden werden. Die zweite Kategorie betrifft die Frage der Regulierung eines einmal eingetretenen Schadens oder die Verteilung beschränkter Vermögenswerte zwischen verschiedenen Anspruchsstellern. Sie wird hier aus den oben dargestellten Gründen nicht behandelt.

Im Folgenden werden das Problem der *nachträglichen Unterinvestition* (vgl. unter 3.1.), das Problem der *Überinvestition* (vgl. unter 3.2.) und das Problem einer Erhöhung des Verschuldensgrades (sogenannte *Leverage*[355]) (vgl. unter 3.3.) behandelt.[356]

3.1 Das Problem der nachträglichen Unterinvestition

Die originäre Unterinvestition in Form der materiellen Unterkapitalisierung ist ein Problem vorvertraglicher Investitionsasymmetrien. Ein Geldgeber der Aktiengesellschaft, der wüsste, dass die Aktiengesellschaft nicht über genug Mittel verfügt, ihre Geschäfte erfolgreich betreiben zu können, würde nicht in diese investieren.[357] Im Unterschied dazu betrifft die nachträgliche Unterinvestition einen Sachverhalt, in welchem die Aktiengesellschaft nicht genügend Mittel investiert oder diese zurückbehält, um ihre Geschäfte auch in Zukunft erfolgreich betreiben zu können.[358] Ein nahe liegendes Beispiel für eine nachträgliche Unterinvestition der Gesellschaft ist eine übermäßige Ausschüttung des Vermögens der Aktiengesellschaft an ihre Aktionäre, obwohl diese Ausschüttung mit der Vermögens- oder Ertrags- oder Finanzlage der Gesellschaft im Hinblick auf die zukünftig zu erwartende Entwicklung nicht zu vereinbaren ist.[359] Als Problem nachträglicher Unterinvestition wird darüber hinaus der Fall verstanden, dass Geschäftsprojekte der Aktiengesellschaft trotz eines positiven Erwartungswerts nicht durchgeführt werden. Hierzu kann es in der Realität vor allem bei (zu) dünner Eigenkapitaldecke kommen. Die Anteilseigner haben in diesem Fall keinen Anreiz, der Gesell-

---

354 Vgl. zu diesem Risiko nach Begründung eines Schuldverhältnisses Opfer opportunistischen Handels der Geschäftsleitung der Aktiengesellschaft zu werden *Funke*, Gläubigerschutz durch Information, 2011, S. 49 m.w.N.

355 Vergleiche zur Risikoerhöhung ausführlich, *Tasma*, Leveraged Buyout und Gläubigerschutz, 2012.

356 Vgl. zur entsprechenden Einteilung auch *Baums*, in: Bayer/Habersack (Hrsg.), Aktienrecht im Wandel, Bd. 2, S. 955, Tz. 31 ff.; zu weiteren Problemen aufgrund nachträglich gläubigerschädigendens Verhaltens vgl. Tz. 47 ff.

357 Vgl. zur Unterkapitalisierung aus rechtsökonomischer Perspektive *Easterbrook/ Fischel*, The Economic Structure of Corporate Law, 1991, S. 59 ff. m.w.N.

358 Vgl. zur Auswirkung einer formellen Mindestkapitalziffer auf das Unterinvestitionsproblem *Bunge*, Das Telos des Stammkapitals im Lichte der Spieltheorie, 2011, S. 105 m.w.N.

359 Zur Unterinvestitionsproblematik erstmals und grundlegend *Myers*, JoFE, Vol. 5 (1977), S. 147 ff.; *Brealey/Myers* bezeichnen dies als das „cash in and run" Problem, vgl. *Brealey/Myers u.a.*, Principles of Corporate Finance, 2013, S. 511; siehe auch *Kuhner*, ZGR 2005, 753, 766.

schaft neue Eigenmittel zuzuführen, wenn die Gewinne aus den damit finanzierten Projekten den Fremdkapitalgebern zufließen.[360]

So werden Gläubiger, die im Vertrauen auf eine solide Finanzierungslage der Aktiengesellschaft mit dieser in vertragliche Beziehungen getreten sind, nachträglich um diese Erwartung gebracht. Das Ausfallrisiko der Aktiengesellschaft steigt[361] und damit das wirtschaftliche Risiko der Gläubiger. Auch Deliktsgläubiger erleben die negativen wirtschaftlichen Effekte, obwohl ihre Forderungen nicht aufgrund eines bestehenden geschäftlichen Vertrauens in die finanzielle Stabilität der Aktiengesellschaft entstanden sind. Ein Anreiz, eine (besonders hohe) Ausschüttung an sich zu beschließen, besteht für die Aktionäre der Aktiengesellschaft besonders dann, wenn die Reinvestition der Beträge in die Gesellschaft (Thesaurierung) besonders den Gläubigern der Gesellschaft zugutekommen würde und die Aktionäre damit keine erhöhten Gewinnerwartungen verbinden (s. o.). Dies ist nach *Kuhner*[362] mit „zunehmender Fremdkapitalaufnahme, zunehmendem operativen Risiko, zunehmendem Fremdkapitalzinssatz und zunehmender geforderter Eigenkapitalrendite" immer stärker der Fall. Auf den ersten Blick werden die Interessen der Gläubiger im Hinblick auf das Risiko der Unterinvestition von jeder Regelung geschützt, die eine Ausschüttung des Vermögens der Aktiengesellschaft an ihre Aktionäre verhindert: Je mehr Vermögen innerhalb der Aktiengesellschaft bleibt, desto besser für ihre Gläubiger (so könnte ein – kurzsichtiger – Gläubiger argumentieren). Unter Umständen wirkt nicht nur die Ausschüttung von Gesellschaftsvermögen an Aktionäre „gläubigerschädigend", weil haftungsmassevermindern, sondern kann auch eine übermäßige Thesaurierung von Gewinn gläubigerschädigende Wirkung entfalten.[363] Hier wird man einschränken müssen und definieren, dass lediglich, wenn die Finanzlage der Aktiengesellschaft sich im Verhältnis zum Zeitpunkt der Begründung der Forderung der Gläubiger *verschlechtert*, Gläubigerschutzinteressen betroffen sein können. Ein Interesse an oder eine Hoffnung auf eine *Verbesserung* der Finanzlage einer Aktiengesellschaft, kann nicht als schützenswertes Gläubigerschutzinteresse eingestuft werden.

Die Aktiengesellschaft kann ihr Vermögen nicht nur an ihre Aktionäre ausschütten, sondern auch Dritten zukommen lassen und dadurch ihre bestehenden Gläubiger vor die Gefahr eines erhöhten Geschäfts- und damit Insolvenzrisikos der Gesellschaft in

---

360 Siehe hierzu *Baums*, in: Bayer/Habersack (Hrsg.), Aktienrecht im Wandel, Bd. 2, S. 955, 988.

361 Vgl. zu einer weiteren Einteilung des Ausfallrisikos in Nichterfüllungsrisiko, Opportunismusrisiko, Informationsrisiko und Konkurrenzrisiko ausführlich *Schwegmann*, Der Gläubigerschutz in der Unternehmergesellschaft (haftungsbeschränkt), 2013, S. 10 ff.

362 Siehe *Kuhner*, ZGR 2005, 753, 767.

363 Vgl. *Kuhner*, ZGR 2005, 753, ff.; *Wagenhofer/Ewert*, Externe Unternehmensrechnung mit sechs Tabellen, 2007, S. 162–172 oder auch *Ewert*, Rechnungslegung, Gläubigerschutz und Agency-Probleme, 1986.

der Zukunft stellen.[364] Neben den eher zu vernachlässigenden Fällen einer Schenkung von Aktiengesellschaftsvermögen an Dritte (beispielsweise durch die Finanzierung kostspieliger Sportveranstaltungen oder auch Parteispenden, o. ä.) kommen hier vor allem Fälle der – hier nicht behandelten – Umstrukturierung der Aktiengesellschaft in Betracht. Werden profitable Betriebsteile einer Aktiengesellschaft in gesonderte Gesellschaften ausgelagert, besteht für die zurückbleibenden Gläubiger die Gefahr, dass ihre Schuldnerin über erheblich weniger Vermögen verfügt als vor der gläubigerschädigenden Handlung. Die Risikoexposition der Gläubiger erhöht sich dementsprechend im Vergleich zum Zeitpunkt des Entstehens ihrer Forderung.

Ausschüttungen von Vermögen der Aktiengesellschaft, das zur Deckung von Gläubigerforderungen benötigt wird, an die Aktionäre zu verhindern, ist das zentrale Motiv des traditionellen deutschen Kapitalerhaltungssystems. Gläubiger werden vor der Verschlechterung der Vermögenslage der Gesellschaft und dem damit einhergehenden Anstieg des Insolvenzrisikos der Gesellschaft geschützt, wenn Kapitaltransfers der Gesellschaft an ihre Aktionäre reglementiert oder sogar unterbunden werden.[365]

3.2 Das Problem der Überinvestition

Unter dem Stichwort des Problems der „Überinvestition" lassen sich alle Fälle nachträglich gläubigerschädigenden Verhaltens zusammenfassen, in denen gezielt das Investitionsrisiko der Gläubiger in die Aktiengesellschaft anders als durch Vermögenstransfers an die Aktionäre oder Dritte nachträglich gesteigert wird. In einer wirtschaftlichen Krise der Aktiengesellschaft, in der das eingelegte Kapital der Aktionäre schon so gut wie aufgezehrt ist, haben die Aktionäre fundamentale Anreize, nunmehr allein auf Risiko der Gläubiger der Gesellschaft zu spekulieren und so vielleicht ihr eingesetztes Kapital doch wieder zurück zu erhalten.[366] Die Interessenlage der Aktionäre beeinflusst auch die Geschäftsführung der Aktiengesellschaft. So meint beispielsweise *Fleischer*: „Je näher die Insolvenz rückt, desto riskantere Investitionen werden die Manager im Zweifel auswählen."[367] Unter „riskanten Investitionen" werden hier solche Geschäfte verstanden, die einen negativen erwarteten Gesamtkapitalwert haben.[368] Im (unwahrscheinlichen) Erfolgsfall versprechen sie allerdings einen hohen Gewinn, der eventuell die Gesellschaft vor der Insolvenz

---

364 Vgl. jüngst monographisch *Feller*, Mindeststammkapital und Kapitalaufbringung als Instrumente des Gläubigerschutzes bei kleinen und mittleren Unternehmen, 2014, S. 24 f. m.w.N.

365 Vgl. *Pellens/Jödicke u.a.*, Der Konzern 2007, 427, 428.

366 Zahlenbeispiele finden sich bei *Wagenhofer/Ewert*, Externe Unternehmensrechnung mit sechs Tabellen, 2007, S. 155 f.

367 Vgl. *Fleischer*, ZGR 2004, 437, 446.

368 Der Versuch eines notorischen Spielers durch ein „alles auf Rot"-Setzen in einem Roulettespiel den endgültigen Verlust seines Gesamteinsatzes zu vermeiden, hat einen negativen Gesamtkapitalwert: Die Wahrscheinlichkeit eines Gewinns liegt

bewahren und den Aktionären das eingesetzte Kapital (und der Geschäftsführung der Gesellschaft evtl. die Reputation) retten würde.

Scheitert das Geschäft, beeinträchtigt dies die Aktionäre der Gesellschaft nur in nicht nennenswertem Umfang: Das von ihnen eingesetzte Kapital ist in einer wirtschaftlichen Krise der Gesellschaft sowieso schon (fast) verloren. Ein Scheitern der Investition lässt allerdings die Befriedigungsquoten der Gläubiger in der Insolvenz der Gesellschaft massiv sinken. Gewinnmöglichkeiten und Verlustwahrscheinlichkeiten sind in einer insolvenzbedrohten Aktiengesellschaft damit nicht gleichmäßig verteilt.[369] Für die Spekulation der Aktionäre auf das Risiko der Gläubiger hat sich der plastische Terminus des sogenannten „*gambling for resurrection*“ eingebürgert.[370, 371]

Das Anreizmodell erscheint auf den ersten Blick einleuchtend. Belastbare empirische Untersuchungen zur realen Existenz dieser Gefahr existieren indes für die deutsche Aktiengesellschaft nicht. Es ist wohl als unwahrscheinlich einzustufen, dass eine Aktiengesellschaft in der Krise noch neue, riskantere als die gewohnten Geschäftsfelder erschließt. Der Abschluss eines großvolumigen Geschäfts im gleichen Geschäftsfeld, obwohl das Geschäftsmodell längst gescheitert ist, erfüllt die Voraussetzungen einer Überinvestition nicht, da dies im Rahmen des normalen Geschäftsrisikos der Gesellschaft liegt. Weiterhin ist zweifelhaft, ob eine Aktiengesellschaft in der Krise überhaupt einen solchen *cash-flow* generieren kann, dass dieser zur Finanzierung neuer Projekte mit negativem Gesamtkapitalwert verwendet werden kann.[372] *Gambling for resurrection* mag daher am Pokertisch vorkommen, in der Geschäftswirklichkeit bleibt es wohl eher Theorie.[373] Falls es tatsächlich vorkommt, so ist eine Überinvestition in diesem Sinne ein nachträglich schädigendes Verhalten zulasten der Gläubiger der Aktiengesellschaft.[374]

Es wurde in der Literatur vorgetragen, dass die dem deutschen Kapitalerhaltungsregime zugrunde liegende Ausschüttungssperre von Vermögen der Aktiengesellschaft

---

lediglich bei 48,65 % (da mit einer Wahrscheinlichkeit von 2,7 % die Kugel auf der Null landet).

369 Siehe *Adams,* Eigentum, Kontrolle und beschränkte Haftung, 1991, S. 37 mit Fn. 51.

370 Vgl. *Haas,* Reform des gesellschaftsrechtlichen Gläubigerschutzes, 2006, S. E 23 f. m.w.N; ebenso *Teichmann,* NJW 2006, 2444, 2447; vgl. dazu allerdings auch den bei *Baums,* in: Bayer/Habersack (Hrsg.), Aktienrecht im Wandel, Bd. 2, S. 955 in Fußnote 150 geschilderten gegenläufigen Anreiz.

371 Auch *Nikoleyczik,* Gläubigerschutz zwischen Gesetz und Vertrag, 2007, S. 18 f. m.w.N. geht davon aus, dass sich die Wahrscheinlichkeit, dass Gesellschafter bereit sind, auch riskanteste Geschäfts zu tätigen, erhöht, je näher eine etwaige Insolvenz der Gesellschaft rückt.

372 Siehe *Kuhner,* ZGR 2005, 753, 769 f.

373 Jedenfalls gibt es nur eine verschwindend geringe Anzahl von Gerichtsentscheidungen zu diesem Themenkomplex, vgl. *Teichmann,* NJW 2006, 2444, 2447 m.w.N. in Fn. 48.

374 Eine vorausschauende Gesellschaftsrechtsordnung wird daher trotzdem „darauf bedacht sein, ein solches Geschäftsgebaren zum Nachteil der Fremdkapitalgeber von vornherein zu unterbinden“, vgl. *Fleischer,* ZGR 2004, 437, 447.

an ihre Aktionäre das Überinvestitionsproblem tendenziell eher verschärft.[375] Aktionäre können tatsächlich aufgrund des strengen Kapitalerhaltungsregimes in der Krise der Gesellschaft nicht so leicht zulasten der Gläubiger Kapital aus der Gesellschaft abziehen. Wenn sie das Kapital abziehen könnten, dann käme es nicht zu einer Überinvestition. Umgekehrt kann man in einer Krise der Gesellschaft auch einen Anreiz für die Aktionäre konstatieren, gerade Kapital auszuschütten (so dies denn rechtlich möglich ist).[376] Eine Erhöhung der Ausfallwahrscheinlichkeit der Gläubiger durch Geschäfte mit negativem Gesamtkapitalwert erfassen die Kapitalschutzregelungen tatsächlich nicht. Würde das Kapitalschutzregime gelockert und eine erleichterte Ausschüttung von Gesellschaftsvermögen an die Aktionäre ermöglicht, so würden hierdurch vielleicht die Anreize zur Überinvestition zulasten der Gläubiger sinken. Allerdings verstärkt sich das Gläubigerschutzproblem der Unterinvestition durch überhöhte Ausschüttungen der Gesellschaft an ihre Aktionäre. Eine Liberalisierung der Kapitalschutzregelungen des deutschen Aktienrechts würde für das Problem der Überinvestition keine zufriedenstellende Lösung bieten. Das heutige deutsche Aktienrecht adressiert das Problem in den §§ 93, 116 Aktiengesetz. Die Vertragsgläubiger[377] können sich vor dem genannten Problem durch die Vereinbarung vertraglicher Garantien (*Covenants*)[378] schützen; je nach Inhalt der Garantie erstreckt sich der Schutz in manchen Fällen reflexiv auch auf die Deliktsgläubiger.[379]

3.3 Das Problem einer Erhöhung des Verschuldungsgrades („Leverage“)

Das Risiko der Gläubiger einer Aktiengesellschaft erhöht sich ebenfalls, wenn nach Begründung der Gläubigerforderung durch die Gesellschaft neue (hohe) Fremdkapitalsummen aufgenommen werden. Hierdurch sinkt der Eigenkapitalanteil der Aktionäre an der Bilanzsumme der Aktiengesellschaft. Der „Kapitalpuffer“, das in die Aktiengesellschaft eingelegte Kapital pro Euro Gläubigerforderung, ver-

---

375 Vgl. *Kuhner*, ZGR 2005, 753, 769 f.

376 Siehe hierzu *Baums*, in: Bayer/Habersack (Hrsg.), Aktienrecht im Wandel, Bd. 2, S. 955 in Fn. 150.

377 Vgl. zur Unterscheidung zwischen informationsbasiertem privatautonomen Selbstschutz der Gläubiger und einem „paternalistischem“ Gläubigerschutz durch zwingendes Gesetzesrecht *Funke*, Gläubigerschutz durch Information, 2011, S. 50 ff. m.w.N.

378 Vgl. hierzu ausführlich *Gullifer/Payne*, Corporate Finance Law, S. 23 ff., die zwischen Covenants, die Aktivitäten des Schuldners beschränken (wie Einschränkungen der Dividendenzahlung, Sicherheitshingabe von Vermögensgegenständen oder Verfügungen über Vermögensgegenstände), Covenants, die Gläubiger durch Informationsrechte schützen (wie zum Beispiel Garantiekataloge über z. B. den Status der Gesellschaft oder einzelner Vermögensgegenstände, oder Financial Reporting Covenants) oder auch besondere Kündigungsrechte, unterscheiden.

379 Vgl. ausführlich zur Risikosteuerung durch Covenants und einzelnen Beispielen *Servatius*, Gläubigereinfluss durch Covenants, 2008, S. 32 ff. und zur Risikosteuerung allgemein *Baums*, Risiko und Risikosteuerung im Aktienrecht, ZGR 2011, 218 ff.

ringert sich. Der Verschuldensgrad der Aktiengesellschaft steigt und damit auch das Ausfallrisiko der Gläubiger der Aktiengesellschaft. Nicht nur die zusätzliche Aufnahme von hohen Fremdkapitalsummen außerhalb des normalen Geschäftsbetriebs kann zusätzliche Gläubiger der Gesellschaft kreieren. In Fällen der Eingliederung der solventen Aktiengesellschaft in eine weniger finanziell solide oder im Fall der Verschmelzung einer Aktiengesellschaft auf eine (fast) überschuldete, treffen die Gläubiger der (alten) Aktiengesellschaft die gleichen erhöhten Ausfallgefahren. Auch für Gläubiger der übernehmenden Gesellschaft gibt es ein erhöhtes Gefährdungspotential.[380] Fälle der Umstrukturierung der Gesellschaft und damit die Sonderregelungen des Umwandlungsrechts können – was die Art der Gefährdung der Gläubiger betrifft – daher in die Kategorien des Problems einer Vermögensverschiebung und das Problem einer Erhöhung der „Leverage“ der Aktiengesellschaft aufgeteilt werden. Verhandlungsmächtige Vertragsgläubiger[381] schützen sich vor dem Risiko einer nachträglichen Erhöhung der Leverage mittels vertraglicher *covenants* und Informations- und Zustimmungspflichten. Das momentane gesetzliche Kapitalerhaltungssystem des deutschen Aktienrechts hilft hier nicht.[382]

4. Gesamtdarstellung der Gefahren für Gläubiger einer Aktiengesellschaft

Die Gläubiger einer Aktiengesellschaft tragen einen Teil des Geschäfts- und damit auch des Insolvenzrisikos der Aktiengesellschaft, dies allerdings lediglich abgestuft nach den Aktionären der Gesellschaft. Die Festlegung des Zeitpunkts, an dem zwingende Insolvenzantragspflichten der Geschäftsführung der Aktiengesellschaft greifen und damit die Verteilung des Geschäftsrisikos der Gesellschaft zwischen ihren Gläubigern und ihren Aktionären ist eine politische Wertentscheidung des deutschen Gesetzgebers und damit zwar vorentscheidend für das Niveau des gesetzlich gewünschten Gläubigerschutzes, aber kein Problem des Gläubigerschutzes im Aktienrecht als solchem. Gefahren für Gläubiger der Aktiengesellschaft lassen sich aufteilen in vorvertragliche Informationsasymmetrien und nachträglich gläubigerschädigendes Verhalten der Geschäftsführung der Aktiengesellschaft oder der Aktionäre der Gesellschaft. Interessen der Deliktsgläubiger der Aktiengesellschaft können nicht von vorvertraglichen Informationsasymmetrien betroffen werden, da Deliktsgläubiger nicht bewusst mit der Aktiengesellschaft in Kontakt treten. Sie betrifft nur nachträglich gläubigerschädigendes Verhalten von Geschäftsführung oder Aktionären.

Vorvertragliche Informationsasymmetrien, wie beispielsweise eine verdeckte anfängliche Unterkapitalisierung der Aktiengesellschaft, führen dazu, dass Vertrags-

---

380 Vgl. *Habersack*, Europäisches Gesellschaftsrecht, 2006, § 7 Rdz. 25.

381 Vgl. zu Einstufung und Behandlung ausführlich *Gullifer/Payne*, Corporate Finance Law, 2011, S. 154 ff. und zum englischen Recht.

382 Siehe *Rammert*, BFuP 06/2004, 578 ff. und unten unter D.II.

gläubiger unter falschen Annahmen und Voraussetzungen in die Aktiengesellschaft investieren und sich so unbewusst einem höheren Geschäftsrisiko aussetzen, als sie konkret vorab erwarten konnten. Gläubigerschädigendes Verhalten *nach* dem Entstehen einer, wenn auch künftigen oder bedingten, Forderung führt nicht nur faktisch zu einer Erhöhung des Gläubigerausfallrisikos, sondern auch zu nachträglichen Informationsasymmetrien zwischen Gläubigern und Aktiengesellschaft. Diese als nach*vertragliche*[383] Informationsasymmetrien zu bezeichnen, trifft den Kern der Sache nicht ganz, denn nachträgliches gläubigerschädigendes Verhalten trifft auch Deliktsgläubiger.

Die einzelnen dargestellten Gläubigerschutzprobleme stehen nicht unverbunden nebeneinander. Aus Sicht eines Gläubigers, der eine Forderung gegen die Aktiengesellschaft hat, die in Kenntnis der finanziellen Situation der Gesellschaft und ihres Geschäftsmodells begründet wurde, ist jede Erhöhung seines Ausfallrisikos von Bedeutung und potentieller Angriffspunkt gläubigerschützender aktienrechtlicher Regelungen. Eine Erhöhung des Geschäftsrisikos der Gesellschaft kann durch eine nachträgliche Unterinvestition erfolgen. Eine Überschreitung des Zeitpunktes eines zwingenden gesetzlichen Insolvenzantragsgrundes verringert die Befriedigungsquoten der Gläubiger meist ebenso wie eine etwaige Überinvestition von Gesellschaftsvermögen der Aktiengesellschaft in der Krise durch ihre Geschäftsführung. Die Erhöhung der Verschuldensquote einer Aktiengesellschaft und damit die Erhöhung ihres Verschuldensgrades nimmt den Gläubigern proportional den „Kapitalpuffer", das heißt das in die Gesellschaft eingelegte Kapital der Aktionäre. Ein umfassendes gesetzliches Gläubigerschutzsystem müsste jedes einzelne dieser Probleme adressieren. Wie noch zu zeigen sein wird, ist dies im deutschen Aktienrecht nicht der Fall. Während einzelne Gefährdungslagen durch das Gesetz aufgegriffen werden, werden andere den Gläubigern zur Regelung selbst überlassen.

Im Folgenden wird auf die Notwendigkeit eines gesetzlichen Gläubigerschutzsystems im Aktienrecht eingegangen (vgl. unter III.). Hierbei werden kritische Stimmen aus der Literatur dargestellt (vgl. unter III.1), wird zu diesen Stellung genommen (vgl. unter III.2) und wird das (wünschenswerte) Maß des gesetzlichen Gläubigerschutzes im Aktienrecht besprochen und definiert (vgl. unter III.3.).

III. Notwendigkeit eines gesetzlichen Gläubigerschutzsystems im Aktienrecht

Das sogenannte Haftungsprivileg in § 1 Abs. 1 Satz 2 AktG regelt, dass den Gläubigern der Aktiengesellschaft für deren Verbindlichkeiten nur das Gesellschaftsvermögen haftet. Nach historischer Auffassung muss das Haftungsprivileg der

383 So aber *Kuhner*, ZGR 2005, 753.

Aktionäre von diesen „erkauft" werden.[384] Weil die Gläubiger der Aktiengesellschaft zur Befriedigung ihrer Forderungen lediglich auf das Vermögen der Aktiengesellschaft verwiesen werden, sei ein besonderes gesetzliches Gläubigerschutzsystem im Aktienrecht erforderlich[385] und rechtfertigten sich unter anderem die strengen Vorschriften des Aktiengesetzes zu Kapitalaufbringung und -erhaltung.[386]

1. Die Kritik an einem gesetzlichen Gläubigerschutzsystem im Aktienrecht

Dem gesetzlichen Gläubigerschutzsystem, das unter D. in seiner historischen Entwicklung näher inhaltlich zu analysieren sein wird, schlägt in den letzten Jahren fundamentale Kritik entgegen. Ein Erfordernis eines gesetzlichen Gläubigerschutzes, das mit der beschränkten Haftung der Aktionäre der Gesellschaft gerechtfertigt wird[387], wird zum Teil nicht anerkannt. Gegenstimmen gehen davon aus, dass das jedenfalls das Ausfallrisiko des Gläubigers einer Aktiengesellschaft gegenüber dem allgemeinen Ausfallrisiko (gegenüber jeder Privatperson) strukturell und nicht nur im Einzelfall erhöht ist.[388]

Gläubiger, die ein über die allgemeinen Regeln hinausgehendes Gläubigerschutzniveau verlangen, könnten vertraglich über sämtliche für sie notwendigen Schutzmechanismen verhandeln.[389] Der Vorteil eines solchen vertraglichen Gläu-

---

384 Vgl. beispielsweise die Aussage des Referenten *Bischoff*, der damit die Auffassung des Staatsministeriums Preußens wiedergab, dass nur bei der Verfolgung gemeinnütziger Zwecke „die Befreiung der Aktionäre von jeder persönlichen Verhaftung gegen die Gläubiger der Aktiengesellschaft dergestalt, daß letztere sich nur an das Gesellschafts-Vermögen halten können, und die Aktionäre nur der Gesellschaft auf Höhe des gezeichneten Aktienbetrages haften" gerechtfertigt sei, abgedruckt bei Baums (Hrsg.), Gesetz über die Aktiengesellschaften für die königlich preussischen Staaten vom 9. November 1843, 1981, S. 168. Ebenso *Kuhner*, ZGR 2005, 753, 5.

385 "If the law allows individuals to join forces for economic purposes, taking the form of a legal person so that the individuals are not liable for the debts arising from this joint activity, then the law must also, in the interest of creditors, assure that at least some capital is actually invested into this legal person and remains there", vgl. *Kohl*, 5 Columbia Journal of European Law 1999, 189, 196.

386 Vgl. *Pellens/Jödicke u.a.*, Der Konzern 2007, 427, 428 m.w.N. in Fn. 6.

387 Vgl. *Funke*, Gläubigerschutz durch Information im Recht der Aktiengesellschaft, 2011, S. 44 ff. zur ökonomischen und juristischen Begründung der beschränkten Haftung.

388 Vgl. *Tasma*, Leveraged Buyout und Gläubigerschutz, 2012, S. 65 ff. m.w.N., der auch davon ausgeht, dass haftungsbeschränkte Unternehmen eher (als unbeschränkt haftende Unternehmer) riskante oder objektiv unrentable Investitionen tätigen (vgl. a.a.O. S. 68).

389 Mit dieser Argumentation hatten schon vor der ersten Aktienrechtsnovelle von 1870 die Hansestädte das geplante System der Normativbestimmungen als Ersatz des Konzessionierungszwangs abgelehnt. Zwingendes Gesetzesrecht könnte Gläu-

bigerschutzsystems – so man es denn so nennen will – liegt vor allem darin, dass maßgeschneiderte Lösungen für die einzelnen Gläubiger ermöglicht werden. Gesetzliche Rechtsinstitute sind notwendigerweise starr und nicht einzelfallbezogen. Zwar werden lediglich Gläubiger, deren Ausfallrisiko die Transaktionskosten des Verhandelns um besondere vertragliche Regelungen rechtfertigten, auf speziellen Schutzinstrumenten bestehen und diese vertraglich aushandeln. Einigen sich die Vertragspartner aber beispielsweise auf die Einhaltung verschiedener Finanzkennzahlen durch die Aktiengesellschaft, z. B. bestimmte *debt-equity-ratios* in den *financial covenants* großer Kreditverträge, so wird vertreten, dass reflexhaft auch andere Gläubiger in den Schutz dieser Regelungen kommen.[390] [391]

Hiergegen ist selbstverständlich vorzubringen, dass das ausgehandelte Schutzniveau nicht zwangsläufig reflexhaft den Klein- und Deliktsgläubigern zugutekommen muss. Man denke nur an den Fall, dass sich eine neu hinzutretende Bank für ihren Kredit eine vorrangige Sicherheit an allen von der Schuldnergesellschaft neu erworbenen Vermögensgegenständen bestellen lässt. Das Beispiel zeigt, dass nicht einmal verhandlungsmächtige Altgläubiger im Regelfall vor solchen Veränderungen gefeit sind, außer, sie haben sich für diesen Fall ebenfalls vorab Sonderrechte ausbedungen.[392] Dementsprechend genügt einigen Vertretern eines vertragsbasierten Gläubigerschutzmodells im Aktienrecht das Vertragsmodell zum Schutz von Deliktsgläubigern daher nicht. Deliktsgläubiger kämen danach als Adressaten eines gesetzlichen Gläubigerschutzsystems in Betracht.[393] Es gibt keinen im Wesen der Aktiengesellschaft liegenden Grund, warum die Haftungsbeschränkung der Aktionäre auch im Verhältnis zu Deliktsgläubigern Bestand haben müsste.[394] So wurde in der amerikanischen Literatur schon vorgeschlagen, Deliktsgläubigern in der Insolvenz der Aktiengesellschaft ein vorrangiges Befriedigungsrecht vor vertraglichen Gläubigern einzuräumen. Nach anderer Auffassung soll der Gläubigerschutz, statt mit einem zwingenden Kapitalschutzsystem während des Bestehens

---

biger und Anleger nicht ausreichend schützen und würde die Entwicklung des Aktienrechts hemmen, vgl. die Motive der Aktienrechtsnovelle, Stenographische Berichte über die Verhandlungen des Reichstages des Norddeutschen Bundes, 1970, Band 4 Anlage 158, S. 645, 651; ausführlich hierzu *Lieder,* in: Bayer/Habersack (Hrsg.), Aktienrecht im Wandel, Bd. 1, S. 318, 334.

390 Vgl. *Mülbert,* Der Konzern 2004, 151, 157; ebenso *Mülbert/Birke,* EBOR 3 (2002), 695, 714 f.

391 Vgl. auch *Nikoleyczik,* Gläubigerschutz zwischen Gesetz und Vertrag, 2007, S. 42 ff. m.w.N., der als Vorteil eines gesetzlichen Gläubigerschutzsystems nennt, dass dieses unterschiedslos allen Gläubigergruppen zugutekomme.

392 Siehe hierzu beispielsweise ausführlich *Servatius,* Gläubigereinfluss durch Covenants, 2008 m.w.N. zur Diskussion.

393 Vgl. *Eidenmüller,* ZIP 2002, 2233, 2237.

394 Vgl. ausführlich zur Agency Problematik als Begründung gläubigerschützender Regelungen des Aktienrechts *Armour/Hertig/Kanda,* The Anatomy of Corporate Law, 2009, S. 115 ff. m.w.N.

der Gesellschaft, aber auch schon vor ihrer Insolvenz vor allem mit insolvenzrechtlichen Mitteln verwirklicht werden.[395] Eine Versicherungspflicht für die erwarteten Deliktsverbindlichkeiten wird genauso erwogen wie eine Durchbrechung der Haftungsbeschränkung in Fällen, in denen Aktionäre eine direkte Kontrolle über die risikobehaftete Handlung ausüben[396] oder eine Haftung *pro rata* für alle deliktsrechtlichen Verbindlichkeiten der Gesellschaft.[397] Führt der Druck verhandlungsmächtiger Vertragsgläubiger dazu, dass der Vorstand der Aktiengesellschaft eine bestimmte zurückhaltende Dividendenpolitik als Ziel ausgibt, Regeln der Corporate Governance[398] oder die Einhaltung bestimmter wirtschaftlicher Finanzkennzahlen beachtet, so kommen auch nicht verhandlungsmächtige Gläubiger in den Genuss der erhöhten wirtschaftlichen Stabilität der Aktiengesellschaft. Vertreter, die ein gesetzliches Gläubigerschutzsystem im Aktienrecht radikal ablehnen, verstehen zugespitzt jede gesetzliche Schutzregelung zugunsten von Nicht-Aktionären als „*rent seeking activity*", die sich geradezu wohlfahrtsschädlich auswirkt, da sie die Aktionäre als Eigentümer der Aktiengesellschaft ihres Handlungsspielraums beraubt.[399] Das heutige deutsche Gläubigerschutzsystem im Aktienrecht differenziert nicht zwischen den verschiedenen Gruppen von Gläubigern und damit auch nicht zwischen Vertrags- und Deliktsgläubigern.[400]

2. Stellungnahme zur Notwendigkeit gesetzlicher Gläubigerschutzregelungen

Kritiker eines gesetzlichen Gläubigerschutzsystems im Aktienrecht vertreten also einen abgestuften Begründungsansatz: Manche halten ein gesetzliches Gläubigerschutzsystem für zu starr, unflexibel und sogar „wohlfahrtsschädlich". Ein „Vertragsmodell" reiche vollkommen aus. Für andere sind gesetzliche Schutzmechanismen zumindest zum Schutz der Deliktsgläubiger der Aktiengesellschaft nötig, da diese nicht über die Möglichkeit verfügten, schützende Mechanismen vertraglich mit der Aktiengesellschaft zu vereinbaren.[401] Zieht man die oben diskutierten aktienrechtsspezifischen Gefahren für Gläubiger von Aktiengesellschaften in Betracht, so reicht

395 Vgl. die Darstellungen zum Diskussionsstand zum Beispiel bei *Eidenmüller*, Unternehmenssanierung zwischen Markt und Gesetz, 1999, und *Servatius*, Gläubigereinfluss durch Covenants, 2008, jeweils m.w.N.

396 Siehe *Mendelson,* 102 Columbia Law Review 2002, 1203.

397 So auch *Hansmann/Kraakman,* 100 Yale Law Journal 1991, 1879.

398 Vgl. zur Historie der Corporate Goverance aus angloamerikanischer Sicht ausführlich *Cheffins*, The History of Corporate Governance, ECGI Law Working Paper No. 184/2012.

399 Siehe *Carney,* 26 The Journal of Legal Studies 1997, 303.

400 Nach *Kuhner* wäre, um lediglich die (meist kleine) Zahl der Deliktsgläubiger zu schützen, ein so ausgefeiltes System, wie beispielsweise das deutsche Kapitalerhaltungsregime, nicht nötig, vgl. *Kuhner,* ZGR 2005, 753, 761.

401 Eine gesetzliche Ausgestaltung hält u.a. *Arnold,* Der Konzern 2007, 118 ff. für nötig.

ein „Vertragsmodell“ wie das eben beschriebene nicht aus, einen adäquaten Schutz der Gläubiger einer Aktiengesellschaft zu gewährleisten.[402]

Zwar trifft es zu, dass verhandlungsmächtige Gläubiger keinen zusätzlichen, eventuell auch einengenden Schutz durch verpflichtende gesetzliche Regelungen benötigen. Inwieweit dieser unter ökonomischer Perspektive dennoch auch für diese Gläubigergruppe sinnvoll ist, geht man davon aus, dass eine gewisse Standardisierung durch zwingendes Recht Transaktions- und Informationskosten für die beteiligten Parteien spart[403], sei hier dahingestellt. Wie an den in der Praxis mehrere hundert Seiten umfassenden Vertragsdokumenten beispielsweise eines großen Unternehmenskaufs zu sehen ist, verlassen sich verhandlungsmächtige Gläubiger nicht (allein) auf Standardisierung. Jedenfalls schutzbedürftig sind nicht verhandlungsmächtige Gläubiger und Deliktsgläubiger. Der Verweis auf den mittelbaren Schutz von in Drittverträgen vereinbarten Schutzmechanismen geht ins Leere: Zwar wird eine Aktiengesellschaft im Vorfeld versuchen, die entsprechenden vereinbarten Finanzkennzahlen nicht zu verletzen. Insofern profitieren zum Teil auch Kleingläubiger und sonstige Gläubiger *ex ante* von einer solchen Schutzregelung. Dies hängt jedoch konkret von der einzelnen, zwischen Großgläubiger und Aktiengesellschaft vereinbarten Klausel ab, ist somit für Klein- und Deliktsgläubiger weder berechenbar, noch verlässlich.[404] Entwickelt sich die wirtschaftliche Lage der Gesellschaft jedoch negativ, so können lediglich verhandlungsmächtige Gläubiger die nötigen Konsequenzen ziehen und beispielsweise ihre Darlehen sofort fällig stellen, die Bestellung zusätzlicher Sicherheiten oder Schadensersatz verlangen und damit die Vermögensmasse der Gesellschaft noch zusätzlich schmälern.[405]

Lediglich verhandlungsmächtige Vertragsgläubiger werden rechtzeitig durch den Vorstand der Aktiengesellschaft vor einer Verschlechterung der Lage der Aktiengesellschaft gewarnt, wenn dieser vertraglich begründeten Informationspflichten gegenüber diesen Gläubigern nachkommt. Diese Gläubiger können die Aktiengesellschaft auch nach Belieben wieder aus dem strengen Korsett der vereinbarten *financial covenants* entlassen oder von Fall zu Fall eine Befreiung erteilen (*waiver*). Diese Rechte üben sie auf Kosten der übrigen Gläubiger aus. Von einem Interessengleichlauf zwischen allen Gläubigern kann daher im Fall einer Krise der Aktiengesellschaft – und das ist der Fall, in dem sich ein Gläubigerschutzsystem bewähren muss – nicht mehr gesprochen werden. Einzelne Gläubiger haben in einem solchen Fall Anreize, sich auf Kosten der übrigen Gläubiger abzusichern.[406]

---

402 Vgl. zur Notwendigkeit gläubigerschützender Vorschriften auch *Krapf/Schürmann*, Solvenztest, 2008, S. 41 ff. m.w.N.

403 Vgl. hierzu etwa *Adams*, JZ 1991, 941 ff. m.w.N.

404 Vgl. u.a. *Baums*, in: Bayer/Habersack (Hrsg.), Aktienrecht im Wandel, Bd. 2, S. 955, 978 ff. und *Servatius*, Gläubigereinfluss durch Covenants, 2008, jeweils m.w.N.

405 Vgl. zur Notwendigkeit des Gläubigerschutzes im Vorfeld einer Insolvenz der Gesellschaft aus englischer Perspektive *Gullifer/Payne*, Corporate Finance Law, 2011, S. 105.

406 Vgl. *Eidenmüller/Engert*, AG 2005, 97, 99, 106 f.

Manchmal ist auch das Kräfteungleichgewicht zwischen Aktiengesellschaft und einzelnen Gläubigern so groß, dass diese Gläubiger keine vertragliche Regelung zu ihren Gunsten vereinbaren können (monopolähnliche Marktmacht). Aber auch bei Alltagsgeschäften lohnt sich eine Absicherung für Vertragsgläubiger häufig nicht.[407] Freilich ist auch der umgekehrte Fall denkbar, in welchem dem Gläubiger eine größere Verhandlungsmacht zukommt.[408] In Betracht zu ziehen ist an dieser Stelle auch das Problem des *„moral hazard"*.[409] Haben einzelne Gläubiger jeweils lediglich geringe Summen von der Aktiengesellschaft zu fordern, so entfällt für jeden einzelnen der Anreiz zu kostenintensiven Verhandlungen und der späteren Überwachung der Aktiengesellschaft, obwohl dies auf die Gesamtheit der Gläubiger gerechnet sinnvoll wäre.[410] Ist es für einzelne Gläubiger nicht lohnend, ihre Forderung auch über Ländergrenzen hinaus zu überwachen und einzutreiben, so führt dies zu einem Marktversagen, das eine gesetzliche Regelung rechtfertigt. Ein gesetzliches Gläubigerschutzsystem im Aktienrecht ist somit auch unter diesen Gesichtspunkten zu befürworten.[411]

3. Das Maß des gesetzlichen Gläubigerschutzes im Aktienrecht

Geht man von der besonderen Schutzbedürftigkeit der Gläubiger von Aktiengesellschaften aus und sieht daher eine Regelung durch ein gesetzliches Gläubigerschutzsystem als notwendig an, so stellt sich für jeden Gesetzgeber die Frage, wie „hoch" dieser Gläubigerschutz ausfallen soll. Eine einfache Antwort aus Sicht der Aktionäre lautet: so hoch wie nötig, so niedrig wie möglich.[412] Aus dem Blickwinkel des Gesetzgebers ist das generelle Niveau des Gläubigerschutzes das Ergebnis einer Interessenabwägung[413]: Wie weit sollen Gläubiger das Geschäftsrisiko einer Aktiengesellschaft mittragen?[414] Hierbei sind die Folgen eines unzureichenden Gläubigerschutzsystems

407 „Aber auch den Handwerker, der bei einem Auftrag nach der Bilanz fragt, möchte ich erst einmal kennenlernen", vgl. *Lutter,* AG 1998, 375, 376.

408 Diesen Fall wird sogar als der häufigere bezeichnet, vgl. *Kuhner,* ZGR 2005, 753, 762.

409 Siehe *Kuhner,* ZGR 2005, 753, 753 f.

410 Die Bekämpfung des *moral hazard*-Problems war auch ein maßgebliches Ziel der Harmonisierung des Gesellschaftsrechts auf europäischer Ebene, vgl. *Kuhner,* ZGR 2005, 753, 764.

411 Ebenso *Kuhner,* ZGR 2005, 753, 761.

412 Vgl. zu diesem notwendigen Interessenausgleich zwischen Gläubigern und Aktionären insbesondere in Bezug auf gesetzliche Rechnungslegungs- und Publizitätspflichten *Funke,* Gläubigerschutz durch Information im Recht der Aktiengesellschaft, 2011, S. 53 m.w.N.

413 Vgl. auch *Tasma,* Leveraged Buyout und Gläubigerschutz, 2012, S. 92 f., nach dem es gerade an einer Zielvorgabe des gesellschaftsrechtlichen Gläubigerschutzes vor dem Hintergrund des Reformdrucks auf den Gesetzgeber fehlt.

414 Siehe zu dieser gesetzgeberischen Entscheidung auch schon oben unter II.1.

mit den Folgen eines übermäßig restriktiven Gläubigerschutzsystems abzuwägen.[415] Bei den Reformbestrebungen auf europäischer Ebene steht jedenfalls fest: Die Europäische Kommission hat sich darauf verständigt, das Gläubigerschutzniveau der Aktiengesellschaften in Europa nicht abzusenken.[416] Ein allgemeines Maß für das richtige Niveau des Gläubigerschutzes zu finden, erscheint allerdings unmöglich.[417]

Auf den Einzelfall bezogen wird zum Teil formuliert, dass beispielsweise Ausschüttungen dann nicht erlaubt sein sollen, wenn sie die Wahrscheinlichkeit einer Insolvenz der Gesellschaft über ein bestimmtes, angemessenes Maß hinaus steigern.[418] Die im Insolvenzrecht verankerten zwingenden Insolvenzeröffnungsgründe der Überschuldung und der Zahlungsunfähigkeit bilden einen ersten Anhaltspunkt für eine Grenze, die aus Schutzgesichtspunkten nicht überschritten werden soll. Der deutsche historische Gesetzgeber hat für die Frage des Maßes des Gläubigerschutzniveaus pfadabhängige und daher in sich uneinheitliche Antworten gefunden.[419] Dies zeigt sich schon allein in den faktischen Unterschieden zwischen dem Schutzniveau der Gläubiger im Recht der Gesellschaft mit beschränkter Haftung (GmbH) und der Aktiengesellschaft. Der deutsche Gesetzgeber übernimmt im Aktienrecht in hohem Maße die Verantwortung für zahlreiche Details der Organisationsverfassung der Gesellschaft, des Anleger- und Gläubigerschutzes. Das Prinzip der Satzungsstrenge, heute niedergelegt in § 23 Abs. 5 AktG, schreibt dies fest.[420]

Das Kernstück des deutschen Gläubigerschutzes im Kapitalgesellschaftsrecht ist der Grundsatz der Kapitalerhaltung. Dieser findet sich – im Kern vergleichbar – sowohl für die Aktiengesellschaft (§ 57 Abs. 1 AktG) als auch für die GmbH (§ 30 Abs. 1 GmbHG) und die Genossenschaft (§ 22 Abs. 4 GenG).[421] Unterschiede bestehen in der Reichweite der Kapitalerhaltungsgrundsätze. Sowohl im Recht der GmbH als

---

415 Vgl. auch *Armour et al.*, How Do Legal Rules Evolve? ECGI Law Working Paper No. 129/2009, S. 19 wonach es nicht auf ein Maximum, sondern auf ein Optimum (anleger-)schützender Regeln ankommt; dies ist auf Regeln zum Gläubigerschutz übertragbar.

416 So sah auch schon der Aktionsplan der Europäischen Kommission „Modernisierung des Gesellschaftsrechts und Verbesserung der Corporate Governance in der EU (KOM (2003) 284 ff.) eine Stärkung des Gläubigerschutzes und nicht seine Absenkung vor.

417 Vgl. hierzu auch die Ausführungen von *Tasma*, Leveraged Buyout und Gläubigerschutz, 2012, S. 87 ff. zum angemessenen Gläubigerschutzniveau beim Leveraged Buyout.

418 Vgl. *Pellens/Jödicke u.a.*, Der Konzern 2007, 427, 432.

419 Siehe zusammenfassend unter E.

420 Vgl. zur Satzungsautonomie im Recht der GmbH *Hommelhoff*, in: Lutter/Wiedemann (Hrsg.), Gestaltungsfreiheit im Gesellschaftsrecht, 1998, S. 36 ff.; *Zöllner*, in: Lutter/Ulmer u.a. (Hrsg.), Festschrift 100 Jahre GmbH-Gesetz, 1992, S. 85 ff. Auch geht beispielsweise § 18 Genossenschaftsgesetz ebenfalls vom Grundsatz der Satzungsautonomie aus.

421 Vgl. *Henssler/Wiedemann*, in: Bayer/Habersack (Hrsg.), Aktienrecht im Wandel, Bd. 2, S. 1, 10 f.

auch im Recht der eingetragenen Genossenschaft wird die Kapitalerhaltung auf das zur Erhaltung des Stammkapitals erforderliche Vermögen beschränkt. Nach § 57 Abs. 3 AktG darf hingegen an die Aktionäre vor der Auflösung der Gesellschaft lediglich ein Teil des Bilanzgewinns verteilt werden. Aktionäre haften im Gegensatz zu GmbH-Gesellschaftern und Genossen indes nicht für von anderen Aktionären nicht geleistete Einlagen. Sie haben auch nicht für widerrechtlich an Mitaktionäre ausgeschüttetes Vermögen der Aktiengesellschaft mit ihrem eigenen Vermögen einzustehen. Unterschiede im Niveau des Gläubigerschutzes zwischen dem Recht der Aktiengesellschaft und dem Recht der GmbH lassen sich nicht mit einem unterschiedlichen Charakter oder Maß der Gefahren für deren jeweilige Gläubiger begründen. Diese Gefahren sind identisch. Die genannten Unterschiede zwischen Aktien- und GmbH-Recht resultieren aus der unterschiedlichen geschichtlichen Entwicklung. Im Gegenzug dazu wurden Gläubigerschutzregelungen bei der Gründung der Gesellschaft und im Fall von Kapitalerhöhungen bei Aktiengesellschaft und GmbH im Wesentlichen gleichlaufend entwickelt.[422]

Unterschiede im Gläubigerschutzniveau der deutschen Aktiengesellschaft im Vergleich zur GmbH lassen sich weniger mit ihrer Struktur als mit ihrer historischen Entwicklung begründen. Das Gläubigerschutzniveau wurde dort besonders hoch angesetzt, wo typischerweise die größten Ausfälle zu erwarten waren (kapitalintensive große Aktiengesellschaften) und wo man meinte, sich den erhöhten Schutz wirtschaftlich leisten zu können (nicht bei Kapitalgesellschaften mit niedriger Gründungsschwelle wie GmbHs).[423]

---

422 Vgl. *Ulmer*, in: Bayer/Habersack (Hrsg.), Aktienrecht im Wandel, Bd. 2, S. 113, 119, 121 f.

423 Beispiele bei *Hansmann/Kraakman*, 89 Georgia Law Review 2001, 439, 451 in Fn. 18.

D. Die einzelnen Gläubigerschutzparadigmen des Aktienrechts in ihrer historischen Entwicklung

Die Aktiengesellschaft war von Beginn an die Gesellschaftsform für Unternehmen mit hohem Kapitalbedarf. Sie wurde als „Kapitalpumpe“[424] und „Kapitalsammelbecken“[425] für risikoreiche und kostenintensive Unternehmungen verstanden. Schon durch die historischen Vorläufer der Aktiengesellschaft, den mit einem (Handels-) Monopol und hoheitlichen Genehmigungen, *Octroi*, ausgestatteten Handelskompanien des 17. und 18. Jahrhunderts, wurden Kolonialreiche aufgebaut. Das preußische Allgemeine Landrecht (ALR) von 1794 verwies zu ihrer Regelung allerdings auf die den Gesellschaften erteilten individuellen Octroi und subsidiär auf das Recht der erlaubten Gesellschaften und damit nach heutigem Verständnis auf personengesellschaftsrechtliche Normen.[426] Im französischen Code de Commerce von 1807 wurde die Aktiengesellschaft als 3. Titel des 1. Buchs *„Du commerce en général: Des sociétés»* – als *société anonyme* zum ersten Mal kodifiziert.[427] Dieses Datum kann als Beginn der Aktiengesetzgebungsentwicklung in Europa gelten.[428] Der Bau privat finanzierter Eisenbahnstrecken auf dem Gebiet des Deutschen Bundes erforderte in der Folgezeit viele Kapitalgeber, um das nötige Investitionskapital hierfür aufzubringen.[429] Dieses Kapital musste in einem „Sondervermögen“ zurückgehalten werden.[430] Damit begann die Erfolgsgeschichte der Aktiengesellschaft in den Staaten des deutschen Bundes.

---

424 *Cordes/Jahntz,* in: Bayer/Habersack (Hrsg.), Aktienrecht im Wandel, Bd. 1, S. 1, 15 m.w.N.

425 Vgl. *Kropff,* in: Bayer/Habersack (Hrsg.), Aktienrecht im Wandel, Bd. 1, S. 670, 685.

426 Vgl. I.2 § 12 Allgemeines Landrecht, der Aktien, ohne auf ihren Zweck oder ihre Bedeutung einzugehen allgemein dem Kapitalvermögen zuwies. Siehe zu den Nachteilen für Aktiengesellschaften, die sich aus dem preußischen Allgemeinen Landrecht ergaben, ausführlich die Motive des Kommissionsentwurfs eines Aktiengesetzes in Preußen, abgedruckt bei Baums (Hrsg.), Gesetz über die Aktiengesellschaften für die königlich preussischen Staaten vom 9. November 1843, 1981, S. 58 ff.

427 Siehe zur Zeit davor ausführlich *Lehmann,* Die geschichtliche Entwicklung des Aktienrechts bis zum Code de Commerce, 1895.

428 Manche setzen den Beginn des modernen Aktienrechts allerdings erst mit dem Aktiengesetz von 1884 an, mit der das auch heute noch geltende System der Normativbestimmungen seine volle Ausprägung erfuhr, vgl. Schubert/Hommelhoff (Hrsg.), Hundert Jahre modernes Aktienrecht, 1985.

429 Vgl. *Kießling,* in: Bayer/Habersack (Hrsg.), Aktienrecht im Wandel, Bd. 1, S. 98 ff.

430 Ausführlich *Cordes/Jahntz,* in: Bayer/Habersack (Hrsg.), Aktienrecht im Wandel, Bd. 1, S. 1, 15, m.w.N.

Im Folgenden werden die einzelnen im heutigen Aktienrecht vorhandenen Paradigmen zum Schutz der Gläubiger der Aktiengesellschaft in ihrer historischen Entwicklung vorgestellt und auf ihre Schutzwirkung hin untersucht. Die einzelnen identifizierten Gläubigerschutzparadigmen werden anhand der dargestellten Gläubigerschutzprobleme kategorisiert.[431] Im Vorgriff auf das Folgende kann schon angedeutet werden, dass lediglich eine Auswahl der Gläubigerschutzprobleme durch den deutschen Gesetzgeber in aktienrechtlichen Regelungen explizit adressiert wird.

Gläubigerschützende Paradigmen im Aktienrecht finden sich vor allem in den Regelungen zur Finanzverfassung der Aktiengesellschaft[432] und in dem ausgefeilten System der Rechnungslegung, das sich parallel zum Recht der Aktiengesellschaft entwickelt hat.[433] Die Ausprägung der Vorschriften zur Kapitalaufbringung und der Erhaltung des festgesetzten Kapitals werden daher im Folgenden eingehend aufgearbeitet, ebenso wie die Ausprägung eines gesetzlichen Mindestkapitalerfordernisses und des Erfordernisses einer gesetzlichen Rücklage. Das aktienrechtliche Rechnungslegungssystem wird gerade in den letzten Jahren tiefgreifend durch die Ausbreitung internationaler Rechnungslegungssysteme wie IAS / IFRS und die Reaktion des deutschen Gesetzgebers hierauf beeinflusst.[434] Das strenge System von Kapitalaufbringungs- und Kapitalerhaltungsvorschriften im deutschen Aktienrecht ist gestützt auf das Prinzip der Satzungsstrenge.[435] Die Ausprägung des Prinzips der Satzungsstrenge und ihre Implikationen für den Gläubigerschutz des Aktienrechts sind daher in einem ersten Schritt zu untersuchen. Der zweite Abschnitt behandelt die oben erwähnten gläubigerschützenden Paradigmen der Finanzverfassung. Ein dritter Abschnitt geht auf die dies betreffenden Regelungen des Rechnungslegungswesens ein. Dabei werden auch Transparenz- und Informationspflichten zugunsten der Gläubiger der Aktiengesellschaft analysiert. In einem vierten Teil wird kurz auf die Sonderregelungen zur Herabsetzung des Grundkapitals eingegangen. Im

---

431 Siehe zu den Gefahren der vorvertraglichen Informationsasymmetrie, der nachträglichen Unterinvestition, der Vermögensverschiebung an Dritte, des Problems der Überinvestition und des Problems einer Erhöhung des Verschuldungsgrades ausführlich oben unter C.II. und unter E.

432 Vgl. sogleich unter D.II.

433 Das Bilanzrecht hat sich geschichtlich als Teil des Aktienrechts entwickelt und wurde erst im letzten Jahrhundert auch auf andere Gesellschaftsformen ausgedehnt, vgl. ausführlich *Barth,* Die Entwicklung des deutschen Bilanzrechts und die ihm zugrundeliegenden Bilanzauffassungen handelsrechtlich und steuerrechtlich, 1955.

434 Vgl. ausführlich *Merkt,* in: Börsig/Wagenhofer (Hrsg.), IFRS in Rechnungswesen und Controlling, S. 89. Unter III. werden die Unterschiede der Gewinnausschüttungsmöglichkeiten bei einer Bilanzierung nach IFRS im Vergleich zu einer Bilanzierung nach HGB-Grundsätzen und die daraus folgenden Auswirkungen auf die Gläubiger der Aktiengesellschaft Gesellschaft näher untersucht.

435 Vgl. § 23 Abs. 5 AktG und ausführlich zur Entwicklung *Pleßke,* Die Satzungsstrenge im Aktienrecht, 2007.

letzten Abschnitt werden abschließend Fälle einer Durchbrechung des Grundprinzips der beschränkten Haftung besprochen.[436] Die aktien- und handelsrechtlichen Anforderungen an die Risikosteuerung der Aktiengesellschaft, insbesondere an die Steuerung des Liquiditätsrisikos der Aktiengesellschaft[437], die thematisch auch hier verortet werden könnten, werden hiergegen ausgeklammert und müssen einer separaten Bearbeitung überlassen bleiben.

I. Die Satzungsstrenge als Grundpfeiler zwingenden Gläubigerschutzrechts im deutschen Aktienrecht

Das heute in § 23 Abs. 5 AktG geregelte Prinzip der *Satzungsstrenge* ist eines der grundlegenden Paradigmen des heutigen deutschen Aktienrechts. Für seine Entwicklung waren normative Quellen von eher untergeordneter Bedeutung.[438] Das Prinzip der Satzungsstrenge wurde erstmals mit der großen Aktienrechtsreform von 1965 gesetzlich festgeschrieben.[439] Das Paradigma der Satzungsstrenge ist indes wesentlich älter. Es hat sich jedoch außerhalb aktienrechtlicher Kodifikationen herausgebildet. Nach § 23 Abs. 5 AktG darf die Satzung der Aktiengesellschaft nur in den Fällen von den Regelungen des Aktiengesetzes *abweichen,* in denen dies das Gesetz ausdrücklich gestattet. Vom Gesetz zugelassene *ergänzende* Regelungen in der Satzung der Aktiengesellschaft sind zulässig, soweit das Gesetz selbst keine abschließende Regelung enthält. Der deutsche Gesetzgeber trägt nach Ansicht der Verfasserin, indem er das Prinzip der Satzungsstrenge im Aktiengesetz festschreibt, die Verantwortung für die Funktionsfähigkeit und auch die wirtschaftliche Wettbewerbsfähigkeit deutscher Aktiengesellschaften. Dürfen diese nicht von den gesetzlichen Regelungen je nach Marktlage und -entwicklung abweichen, so muss der Gesetzgeber ein besonderes Augenmerk auf ein ausbalanciertes, praktikables und durchdachtes Normensystem legen. Ist dies nicht der Fall, so gefährdet er den wirtschaftlichen Bestand und Erfolg seiner Aktiengesellschaften und damit auch einen guten Teil des volkswirtschaftlichen Erfolges. Das Prinzip der Satzungsstrenge ist

---

436 Schadenersatzansprüche der Gläubiger, die sich etwa aus § 93 Abs. 2 AktG (evtl. in Verbindung mit § 116 AktG) gegen die Geschäftsführung der Aktiengesellschaft ergeben können, werden ausgeklammert. Vgl. zu diesen ausführlich Wellhöfer/ Peltzer u.a. (Hrsg.), Die Haftung von Vorstand, Aufsichtsrat, Wirtschaftsprüfer mit GmbH-Geschäftsführer, 2008.

437 Vgl. ausführlich *Baums,* Risiko und Risikosteuerung im Aktienrecht, ZGR 2011, 218 ff. und die Regelungen in §§ 91 Abs. 2, 90 Abs. 1 Satz 4, 92 Abs. 2 Satz 3, 171 Abs. 1 Satz 2, 107 Abs. 3 S. 2 Aktiengesetz sowie die §§ 289 Abs. 5, 315 Abs. 2 Nr. 5, 317 Abs. 2 Satz 2, 317 Abs. 4 und 324 Handelsgesetzbuch.

438 So allgemein für die Entwicklung des Aktienrechts auch *Cordes/Jahntz,* in: Bayer/ Habersack (Hrsg.), Aktienrecht im Wandel, Bd. 1, S. 1, 9.

439 Aktiengesetz vom 6. September 1965, BGBl. Teil I, 1965, S. 1089 ff., eingefügt noch als § 23 Abs. 4 AktG; vgl. ausführlich *Bahrenfuss,* Die Entstehung des Aktiengesetzes von 1965, 2001.

für das deutsche Aktienrecht charakteristisch.[440] Regelungen zum Recht der *public corporations* beispielsweise in den US-amerikanischen Bundesstaaten, besonders in Delaware als dem faktisch wichtigsten Staat zur Gründung von Aktiengesellschaften in des Vereinigten Staaten, sind zum größten Teil dispositiv.[441] *Fleischer* nennt diese weitgehende Privatautonomie als einen der Hauptgründe, warum im Kapitalgesellschaftsrecht Rechtsinnovationen vermehrt in den Vereinigten Staaten entstehen.[442] Hierzu ist anzumerken, dass vermeintliche „Rechtsinnovationen" nicht immer „besseres" Recht im Sinne obiger Definition sind, sondern häufig auch nur versuchen, Defizite des Gesetzesrechts mehr oder weniger gut auszugleichen.[443] Das Prinzip der Satzungsstrenge schränkt die Satzungsfreiheit der Aktiengesellschaft zugunsten des Schutzes von Gläubigern der Gesellschaft und künftigen Aktionären ein.[444] Es ist heute umstritten, ob durch eine pauschale Aufgabe des Prinzips der Satzungsfreiheit dieser Schutz verbessert werden könnte.[445]

Die Entstehung des Paradigmas der Satzungsstrenge im deutschen Aktienrecht kann als ein Paradebeispiel einer Regelung gelten, die eher zufällig entstand, sich im Laufe der Zeit pfadabhängig entwickelte und heute ungeahnte rechtliche Konsequenzen im Recht der Aktiengesellschaft zeitigt.[446] Seine Entstehung lässt sich zeitlich weit früher verorten, als es der Zeitpunkt seiner Festschreibung im Aktiengesetz von 1965 suggeriert. Im Folgenden werden die Regelungen zur Satzungsfreiheit und staatlichen Aufsicht der Aktiengesellschaften vor der Entstehung

440 Vgl. *Spindler,* in: Bayer/Habersack (Hrsg.), Aktienrecht im Wandel, Bd. 2, S. 995, 998.

441 Vgl. §§ 102 (b), 109 (b) Delaware General Corporation Law (DGCL) oder auch §§ 2.02 (b) (3), 2.06 (b) Model Business Corporation Act; ausführlich *Bainbridge,* Corporation Law and Economics, 2002, S. 40.

442 *Fleischer,* in: Doralt/Kalss (Hrsg.), Franz Klein – Vorreiter des modernen Aktien- und GmbH-Rechts, S. 115, 132 m.w.N.; dezidiert zum Zusammenhang zwischen dispositivem Recht und Innovationsgeschwindigkeit auch *Fleischer, ZHR* 168 (2004), 673 ff.

443 Vgl. hierzu *Baums,* in: Bayer/Habersack (Hrsg.), Aktienrecht im Wandel, Bd. 2, S. 955, 981 und Fußnote 114.

444 Vgl. *Hüffer,* Aktiengesetz, 2014, § 23 Rdz. 34; rechtsvergleichend *Hopt,* in: Lutter/Wiedemann (Hrsg.), Gestaltungsfreiheit im Gesellschaftsrecht, S. 123 ff.; zum europarechtlichen Kontext auch *Grundmann/Möslein,* ZGR 2003, 317, 363 f.

445 Bejahend *Hirte,* in: Lutter/Wiedemann (Hrsg.), Gestaltungsfreiheit im Gesellschaftsrecht, S. 61, 82 ff., der für eine teleologische Reduktion bei börsennotierten Gesellschaften plädiert; *Mertens,* ZGR 1994, 426, 427 ff.; a.A. dezidiert *Röhricht,* in Großkommentar AktG, 4. Aufl., § 23 Rdz. 167; *Fleischer, ZHR* 168 (2004), 673, 691 f.; vorsichtige Lockerungen *step by step* empfohlen im Bericht der Regierungskommission Corporate Governance, siehe bei Baums (Hrsg.), Bericht der Regierungskommission Corporate Governance, 2001, S. 45 ff, 48 f.

446 Nach *Spindler,* in: Bayer/Habersack (Hrsg.), Aktienrecht im Wandel, Bd. 2, S. 995, 998 war sich das deutsche Recht der Tragweite seiner Weichenstellungen nicht bewusst. Vgl. ebenso auch *Hirte,* in: Lutter/Wiedemann (Hrsg.), Gestaltungsfreiheit im Gesellschaftsrecht, S. 61 ff.

des Paradigmas der Satzungsstrenge vorgestellt (siehe unter 1.) und hiernach die Bedingungen seiner Entstehung analysiert (siehe unter 2.). Zuletzt wird auf die Bedeutung des Paradigmas der Satzungsstrenge für den Schutz der Gläubiger der Aktiengesellschaft eingegangen (siehe unter 3.).

1. Staatliche Aufsicht und Satzungsfreiheit als Vorläufer der Satzungsstrenge

Bis zum Code de Commerce 1807 gab es keine gesetzliche Regelung des Rechts der Aktiengesellschaft in Europa.[447] Die Vorläufer der heutigen Aktiengesellschaft,[448] die Handelskompanien des 17. und 18. Jahrhunderts, bedurften zur Aufnahme ihres Unternehmensgegenstandes eines individuellen staatlichen *Octroi,* das die Rechtsverhältnisse und Privilegien dieser Gesellschaften regelte.[449] Eine „dauernde staatliche Oberaufsicht“[450] regelte nicht nur die Verleihung des *Octroi* selbst, sondern auch die Gründung und Errichtung sowie die Binnenorganisation der Handelskompanie.[451] Selbst eine etwaige Änderung der Statuten der Kompanien musste durch den Staat genehmigt werden.[452] Hierdurch sollte auch die Anhäufung von als übermäßig empfundener Macht in privaten Händen vermieden[453] und gleichzeitig einfache Aktionäre gegenüber den damaligen Großaktionären und Verwaltern der Aktiengesellschaft geschützt werden.[454] Einem Schutz der Gläubiger der Handels-

---

447 Vgl. *Dippel,* DRiZ 1965, 315, 316; *Bösselmann,* Die Entwicklung des deutschen Aktienwesens im 19. Jahrhundert, 1939, S. 60.

448 Siehe *Dippel,* DRiZ 1965, 315; *Spindler,* in: Bayer/Habersack (Hrsg.), Aktienrecht im Wandel, Bd. 2, S. 995, 998.

449 *Assmann,* in: Großkommentar AktG, 4. Aufl., Einleitung Rdz. 21; *Dippel,* DRiZ 1965, 315, 316; Baums (Hrsg.), Gesetz über die Aktiengesellschaften für die königlich preussischen Staaten vom 9. November 1843, 1981, S. 13; *Großfeld,* Aktiengesellschaft, Unternehmenskonzentration und Kleinaktionär, 1968, S. 115.

450 *Lehmann,* Die geschichtliche Entwicklung des Aktienrechts bis zum Code de Commerce, 1895, S. 83.

451 *Assmann,* in: Großkommentar AktG, 4. Aufl., Einleitung Rdz. 22; *Bösselmann,* Die Entwicklung des deutschen Aktienwesens im 19. Jahrhundert, 1939, S. 61; *Dippel,* DRiZ 1965, 315, 316; *Lehmann,* Die geschichtliche Entwicklung des Aktienrechts bis zum Code de Commerce, 1895, S. 83.

452 *Großfeld,* Aktiengesellschaft, Unternehmenskonzentration und Kleinaktionär, 1968, S. 116; *Lehmann,* Die geschichtliche Entwicklung des Aktienrechts bis zum Code de Commerce, 1895, S. 87; *Bösselmann,* Die Entwicklung des deutschen Aktienwesens im 19. Jahrhundert, 1939, S. 61.

453 Dieser Gesichtspunkt stand häufig noch vor der Frage des Gläubiger- oder Aktionärsschutzes, vgl. *Großfeld,* Aktiengesellschaft, Unternehmenskonzentration und Kleinaktionär, 1968, S. 117 f., 236 ff.

454 Diese wurden als *Hauptpartizipanten* bezeichnet, vgl. *Großfeld,* Aktiengesellschaft, Unternehmenskonzentration und Kleinaktionär, 1968, S. 116 ff.; *Lehmann,* Die geschichtliche Entwicklung des Aktienrechts bis zum Code de Commerce, 1895, S. 85.

kompanien wurde weniger Aufmerksamkeit geschenkt. Freiheit in der Bestimmung ihrer Statuten herrschte damit für die Handelskompanien des 17. und 18. Jahrhunderts zwar theoretisch, allerdings nicht faktisch.

Aufgrund des großen Bedarfs nach Großunternehmen zu Finanzierung von Großprojekten erfolgte der Übergang vom System der einzelnen Octroi zum sogenannten Konzessionssystem. Die Artt. 19, 29–37, 40 und 45 des französischen Code de Commerce von 1807[455] enthielten erstmals generell abstrakte aktienrechtliche Bestimmungen zur Konzession (Einzelgenehmigung) von Aktiengesellschaften.[456] Die Bestimmungen des Code de Commerce galten auch nach napoleonischer Herrschaft selbst unmittelbar in den süddeutschen Kleinstaaten, aber auch beispielsweise in Rheinpreußen.[457] Die Regelungen des Code de Commerce beeinflussten die Gesetzgebungsbestrebungen in Preußen und den übrigen deutschen Ländern in der Folgezeit maßgeblich.[458] § 3 Abs. 1 des *Gesetzes über die Eisenbahnunternehmungen*[459] führte zum 3. November 1838 erstmals ein Konzessionssystem für Eisenbahngesellschaften in Preußen ein. § 1 Abs. 1 des *Preußischen Gesetzes über Aktiengesellschaften* vom 9. November 1843[460] enthielt ein solches für die Aktiengesellschaft in Preußen allgemein.[461] Einer der Gründe für den Wechsel vom Octroi- zum Konzessionssystem war auch, dass die bisher vergebenen Octroi keine genügende Sicherheit gegen Missbräuche entweder durch Monopolbildung oder durch die Gefährdung von sowohl Anleger- als auch Gläubigerinteressen boten.[462] Die Bedingungen, die Vorausset-

---

455 Vgl. die deutsche Übersetzung in Anlage 4 bei *Bösselmann,* Die Entwicklung des deutschen Aktienwesens im 19. Jahrhundert, 1939, S. 203 f.

456 Siehe Baums (Hrsg.), Gesetz über die Aktiengesellschaften für die königlich preussischen Staaten vom 9. November 1843, 1981, S. 24; *Beitzke, ZHR* 108 (1941), 32, 37; *Großfeld,* Aktiengesellschaft, Unternehmenskonzentration und Kleinaktionär, 1968, S. 121.

457 Dort galt der Code de Commerce bis zum preußischen Gesetz über Aktiengesellschaften vom 29. November 1843, vgl. *Bayer,* in: Bayer/Habersack (Hrsg.), Aktienrecht im Wandel, Bd. 2, S. 708, 714 ff. m.w.N. in Fn. 16 und 37.

458 *Lehmann,* Die geschichtliche Entwicklung des Aktienrechts bis zum Code de Commerce, 1895, S. 77; *Bösselmann,* Die Entwicklung des deutschen Aktienwesens im 19. Jahrhundert, 1939, S. 70. Zum Entwurf eines Aktiengesetzes für Sachsen vgl. beispielsweise *Baums-Stammberger,* Der Versuch einer Aktiengesetzgebung in Sachsen 1836/1837, 1980.

459 Zum preußischen Gesetz über die Eisenbahnunternehmungen vgl. ausführlich *Kießling,* in: Bayer/Habersack (Hrsg.), Aktienrecht im Wandel, Bd. 1, S. 126 ff. und *Schubert,* SZGerm 116 (1999), 152 ff.

460 Vgl. hierzu *Schubert,* SZGerm 116 (1999), 152 ff.

461 Vgl. zu der Entstehung dieses Gesetzes ausführlich *Martin,* VSWG 56 (1969), 500 ff. Text und Materialien bei Baums (Hrsg.), Gesetz über die Aktiengesellschaften für die königlich preussischen Staaten vom 9. November 1843, 1981.

462 Siehe die Motive zum Kommissionsentwurf eines AktG, abgedruckt bei Baums (Hrsg.), Gesetz über die Aktiengesellschaften für die königlich preussischen Staaten vom 9. November 1843, 1981, S. 54; zum Bedeutungsschub für die staatliche

zung einer Erteilung einer Konzession waren, waren indes nicht in den genannten Gesetzen selbst zu finden, sondern in Sonderinstruktionen der Ministerialbürokratie.[463] Das System von Konzessionspflicht kombiniert mit den Anforderungen der Sonderinstruktionen (die sogenannten Normativbestimmungen) wurde auch in das Allgemeine Deutsche Handelsgesetzbuch (ADHGB) übernommen.[464] Hiernach oblag die Festlegung der Statuten der Aktiengesellschaft zunächst den Gründern und im weiteren Fortgang den Aktionären der Aktiengesellschaft.[465] Es herrschte grundsätzlich *Satzungsfreiheit*, passend zu den wirtschaftsliberalen Einstellungen des im Industrialisierungsprozess befindlichen Preußen.

Die in den gesetzlichen Bestimmungen getroffenen Regelungen für die Aktiengesellschaft waren nach heutigem Verständnis unvollständig und mussten durch die Statuten der Aktiengesellschaft maßgeblich näher ausgestaltet werden.[466] Das preußische Aktiengesetz von 1843 führte beispielsweise schon Regelungen zur Sicherung des Grundkapitals der Gesellschaft (§§ 2 Nr. 3, 13, 14, 17 AktG 1843) ein.[467] Der faktische Konzessionierungszwang[468] führte nach §§ 1 Abs. 2, 4 AktG

nicht kontrollierte und dadurch zunehmend attraktive KGaA, vgl. *Hergenhahn*, *ZHR* 42 (1894), 69 m.w.N.

463 Allerhöchst genehmigte Instruktion des Staatsministeriums an sämmtliche Oberpräsidenten über die Prüfung der Anträge auf Konzessionierung von Eisenbahn-Anlagen vom 30. November 1838, abgedruckt bei *Weinhagen*, Das Recht der Aktien-Gesellschaften nach dem Allgemeinen Deutschen Handelsgesetzbuche und dem Preußischen Gesetze vom 15. Februar 1864 nebst einem Anhange, 1866, Anhang S. 37 ff. Instruktionen, die Grundsätze in Ansehung der Konzessionierung von Aktiengesellschaften betreffend vom 22. April 1845, Ministerialblatt für die gesamte innere Verwaltung in den Königlich Preußischen Staaten 1845, S. 121; vgl. auch die Einleitung bei Baums (Hrsg.), Gesetz über die Aktiengesellschaften für die königlich preussischen Staaten vom 9. November 1843, 1981.

464 Vgl. Art. 208 Abs. 1, 211 Abs. 1 ADHGB. Nach Art. 206, 249 ADHGB durften Landesgesetzgeber allerdings auf eine Konzessionspflicht verzichten. Dies nahmen die Hansestädte, Baden, Württemberg, Oldenburg und Sachsen in Anspruch, vgl. *Dippel*, DRiZ 1965, 315.

465 Siehe *Bösselmann*, Die Entwicklung des deutschen Aktienwesens im 19. Jahrhundert, 1939, S. 64; *Assmann*, in: Großkommentar AktG, 4. Aufl., Einleitung Rdz. 59.

466 Vgl. detailliert *Spindler*, in: Bayer/Habersack (Hrsg.), Aktienrecht im Wandel, Bd. 2, S. 995, 1000 ff. mit ausführlichen Beispielen zu den einzelnen gesetzlichen Regelungen.

467 Allerdings galten gesetzliche Vorschriften über Gesellschaftsverträge nur, „soweit das Statut über die Rechte und Pflichten der Aktionäre gegeneinander keine besondere Bestimmung" enthielt, vgl. *Spindler*, in: Bayer/Habersack (Hrsg.), Aktienrecht im Wandel, Bd. 2, S. 995, 1001.

468 Erst durch eine wirksame Konzession konnte die begehrte Haftungsbeschränkung der Aktionäre erreicht werden, vgl. Baums (Hrsg.), Gesetz über die Aktiengesellschaften für die königlich preussischen Staaten vom 9. November 1843, 1981, S. 27; *Landwehr*, SZGerm 69 (1982), 1, 6 f.

1843 dazu, dass weiterhin sowohl die Errichtung der Aktiengesellschaft als auch jede Änderung ihrer Statuten einer staatlichen Genehmigung bedurfte. Dies änderte sich auch nicht mit der Einführung des Allgemeinen Deutschen Handelsgesetzbuchs 1861.[469] Letzteres enthielt zwar detailliertere Regelungen zu den Rechtsverhältnissen der Aktionäre und führte beispielsweise erstmals in Art. 225 ADHGB 1861 das Institut eines (allerdings noch freiwilligen) Aufsichtsrats[470] ein.[471] Nach Art. 209 Nr. 6 ADHGB 1861 musste der Gesellschaftsvertrag der Aktiengesellschaft des Weiteren regeln, nach welchen Grundsätzen die Bilanz aufzustellen, der Gewinn der Aktiengesellschaft zu berechnen und auszuzahlen war und wie die Prüfung der Bilanz zu erfolgen hatte.[472] Darüber hinaus jedoch herrschte weiterhin Satzungsfreiheit eingeschränkt durch den staatlichen Genehmigungsvorbehalt.

Um eine staatliche Konzession zu erlangen, musste in Preußen nachgewiesen werden, dass sich die Aktiengesellschaft zu einem „fortdauernden gemeinnützigen Zweck" zusammengefunden hatte.[473] Da die Regelungen, besonders die des Aktiengesetzes von 1843, nur kursorisch waren, konnte sich das Aktienrecht in der praktischen Anwendung und unter Verwirklichung der Satzungsautonomie der Aktiengesellschaften auf den ersten Blick vorwiegend frei entwickeln.[474] Der preußische Gesetzgeber sah es (zunächst) nicht als seine Aufgabe an, die Verfassung der Aktiengesellschaft detailliert zu regeln, sondern wollte lediglich Missbräuche der Rechtsform der Aktiengesellschaft vermeiden und auf eine individuelle Regelung beispielsweise der Binnenorganisation in den Statuten der Aktiengesellschaften hinwirken.[475] Die Notwendigkeit einer detaillierten gesetzlichen Regelung der Aktiengesellschaften bestand für den Staat schon allein deswegen nicht, weil er über die Erteilung der Konzession implizit den gewünschten Einfluss auf die Statuten der

---

469 *Spindler,* in: Bayer/Habersack (Hrsg.), Aktienrecht im Wandel, Bd. 2, S. 995, 1002. Vgl. zur Entstehung des ADHGB *Schubert, ZHR* 144 (1980), 484 ff.

470 Der auch schon zuvor bestehende Verwaltungsrat der Aktiengesellschaften, der sich aus Vertretern der Anteilseigner zusammensetzte, hatte hauptsächlich die Aufgabe, zum Schutz der Kleinaktionäre aber auch der Gläubiger der Gesellschaft die Geschäftsführung der Gesellschaft zu kontrollieren, vgl. *Hansemann,* Die Eisenbahnen und deren Aktionäre in ihrem Verhältnis zum Staat, 1937, S. 61 ff, 100 ff.

471 Vgl. ausführlich *Landwehr,* SZGerm 69 (1982), 1, 12 ff.

472 Siehe *Landwehr,* SZGerm 69 (1982), 1, 21 f.

473 Vgl. II.6 § 25 ALR; hierzu *Schumacher,* Die Entwicklung der inneren Organisation der Aktiengesellschaft im deutschen Recht bis zum Allgemeinen Deutschen Handelsgesetzbuch, 1937, S. 9; Baums (Hrsg.), Gesetz über die Aktiengesellschaften für die königlich preussischen Staaten vom 9. November 1843, 1981, S. 27; *Landwehr,* SZGerm 69 (1982), 1, 6 f.

474 Vgl. *Assmann,* in: Großkommentar AktG, 4. Aufl., Einleitung Rdz. 65; *Landwehr,* SZGerm 69 (1982), 1, 21 f.; *Bösselmann,* Die Entwicklung des deutschen Aktienwesens im 19. Jahrhundert, 1939, S. 64; *Reich,* Ius Commune 2 (1969), 239, 251.

475 Vgl. *Renaud,* Das Recht der Actiengesellschaften, 1. Aufl. 1863, S. 240 f.; *Spindler,* in: Bayer/Habersack (Hrsg.), Aktienrecht im Wandel, Bd. 2, S. 995, 1003.

Aktiengesellschaften ausüben konnte.[476] Die behördliche Genehmigungspraxis, die sich unter anderen in Ministerialerlassen, wiederspiegelt, wurde trotz der wirtschaftlichen Liberalität Preußens im Allgemeinen zunächst streng gehandhabt.[477] Das Konzessionierungserfordernis wurde streng ausgelegt, da vor allem das Publikum vor Täuschungen und Beeinträchtigungen geschützt werden sollte.[478] Auch der mangelnde Schutz von Gläubigern der Gesellschaft konnte zum Einschreiten des preußischen Staates führen.[479] Die Genehmigungspraxis legte daher auf gläubigerschützende Satzungsvorkehrungen der Gesellschaften, insbesondere auf eine Rücklagenbildung zur Bildung eines sogenannten *Reservefonds*, großen Wert.[480]

Mit zunehmender Zahl der Aktiengesellschaften und fortschreitender wirtschaftlicher Liberalisierung Preußens wurde die Kontrolldichte des Staates immer geringer.[481] Der Übergang vom Konzessionssystem zum System eindeutiger Normativbestimmungen in der Folgezeit war ein Schritt hin zu Liberalisierung im Sinne einer Befreiung von Behördenwillkür. Der Unterschied zwischen einem Konzessionssystem und einem System der Normativbestimmungen und die Größe des Schritts von einem zum anderen kann dabei nicht genug betont werden. Es stellt sich heraus, dass der Vorbehalt einer staatlichen Konzession den Schutz der Aktionäre und auch der Gläubiger der Aktiengesellschaft nicht mehr ausreichend garantieren konnte.[482] Der Gesetzgeber der ersten Aktienrechtsnovelle

---

476 Siehe *Bösselmann,* Die Entwicklung des deutschen Aktienwesens im 19. Jahrhundert, 1939, S. 64.

477 Vgl. *Großfeld,* Aktiengesellschaft, Unternehmenskonzentration und Kleinaktionär, 1968, S. 122; *Bösselmann,* Die Entwicklung des deutschen Aktienwesens im 19. Jahrhundert, 1939, S. 114; *Schumacher,* Die Entwicklung der inneren Organisation der Aktiengesellschaft im deutschen Recht bis zum Allgemeinen Deutschen Handelsgesetzbuch, 1937, S. 54.

478 Instruktionen, die Grundsätze in Ansehung der Konzessionierung von Aktiengesellschaften betreffend vom 22. April 1845, Ministerialblatt für die gesamte innere Verwaltung in den Königlich Preußischen Staaten 1845, S. 121; vgl. Baums (Hrsg.), Gesetz über die Aktiengesellschaften für die königlich preussischen Staaten vom 9. November 1843, 1981; ausführlich *Landwehr,* SZGerm 69 (1982), 1, 22.

479 Vgl. *Beitzke, ZHR* 108 (1941), 32, 37, 39; *Lehmann,* Das Recht der Aktiengesellschaften, 1898, S. 69; *Schubert,* ZGR 1981, 285, 484 ff.

480 *Baums,* in: Bayer/Habersack (Hrsg.), Aktienrecht im Wandel, Bd. 2, S. 955, 971 m.w.N:

481 Zum früheren autoritären Staatsverständnis und seinem Einfluss auf die Wirtschaftspolitik Preußens grundlegend *Wehler,* Deutsche Gesellschaftsgeschichte, Bd. 2, 2005, und Bd. 3, 2007; aus der juristischen Literatur *Assmann,* in: Großkommentar AktG, 4. Aufl., Einleitung Rdz. 60; *Großfeld,* Aktiengesellschaft, Unternehmenskonzentration und Kleinaktionär, 1968, S. 127; *Spindler,* in: Bayer/Habersack (Hrsg.), Aktienrecht im Wandel, Bd. 2, S. 995, 1004.

482 *Schubert,* ZGR 1981, 285, 286; *Großfeld,* Aktiengesellschaft, Unternehmenskonzentration und Kleinaktionär, 1968, S. 132; *Bösselmann,* Die Entwicklung des deutschen Aktienwesens im 19. Jahrhundert, 1939, S. 116.

von 1870 entschied sich daher in der Folgezeit für den Schutz von Aktionären, des Publikums und der Gläubiger durch ein gesetzliches System der Normativbestimmungen.[483] Ein Interessengegensatz wurde indes nicht zwischen den Aktionären und den Gläubigern der Gesellschaft gesehen, sondern zwischen Aktionären und Gläubigern im Gegensatz zu Gründungsgesellschaftern und Großaktionären angenommen.[484] Die Motive der ersten Aktienrechtsnovelle stellten zudem den Schutz der Kleinanleger vor den der Gläubiger.[485] Nach *Lieder*[486] hat der Gesetzgeber die Frage eines gesetzlichen Gläubigerschutzes nicht als Ausgleich für die beschränkte Haftung der Aktionäre für Verbindlichkeiten der Aktiengesellschaft verstanden.[487] Da zur damaligen Zeit Vorkasse üblich gewesen sei und auch als hinreichende Sicherheit verstanden worden wäre, wies es der Gesetzgeber den Gläubigern zu, sich um die Werthaltigkeit und Einbringung ihrer Forderungen selbst zu kümmern.[488] Bei der Normierung von Kapitalaufbringungs- und Kapitalerhaltungsvorschriften wurden daher vor allem Anlegerinteressen in den Blick genommen.[489]

Nach dem Willen des preußischen Staates sollte sich das Vertrauen, das Aktionäre und Gesellschaftsgläubiger in die staatliche Kontrolle unter anderem der wirtschaftlichen Solidität und ordentlichen Geschäftsführung der Aktiengesellschaften setzten,[490] nicht länger als haltlos erweisen.[491] Mit dem Gesetz des Norddeutschen Bundes betreffend die Kommanditgesellschaft auf Aktien und die Aktiengesellschaften vom 11. Juni 1870 wurde das Konzessionserfordernis abgeschafft und durch

---

483 *Lieder,* in: Bayer/Habersack (Hrsg.), Aktienrecht im Wandel, Bd. 1, S. 318, 336.

484 Siehe Bericht des Justizausschusses, Drucksachen zu den Verhandlungen des Bundesrathes des Norddeutschen Bundes Nr. 28/1870, S. 6 f.

485 Vgl. v. Hahn (Hrsg.), Commentar zum Allgemeinen Deutschen Handelsgesetzbuch, 3. Aufl. 1877, Art. 209a, S. 670.

486 Siehe *Lieder,* in: Bayer/Habersack (Hrsg.), Aktienrecht im Wandel, Bd. 1, S. 318, 342 f., allerdings ohne Nachweise aus der zeitgenössischen Literatur.

487 So aber *Funke,* Gläubigerschutz durch Information im Recht der Aktiengesellschaft, 2011, S. 44 ff., 47 ff. m.w.N. aus rechtsgeschichtlicher Perspektive und mit ökonomischer und juristischer Begründung.

488 Ebenso *Escher-Weingart,* Reform durch Deregulierung im Kapitalgesellschaftsrecht, 2001, S. 76. Die beschränkte Haftung der Aktionäre als Grund eines Gläubigerschutzsystems heranziehend aber schon *Molle,* Die Lehre von den Aktiengesellschaften und den Commanditgesellschaften auf Aktien, 1875, S. 129.

489 Vgl. *Assmann,* in: Großkommentar AktG, 4. Aufl., Einleitung Rdz. 83; *Escher-Weingart,* Reform durch Deregulierung im Kapitalgesellschaftsrecht, 2001, S. 77.

490 So *Lieder,* in: Bayer/Habersack (Hrsg.), Aktienrecht im Wandel, Bd. 1, S. 318, 328; zu den Missständen auch *Schäffle,* Deutsche Vierteljahresschrift 4 (1856), 259, 290.

491 Vgl. Motive zur Aktienrechtsnovelle von 1870, in: Sammlung sämtlicher Drucksachen des Reichstages des Norddeutschen Bundes im Jahre 1870, Band III, 1870, S. 15; *Schubert,* ZGR 1981, 285, 288; *Bösselmann,* Die Entwicklung des deutschen Aktienwesens im 19. Jahrhundert, 1939, S. 73.

ein System der Normativbestimmungen ersetzt.[492] Noch zu dieser Zeit konnte die Satzung der Gesellschaften erhebliche Einschnitte in Interessen von Aktionären und Gläubigern vorsehen. Eine Emission von Aktien unter pari wurde beispielsweise erst durch die zweite Aktienrechtsnovelle von 1884 ausgeschlossen. Zuvor war diese Praxis indes schon massiv kritisiert worden. Wenn den Zeichnern der Aktie schon bei der Zeichnung ein Teil der Einlageverpflichtung erlassen werde, dann wüssten weder die Gesellschaftsgläubiger noch das restliche Publikum von der wirklichen Kapitalgrundlage der Aktiengesellschaft.[493] Bis 1870 war auch eine *Aktienliberierung,* das heißt eine (teilweise) Befreiung der Aktionäre von ihrer Einlagepflicht, durchaus üblich.[494] Der Gesetzgeber vertraute hier darauf, dass derjenige Aktionär, der einen Teil seiner Einzahlungsverpflichtung schon erfüllt hatte, dieses Geld nicht verloren geben würde.[495] Ein besonderes Schutzbedürfnis der Gläubiger wurde nicht angenommen. Auch daran, dass die seit der Aktienrechtsnovelle von 1870 vorgeschriebenen Absicherungsmechanismen zum Kapitalschutz durch die Generalversammlung überwacht werden sollten (vgl. Art. 209a Abs. 1, 209b Abs. 2 und Abs. 3), zeigte sich, dass der Gesetzgeber mehr den Schutz der (Klein-)Aktionäre im Blick hatte als den Schutz der Gläubiger der Aktiengesellschaft.[496] Diese Überwachung blieb allerdings eine bloße Formalität.[497] Die Kapitalschutzvorschriften der Art. 209a, 209b erwiesen sich in der Folgezeit als weitgehend wirkungslos.[498]

Nach der Einführung des Normativsystems 1870 und seiner Verschärfung 1884 konnten die Gläubiger zwar nicht mehr auf die Kontrolle des (preußischen) Staates vertrauen. Allerdings vertrauten sie nun auf die Kontrolle des Registerrichters.[499] Dieser hatte zu der damaligen Zeit indes lediglich zu überprüfen, ob die Gründer die gesetzlich vorgeschriebenen Dokumente eingereicht hatten. Zumindest die Einbrin-

---

492 Vgl. ausführlich zu den Motiven des Gesetzgebers *Spindler,* in: Bayer/Habersack (Hrsg.), Aktienrecht im Wandel, Bd. 2, S. 995, 1004 f.; *Schubert,* ZGR 1981, 285 ff.

493 Vgl. *Lieder,* in: Bayer/Habersack (Hrsg.), Aktienrecht im Wandel, Bd. 1, S. 318, 345 mit ausführlichen Nachweisen zur zeitgenössischen Literatur.

494 Siehe *Siegfried,* Die Rechte der Aktionäre und der Schutz ihrer Interessen nach dem neuen Aktiengesetz vom 18. Juli 1884, 1884, S. 49.

495 Vgl. zum ADHGB von 1861, Schubert (Hrsg.), Protokolle der Commission zur Berathung eines allgemeinen deutschen Handelsgesetz-Buches, 1984, Bd. 1, S. 341; zu den allgemein üblichen Missbräuchen auch Löwenfeld, Das Recht der Actien-Gesellschaften, 1879, S. 51 ff. und die Begründung bei Schubert/Hommelhoff (Hrsg.), Hundert Jahre modernes Aktienrecht, 1985, S. 387, 425.

496 Ebenso *Lieder,* in: Bayer/Habersack (Hrsg.), Aktienrecht im Wandel, Bd. 1, S. 318, 351.

497 So *Grünhut,* Zeitschrift für das Privat- und öffentliche Recht der Gegenwart 1 (1874), 79, 84

498 Die Kapitalschutzvorschriften der Art. 209a, 209b AktG 1870 sollen selbst nach der Auffassung von *Lieder,* in: Bayer/Habersack (Hrsg.), Aktienrecht im Wandel, Bd. 1, S. 318, 352 aus Gläubigerschutzgründen erlassen worden sein.

499 Vgl. *Lieder,* in: Bayer/Habersack (Hrsg.), Aktienrecht im Wandel, Bd. 1, S. 318, 354, m.w.N. und Beispielen missbräuchlicher Einzahlungspraktiken.

gung der geforderten mindestens 10 % der Einlage und ihre notarielle Bestätigung konnten leicht umgangen werden.[500]

Die Mindestanforderungen an die Statuten der Aktiengesellschaft stiegen mit der Aktienrechtsnovelle von 1870 weiter an.[501] Besonders auf den Gebieten der Regelung der Bilanzierung, Kapitalaufbringung[502] und Kapitalerhaltung[503] wurden detaillierte Regelungen für die Aktiengesellschaften getroffen. Der Übergang von einem System des Konzessionserfordernisses auf ein System der Normativbestimmungen stellt einen *Paradigmenwechsel* dar,[504] der indes für Aktiengesellschaften nicht zu größeren satzungsrechtlichen Freiheiten führte, sondern lediglich ihre Gründung von einer Staatsgenehmigung unabhängig machte.[505] Vergleicht man – dem Konzessionssystem gemäß – die (früheren) behördlichen Genehmigungsanforderungen und -auflagen mit den (späteren) Normativbestimmungen, so wurde Körperschafts*bildung* wurde zwar freier[506], die (gesetzlichen Schranken) der Aktiengesellschaft allerdings enger.

Diese Entwicklung setzte sich auch mit der zweiten Aktienrechtsnovelle von 1884 und der Umsetzung des Aktienrechts in das Handelsgesetzbuch am 10. Mai 1896 fort. Das System der Normativbestimmungen wurde weiter ausdifferenziert[507] und dadurch die Freiheit der Gründer der Aktiengesellschaft weiter eingeschränkt.[508] Gesetzliche Mindestanforderungen mussten von den Gründern der Aktiengesellschaft und von der Satzung berücksichtigt werden. Darüber hinaus bestand allerdings weiterhin Satzungsfreiheit.

---

500 Vgl. die Begründung bei Schubert/Hommelhoff (Hrsg.), Hundert Jahre modernes Aktienrecht, 1985, S. 387, 431.

501 *Assmann*, in: Großkommentar AktG, 4. Aufl., Einleitung Rdz. 80; *Schubert*, ZGR 1981, 285, 288. *Spindler*, in: Bayer/Habersack (Hrsg.), Aktienrecht im Wandel, Bd. 2, S. 995, 1005 bezeichnet beispielsweise die Errichtung eines obligatorischen Aufsichtsrats als „Kernstück" der Reform (vgl. Art. 209 Nr. 6 ADHGB).

502 Art. 207a ADHGB führte einen Mindestnennbetrag für Aktien ein und Art. 209b ADHGB Regelungen zur Sacheinlage.

503 Beispielsweise wurde es den Aktiengesellschaften nach Art. 215 ADHGB untersagt, eigene Aktien zu erwerben, vgl. zu weiteren Bestimmungen die Ausführungen bei *Spindler*, in: Bayer/Habersack (Hrsg.), Aktienrecht im Wandel, Bd. 2, S. 995, 1005.

504 Ebenso *Spindler*, in: Bayer/Habersack (Hrsg.), Aktienrecht im Wandel, Bd. 2, S. 995, 1005.

505 Vgl. *Schubert*, ZGR 1981, 285, 313.

506 So bestand nun ein Rechtsanspruch auf Eintragung der Aktiengesellschaft, vgl. *Hopt*, in: Coing/Wilhelm (Hrsg.), Wissenschaft und Kodifikation des Privatrechts im 19. Jahrhundert, S. 128.

507 Beispiele für verfeinerte Normativbestimmungen finden sich bei *Landwehr*, SZGerm 69 (1982), 1, 20 und *Spindler*, in: Bayer/Habersack (Hrsg.), Aktienrecht im Wandel, Bd. 2, S. 995, 1006.

508 Vgl. *Assmann*, in: Großkommentar AktG, 4. Aufl., Einleitung Rdz. 109; *Spindler*, in: Bayer/Habersack (Hrsg.), Aktienrecht im Wandel, Bd. 2, S. 995, 1006.

2. Die Entstehung eines Paradigmas der Satzungsstrenge

Das Urteil des Reichsgerichts vom 25. September 1901[509] leitete einen Paradigmenwechsel weg von dem Grundprinzip der Satzungsfreiheit mit gesetzlichen Mindestanforderungen hin zu dem Paradigma der Satzungsstrenge ein.[510] Es erklärte die Satzung einer Aktiengesellschaft insoweit für nichtig, als sie Regelungen enthielt, die über die in §§ 211 und 212 HGB 1897 normierten Verpflichtungen der Aktionäre gegenüber der Gesellschaft hinausgingen. Als Begründung führte das Reichsgericht lediglich an, dass nur soweit das Gesetz eine Abweichung von Regelungen des Aktienrechts explizit zulasse, eine Satzungsregelung zulässig sei. Im Urteil des Reichsgerichts vom 12. Januar 1907[511] wurde der neue Rechtsgrundsatz der Satzungsstrenge auf das gesamte Aktienrecht erstreckt.[512] Das Reichsgericht urteilt seiner Ansicht nach innerhalb der allgemeinen Meinung. Äußerungen in der Literatur zu dieser Frage finden sich indes nicht. Auch in der Folgezeit stießen die beiden Urteile auf keine größere Aufmerksamkeit, da sie zunächst keine gravierenden Auswirkungen auf das Recht der Aktiengesellschaft hatten. Das Handelsgesetzbuch wies im Vergleich zum heutigen Aktiengesetz noch immer eine sehr geringe Regelungsdichte auf. Auch bestanden viele Möglichkeiten, von Regelungen des Handelsgesetzbuches abzuweichen. Instanzgerichte schlossen sich in der Zeit der Weimarer Republik dem postulierten Grundsatz der Satzungsstrenge des Reichsgerichts an.[513] Satzungsregelungen wurden nur dort zugelassen, wo das Gesetz eine Ergänzung oder Abweichung von den gesetzlichen Regelungen explizit zuließ. Das Handelsgesetzbuch enthielt an vielen Stellen ausdrückliche Verweisungen auf Satzungsregelungen.[514] Dies erklärt, warum eine Auseinandersetzung in der Literatur über den vorgenommenen Paradigmenwechsel des Reichsgerichts zunächst praktisch nicht stattfand.[515] Die Entstehung des Paradigmas der Satzungsstrenge wird hier auf den Zeitpunkt der zwei höchstrichterlichen Entscheidung datiert. Seine Kodifizierung erfolgte erst später. 1965 schrieb der Gesetzgeber lediglich schon seit Jahrzehnten geltendes Recht fest.

509 RGZ 49, 77, 80.

510 Ausführlich zum Sachverhalt und zu der Begründung des Reichsgerichts vgl. *Spindler*, in: Bayer/Habersack (Hrsg.), Aktienrecht im Wandel, Bd. 2, S. 995, 1006 f.

511 RGZ 65, 91, 92.

512 Vgl. ausführlich *Spindler*, in: Bayer/Habersack (Hrsg.), Aktienrecht im Wandel, Bd. 2, S. 995, 1007 f. m.w.N. zur zeitgenössischen Literatur in Fn. 74 und zu der weiteren Rechtsprechung der Instanzgerichte in Fn. 80.

513 Vgl. KG, Urteil vom 6. März 1930, JW 1930, 2712, 2713; OLG Karlsruhe, Urteil vom 12. Juli 1923, JFG 1, 213, 214; KG, Urteil vom 16. April 1931, JFG 8, 163, 164; a.A. OLG Dresden, Beschluss vom 11. April 1924, JFG 1, 227, 229 und auch RG, Urteil vom 17. Februar 1928, RGZ 120, 177, 180.

514 Beispiele finden sich bei *Spindler*, in: Bayer/Habersack (Hrsg.), Aktienrecht im Wandel, Bd. 2, S. 995, 1009 f.

515 Eine der wenigen Ausnahmen bildet der Beitrag von *Altschul*, SächsArch 1908, 49 ff.

In der Weimarer Republik wurde die Begründung der Reichsgerichtsentscheidungen, rechtsdogmatisch bestehe ein Gegensatz zwischen Aktiengesellschaft auf der einen und offenen Handelsgesellschaften, Genossenschaften und Gesellschaften mit beschränkter Haftung auf der anderen Seite, vermehrt in der Literatur angegriffen.[516] Gleichzeitig wurde kritisiert, dass das Recht der Aktiengesellschaft im Missverhältnis zu den praktischen Anforderungen der Aktiengesellschaften stehe.[517] Wenigstens Ergänzungen der rechtlichen Regelungen, wenn schon nicht Abweichungen, müssten in der Satzung der Aktiengesellschaft ohne explizite gesetzliche Erlaubnis möglich sein. Trotz dieser grundlegenden Kontroverse wurde das Problem der Satzungsstrenge vom Gesetzgeber des Aktiengesetzes von 1937 nicht adressiert.[518] Auch das Reichsgericht hatte keine Möglichkeit mehr, zu dem Themenkreis Stellung zu beziehen.

Mit der Neufassung des Aktiengesetzes 1965 sollte das Aktienrecht modernisiert, entnazifiziert und an die Erfordernisse einer freiheitlichen Wirtschaftsordnung angepasst werden.[519] Das Paradigma der Satzungsstrenge wurde im Aktiengesetz festgeschrieben. Eine grundlegende Diskussion der Bestimmung erfolgte indes auch im fünfzehnjährigen Gesetzgebungsprozess[520] nicht. Mit der Kodifizierung sollte lediglich die überwiegende Literaturmeinung gesetzlich festgeschrieben[521] und die als zu streng empfundene Rechtsprechungslinie etwas zurückgenommen werden.[522]

---

516 *Fischer,* in: Ehrenberg (Hrsg.), Handbuch des gesamten Handelsrechts mit Einschluß des Wechsel-, Scheck-, See- und Binnenschiffahrtsrechts, des Versicherungsrechts sowie des Post- und Telegraphenrechts, 3/1., S. 85; *Wenck,* Die Einberufung der Generalversammlung bei Aktiengesellschaften, Genossenschaften, GmbH, Gewerkschaften und Versicherungsvereinen, 1914, S. 30 f.; *Spindler,* in: Bayer/Habersack (Hrsg.), Aktienrecht im Wandel, Bd. 2, S. 995, 1010, m.w.N.

517 *Assmann,* in: Großkommentar AktG, 4. Aufl., Einleitung Rdz. 129.

518 *Spindler,* in: Bayer/Habersack (Hrsg.), Aktienrecht im Wandel, Bd. 2, S. 995, 1014 f. listet auf, welche Normen des Aktiengesetzes von 1937 abweichende oder ergänzende Satzungsregelungen explizit zuließen.

519 *Assmann,* in: Großkommentar AktG, 4. Aufl., Einleitung Rdz. 173.

520 Vgl. ausführlich zu Vorentwürfen, Gegenvorstellungen und Stellungnahmen *Bahrenfuss,* Die Entstehung des Aktiengesetzes von 1965, 2001.

521 Vgl. Bundesjustizministerium, Referentenentwurf eines Aktiengesetzes mit Begründung, 1958, S. 203. Ebenso Regierungsentwurf eines Aktiengesetzes und eines Einführungsgesetzes zum Aktiengesetz, BT-Drucks. IV/171, S. 93 ff., abgedruckt bei *Kropff,* Textausgabe des Aktiengesetzes vom 6.9.1965 (Bundesgesetzblatt I S. 1089) und des Einführungsgesetzes zum Aktiengesetz vom 6.9.1965 (Bundesgesetzblatt I S. 1185) mit Begründung des Regierungsentwurfs, 1965, S. 44: „Der neue Absatz 4 entspricht der herrschenden Lehre. Da aber demgegenüber die Rechtsprechung zur Frage der Zulässigkeit ergänzender Satzungsbestimmungen kein einheitliches Bild ergibt, und es sich in beiden Fragen, der Zulässigkeit abweichender und der Zulässigkeit ergänzender Satzungsbestimmungen um das gesellschaftsrechtlich sehr wichtige Verhältnis von Gesetz und Satzung handelt, erscheint eine ausdrückliche Klarstellung angebracht."

522 Vgl. *Spindler,* in: Bayer/Habersack (Hrsg.), Aktienrecht im Wandel, Bd. 2, S. 995, 1016.

Scharfe Kritik kam von den Spitzenverbänden der deutschen Wirtschaft, die anführten, die Norm des § 23 Abs. 5 AktG[523] lasse schlagartig die meisten Normen des Aktiengesetzes für Aktiengesellschaften zwingend werden.[524] Dem folgte der Gesetzgeber im parlamentarischen Verfahren nicht. Ein Vorschlag[525] zur Streichung des § 23 Abs. 5 AktG fand im zuständigen Wirtschaftsausschuss nicht die nötige Mehrheit.[526] Am 23. Oktober 1963 wurde die Norm, wie in der Regierungsvorlage vorgesehen, einstimmig beschlossen.[527] Das Aktiengesetz 1965 enthält eine Vielzahl von Vorschriften, die abweichende Satzungsregelungen explizit ermöglichen.[528] Allerdings wurde die Regelungsdichte aktienrechtlicher Normen im Aktiengesetz von 1965 gegenüber allen vorigen Aktiengesetzen noch einmal erhöht, und es wurden insgesamt weniger Ausnahmen zugelassen.[529]

Die Sinnhaftigkeit der *Satzungsstrenge* im deutschen Aktienrecht wurde zwar in der Folgezeit grundlegend und ausführlich diskutiert,[530] und auch im Zusammenhang mit der in den siebziger Jahren einsetzenden Diskussion um die unternehmerische Mitbestimmung und mögliche Geschäftsordnungsregelungen der Aufsichtsräte angeführt.[531] Mit dem *Gesetz für kleine Aktiengesellschaften und zur*

---

523 Im Entwurf noch § 20 Abs. 4, vgl. *Kropff,* Textausgabe des Aktiengesetzes vom 6.9.1965 (Bundesgesetzblatt I S. 1089) und des Einführungsgesetzes zum Aktiengesetz vom 6.9.1965 (Bundesgesetzblatt I S. 1185) mit Begründung des Regierungsentwurfs, 1965, S. 44.

524 Anlageband zu Gemeinsamen Denkschrift zum Referentenentwurf eines Aktiengesetzes, S. 11 f.

525 Protokoll Nr. 32 des 16. Ausschusses des Bundestages vom 11. Januar 1963, S. 10

526 Protokoll Nr. 65 des 16. Ausschusses des Bundestages vom 23. Oktober 1963, S. 8; die Annahme war vom Unterausschuss des Wirtschaftsausschusses empfohlen worden.

527 Vgl. zu den Diskussionen im Wirtschaftsausschuss *Spindler,* in: Bayer/Habersack (Hrsg.), Aktienrecht im Wandel, Bd. 2, S. 995, 1016 f.

528 Siehe die ausführliche Auflistung der entsprechenden Normen bei *Spindler,* in: Bayer/Habersack (Hrsg.), Aktienrecht im Wandel, Bd. 2, S. 995, 1017 f.

529 Vgl. *Luther,* in: Bernhardt/Hefermehl u.a. (Hrsg.), Freundesgabe für Hans Hengeler zum 70. Geburtstag am 1. Februar 1972, S. 167, 169.

530 Vgl. *Luther,* in: Bernhardt/Hefermehl u.a. (Hrsg.), Freundesgabe für Hans Hengeler zum 70. Geburtstag am 1. Februar 1972, S. 167 ff. und die Erörterung zum Meinungsstand im Bericht der Regierungskommission Corporate Governance bei Baums (Hrsg.), Bericht der Regierungskommission Corporate Governance, 2001, S. 45 ff. jeweils m.w.N. oder auch *Geßler,* Bedeutung und Auslegung des § 23 Abs. 5 AktG, in: v. Glossner/Reimers (Hrsg.): Festschrift für Martin Luther zum 70. Geburtstag am 13. Juli 1976, S. 69 ff.; *Huber,* Entstehungsgeschichte und aktuelle Auslegungsprobleme des § 241 Nr. 3 AktG, in: Horn (Hrsg.), Festschrift für Helmut Coing, Bd. 2, 1982, S. 167 ff.

531 Vgl. *Ulmer, ZHR* 141 (1977), 490, 494; zur Diskussion auch *Spindler,* in: Bayer/Habersack (Hrsg.), Aktienrecht im Wandel, Bd. 2, S. 995, 1018 ff.; ebenso *Ulmer,* Die Anpassung der Satzungen mitbestimmter Aktiengesellschaften an das MitbestG 1976, 1980, S. 13 ff.

Deregulierung des Aktienrechts[532] wurden zwar weitere Abweichungsmöglichkeiten von Regelungen des Aktiengesetzes für nicht börsennotierte Aktiengesellschaften eingeführt,[533] ebenso wie durch das Gesetz zur Namensaktie und zur Erleichterung der Stimmrechtsausübung (NaStraG)[534] und das Gesetz zur Unternehmensintegrität und Modernisierung des Anfechtungsrechts (UMAG)[535]. Das Paradigma einer grundsätzlich bestehenden Satzungsstrenge im deutschen Aktienrecht wurde allerdings nicht mehr berührt. Es hat sich fast nebenbei in einer Entscheidung des Reichsgerichts 1901 entwickelt und dann pfadabhängig über seine Festschreibung in der Aktienrechtsreform 1965 bis zum heutigen in § 23 Abs. 5 AktG erhalten. Die Sinnhaftigkeit und Praktikabilität des Paradigmas der Satzungsstrenge vor diesem historischen Kontext ist in der Vergangenheit immer wieder – mit wechselnder Intensität – geführt worden.[536]

3. Gläubigerschutz durch Satzungsstrenge

In der Entscheidung des Reichsgerichts vom 25. September 1901[537] zur Satzungsstrenge wurde zu ihrer Begründung noch mit dem wesensmäßigen Unterschied zwischen Aktiengesellschaften und offenen Handelsgesellschaften, Genossenschaften und Gesellschaften mit beschränkter Haftung argumentiert.[538] Dem Paradigma

---

532 Gesetz vom 2. August 1994, BGBl. Teil I 1994, S. 1961.

533 Vgl. beispielsweise § 58 Abs. 2 S. 2 AktG, der es nicht börsennotierten Aktiengesellschaften ermöglicht, einen kleineren oder größeren Teil als die gesetzlich vorgesehenen fünfzig Prozent des Jahresüberschusses in andere Gewinnrücklagen einzustellen.

534 Gesetz vom 25. Januar 2001, BGBl. Teil I, 2001, S. 123. Vgl. §§ 25 S. 2, 108 Abs. 4, 134 Abs. 3 S. 2 AktG.

535 Gesetz vom 1. November 2005, BGBl. Teil I 2005, S. 2802. Vgl. § 131 Abs. 2 AktG zur zeitlichen Beschränkung des Rederechts der Aktionäre in der Hauptversammlung.

536 Vgl. *Bayer*, Gutachten E zum 67. Deutschen Juristentag, S. E 81 ff. und nachfolgend *Bayer*, Unterschiede im Aktienrecht zwischen börsennotierten und nichtbörsennotierten Gesellschaften, in Grundmann/Haar et al. (Hrsg): Festschrift für Klaus J. Hopt zum 70. Geburtstag am 24. August 2010, 2010, S. 373 ff.; *Döge/Jobst*, BKR 2010, 136 ff. zum börsen- und kapitalmarktorientiertem Ansatz; ausführlich auch *Pleßke*, Die Satzungsstrenge im Aktienrecht, 2007, und *Bak*, Aktienrecht zwischen Markt und Staat, 2003; des Weiteren die Beiträge von *Hirte*, in: Lutter/Wiedemann (Hrsg.), Gestaltungsfreiheit im Gesellschaftsrecht, S. 61 ff.; *Hopt*, in: Lutter/Wiedemann (Hrsg.), Gestaltungsfreiheit im Gesellschaftsrecht, S. 123 ff. und *Spindler*, in: Bayer/Habersack (Hrsg.), Aktienrecht im Wandel, Bd. 2, S. 995, 1024 ff.

537 RG, Urteil vom 25. September 1901, RGZ 49, 77, 80.

538 Kritisch hierzu beispielsweise *Fischer*, in: Ehrenberg (Hrsg.), Handbuch des gesamten Handelsrechts mit Einschluß des Wechsel-, Scheck-, See- und Binnenschiffahrtsrechts, des Versicherungsrechts sowie des Post- und Telegraphenrechts, 3/1., S. 85 ff.; *Wenck*, Die Einberufung der Generalversammlung bei Aktiengesellschaften, Genossenschaften, GmbH, Gewerkschaften und Versicherungsvereinen,

der Satzungsstrenge wird zugutegehalten, es jedenfalls für Rechtsklarheit und Rechtssicherheit im Aktienrecht zu sorgen. In dieser Funktion wirkt es schützend für Aktionäre, künftige Investoren und Gesellschaftsgläubiger. Daneben wird die Eigenschaft, dass die Verkehrsfähigkeit der Aktien verbessert wird, betont.[539] In der historischen Entwicklung der Satzungsstrenge spielten diese ausgefeilten Gesichtspunkte jedoch keine entscheidende Rolle.[540] Nach der Auffassung des Reichsgerichts urteilte es lediglich entsprechend der als selbstverständlich verstandenen allgemeinen Meinung. Sachargumente nach heutigem Verständnis wurden nicht angeführt. Durch die im zeitlichen Verlauf von den Anfängen des Aktienrechts in Deutschland im preußischen Gesetzes über die Eisenbahnunternehmungen[541] über das Preußische Gesetz über Aktiengesellschaften vom 9. November 1843[542] bis zum Aktiengesetz von 1965 stetig zunehmende Regelungsdichte erhöhte sich die Bedeutung und der Regelungsinhalt der Satzungsstrenge als grundlegendes Prinzip des deutschen Aktienrechts seit 1901 stetig. Der Schutz der Gläubiger im Aktienrecht profitierte davon. Kreativen Umgehungen aktienrechtlicher Normen wurden Grenzen gesetzt.

Vor diesem Hintergrund ist das Grundprinzip der Satzungsstrenge nicht leichtfertig über Bord zu werden. Es stellt damit praktischen den aktienrechtlichen *acquis commune* dar, bildet eine Hülle, die durch einzelne weitere Rechtsinstitute ausgefüllt wird und werden muss. Seine Tauglichkeit für die Zukunft wird sich allein daran messen lassen müssen, ob es dem deutschen Gesetzgeber vor dem Hintergrund von an diesem Punkt wesentlich liberaleren Rechtsordnungen[543] gelingt, das Paradigma der Satzungsstrenge aufrecht zu halten oder dieses dem äußeren Druck der globalisierten Wirtschaftsordnung weichen muss. Eine Lockerung oder sogar eine Abschaffung des Prinzips der Satzungsstrenge im deutschen Aktienrecht hätte indes weitreichende

---

1914, S. 30 f.; *Spindler,* in: Bayer/Habersack (Hrsg.), Aktienrecht im Wandel, Bd. 2, S. 995, 1010, m.w.N.

539 Vgl. vor allem im Hinblick auf die rechtsökonomische Analyse zu Standardisierung und Signaling *Döge/Jobst,* BKR 2010, 136 ff., ausführlich auch *Pleßke,* Die Satzungsstrenge im Aktienrecht, 2007 und aus der Kommentarliteratur für viele *Röhricht,* in: Großkommentar AktG, 4. Aufl., § 23 Rdz. 167.

540 *Spindler,* in: Bayer/Habersack (Hrsg.), Aktienrecht im Wandel, Bd. 2, S. 995, 1026 spricht gar von einer „mehr oder minder zufälligen Kette reichsgerichtlicher Entscheidungen".

541 Zum preußischen Gesetz über die Eisenbahnunternehmungen vgl. ausführlich *Kießling,* in: Bayer/Habersack (Hrsg.), Aktienrecht im Wandel, Bd. 1, S. 126 ff. und *Schubert,* SZGerm 116 (1999), 152 ff.

542 Vgl. zu der Entstehung dieses Gesetzes *Martin,* VSWG 56 (1969), 500 ff. Zu Text und Materialien vgl. Baums (Hrsg.), Gesetz über die Aktiengesellschaften für die königlich preussischen Staaten vom 9. November 1843, 1981.

543 Siehe ausführlich zu den Auswirkungen auf das deutsche Recht *Procaccia,* ZGR 1990, 169 ff. *Spindler,* in: Bayer/Habersack (Hrsg.), Aktienrecht im Wandel, Bd. 2, S. 995, 1026 hält das Prinzip der Satzungsstrenge vor diesem Hintergrund für überholungsbedürftig.

Konsequenzen unter anderem für den Schutz der Gläubiger der Aktiengesellschaft[544] und ist daher nach Meinung der Verfasserin abzulehnen. Wird das Prinzip der Satzungsstrenge als deutscher Sonderweg weiterhin beibehalten, so muss der deutsche Gesetzgeber allerdings auch seiner Verantwortung für das Aktienrecht stetig nachkommen. Für den Gesetzgeber wäre eine Abschaffung oder auch Flexibilisierung des Grundprinzips der Satzungsstrenge vor diesem Hintergrund sicher eine bequemere. Ansonsten kann eine „Aktienrechtsreform in Permanenz"[545] zu vermeiden, nicht Ziel des deutschen Gesetzgebers sein. Zumindest für die börsennotierte Aktiengesellschaft wird denn auch in der aktienrechtlichen Literatur mit großer Mehrheit befürwortet, an der Satzungsstrenge des § 23 Abs. 5 AktG festzuhalten, da Marktmechanismen die Standardisierungsfunktion der Satzungsstrenge (vor allem in Interesse der Anleger der Gesellschaft) nicht gewährleisten können.[546]

II. Die Finanzverfassung der Aktiengesellschaft unter Gläubigerschutzaspekten

Der Schutz der Gläubiger der Aktiengesellschaft beruht historisch gesehen maßgeblich auf dem System des Kapitalschutzes, bestehend aus dem Prinzip der realen Kapitalaufbringung und der Erhaltung des einmal eingelegten Kapitals. Dieses System basiert neben der Satzungsstrenge des Aktienrechts auf den folgenden zwei Paradigmen: Rechtshistorisch ist zu differenzieren zwischen dem Erfordernis einer Mindestnenngrundkapitalziffer und den daran anknüpfenden Aufbringungs- und Erhaltungsregeln einerseits und den Aufbringungs- und Erhaltungsregeln (hinsichtlich eines satzungsmäßig festgelegten Grundkapitals[547]) als solchen. Das deutsche Kapitalschutzsystem ist zu zerlegen in die Kombination zweier Paradigmen, die nicht notwendigerweise zusammen gehören. Auf das eine kann theoretisch und praktisch unabhängig vom anderen verzichtet werden.[548] Auch historisch hat sich

---

544 Nach *Mertens*, ZGR 1994, 426, 431 f. ließen sich negative Auswirkungen vermeiden, wenn kapitalmäßige und personelle Verflechtungen zwischen Aktiengesellschaften abgebaut, Managerhaftung und Kapitalmarktordnung modernisiert und dem Ziel einer erhöhten Transparenz im Aktienrecht höhere Bedeutung zugewiesen würde.

545 Diesen geflügelten Begriff hat *Zöllner*, AG 1994, 336, geprägt.

546 Vgl. die Übersicht bei *Bayer*, NZG 2013, 1, 2 m.w.N. und ausführlich zum Meinungsstand *ders.*, Empfehlen sich besondere Regeln für börsennotierte und geschlossene Gesellschaften?, Bd. 1, Gutachten E zum 67. Deutschen Juristentag, 2008, E 55 ff., E 61 ff.

547 *Wiedemann* nannte das System des festen Grundkapitals eine „Kulturleistung ersten Ranges, weil es die persönliche Entlastung der Anlagegesellschafter mit der Sicherung der Kreditwürdigkeit der Unternehmen in idealer Weise verbindet", vgl. *Wiedemann*, Gesellschaftsrecht, 1980, Bd. 1, S. 558.

548 Man vergleiche nur die Regelungen zur Unternehmergesellschaft, § 5a GmbHG, die auf ein Mindestnennkapital verzichtet, aber gleichwohl Kapitalaufbringungs- und Erhaltungsregeln vorsieht (vgl. § 5a Abs. 1, 2 und 3 GmbHG); zu diesem

das Mindestgrundkapital erst nach den – zunächst natürlich noch etwas rudimentären – Kapitalaufbringungs- und -erhaltungsregeln herausgebildet. Diese ist lediglich in den formalisierten Verfahren von Kapitalerhöhung oder Kapitalherabsetzung veränderlich. Neben dem Investoren- und Minderheitenschutz von Aktionären der Aktiengesellschaft dient das deutsche Kapitalschutzsystem einem generalisierten und damit präventiven Gläubigerschutz.[549]

Der Grundsatz der *realen Kapitalaufbringung* im Aktienrecht besagt, dass gesetzlich sichergestellt werden muss, dass das von den Gründern übernommene Kapital tatsächlich (irgendwann oder im Bedarfsfall) in die Aktiengesellschaft eingezahlt[550] wird.[551] Das eingezahlte Kapital muss auch wertmäßig der Einlageschuld entsprechen, die die Aktionäre mit der Zeichnung der Aktien übernommen haben. Aktionäre der Gesellschaft dürfen sich der einmal übernommenen Einlageschuld nicht mehr nachträglich entziehen.[552]

Auf der anderen Seite – und damit spiegelbildlich zum System der realen Kapitalaufbringung – muss in einem solchen Gläubigerschutzsystem gesetzlich verhindert werden, dass das einmal in die Aktiengesellschaft eingezahlte Kapital wieder aus der Gesellschaft (an ihre Aktionäre) abfließt. Dem dient das System der aktienrechtlichen *Kapitalerhaltung*, das heute vorwiegend in §§ 57, 62 AktG geregelt ist. Es verbietet allerdings nicht nur jede Rückgewähr von Einlagen, sondern auch jegliche sonstige Auszahlung (mit Ausnahme von zulässigen Dividenden aus dem Bilanzgewinn) aus dem Vermögen der Aktiengesellschaft an ihre Aktionäre.[553] Ausnahme von dem Grundsatz der strikten Kapitalerhaltung enthält das Aktienrecht für den Erwerb eigener Aktien durch die Aktiengesellschaft, der unter bestimmten Umständen zulässig ist, vgl. §§ 71 ff. AktG.[554] Als Grundsatz kann auch hier festgehalten werden, dass jedenfalls das Grundkapital der Aktiengesellschaft wertmäßig nicht angetastet werden darf.[555]

Paradigmenwechsel zur fakultativen Seriositätsschwelle ausführlich auch *Schall*, Kapitalgesellschaftsrechtlicher Gläubigerschutz, 2009, S. 105 ff.

549 Ausführlich *Bayer*, in: Bayer/Habersack (Hrsg.), Aktienrecht im Wandel, Bd. 2, S. 708, 711.

550 Hiermit ist nicht zwingend eine sofortige Volleinzahlung gemeint (vgl. allein die Rechtslage zur Barkapitalerhöhung, §§ 182 ff. AktG, für viele *Hüffer*, AktG, § 182 Rz. 14 (Frist zur Durchführung)).

551 Eine Befreiung von der Einlageschuld (*Aktienliberierung)* ist daher heute unzulässig, vgl. § 66 AktG; zur Entwicklung siehe unter D.II.1.2.

552 *Pentz/Priester u.a.*, in: Lutter (Hrsg.), Das Kapital der Aktiengesellschaft in Europa, S. 42, 43.

553 Von der Kapitalbindung nicht erfasst sind selbstverständlich sämtliche Geschäfte der Aktiengesellschaft mit neutralen Dritten, vgl. *Bayer*, in: MünchKomm AktG, § 57 Rdz. 30 f.

554 Vgl. hierzu ausführlich *Cahn*, in: Bayer/Habersack (Hrsg.), Aktienrecht im Wandel, Bd. 2, S. 763 ff. und unten unter 3.d.

555 Zur weitergehenden Problematik von Ersatzansprüchen von Aktionären der Aktiengesellschaft gegen diese aufgrund von anlegerschützenden Haftungsvor-

Das heutige System des Kapitalschutzes im deutschen Aktienrecht ist nicht symmetrisch ausgestaltet. Die Aktionäre müssen lediglich das bei der Gründung der Aktiengesellschaft „versprochene" Kapital, das heißt einen Vermögensbetrag, der das nominelle Grundkapital betragsmäßig deckt, aufbringen. Eine Pflicht der Gründungsgesellschafter, die Gesellschaft mit einem Grundkapital auszustatten, welches ihren potentiellen Betriebskapitalverbrauch deckt und damit die Pflicht, eine anfängliche materielle *Unterkapitalisierung* der Gesellschaft[556] zu vermeiden, besteht nicht und löst auch keine nachträgliche Haftung der (Gründungs-)Gesellschafter aus.[557] (Lediglich) im Zeitpunkt der Eintragung der Gesellschaft muss das statuierte Grundkapital unverbraucht zur Verfügung stehen. Ist demgegenüber einmal Vermögen in der Aktiengesellschaft vorhanden, so darf dieses nur noch unter bestimmten Voraussetzungen an die Aktionäre ausgekehrt werden.[558]

Im Folgenden wird auf die Ausprägung der einzelnen Elemente des aktienrechtlichen Kapitalaufbringungs- und Kapitalerhaltungssystems eingegangen, soweit sie von Bedeutung für den Schutz der Gläubiger der Aktiengesellschaft sind.[559] Hierbei wird aus rechtshistorischer Perspektive auch kritisch auf Reformvorschläge eingegangen und diese inhaltlich eingeordnet.[560]

1. Aktienrechtliche Regelungen zur Kapitalaufbringung in der geschichtlichen Entwicklung

Das System der aktienrechtlichen Kapitalaufbringungsregelungen setzt sich heute zusammen aus einem gesetzlichen Mindestkapitalerfordernis und dem satzungsrechtlich festzulegenden Grundkapital – verstanden als Vermögen, dass die Gründer einer Aktiengesellschaft anfangs effektiv aufbringen und (wertmäßig korrekt) entweder zur freien Verfügung des Vorstandes der Aktiengesellschaft an diese sofort

---

schriften vgl. ausführlich *Bayer,* in: Bayer/Habersack (Hrsg.), Aktienrecht im Wandel, Bd. 2, S. 708, 755 f.

556 Vgl. hierzu auch Steffek, Gläubigerschutz in der Kapitalgesellschaft, 2011, S. 481 ff. m.w.N.

557 Dies wurde durch den BGH in der sog. *Gamma*-Entscheidung mit ausführlicher Begründung explizit abgelehnt, Urteil vom 28. April 2008, BGHZ 176, 204–221 (Gamma).

558 Vgl. zu diesem *„rocher de bronce"* des Kapitalgesellschaftsrechts in Deutschland und Europa ausführlich *Merkt,* ZGR 2004, 305 ff.

559 Vgl. zur Funktion der Regelungen über das gesetzliche Kapital auch ausführlich aus Perspektive des englischen Rechts *Gullifer/Payne,* Corporate Finance Law, 2011, S. 115 ff.

560 Zur Sprache kommen muss beispielsweise die Forderung des *Rickford*-Reports, *Rickford,* 15 European Business Law Review 2004, 919, das System des festen geschützten Grundkapitals abzuschaffen und durch einen Solvenztest zu ersetzen. A.A. dagegen die Gruppe von Wissenschaftlern um *Lutter,* Lutter (Hrsg.), Das Kapital der Aktiengesellschaft in Europa, 2006, siehe hierzu auch *Schön,* Der Konzern 2004, 162 ff.

leisten müssen oder sich verpflichten, zu einem späteren Zeitpunkt zu leisten.[561] Regelungen zur sogenannten verdeckten Sacheinlage[562] und zum Hin- und Herzahlen versuchen, Umgehungen der gesetzlichen Regelungen zu vermeiden.[563] Impulse zur Lösung von Problemen der effektiven Kapitalaufbringung im Aktienrecht kamen in den vergangenen Jahrzehnten meist aus der Rechtsprechung des Bundesgerichtshofs zum Recht der GmbH.[564] Das flexiblere Gründungsmodell und der größere Einfluss der Gesellschafter auf die Geschäftsführung ermöglichte diesen „kreative" Gestaltungen, die immer wieder Anlass für Grundsatzentscheidungen gaben. Zum historisch gewachsenen aktienrechtlichen System der Kapitalaufbringung gehört des Weiteren das Verbot der Stufengründung (vgl. §§ 2, 29 AktG), das Verbot einer Emission von Aktien unter pari (vgl. § 9 AktG), die Publizität von Sondervorteilen der Gründer, Gründungsaufwand, Sacheinlagen- und -übernahmen (vgl. §§ 26, 27 AktG), eine Prüfung der Gründung (§§ 32 Abs. 2, 33 Abs. 2 Nr. 4, 34 AktG), Vorschriften über die Leistung der Einlage (§§ 36 Abs. 2 i.V.m. 54 Abs. 3, 36a AktG), die gerichtliche Prüfung des Gründungshergangs (vgl. insbesondere § 38 Abs. 2 S. 2 AktG), die Regelungen zur Haftung der Gründer (vgl. §§ 46 ff. AktG) und die Sondererfordernisse einer Nachgründung (vgl. § 52 AktG).[565]

Der französische Code de Commerce von 1807[566] enthielt noch keine spezifischen Vorschriften zur Gründung von Aktiengesellschaften.[567] Aktiengesellschaften mussten lediglich über ein bestimmtes Anfangskapital verfügen (und eben über kein gesetzlich oder behördlich fixiertes Mindestkapital) und dieses musste nach Art. 34 Code de Commerce in Aktien zum gleichen Nennbetrag aufgeteilt werden.[568] Es

561 Vgl. zu den englischen Legal Capital Rules ausführlich *Gullifer/Payne*, Corporate Finance Law, 2011, S. 119 ff.

562 Vgl. zur Problematik der Umgehung der Sachgründungsvorschriften durch verdeckte Sacheinlagen *Hansen*, Die verdeckten Sacheinlagen in Frankreich, Belgien und Deutschland und ihre Behandlung durch die zweite EU-Gesellschaftsrechtsrichtlinie, 1996.

563 Siehe des Weiteren zur Frage von verdeckten Gewinnausschüttungen im Aktienrecht *Fleischer*, in: Lutter (Hrsg.), Das Kapital der Aktiengesellschaft in Europa, S. 114 ff.

564 *Ulmer*, in: Bayer/Habersack (Hrsg.), Aktienrecht im Wandel, Bd. 2, S. 113, 121.

565 Vgl. *Hüffer*, Aktiengesetz, 2014, § 1 Rdz. 11.

566 Siehe ausführlich *Deutsch*, in: Bayer/Habersack (Hrsg.), Aktienrecht im Wandel, Bd. 1, S. 46 ff.

567 Der französische Code de Commerce von 1807 galt auch in Rheinbayern, Rheinhessen, Baden (die – auch wenn nicht Teil der französischen Republik – den Code de Commerce als eigenes Gesetz einführten) und bis zum preußischen Gesetz über Aktiengesellschaften vom 29. November 1843 auch in Rheinpreußen (wenn auch nach dem Ende der napoleonischen Herrschaft nicht im Ganzen), vgl. *Bayer*, in: Bayer/Habersack (Hrsg.), Aktienrecht im Wandel, Bd. 2, S. 708, 714 ff. m.w.N. in Fn. 16 und 37.

568 Siehe zu Beispielen aus den Satzungen der Aktiengesellschaften der damaligen Zeit *Bösselmann*, Die Entwicklung des deutschen Aktienwesens im 19. Jahrhundert,

wurden allerdings durch das französische Innenministerium detaillierte Verwaltungsvorschriften zur Gründung erlassen.[569] Unter der Geltung des Code de Commerce stand die Sicherheit der Gesellschaftsgläubiger im Vordergrund, deswegen mussten theoretisch Kapitalbedarf und Kapitalaufbringung der Gesellschaften präzise durch diese bestimmt werden.[570] Auch wenn die Satzungen der Gesellschaften zum Teil Regelungen zur Kapitalaufbringung, Haftung oder auch Einzahlungsverpflichtungen enthielten,[571] wurden diese häufig im Rahmen der Konzessionierung nicht detailliert geprüft. *Bayer*[572] führt als Begründung hierfür auch Interessenverflechtungen ranghoher Ministerialbeamter, die selbst nicht unwesentlich an den von ihnen zu kontrollierenden Gesellschaften beteiligt waren, als Grund hierfür an. Zu dieser Zeit kann daher noch keine Entstehung oder irgendwie geartete Verfestigung eines Paradigmas konstatiert werden; die detaillierten Verwaltungsvorschriften des französischen Innenministeriums blieben in der Praxis zum Teil Makulatur.[573]

Erst das preußische Eisenbahngesetz von 1838[574] enthielt detailliertere Gründungsregelungen. Nach § 1 S. 3 Preußisches Eisenbahngesetz musste der Betrag eines Grundkapitals in der Satzung der Aktiengesellschaft festgeschrieben und ein Nachweis über seine vollständige Zeichnung gegenüber den Konzessionierungsbehörden erbracht werden. Jedoch genügte eine Einzahlung von 40 % des gezeichneten Kapitals (§ 2 Nr. 3 Preußisches Eisenbahngesetz). Um eine Spekulation mit nicht voll eingezahlten Aktien zu vermeiden, durften diese erst dann ausgegeben werden, wenn der gesamte Nominalbetrag eingezahlt war (§ 2 Nr. 2 S. 1 Preußisches Eisenbahngesetz).[575]

Die Regelungen des preußischen Aktiengesetzes von 1843[576] verschärften die Gründungsvoraussetzungen der Aktiengesellschaften gegenüber den sektor-

---

1939, S. 121 f.; *Renaud,* Das Recht der Actiengesellschaften, 1. Aufl. 1863, S. 221 f. oder *Gmür,* in: Hefermehl/Gmür (Hrsg.), Festschrift für Harry Westermann zum 65. Geburtstag, S. 167, 187.

569 *Cordes/Jahntz,* in: Bayer/Habersack (Hrsg.), Aktienrecht im Wandel, Bd. 1, S. 1, 15 in Fn. 35.

570 Siehe ausführlich *Lefebvre-Teillard,* La société anonyme au XIXe siècle, 1985, S. 117 ff., 119.

571 Vgl. *Bösselmann,* Die Entwicklung des deutschen Aktienwesens im 19. Jahrhundert, 1939, S. 130 f.; *Pöhls,* Das Recht der Actiengesellschaften mit besonderer Rücksicht auf Eisenbahngesellschaften, 1842, S. 228.

572 Vgl. *Bayer,* in: Bayer/Habersack (Hrsg.), Aktienrecht im Wandel Bd. 2, S. 708, 716.

573 Vgl. nur die Ausführungen bei *Bayer,* in: Bayer/Habersack (Hrsg.), Aktienrecht im Wandel Bd. 2, S. 708, 716 f.

574 Vgl. ausführlich *Kießling,* in: Bayer/Habersack (Hrsg.), Aktienrecht im Wandel, Bd. 1, S. 126 ff. und *Schubert,* SZGerm 116 (1999), 152 ff.

575 Siehe hierzu *Schubert,* SZGerm 116 (1999), 152, 174.

576 Gesetz über Aktiengesellschaften vom 9. November 1843, Gesetz-Sammlung für die Königlich Preußischen Staaten, 1943, S. 341 ff. (abgedruckt bei Baums (Hrsg.), Gesetz über die Aktiengesellschaften für die königlich preussischen Staaten vom 9. November 1843, 1981).

spezifischen Anforderungen des preußischen Eisenbahngesetzes.[577] Maßgebender Grund hierfür war allerdings nicht der Schutz der Gläubiger der Aktiengesellschaft, sondern der Schutz der (zukünftigen) Aktionäre dieser Gesellschaften[578] vor missbräuchlichen Spekulationen[579] mit noch nicht voll eingezahlten Aktien. Der preußische Gesetzgeber wollte verhindern, dass nicht geschäftskundige Bürger aus dem Mittelstand ihre schwer erarbeiteten Ersparnisse in als windig begriffene Aktiengesellschaften investierten.[580]

Darauf aufbauend enthielten der Entwurf eines Handelsgesetzbuches für Preußen von 1857[581] und das Allgemeine Deutsche Handelsgesetzbuch (ADHGB) von 1861[582] weiter ausdifferenzierte Regelungen zum Schutz von Anlegern und Gläubigern der Aktiengesellschaften. Auch wenn in historischen Dokumenten Anleger und Gläubiger (oder das Publikum) immer gleichrangig erwähnt werden, so lässt sich jedoch festhalten, dass zumindest der preußische Staat vor allem um den Schutz der Aktionäre[583] und besonders der Anleger, die nach der Gründung der Aktiengesellschaft Aktien von den Gründern erwarben, besorgt war.[584] So wurde beispielsweise bei der Frage einer etwaigen Überbewertung von Sacheinlagen bei einer qualifizierten Gründung lediglich die Schädigung der Aktionäre durch die

577 Es entfaltete Geltung für alle neu gegründeten Aktiengesellschaften (vgl. § 30) sowohl im Gebiet der Rheinprovinz als auch im Rest Preußens, in dem bis dahin noch das Allgemeine Landrecht für die preußischen Staaten von 1794 sowie zum Teil das gemeine Recht gegolten hatte, vgl. *Bösselmann,* Die Entwicklung des deutschen Aktienwesens im 19. Jahrhundert, 1939, S. 63.

578 1850 bestanden in Preußen insgesamt erst 130 Aktiengesellschaften, vgl. *Bayer,* ZGR 2007, 220, 717 in Fn. 37.

579 So auch das Gutachten der vereinigten Abteilungen des Königlichen Staatsrats für die Finanzen und die Justiz noch zum Entwurf, abgedruckt bei Baums (Hrsg.), Gesetz über die Aktiengesellschaften für die königlich preussischen Staaten vom 9. November 1843, 1981, S. 134, 143.

580 Vgl. *Pöhls,* Das Recht der Actiengesellschaften mit besonderer Rücksicht auf Eisenbahngesellschaften, 1842, S. 46; *Molle,* Die Lehre von den Aktiengesellschaften und den Commanditgesellschaften auf Aktien, 1875, S. 115 f.; ebenso *Hopt,* in: Coing/ Wilhelm (Hrsg.), Wissenschaft und Kodifikation des Privatrechts im 19. Jahrhundert, S. 128, 147 f.

581 Abgedruckt bei Schubert (Hrsg.), Der Entwurf eines Handelsgesetzbuchs für die preußischen Staaten nebst Motiven (1857), 1986.

582 Siehe *Schubert, ZHR* 144 (1980), 484 ff. und zum früheren Entwurf von 1848/1849 Baums (Hrsg.), Entwurf eines allgemeinen Handelsgesetzbuches für Deutschland (1848/49), 1982.

583 Vgl. *Pahlow,* in: Bayer/Habersack (Hrsg.), Aktienrecht im Wandel, Bd. 1, S. 237, 265 f., 273 f.

584 Der Begriff des „Publikums" (vgl. beispielsweise in den Motiven zum Entwurf des ADHGB (1949), abgedruckt bei Baums (Hrsg.), Entwurf eines allgemeinen Handelsgesetzbuches für Deutschland (1848/49), 1982, S. 132) meinte denn auch vorrangig die (zukünftigen) Anleger der Aktiengesellschaft als ihre Gläubiger.

Gründer der Gesellschaft thematisiert.[585] Allgemein sollten Anleger und Gläubiger allerdings gleichermaßen gegen „Schwindel“ und „Unsolidität“ der Aktiengesellschaften geschützt[586], sowie der allgemeine Wohlstand und die Landesindustrie gesichert werden.[587] Hierbei muss hinreichend zwischen der Entstehung des Vermögensschutzsystems (Kapitalaufbringung und -erhaltung) einerseits und der Entstehung einer festen – gesetzlichen Mindestkapitalziffer andererseits unterschieden werden. Zum Verständnis des Konzessionssystems kann nicht nur auf das Gesetz als solches – das in der Tat rudimentär war – sondern muss auch auf die Idee Bezug genommen werden, dass in ausführlichen Ministerialerlassen[588] Grundsätze der Genehmigungspraxis aufgestellt und dadurch im ministeriellen Genehmigungsverfahren[589] bestimmte Mindestanforderungen an die Satzungen der Gesellschaften gestellt und durchgesetzt wurden. Diese Mindestanforderungen wirken im Effekt gläubigerschützend[590] auch wenn der Fokus auf dem Schutz der (zukünftigen) Anleger der Gesellschaften und dem Wohlstand der Landesindustrie lag.

In der Diskussion zu einem ADHGB für die deutschen Länder wurde noch einmal das Bedürfnis für die Rechtsform der Aktiengesellschaft grundsätzlich in Frage gestellt. Das Prinzip der beschränkten Haftung in der Aktiengesellschaft wurde als anleger- und gläubigerschädigend kritisiert. Auch eine „Aktiengesellschaft“ mit unbeschränkter Gesellschafterhaftung würde allerdings weder die Sicherheit der Anleger noch der Gläubiger erreichen können. Denn, „da begüterte Aktionäre Anteile an unvermögende Dritte weiterveräußern und so den Gläubigern die angestrebte Haftungsgrundlage rückwirkend wieder entziehen könnten“, sei eine solche

585 Vgl. hierzu die Protokolle, abgedruckt bei Schubert (Hrsg.), Verhandlungen über die Entwürfe eines Allgemeinen Deutschen Handelsgesetzbuches 1861, 1986, S. 329.

586 Vgl. zur Möglichkeit u.a. von „Schwindelgründungen“ durch den Wechsel vom Konzessionssystem zum System gesetzlicher Normativbestimmungen als gesetzliche Mindestanforderungen *Funke*, Gläubigerschutz durch Information im Recht der Aktiengesellschaft, 2011, S. 54.

587 Vgl. Entwurf eines Handelsgesetzbuchs für die Preußischen Staaten nebst Motiven, 1857; ausführlich zum Einfluss des Entwurfs auf das allgemeine deutsche Handelsgesetzbuch von 1861 *Kießling*, in: Bayer/Habersack (Hrsg.), Aktienrecht im Wandel, Bd. 1, S. 193, 215 ff.

588 Siehe zu einzelnen Ministerialerlassen jeweils *Baums*, Einführung, in: Gesetz über die Aktiengesellschaften für die königlich preußischen Staaten vom 9. November 1943, abgedruckt in Florstedt et al. (Hrsg.), Beiträge zur Geschichte des Wirtschaftsrechts, S. 84 in Fußnoten 41, 58, 94).

589 Vgl. zur Genehmigungspraxis *Baums*, Einführung, in: Gesetz über die Aktiengesellschaften für die königlich preußischen Staaten vom 9. November 1943, abgedruckt in Florstedt et al. (Hrsg.), Beiträge zur Geschichte des Wirtschaftsrechts, S. 84, 98 ff.

590 Vgl. hierzu auch *Baums*, in: Bayer/Habersack (Hrsg.), Aktienrecht im Wandel, Bd. 2, S. 955, 971.

Haftungsgrundlage ebenso wertlos.[591] *Kießling* sieht in dieser Entscheidung für die beschränkte Haftung der Aktionäre die „eigentliche Geburtsstunde des Grundsatzes der realen Kapitalaufbringung und Kapitalerhaltung".[592]

Auf Druck der Hansestädte, die eine liberalere Wirtschaftspolitik befürworteten,[593] wurde mit dem ADHGB zwar generell der Konzessionierungszwang nicht aufgehoben, durften aber einzelne Länder vom ADHGB abweichende Regelungen erlassen (vgl. § 208 Abs. 1, 211 Abs. 1 ADHGB 1861).[594] Während des folgenden Gründungsbooms von Aktiengesellschaften wurde die staatliche Konzessionierung und Überwachung zunehmend als unpraktikable Belastung angesehen.[595] Durch der Aufhebung der Konzessionierungspflicht im Aktiengesetz von 1870[596] zerfielen die Regelungen des Aktiengesetzes in zwingende und dispositive.[597] Die weiteren Vorkommnisse der 1870er Jahre beschreibt *v. Ihering* plastisch. In der Folgezeit hätten sich die Aktiengesellschaften in *„organisierte Raub- und Betrugsanstalten"* verwandelt.[598] Von *„schwindelhaften Vorkommnissen"* spricht auch *Bayer*.[599] Der Schutz der Aktionäre vor „Unsolidität" und „Übervorteilung" war bislang nicht gelungen.[600] Auch der Schutz der Gläubiger vor den identifizierten Machenschaften wurde aus-

---

591 Vgl. die Beratungen zum AktG 1843, abgedruckt bei Baums (Hrsg.), Gesetz über die Aktiengesellschaften für die königlich preussischen Staaten vom 9. November 1843, 1981, S. 58 ff. und zu Hintergründen des Gesetzes die Einführung hierzu, abgedruckt auch jüngst bei Florstedt et al. (Hrsg.), Beiträge zur Geschichte des Wirtschaftsrechts, 2012, S. 84 ff.

592 Siehe *Kießling*, in: Bayer/Habersack (Hrsg.), Aktienrecht im Wandel, Bd. 1, S. 193, 225.

593 Vgl. die ausführliche Darstellung bei *Wehler*, Deutsche Gesellschaftsgeschichte, Bd. 3, 2007.

594 Hiervon machten Anhalt, Baden, Bremen, Hamburg, Lübeck, Oldenburg, Sachsen und Württemberg Gebrauch, vgl. *Hopt*, in: Coing/Wilhelm (Hrsg.), Wissenschaft und Kodifikation des Privatrechts im 19. Jahrhundert, S. 128.

595 Siehe statt vieler *Schäffle*, Deutsche Vierteljahresschrift 4 (1856), 259, 289 ff.

596 Gesetz betreffend die Kommanditgesellschaft auf Aktien und die Aktiengesellschaft vom 11. Juni 1870, BGBl. des Norddeutschen Bundes, 1870, S. 325 ff., siehe ausführlich *Schubert*, ZGR 1981, 285 ff. und *Lieder*, in: Bayer/Habersack (Hrsg.), Aktienrecht im Wandel, Bd. 1, S. 318 ff.

597 Vgl. zu diesen unten unter D.II.3.

598 Vgl. *v. Ihering*, Der Zweck im Recht, 1877, Bd. 1, S. 222.

599 *Bayer*, in: Bayer/Habersack (Hrsg.), Aktienrecht im Wandel, Bd. 2, S. 708, 727, m.w.N. zur zeitgenössischen Literatur in Fn. 117; ausführlich zum Zusammenhang zwischen den Regelungen des AktG 1870 und dem Gründungsboom und Gründungskrach der Folgezeit *Lieder*, in: Bayer/Habersack (Hrsg.), Aktienrecht im Wandel, Bd. 1, S. 318, 378 ff.

600 Vgl. Begründung des Entwurfs eines Gesetzes betreffend die Kommanditgesellschaften auf Aktien und die Aktiengesellschaften, Stenographische Berichte über die Verhandlungen des Reichstages, 1884, Bd. 3 Anlage Nr. 21, S. 244; ebenso *Großfeld*, in: Coing/Wilhelm (Hrsg.), Wissenschaft und Kodifikation des Privatrechts im 19. Jahrhundert, S. 236; ähnlich auch *Schubert*, in: Schubert/Hommelhoff (Hrsg.), Hundert Jahre modernes Aktienrecht, 1985, S. 49, 50.

führlich diskutiert.[601] Die Missstände sorgten dafür, dass mit der 1884 folgenden zweiten Aktienrechtsnovelle[602] missbräuchliche Gründungen von Aktiengesellschaften unterbunden und Schwächen der Regelungen der ersten Aktienrechtsnovelle von 1870 ausgebügelt werden sollten.[603] Hierzu wurde die Regelungsdichte der Normativbestimmungen weiter erhöht.[604] Im Fokus stand wiederum der Schutz der (zukünftigen) Anleger der Aktiengesellschaften.

Der Ausbau des Gläubigerschutzsystems war zwar willkommener Nebeneffekt, allerdings nicht Hauptziel der Reform.[605] Denn gegen „Täuschung und Irrthum, Illusion und Leichtsinn muß wesentlich die eigene Sorgsamkeit der Betheiligten sichern."[606] Dieser schon von den Hansestädten für das ADHGB von 1861 propagierte Ansatz wurde in den Regelungen der zweiten Aktienrechtsnovelle von 1884[607] fortgeführt.[608] Im Gegensatz zur ersten Aktienrechtsnovelle von 1870[609] waren dessen Regelungen vorab sehr sorgfältig diskutiert und vorbereitet worden. Einen Paradigmenwechsel im Vergleich zur ersten Novelle bedeuteten die Neuerungen indes nicht. Die zweite Aktienrechtsnovelle schärfte lediglich die

---

601 Vgl. beispielsweise das Gutachten über die geeignetsten Mittel zur Abhülfe der nach den Erfahrungen des Reichs-Oberhandelsgerichts bei der Gründung, der Verwaltung und dem geschäftlichen Betriebe von Aktienunternehmungen hervorgetretenen Uebelstände, in: Schubert/Hommelhoff (Hrsg.), Hundert Jahre modernes Aktienrecht, 1985, S. 157 ff.; die Notizen zum Entwurf eines Gesetzes, betreffend die Kommanditgesellschaften auf Aktien und die Aktiengesellschaften (Januar 1882), abgedruckt ebendort, S. 263 ff. und die folgenden Verhandlungen der Aktienrechtskommission, abgedruckt ebendort, S. 288 ff.

602 Gesetz betreffend die Kommanditgesellschaften a.A. und die Aktiengesellschaften vom 18. Juli 1884, RGBl. 1884, Nr. 22, S. 123 ff., detailliert *Hofer,* in: Bayer/Habersack (Hrsg.), Aktienrecht im Wandel, Bd. 1, S. 388 ff.

603 Zu den Schwachpunkten des Aktiengesetzes von 1870 vgl. das Gutachten des Reichsoberhandelsgerichts, abgedruckt bei Schubert/Hommelhoff (Hrsg.), Hundert Jahre modernes Aktienrecht, 1985, S. 157 ff.

604 Vgl. oben unter I.1.

605 So wurden beispielsweise gesetzliche Schutzrechte für Minderheitsaktionäre eingeführt, vgl. *Hofer,* in: Bayer/Habersack (Hrsg.), Aktienrecht im Wandel, Bd. 1, S. 388, 403.

606 Siehe Begründung des Entwurfs eines Gesetzes betreffend die Kommanditgesellschaften auf Aktien und die Aktiengesellschaften, Stenographische Berichte über die Verhandlungen des Reichstages, 1884, Bd. 3 Anlage Nr. 21, S. 215, 245.

607 Gesetz über die Kommanditgesellschaften a.A. und die Aktiengesellschaften vom 18. Juli 1884, RGBl. 1884, Nr. 22, S. 123 ff.; ausführlich *Hofer,* in: Bayer/Habersack (Hrsg.), Aktienrecht im Wandel, Bd. 1, S. 388 ff.

608 Vgl. die knapp fünfhundertseitige Begründung zum Gesetzentwurf, Stenographische Berichte über die Verhandlungen des Reichstages, 1884, Bd. 3, Anlage Nr. 21, S. 215, 245.

609 Das Gesetz wurde von *Goldschmidt,* ZHR 30 (1885), 69, 75 gar zu einem „Nothgesetz" erklärt.

schon in der ersten Novelle von 1870 angelegten Schutzkomponenten in ihrem Profil weiter.[610]

Das Schutzsystem aus in der Satzung festgelegtem festem Grundkapital, Kapitalaufbringung und Kapitalerhaltung erreichte mit der Aktienrechtsnovelle von 1884 seine grundsätzliche Ausgestaltung, ein Großteil der auch heute noch vorhandenen Paradigmen waren entstanden. Ihre Zusammensetzung als System wurde seitdem nicht mehr wesentlich geändert.[611] Später trat aus Sicht des Gläubigerschutzes als neu nur noch das Erfordernis eines gesetzlichen Mindestnenngrundkapitals[612] hinzu, das erst durch die Goldbilanzverordnung von 1923[613] geschaffen wurde. Im Folgenden wird auf die Bestandteile der Kapitalaufbringungsvorschriften näher eingegangen. Diese setzen sich zusammen aus dem Paradigma einer festen Grundkapitalziffer (vgl. unter 1.1.), den Regelungen zur Aufbringung des Nennkapitals (vgl. unter 1.2.), dem Paradigma eines gesetzlichen Mindestnennkapitals (vgl. unter 1.3.) und der Ausprägung der Regelungen zum Recht der Sacheinlage (vgl. unter 1.4.). Ein letzter Teil (vgl. unter 1.5.) bringt die Ergebnisse zum Gläubigerschutz durch Kapitalaufbringungsvorschriften zusammen. Hierbei wird jeweils auf einzelne Lehren für die Rechtspolitik analysiert und einer kritischen Prüfung vor dem Hintergrund der effektiven Umsetzung eines Gläubigerschutzregimes unterzogen.[614]

1.1 Das Paradigma einer festen Grundkapitalziffer

Die Idee eines festen Grundkapitals trat zunächst in Holland auf.[615] Es ist bis heute zweifelhaft, ob auch schon die „vorgesetzlichen" Handelskompanien (also vor 1807) über ein festes Grundkapital „als Sachvermögen und Kern der Gesellschaft" verfügten. Nach *Cordes / Jahntz* entwickelte sich dieses Charakteristikum der Aktiengesellschaft bei den meisten Gesellschaften im deutschen Raum im 18. Jahrhundert.[616] Zum Teil fand sich in den entsprechenden *Octroi* der Handelskompanien eine Bestimmung über die Einzahlung einer bestimmten Mindestsumme in bar zur

---

610 Vgl. *Hofer,* in: Bayer/Habersack (Hrsg.), Aktienrecht im Wandel, Bd. 1, S. 388, 389.

611 Siehe ebenso *Bayer,* in: Bayer/Habersack (Hrsg.), Aktienrecht im Wandel, Bd. 2, S. 708, 732.

612 Vgl. ausführlich unter 1.c.

613 Goldbilanzverordnung vom 28. Dezember 1923, RGBl. Teil I, 1923, S. 1253.

614 Vgl. für viele zur rechtspolitischen Entscheidung des Gesetzgebers für ein gesetzliches Gläubigerschutzsystem *Feller,* Mindeststammkapital und Kapitalaufbringung als Instrumente des Gläubigerschutzes bei kleinen und mittleren Unternehmen, 2014, S. 34 ff.

615 *Klein,* Die neueren Entwicklungen in Verfassung und Recht der Aktiengesellschaften, 1904 S. 10, *zitiert* nach dem Neuabdruck in Doralt/Kalss (Hrsg.), Franz Klein – Vorreiter des modernen Aktien- und GmbH-Rechts, 2004.

616 *Cordes/Jahntz,* in: Bayer/Habersack (Hrsg.), Aktienrecht im Wandel, Bd. 1, S. 1, 17 f.; a.A. dezidiert *Hadding/Kießling,* in: Eckert (Hrsg.), Der praktische Nutzen der Rechtsgeschichte, S. 159, 163 unter Bezugnahme auf die Darstellungen von *Lehmann,* Die geschichtliche Entwicklung des Aktienrechts bis zum Code de

Gründung der Gesellschaft.[617] Erstmals enthielt das preußische Aktiengesetz von 1843 den Begriff des *Grundkapitals.* Zwar hatte es schon im Code de Commerce von 1807 in Art. 34 geheißen: „*Le capital de la société se divise en actions...*"[618] Die Festschreibung eines satzungsmäßig festzulegenden Stammkapitals der Aktiengesellschaft war damit jedoch nicht verbunden. Der Gesellschaftsvertrag der Aktiengesellschaften musste nach dem Aktiengesetz 1843 erstmals dessen Höhe und den Nennbetrag der ausgegebenen Aktien enthalten (vgl. § 2 S. 2 Nr. 3 AktG 1843)[619] und dann publiziert werden (§ 3 AktG 1843). Nach § 25 Abs. 1 AktG 1843 musste des Weiteren veröffentlicht werden, wenn das aufgebrachte Grundkapital zur Hälfte verloren war. Vor allem Spekulationen mit nicht vollständig eingezahlten Aktien sollten so vermieden werden.[620] Strenge Anforderungen[621] an die Konzessionierung von Aktiengesellschaften sollten die Einhaltung dieser Regelungen garantieren. Im ADHGB von 1861 wurden die Regelungen weitgehend übernommen. Der Gesellschaftsvertrag musste sowohl die Höhe des Grundkapitals der Gesellschaft als auch die Höhe der einzelnen Nennbeträge enthalten (Art. 209 Nr. 4 ADHGB 1861), und der Gesellschaftsvertrag und die Konzessionierungsurkunde mussten zum Handelsregister eingereicht werden (Art. 210 ff. ADHGB 1861). Die ministerielle Genehmigungspraxis und der Inhalt der genehmigten Statuten unterschied sich. Jedenfalls theoretisch nahmen die Behörden zur Genehmigung eine inhaltliche Prüfung des festgesetzten Grundkapitals dergestalt vor, dass das Grundkapital „angemessen" sein musste. Damit wurde, wenn auch unter einer anderen Bezeichnung, versucht, einer materiellen Unterkapitalisierung der Aktiengesellschaften zu begegnen. Ob in der Praxis jede noch so niedrige Kapitalziffer[622] praktisch von den Behörden im Zuge

Commerce, 1895 und *Gmür,* in: Hefermehl/Gmür (Hrsg.), Festschrift für Harry Westermann zum 65. Geburtstag, S. 167.

617 *Cordes/Jahntz* nennen das Beispiel der Preußischen Assekuranzkammer von 1765, in der die Zeichner ein Viertel der Einlage bis zum Ende der Zeichnungsfrist einzuzahlen hatten, in: Bayer/Habersack (Hrsg.), Aktienrecht im Wandel, Bd. 1, S. 1, 18 und Fn. 53.

618 Ebenso formulierte Art. 10 Abs. 1 des niederländischen Wetboek von Koophandel von 1827.

619 Nach *Reich,* Ius Commune 2 (1969), 239, 251, und *Coing,* Europäisches Privatrecht, 1989, Bd. 2, S. 125 lehnte sich der preußische Gesetzgeber hierbei an französische und niederländische Entwürfe an.

620 Vgl. *Kießling,* in: Bayer/Habersack (Hrsg.), Aktienrecht im Wandel, Bd. 1, S. 193, 230.

621 Vgl. die Instruktion, die Grundsätze in Ansehung der Konzessionierung von Aktiengesellschaften betreffend vom 22. April 1845, Ministerialblatt für die innere Verwaltung der Königlich Preußischen Staaten 1845, S. 120 ff. und die Zirkularverfügung vom 7. Juli 1856, Staatsanzeiger Nr. 161, S. 1327. Siehe ausführlich auch Baums (Hrsg.), Gesetz über die Aktiengesellschaften für die königlich preussischen Staaten vom 9. November 1843, 1981, S. 35 ff.

622 Vgl. *Bösselmann,* Die Entwicklung des deutschen Aktienwesens im 19. Jahrhundert, 1939, S. 130 f.; *Pöhls,* Das Recht der Actiengesellschaften mit besonderer Rücksicht auf Eisenbahngesellschaften, 1842, S. 228.

der allgemeinen Aufbruchsstimmung der industriellen Entwicklung in Preußen akzeptiert wurde, ist heute schwer festzustellen.[623]

Nach der ersten Aktienrechtsnovelle von 1870 durfte die Eintragung der Aktiengesellschaft in das Handelsregister erst erfolgen, wenn ihre sämtlichen Aktien gezeichnet waren, vgl. Art. 210a Nr. 1 AktG 1870.[624] Die Regelung des § 25 Abs. 1 AktG 1843 bestand inhaltlich fort. Nach dem neuen Art. 240 Abs. AktG 1870 hatte der Vorstand die Generalversammlung der Aktionäre einzuberufen, wenn das Grundkapital zur Hälfte aufgezehrt war. Diese hatte dann über Fortbestehen oder Liquidation der Aktiengesellschaft zu beschließen.[625]

Mit der Novelle von 1870[626] war das Paradigma des Erfordernisses eines satzungsmäßig fixierten Kapitalbetrags, an den Aufbringungs- und Erhaltungsregeln anknüpften, im Recht der Aktiengesellschaft schon endgültig festgeschrieben. Es gehört seitdem zum *Wesen der Aktiengesellschaft*[627] nach deutschem und später auch europäischem Verständnis. Auf europäischer Ebene sieht die Kapitalrichtlinie ebenfalls das Erfordernis eines festen Grundkapitals vor.[628] Die Möglichkeit, auf eine feste (satzungsmäßig zu bestimmende) Grundkapitalziffer ganz zu verzichten, wurde in der Vergangenheit gar nicht erst diskutiert. Da eine Aktiengesellschaft jedenfalls ein bestimmtes Betriebskapital benötigt, muss dessen Aufbringung festgelegt werden; nach deutscher Lösung, indem es satzungsmäßig vorab im Gesellschaftsvertrag bestimmt wird. Das Erfordernis, eine Hauptversammlung (damals: Generalversammlung der Aktionäre) einzuberufen, wenn das satzungsmäßig festgelegte Grundkapital zur Hälfte aufgezehrt ist, wirkt auch für die Gläubiger der Gesellschaft als *Warnlampe.*[629] Der Übergang von einem Konzessionssystem zu einem System der Normativbestimmungen hat die Gründung von Aktiengesell-

---

623 Auch wenn die Satzungen der Gesellschaften zum Teil Regelungen zur Kapitalaufbringung, Haftung oder auch Einzahlungsverpflichtungen enthielten, wurden diese im Rahmen der Konzessionierung zum Teil nicht detailliert geprüft, vermutlich auch aufgrund von Interessenverflechtungen ranghoher Ministerialbeamter, die selbst nicht unwesentlich an den von ihnen zu kontrollierenden Gesellschaften beteiligt waren, vgl. ausführlich *Bayer,* in: Bayer/Habersack (Hrsg.), Aktienrecht im Wandel Bd. 2, S. 708, 716 f.

624 Vgl. hierzu die Motive, Stenographische Berichte über die Verhandlungen des Reichstags des Norddeutschen Bundes, 1970, Bd. 4 Anlage Nr. 158, S. 645, 654.

625 Voraussetzung eines Beschlusses war allerdings, dass nicht nach Art. 240 AktG 1870 Konkurs wegen Überschuldung anzumelden war, vgl. *Bayer,* in: Bayer/Habersack (Hrsg.), Aktienrecht im Wandel, Bd. 2, S. 708, 727.

626 Vgl. ausführlich *Lieder,* in: Bayer/Habersack (Hrsg.), Aktienrecht im Wandel, Bd. 1, S. 318 ff.; *Schubert,* ZGR 1981, 285 ff.

627 ROHGE 6, 94. Nach ROHGE 6, 265, 274 war ein festes Nennkapital für die Existenz der Aktiengesellschaft unabdingbar; vgl. auch *Bayer,* in: Bayer/Habersack (Hrsg.), Aktienrecht im Wandel, Bd. 2, S. 708, 722.

628 Zur Kapitalrichtlinie siehe Fn. 5.

629 Vgl. zur sogenannten *Warnlampenfunktion* einer festgelegten Grundkapitalziffer und der Verlustanzeigepflicht u.a. *Lutter,* AG 1998, 375; siehe auch *Armour/Hertig/*

schaften generalisiert und damit auch zwangsläufig von der konkreten Aktiengesellschaft, ihrem Kapitalbedarf und Risikoprofil, unabhängig gemacht. Hierin ist jedoch kein Paradigmenwechsel auch und gerade hinsichtlich der Anforderungen des Grundkapitals und damit der Wirkung und Bedeutung der Kapitalaufbringung und -erhaltungsregeln verbunden. Vor der Aktienrechtsreform 1870 wurde zwar durch die Ministerialbehörden die in der Satzung festzulegenden Grundkapitalziffer (tendenziell) auch darauf geprüft, ob dieses Grundkapital zum Betrieb der Gesellschaft ausreichte (vgl. oben – „materielle Unterkapitalisierung“[630]). Nach der Aktienrechtsreform 1870 war die behördliche – jetzt durch die Registergerichte durchzuführende Prüfung – auf die formale Frage reduziert, ob sich in der Satzung überhaupt eine Grundkapitalziffer befand. Diese „Lücke“ des Anleger und Gläubigerschutzes wurde dann aber schnell, mit der Aktienrechtsreform 1884, durch Einführung einer gesetzlichen Mindestkapitalziffer korrigiert, so dass dieser Zeitverzug von nur wenigen Jahren nicht als mehrfacher Paradigmenwechsel qualifiziert werden kann.[631]

Hierbei ist zusätzlich festzustellen, dass der deutsche Gesetzgeber spätestens seit der Aktienrechtsreform von 1870 auf den Versuch verzichtet hat, behördlich oder regulatorisch auf eines aus staatlicher Sicht angemessenes satzungsmäßig festgelegtes Grundkapital im Aktienrecht zu dringen.[632] Sieht man die satzungsmäßig festgelegte Grundkapitalziffer als pfadabhängig entwickeltes lokales Optimum an, so fällt es schwer, ein weiteres (globales) Optimum zu identifizieren.[633] Eine Alternative wäre beispielsweise eine regelmäßig (beispielsweise je nach Jahresergebnis der Aktiengesellschaft) fluktuierende Ziffer, die als klassischer Reservefonds im Vermögen der Aktiengesellschaft zurückgehalten werden müsste. Eine feste Grundkapitalziffer allein wirkt allerdings nicht gläubigerschützend. Es müssen entsprechende Regelun-

---

Kanda, The Anatomy of Corporate Law, 2009, S. 115, 130 ff. m.w.N., a.A. *Kühnberger*, DB 2000, 2077.

630 Siehe auch *Steffek*, Gläubigerschutz in der Kapitalgesellschaft, 2011, S. 483 ff. m.w.N.

631 Zum Topos des Wesens der Aktiengesellschaft, seiner Entstehung und Bedeutung vgl. auch *Huber*, Entstehungsgeschichte und aktuelle Auslegungsprobleme des § 241 Nr. 3 AktG, in: Horn (Hrsg.): Festschrift für Helmut Coing, Bd. 2, S. 167, 171, 187 ff.

632 Eine Ausnahme, und damit ein klassisches Konzessionssystem, fand sich noch in § 4 Abs. 1 c) des Reichsgesetzes über das Kreditwesen vom 5. Dezember 1934, in welchem es hieß, dass eine Erlaubnis (zum Betrieb eines Kreditinstituts) nur versagt werden darf, wenn u.a. der Unternehmung die zum Geschäftsbetrieb erforderlichen Mittel im Inland nicht zur Verfügung stehen; vgl. auch heute noch § 101 Abs. 1 KWG, der ebenfalls angemessene Eigenmittel fordert; vgl. zur Übertragbarkeit des Modells einer bankaufsichtsrechtlichen Lösung *Baums*, Eigenkapital: Begriff, Aufgaben, Sicherung, ZHR 175 (2011), 160, 191 ff.

633 Auch *Gullifer / Payne*, Corporate Finance Law, 2011, S. 141 nennen als Alternativen zu den Regelungen des satzungsmäßig festgelegten Grundkapitals lediglich den Gläubigerschutz durch Vertrag, durch Insolvenzrecht oder durch Bilanzrecht (*Solvency Statement Approach*).

gen hinzu treten, die eine effektive Aufbringung des Grundkapitals garantieren. Dies wäre auch bei einer fluktuierenden Reservefondsziffer der Fall.

1.2 Die Regelungen zur Aufbringung des Nennkapitals

Die Bestimmung eines festen satzungsmäßigen Grundkapitals im Recht der Aktiengesellschaften ist von den Regelungen zu seiner Aufbringung unabhängig ebenso wie von einem etwaigen Erfordernis eines gesetzlichen Mindestkapitals. Heute müssen Bareinlagen zu mindestens einem *Viertel* vor der Anmeldung der Aktiengesellschaft aufgebracht werden, § 36 II, 36a I AktG. Sie sind zur freien Verfügung des Vorstands zu leisten, §§ 36 II, 54 III AktG. Bei Gründung der Aktiengesellschaft durch eine Einzelperson war daneben bis zum Inkrafttreten des MoMiG Sicherheit für die ausstehenden Bareinlagen zu leisten, § 36 Abs. 2 S. 2 AktG. Sacheinlagen müssen nach § 36a Abs. 2 S. 1 AktG vollständig aufgebracht werden – es gibt nach Abs. 2 S. 2 allerdings die Möglichkeit, die tatsächliche Leistung der Einlage fünf Jahre hinaus zu zögern. Das Mindestgründungsvermögen der Aktiengesellschaft beträgt heute wenigstens EUR 12.500.

Schon unter der Geltung des Code de Commerce von 1807 mussten Gründer wenigstens einen Aktienanteil von 25 % selbst übernehmen und die Zahlung der Einlage nach Erteilung der Konzession garantieren.[634] Diese Einlagepflicht von 25 % des Aktienanteils wurde für die Sicherheit der Gläubiger der Aktiengesellschaft für unverzichtbar gehalten. Da man sich schon der Gefahr einer etwaigen Überbewertung von Sacheinlagen bewusst war, musste die Einlageleistung möglichst in der Form einer Bareinlage aufgebracht werden.[635] Auch nach dem späteren Art. 222 Nr. 2 ADHGB 1861 durften Aktien, die auf den Inhaber lauteten, erst dann ausgegeben werden, wenn der gesamte Nominalbetrag eingezahlt war. Alle Zeichner von Inhaberaktien hatten jedenfalls 40 % des Nominalbetrages der Aktien aufzubringen und waren damit in dieser Höhe unbedingt verpflichtet.[636] Infolge der Neuerungen der Aktienrechtsnovelle von 1870 mussten 10 %[637] des Nominalkapitals bei der Gründung der Gesellschaft aufgebracht werden, vgl. Art. 210a Nr. 1 und Nr. 2 AktG 1870. Eine Eintragung der Aktiengesellschaft in das Handelsregister durfte vorher nicht erfolgen. Damit sollten Aktiengesellschaftsgründungen vermieden werden, die keinen ernsthaften unternehmerischen Zweck verfolgten, sondern von

---

634 Vgl. Art. 3 Règlement de son excellence le ministre de l´intérieur du 23. decembre 1807, sur l´exécution de l´article 37 Code de Commerce, siehe *Deutsch,* in: Bayer/Habersack (Hrsg.), Aktienrecht im Wandel, Bd. 1, S. 46, 78.

635 Vgl. Instruction ministérielle du 22. octobre 1817 „Sur les mises de fonds".

636 Die Hansestädte legten allerdings eine Grenze von lediglich 25 % fest. Dies wurde durch Art. 249 Abs. 2 Nr. 1 ADHGB 1861 ermöglicht, siehe *Reich,* Ius Commune 2 (1969), 239, 261.

637 Bei Versicherungsgesellschaften mindestens 20 %, vgl. *Bayer,* in: Bayer/Habersack (Hrsg.), Aktienrecht im Wandel, Bd. 2, S. 708, 723.

den Gründern lediglich zu Spekulationszwecken genutzt wurden.[638] Da es allerdings noch keine Regelung gab, nach der das Kapital der Aktiengesellschaft dauerhaft zur Verfügung stehen musste, waren Umgehungen leicht möglich[639] und üblich.[640] Auch nach Art. 222 Abs. 1 Nr. 2 AktG 1870 waren Aktionäre weiterhin nur auf 40 % des Nominalbetrages der Aktien verhaftet, d. h. (lediglich) 40 % des Nominalbetrages unterlagen einer strikten, das heißt nicht abdingbaren Zahlungsverpflichtung.[641] Eine *Aktienliberierung* in Höhe von 60 % war gesetzlich gestattet. Von ihr wurde ebenfalls häufig Gebrauch gemacht. Dadurch wurde den Gläubigern der Aktiengesellschaften (aber auch ihren Aktionären) leicht ein höheres Grundkapital der Aktiengesellschaft vorgespiegelt, als tatsächlich Kapital in der Aktiengesellschaft vorhanden war.[642]

Die Möglichkeit zur Aktienliberierung erwies sich als ein Schwachpunkt des Aktiengesetzes von 1870. Ihr wird in der Literatur eine Mitschuld an dem sogenannten Gründungsschwindel[643] in den Folgejahren gegeben. Die Aktienliberierung wird daher in der zweiten Aktienrechtsnovelle von 1884 in Art. 219 Abs. 2 i.V.m. 184 bis 184c AktG 1884 für unzulässig erklärt. Auch mussten jedenfalls bei Bargründungen nach Art. 210 Abs. 3 AktG 1884 jetzt wenigstens 25 % des Nennkapitals eingezahlt werden und im „Besitz des Vorstands" sein. Dies musste durch die Gründungsorgane gegenüber dem Handelsregister erklärt werden, um eine Eintragung der Gesellschaft zu erreichen.[644] Eine Aufrechnung gegen Forderungen, die den Aktionären gegenüber der Aktiengesellschaft zustanden, war nicht mehr möglich (vgl. Art. 184 AktG 1884). Auch die Publikationsvorschriften wurden verschärft (vgl. Art. 209e,

---

638 Vgl. die Motive, Stenographische Berichte über die Verhandlungen des Reichstags des Norddeutschen Bundes, 1970, Bd. 4 Anlage Nr. 158, S. 645, 654.

639 Beispiele von Umgehungen bei *Lieder,* in: Bayer/Habersack (Hrsg.), Aktienrecht im Wandel, Bd. 1, S. 318, 348.

640 Siehe auch das Gutachten über die geeignetsten Mittel zur Abhülfe der nach den Erfahrungen des Reichs-Oberhandelsgerichts bei der Gründung, der Verwaltung und dem geschäftlichen Betriebe von Aktienunternehmungen hervorgetretenen Uebelstände, abgedruckt bei Schubert/Hommelhoff (Hrsg.), Hundert Jahre modernes Aktienrecht, 1985, S. 157, 161 f.

641 Vgl. ausführlich *Lieder,* in: Bayer/Habersack (Hrsg.), Aktienrecht im Wandel, Bd. 1, S. 318, 347 ff.

642 Ebenso *Bayer,* in: Bayer/Habersack (Hrsg.), Aktienrecht im Wandel, Bd. 2, S. 708, 725.

643 *Lieder,* in: Bayer/Habersack (Hrsg.), Aktienrecht im Wandel, Bd. 1, S. 318, 347, spricht gar von einer „Schwindelspirale"; siehe zu den Missständen in der Praxis auch *Löwenfeld,* Das Recht der Actien-Gesellschaften, 1879, S. 51 ff.; allgemein Schubert/Hommelhoff (Hrsg.), Hundert Jahre modernes Aktienrecht, 1985, S. 387, 425.

644 Art. 219 Abs. 2 Nr. 1 bis 4 AktG 1884 enthielten Anforderungen an die zum Handelsregister einzureichenden Unterlagen.

210 AktG 1884), um zu verhindern, dass Gründer[645] von Aktiengesellschaften Kapital aus der Aktiengesellschaft zu Lasten der Anleger abschöpften.

Das Handelsgesetzbuch von 1897[646] legte dann den Mindestnennbetrag von Aktien auf 1000 Mark fest. Die Goldbilanzverordnung[647] änderte den Mindestnennbetrag von Aktien kurzzeitig auf 100 Reichsmark. Der Vorstand musste bei der Anmeldung der Gesellschaft zum Handelsregister versichern, dass der eingezahlte Betrag zu seiner freien Verfügung stand.[648] Mit dem Aktiengesetz von 1937[649] wurde der Mindestnennbetrag von Aktien wieder auf 1000 Reichsmark angehoben, vgl. § 8 Abs. 1 S. 1 AktG 1937.[650] Er wurde in der Folgezeit schrittweise immer weiter abgesenkt und beträgt heute EUR 1 (vgl. § 8 Abs. 2 S. 1 AktG). Die Abschaffung der Möglichkeit einer *Aktienliberierung* im obigen Sinne und die Bestimmungen zur effektiven Aufbringung des satzungsmäßig festgelegten Grundkapitals dienen dazu, die Aktiengesellschaft effektiv mit dem durch die Gründer versprochenen Kapital auszustatten, wie es aus der Satzung der Gesellschaft hervorgeht. Die Paradigmen minimieren damit vorvertragliche Informationsasymmetrien zwischen Gründern der Gesellschaft und ihren Gläubigern. Vertragsgläubiger können sich darauf verlassen, dass wenigstens das in der Satzung festgelegte Grundkapital als Anfangsbetriebsmittel der Aktiengesellschaft zur Verfügung stand. Ungeachtet dessen kann es schon am nächsten Tag wieder verbraucht sein. Zwar ist ein gläubigerschützender Effekt damit aufgrund der Reduktion der vorvertraglichen Informationsasymmetrien nicht zu leugnen und es kann auch nicht davon ausgegangen werden, dass bei sämtlichen Aktiengesellschaft das einmal aufgebrachte Grundkapital (sofort) wieder verbraucht wird. Jedoch ist der Effekt zugegebenermaßen nicht stabil. Das Paradigma der effektiven Aufbringung des Mindestgründungskapitals und der Verpflichtung der Aktionäre auf den vollen Nennbetrag der Aktien wird im heutigen Aktienrecht ergänzt durch das gesetzliche Mindestkapitalerfordernis und die Regelungen zur Bewertung von Sacheinlagen. Die sich heute hieraus rechtspolitische abzuleitenden Schlussfolgerungen werden unten unter E. in einem gesonderten Abschnitt diskutiert.

---

645 Als solche galten diejenigen, die den Gesellschaftsvertrag festgestellt hatten, und diejenigen, die eine Sacheinlage in die Gesellschaft leisteten, vgl. Art. 209c AktG 1884.

646 Handelsgesetzbuch vom 10. Mai 1897, RGBl. Teil I, 1897, S. 219 ff., in Kraft getreten am 1. Januar 1900.

647 §§ 10 Abs. 2, 17 Abs. 2, 18 Goldbilanzverordnung (GBilVO) vom 28. Dezember 1923 (RGBl. Teil I, 1923, S. 1253 ff.) i.V.m. §§ 43, 45 der Zweiten Durchführungsverordnung zum Goldbilanzgesetz, RGBl. Teil I, 1924, S. 717 ff.

648 Vgl. zur Bankbestätigung *Bayer,* in: Berger/Borges u.a. (Hrsg.), Festschrift für Norbert Horn zum 70. Geburtstag, S. 271, 273.

649 Aktiengesetz vom 30. Januar 1937, RGBl. Teil I, 1937, S. 107 ff.

650 Siehe zu Vorarbeiten *Klausing,* Gesetz über Aktiengesellschaften und Kommanditgesellschaften auf Aktien, 1937 und ausführlich zur Entstehungsgeschichte des Aktiengesetzes von 1937 *Bayer/Engelke,* in: Bayer/Habersack (Hrsg.), Aktienrecht im Wandel, Bd. 1, S. 619 ff.

1.3 *Das Paradigma eines gesetzlichen Mindestkapitals als Gläubigerschutzinstrument*

Das gesetzliche Mindestkapital bildet die untere Schwelle des gesetzlich zulässigen Stammkapitals für Kapitalgesellschaften.[651] Es ist das Kapital, das die Gesellschafter einer Aktiengesellschaft insgesamt mindestens in die von ihnen begründete Gesellschaft investieren müssen. Ob und inwieweit dieses Kapital schon bei der Gründung der Aktiengesellschaft aufgebracht werden muss, ist eine andere Frage. Heute beträgt das Mindestkapital für deutsche Aktiengesellschaften EUR 50.000 (§ 7 AktG).[652] Für Banken, Kapitalanlagegesellschaften und Versicherungen gelten auch besondere Regelungen zum Mindestkapitaleinsatz[653] ebenso wie für die Rechtsform der *Societas Europaea.*[654] Beispielsweise enthält § 33 Abs. 1 S. 1 Nr. 1 KWG eine formale Eigenkapitaluntergrenze von fünf Millionen Euro für Einlagekreditinstitute. Die Kapitalrichtlinie[655] sieht seit 1965 in Art. 6 Abs. 1 ein gesetzliches Mindestkapital für Aktiengesellschaften in den Mitgliedsstaaten von damals umgerechnet DM 50.000, heute EUR 25.000 vor. Ihre Anforderungen werden damit vom deutschen Recht übererfüllt.[656]

1.3.1 *Die Entstehung des Paradigmas eines gesetzlichen Mindestkapitals im deutschen Aktienrecht*

Ein gesetzliches Mindestkapital war im Recht der Aktiengesellschaften in den Anfängen des deutschen Aktienrechts zunächst nicht vorgesehen: Weder der Code de Commerce von 1807 noch das preußische Aktiengesetz von 1843 noch das ADHGB von 1861 enthielten diesbezügliche Regelungen. Im preußischen Aktiengesetz von 1843 wurde zwar das feste Grundkapital der Aktiengesellschaften gesetzlich eingeführt.[657] Schon der Code de Commerce hatte ein statutarisch festzulegendes

---

651 Vgl. ausführlich *Eidenmüller/Grunewald/Noack*, Das Mindestkapital im System des festen Kapitals, in: Lutter (Hrsg.), Das Kapital der Aktiengesellschaft in Europa, 2006, S. 17 ff. und zu rechtspolitischen Optionen S. 31 ff.

652 Vgl. das Gesetz zur Einführung des Euro vom 9. Juni 1998, BGBl. Teil I 1998, S. 1242 ff.

653 Ebenso müssen in Banken und Versicherungen vor allem angemessene Eigenmittel vorhanden sein, vgl. § 101 Abs. 1 Gesetz über das Kreditwesen (KWG) und § 5 Abs. 4 i.V.m. § 53c Gesetz über die Beaufsichtigung der Versicherungsunternehmen (VAG) und oben unter D.II.1.2.

654 Vgl. Art. 4 Abs. 2 SE-VO: mindestens EUR 120.000.

655 Zweite Richtlinie 77/91/EWG des Rates vom 13. Dezember 1976, ABl. EG Nr. L 26 vom 31. Januar 1977, S. 1 ff. (Fn. 5).

656 Eine Umsetzung erfolgte im Gesetz zur Durchführung der Zweiten Richtlinie des Rates der Europäischen Gemeinschaften zur Koordinierung des Gesellschaftsrechts vom 13. Dezember 1978, BGBl. Teil I 1978, S. 1959.

657 § 2 S. 2 Nr. 3 AktG 1843, abgedruckt bei Baums (Hrsg.), Gesetz über die Aktiengesellschaften für die königlich preussischen Staaten vom 9. November 1843, 1981.

Kapital vorgesehen. Ein Vorschlag, auch die Höhe des Grundkapitals gesetzlich zu bestimmen, wurde allerdings abgelehnt.[658] Die Gesellschaftsverträge mussten allerdings schon das Nennkapital der Aktien festlegen (vgl. § 2 Nr. 3 AktG 1943; Art. 209 Nr. 4 ADHGB 1861). Zur Errichtung einer Aktiengesellschaft war allerdings eine staatliche Konzession erforderlich. Bei der Prüfung vor Konzessionserteilung wurde auch die Ausstattung mit genügendem Kapital zum Betrieb der Unternehmung einbezogen (vgl. oben unter 1.2). Eine gesetzliche Verankerung eines abstrakten Mindestkapitalerfordernisses wurde hingegen nicht in Betracht gezogen.[659] In der ersten Aktienrechtsnovelle von 1870 wurde zwar die Konzessionspflicht für neu zu gründende Aktiengesellschaften aufgegeben, allerdings erneut kein gesetzliches Mindestkapital festgelegt. § 207a ADHGB in der Fassung von 1870 legte lediglich einen Mindestnennbetrag pro einzelne Aktie fest.[660] Wie schon ausgeführt fand durch den Übergang vom Konzessionssystem zum Gesetz der Normativbestimmungen ein Paradigmenwechsel statt: das Erfordernis (durch die behördliche Kontrolle zumindest theoretisch bestehende) einer materiell angemessenen Kapitalisierung der Aktiengesellschaft bei der Gründung wurde durch das System der Normativbestimmungen, das lediglich eine formale Prüfung der Grundkapitalziffer durch das Registergericht vorsah ausgetauscht.

In der Aktienrechtsnovelle von 1884 wurde der Mindestnennbetrag für Aktien, die auf den Inhaber lauteten, erheblich auf 1.000 Reichsmark – in Ausnahmefällen auf 200 Reichsmark – erhöht (vgl. §§ 207a, 209 ADHGB 1884).[661] Der deutsche Gesetzgeber befand nach dem Gründungsschwindel der 1870er Jahre eine Investition in die Aktiengesellschaft für Kleinanleger[662] als zu gefährlich. Daher sollte der Streubesitz der Aktiengesellschaft vermindert und das Bewusstsein der Kapitalanleger über einen möglichen Kapitalverlust gestärkt werden.[663] Die Mindestgründerzahl wurde auf fünf Personen festgesetzt, eine Einpersonengründung war nicht möglich, vgl. Art. 209 Abs. 1 S. 1 AktG 1884. Daraus ergab sich faktisch ein zwingendes Mindestnennkapital einer neu zu gründenden Aktiengesellschaft von 5000 Reichsmark, respektive 1000 Reichsmark. Die Aktienrechtsnovelle von 1884 traf zur Frage des Grundkapitals der Aktiengesellschaft und seiner Höhe lediglich die Aussage, dass dieses und seine Höhe zwingender Mindestinhalt des Gesellschaftsvertrages

658 Vgl. Protokoll der Sitzung des Königlichen Staatsministeriums vom 29. Juli 1841, abgedruckt bei Baums (Hrsg.), Gesetz über die Aktiengesellschaften für die königlich preussischen Staaten vom 9. November 1843, 1981, S. 86 ff.

659 Siehe *Bahrenfuss,* Die Entstehung des Aktiengesetzes von 1965, 2001, S. 479.

660 Vgl. *Lieder,* in: Bayer/Habersack (Hrsg.), Aktienrecht im Wandel, Bd. 1, S. 318, 340 f.

661 Es waren allerdings einige Ausnahmen zugelassen, vgl. *Bayer,* in: Bayer/Habersack (Hrsg.), Aktienrecht im Wandel, Bd. 2, S. 708, 729.

662 Diesen wurde wenig wirtschaftlicher Sachverstand zugetraut, vgl. *Goldschmidt,* ZHR 30 (1885), 69

663 Beispielsweise musste die Zusage zur Zeichnung von Aktien der Gesellschaft jetzt schriftlich erfolgen.

der Aktiengesellschaft zu sein hatten (vgl. § 209 Abs. 2 ADHGB i.d.F.v. 1884). Diese Regelung wurde unverändert in das ADHGB von 1897 übernommen.

Das erste in Deutschland gesetzlich festgeschriebene Mindestkapital einer Kapitalgesellschaft ist dementsprechend nicht im Recht der Aktiengesellschaften, sondern im Recht der GmbH zu finden. Ein Mindestnennkapital wurde im Recht der Aktiengesellschaften erstmals ausdrücklich durch die GBilVO vom 28. Dezember 1923[664] und ihre beiden Durchführungsverordnungen vom 28. März und vom 23. Oktober 1924[665] festgelegt. Betroffen waren alle neu zu gründenden Aktiengesellschaften und zusätzlich auch Mantelgründungen als wirtschaftliche Neugründungen.[666] § 10 GBilVO legte für auf Goldmark umzustellende Aktiengesellschaften den Mindestnennbetrag einer Aktie auf 5000 Goldmark fest, und nach § 17 GBilVO mussten Neugründungen über ein Mindestkapital von wenigstens 50.000[667] Goldmark verfügen. Durch das Münzgesetz[668] vom 30. August 1924 wurde die Goldmark durch die Reichsmark ersetzt. Dessen zweite Durchführungsverordnung[669] ordnete zum 12. November 1924 in § 3 an, dass für den Geltungsbereich der Goldbilanzverordnung an Stelle der Goldmark die Reichsmark trete.

In der Folgezeit sahen die beiden 1930 und 1931 vorgelegten Entwürfe eines neuen Aktiengesetzes in ihren jeweiligen § 1 Abs. 2 S. 2 ausdrücklich ein gesetzliches Mindestkapital von 50.000 Reichsmark vor.[670] Mit der Aktienrechtsreform 1937[671] erfolgte die Erhöhung des Mindestkapitals um das Zehnfache auf 500.000 Reichsmark (§ 7 Abs. 1 AktG 1937). Zur Begründung wurde ausgeführt: Die Rechtsform der Aktiengesellschaft mit ihrer notwendigen Anonymität sei nur da zuzulassen, wo das Maß des Kapitalbedarfs sie unbedingt fordere. Könne ein Unternehmen auch in einer anderen Rechtsform betrieben werden, die mehr die persönliche Verantwortung in den Vordergrund stelle, so dürfe es nicht das Kleid der anonymen Aktiengesellschaft wählen.[672] Mit der Verzehnfachung wurde den Vorschlägen des

---

664 Goldbilanzverordnung (GBilVO) vom 28. Dezember 1923, RGBl. Teil I 1923 S. 1253 ff.

665 Durchführungsverordnungen zur Goldbilanzverordnung, RGBl. Teil I, 1924, S. 385 ff. und RGBl. Teil I, 1924, S. 717.

666 Vgl. *Bayer*, in: Bayer/Habersack (Hrsg.), Aktienrecht im Wandel, Bd. 2, S. 708, 732.

667 § 42 der Zweiten Durchführungsverordnung zur Goldbilanzverordnung, RGBl. Teil I, 1924, S. 717.

668 Münzgesetz, RGBl. Teil II, 1924, S. 254 ff.

669 Zweite Durchführungsverordnung vom 12. Dezember 1924, RGBl. Teil I 1924, S. 775 ff.

670 Entwurf des Reichsjustizministeriums eines Gesetzes über Aktiengesellschaften und Kommanditgesellschaften auf Aktien (Oktober 1931), abgedruckt bei Schubert/Hommelhoff (Hrsg.), Die Aktienrechtsreform am Ende der Weimarer Republik, 1987, S. 849 ff.

671 Aktiengesetz vom 30. Januar 1937, RGBl. Teil I, 1937, S. 107 ff.

672 Zitiert nach der Begründung des Regierungsentwurfs eines Aktiengesetzes von 1965, abgedruckt bei *Kropff*, Textausgabe des Aktiengesetzes vom 6.9.1965 (Bundesgesetzblatt I S. 1089) und des Einführungsgesetzes zum Aktiengesetz vom

Aktienrechtsausschusses der Akademie für Deutsches Recht gefolgt.[673] Allerdings wurden auch Ausnahmeregelungen vorgesehen (§ 7 Abs. 2 AktG 1937): Aktiengesellschaften mit einem Grundkapital von unter 100.000 Reichsmark mussten sich bis 1940 in eine andere Rechtsform umwandeln oder auflösen.[674] Gesellschaften mit einem Grundkapital zwischen 100.000 und 500.000 Reichsmark durften mit diesem bestehen bleiben und mussten ihr Grundkapital lediglich im Falle einer wesentlichen Änderung ihrer Verhältnisse auf 500.000 Reichsmark erhöhen. Nach § 7 Abs. 2 AktG 1937 konnte das gesetzliche Mindestkapitalerfordernis auch mit ministerieller Genehmigung unterschritten werden.

Die Auffassung, dass „die Form der Aktiengesellschaft der Lösung volkswirtschaftlicher Aufgaben größeren Umfangs und von größerer Bedeutung, bei denen die Ersparnisse Vieler zusammengefaßt (sic) werden müssen, vorbehalten…"[675] bleiben muss, wurde auch nach 1937 zum Teil gebilligt. § 60 DM-Bilanzgesetz[676] von 1949 setzte nach dem Zweiten Weltkrieg das gesetzliche Mindestkapital für Aktiengesellschaften auf DM 100.000 herab. Gleichzeitig entfiel auch die Möglichkeit einer Ausnahmeregelung von dem Mindestkapitalerfordernis per ministerieller Erlaubnis. Trotz einiger abweichender Forderungen aus der Literatur wurde das gesetzliche Mindestkapital weiterhin in dieser Höhe belassen, da die Rechtsform der Aktiengesellschaft auch in Zukunft nur größeren Unternehmungen offenstehen sollte.[677] Für Aktiengesellschaften, die schon am 20. Juni 1948 bestanden, wurde in § 44 Abs. 1 DM-Bilanzgesetz ein geringeres Mindestkapitalerfordernis von lediglich 50.000 DM aufgestellt. Der Betrag des Mindestkapitalerfordernisses wurde für diese Gesellschaften herabgesetzt, um „einerseits den wirtschaftlichen Niedergang Deutschlands, andererseits die Tatsache, daß die AG auch in Zukunft die Rechtsform für Großunternehmen bleiben muß" (sic) zu berücksichtigen.[678] Der vorhergehende Entwurf des Rechtsamts hatte noch einen Betrag von DM 200.000 vorgesehen. Der Wirtschaftsrat hatte sich dann für den späteren Betrag von DM 100.000 ausgesprochen.[679]

6.9.1965 (Bundesgesetzblatt I S. 1185) mit Begründung des Regierungsentwurfs, 1965, S. 22; BT-Drucks. III/1915, S. 97.

673 Bericht von *Kißkalt* vom April 1934, abgedruckt in Schubert (Hrsg.), Akademie für Deutsches Recht, 1933–1945. Protokolle der Ausschüsse, Ausschuß für Aktienrecht, 1996, S. 273; zweiter Bericht von *Kißkalt* vom April 1935 a.a.O., S. 497, 500; Sitzung des Aktienrechtsausschusses der Akademie für deutsches Recht am 10. Februar 1934, a.a.O., S. 79 (132–137).

674 Vgl. § 2 des Einführungsgesetzes zum Aktiengesetz, RGBl. Teil I 1937 S. 166 ff.

675 *Heintze,* in: Koch/Heintze (Hrsg.), Die Neugestaltung des Aktienrechts und Umgründung einer o.H.G. in eine Kapitalgesellschaft, S. 46 ff.

676 WiGBl. 1949, 279–290; Öffentlicher Anzeiger 1949, Nr. 78 vom 1. September 1949 S. 1 f.

677 Vgl. *Brändel*, in: Großkommentar AktG, 4. Aufl., § 7 Rdz. 3.

678 Schmölder/Geßler/Ernst/Merkle (Hrsg.), DM-Bilanzgesetz, 1950, S. 86.

679 Vgl. zu den Entwürfen Schmölder/Geßler/Ernst/Merkle (Hrsg.), DM-Bilanzgesetz, 1950, S. 86.

Die Frage eines gesetzlichen Mindestkapitalwertes und dessen Höhe gehörte spätestens ab diesem Zeitpunkt zu den ewigen Diskussionspunkten aktienrechtlicher Reformen. Während der Aktienrechtsreform von 1965 war die Frage relevant, welchen Unternehmen man den Zugang zu dem zum damaligen Zeitpunkt noch engen Kapitalmarkt durch die Aktienausgabe als Finanzierungsform eröffnen sollte.[680] Der Deutsche Industrie und Handelskammertag (DIHT) warb erneut für eine Erhöhung des gesetzlichen Mindestkapitalbetrages auf DM 500.000, um auf diese Weise „den Kapitalmarkt für die großen Unternehmen, die wirklich auf ihn angewiesen sind und überhaupt nur auf diese Weise ihr Kapital aufbringen können", von kleineren Wettbewerbern frei zu halten.[681] Auch das Bundesministerium der Justiz ging in seinem Referentenentwurf auf den Vorschlag einer Erhöhung des gesetzlichen Mindestkapitalerfordernisses ein, entschied sich dann allerdings gegen eine Erhöhung. Da es dem deutschen Kapitalmarkt an Tiefe mangelte, wurde ein Mindestkapital von DM 500.000 für überhöht gehalten. Spätere Entwürfe enthielten ebenfalls keine Regelung mehr betreffend eine Erhöhung des gesetzlichen Mindestkapitalerfordernisses. *Eckhardt* begründete dies in seiner Stellungnahme vom 16. September 1958[682] damit, dass erstens eine gewisse Konstanz des gesetzlichen Mindestkapitalerfordernisses wünschenswert sei, um Aktiengesellschaften nicht regelmäßig zu einer Anpassung ihrer Satzungsbestimmungen zu zwingen. Zweitens sei eine Erhöhung auch nicht notwendig, da sich „das Klima auf dem Kapitalmarkt zur Zeit so verbessert (hat), daß die großen Aktiengesellschaften ihren Kapitalbedarf weitgehend befriedigen können, ohne von kleinen Gesellschaften gestört zu werden."[683]

Rund 25 % aller Aktiengesellschaften hatten zu dieser Zeit ein Grundkapital zwischen DM 100.000 und DM 500.000,[684] diese hätten sich also bei einer Erhöhung der Mindestkapitalanforderungen umwandeln oder ihr Grundkapital erhöhen müssen.[685] Nur 5 % dieser Gesellschaften wurden allerdings an der Börse gehandelt; die Gefahr einer übermäßigen Beanspruchung des Kapitalmarktes lag damit nicht sehr nahe. Es wurde allerdings eine Abwanderungswelle in die GmbH befürchtet, die wegen der geringeren Publizitätsanforderungen als nicht wünschenswert angesehen wurde. § 7 AktG 1965 sah daher einen Mindestnennbetrag des Grundkapitals

680 *Bahrenfuss,* Die Entstehung des Aktiengesetzes von 1965, 2001, S. 481.

681 DIHT/BDI u.a., Gemeinsame Denkschrift zum Referentenentwurf eines Aktiengesetzes, Köln/Bonn, 1959, S. 26 f.

682 Vgl. Nachweise bei *Bahrenfuss,* Die Entstehung des Aktiengesetzes von 1965, 2001, S. 483.

683 Vergleiche für eine Auflistung der weiteren Vorschläge und Stellungnahmen *Bahrenfuss,* Die Entstehung des Aktiengesetzes von 1965, 2001, S. 483 ff.

684 Studie und Statistik vom 31. Dezember 1959.

685 Begründung des Regierungsentwurfs eines AktG von 1965, abgedruckt bei *Kropff,* Textausgabe des Aktiengesetzes vom 6.9.1965 (Bundesgesetzblatt I S. 1089) und des Einführungsgesetzes zum Aktiengesetz vom 6.9.1965 (Bundesgesetzblatt I S. 1185) mit Begründung des Regierungsentwurfs, 1965, S. 22.

von DM 100.000 (heute EUR 50.000[686]) vor. Die Begründung des Regierungsentwurfs führte hierzu aus: Der hohe Mindestbetrag von 1937 resultiere „aus der Abneigung der damaligen Staatsführung gegen anonyme Kapitalgesellschaften." Dies könne heute nicht mehr als berechtigt anerkannt werden.[687] In fremden Rechtsordnungen sei ein Mindestnennkapital sowieso ungewöhnlich.[688]

1.3.2 Der Bruch mit dem Paradigma eines Mindestkapitalerfordernisses im Recht der Kapitalgesellschaften

Die geschichtliche Entwicklung des Paradigmas eines gesetzlichen Mindestkapitals im Aktienrecht ist insofern ungewöhnlich, als es in seiner Geschichte mehrmals Gegenstand grundlegender Auseinandersetzungen war. Allerdings eignet sich eine reine Zahl auch einfacher für gesetzliche Änderungen, da sie in ihrer Höhe nicht mit anderen Gläubigerschutznormen verknüpft ist. Neuerdings ist auch der Grundsatz, dass eine deutsche Kapitalgesellschaft ein Mindestkapital zu haben hat, nicht mehr unangetastet. Das Gesetz zur Modernisierung des GmbH-Rechts und zur Bekämpfung von Missbräuchen (MoMiG)[689] bricht im Ergebnis mit dem Grundsatz des gesetzlichen Mindestkapitals für Kapitalgesellschaften in Deutschland. Schon der Entwurf eines MindestKapG 2005 sah die Absenkung des gesetzlichen Mindestkapitals bei der GmbH von EUR 25.000 auf EUR 10.000 vor.[690] Der Regierungsentwurf eines Gesetzes zur Modernisierung des GmbH-Rechts und zur Bekämpfung von Missbräuchen (MoMiG)[691] griff diesen Vorschlag einer allgemeinen Absenkung des Mindestkapitalerfordernisses im

686 Gesetz zur Einführung des Euro (1. Euro-Einführungsgesetz) vom 9. Juni 1998, BGBl. Teil I 1998, S. 1242, 1244.

687 Begründung des Regierungsentwurfs eines AktG von 1965, abgedruckt bei *Kropff,* Textausgabe des Aktiengesetzes vom 6.9.1965 (Bundesgesetzblatt I S. 1089) und des Einführungsgesetzes zum Aktiengesetz vom 6.9.1965 (Bundesgesetzblatt I S. 1185) mit Begründung des Regierungsentwurfs, 1965, S. 22.

688 Begründung des Regierungsentwurfs eines AktG von 1965, abgedruckt bei *Kropff,* Textausgabe des Aktiengesetzes vom 6.9.1965 (Bundesgesetzblatt I S. 1089) und des Einführungsgesetzes zum Aktiengesetz vom 6.9.1965 (Bundesgesetzblatt I S. 1185) mit Begründung des Regierungsentwurfs, 1965, S. 22

689 Gesetz zur Modernisierung des GmbH-Rechts und zur Bekämpfung von Missbräuchen (MoMiG) vom 23. Oktober 2008, BGBl. Teil I 2008, S. 2026. Vgl. einführend *Kindler,* NJW 2008, 3249; speziell zu Problemen der Unternehmergesellschaft *Heckschen,* DStR 2009, 166 ff. und *Veil,* ZGR 2009, 623 ff.

690 Vgl. § 5 Abs. 1 GmbHG-E des Regierungsentwurfs eines Gesetzes zur Neuregelung des Mindestkapitals der GmbH (MindestkapG) vom 1. Juni 2005, BT-Drucks. 15/5673 vom 14. Juni 2005. Dieser wurde mit der Neuwahl des Bundestages nicht weiter verfolgt.

691 Regierungsentwurf eines Gesetzes zur Modernisierung des GmbH-Rechts und zur Bekämpfung von Missbräuchen (MoMiG) vom 23. Mai 2007, BT-Drucks. 16/6140 vom 25. Juli 2007.

Recht der GmbH zwar wieder auf. Im weiteren Gesetzgebungsverfahren entfiel er jedoch wieder, und es wurde stattdessen in § 5a GmbHG eine sogenannte Unternehmergesellschaft eingeführt, deren Gründung mit einem symbolischen Stammkapital von einem Euro möglich ist.[692] Daraus lässt sich nur die Schlussfolgerung ziehen, dass der deutsche Gesetzgeber nicht mehr auf dem Standpunkt steht, dass die Rechtsform einer Kapitalgesellschaft zwingend ein gesetzlich festgelegtes Mindestkapital in einer signifikanten Höhe erfordert, um entweder die Gläubiger der Gesellschaft oder zukünftige Anleger vor Missbrauchsversuchen der Gründer zu schützen.

1.3.3 Zum Erfordernis eines gesetzlichen Mindestkapitals im Aktienrecht

Für das Erfordernis eines gesetzlichen Mindestkapitals im Recht der Aktiengesellschaften werden noch immer verschiedene Gründe angeführt: Zum einen soll das Mindestkapital als Seriositätsschwelle für Gründer wirken. Es soll damit die Gründung „unsolider, weil unrentabler Unternehmen" erschweren.[693] Es dient als Mindesthaftungskapital den Gläubigern der Gesellschaft und wirkt als Mindestverlustpolster der Insolvenz der Aktiengesellschaft entgegen. Andere sehen das Mindestkapital von EUR 25.000 weniger als Mittel effektiven Gläubigerschutzes als Seriositätszeichen,[694] um unvermögende Gründer von Gründungen abzuhalten.[695] Seine Aufbringung verschafft der Aktiengesellschaft ein Mindestbetriebskapital. Durch eine Risikobeteiligung der Gesellschafter an den Geschäftsrisiken der Aktiengesellschaft kommen diese ihrer Finanzierungsverantwortung nach. Das moral hazard-Problem wird verringert. Das Mindestkapital soll als Puffer gegen eine mögliche Insolvenz in wirtschaftlich schwieriger Lage der Gesellschaft wirken. Kleinere Unternehmen sollen nicht in der Rechtsform der AG gegründet werden.[696] Dem wird entgegnet, dass das Erfordernis eines gesetzlichen Mindestkapitals lediglich punktuell wirke, da auch bar eingelegtes gezeichnetes Kapital den Gläubigern der Gesellschaft nur für eine juristische Sekunde als Verlustpuffer[697] zur Verfügung

---

692 Vgl. ausführlich zu Gläubigerschutzaspekten *Schwegmann*, Der Gläubigerschutz in der Unternehmergesellschaft (haftungsbeschränkt), 2013.

693 *Pellens/Jödicke u.a.*, Der Konzern 2007, 427, 429.

694 *Merkt*, ZGR 2004, 305, 317; *Grundmann*, Europäisches Gesellschaftsrecht, 2004, Rdz. 328; *Roth*, in: Kalss (Hrsg.), Festschrift Peter Doralt zum 65. Geburtstag, S. 479, 482.

695 Vgl. *High Level Group of Company Law Experts*, Report on a Modern Regulatory Framework for the Company Law in Europe, Brussels, 2002, S. 82; hierzu auch *Pentz/Priester u.a.*, in: Lutter (Hrsg.), Das Kapital der Aktiengesellschaft in Europa, S. 42, 51 f.

696 Dazu *Eidenmüller/Grunewald u.a.*, in: Lutter (Hrsg.), Das Kapital der Aktiengesellschaft in Europa, S. 17, 33 unter Bezugnahme auf den Vorschlag der Kommission vom 9. März 1970, KOM (1970) 232 endgültig.

697 Vgl. zur Verlustpufferfunktion des Mindestkapitals im Recht der GmbH *Thieme*, Auswirkungen einer Veränderung der Mindeststammkapitalziffer im Spiegel der gesellschaftsrechtlichen Praxis, S. 21 ff. m.w.N. und zur Funktionsfähigkeit des Verlustpuffers, a. a. O. S. 35 ff.

stehe.[698] Die Festlegung der Höhe des gesetzlichen Mindestkapitals sei nicht ökonomisch oder rechtlich zu begründen, da die Frage, wieviel Kapital eine Gesellschaft zum erfolgreichen Betrieb ihrer Unternehmung benötigt, hauptsächlich von dem Charakter dieser Unternehmung abhängt und nicht abstrakt bestimmt werden kann.[699]

Das Erfordernis eines gesetzlichen Mindestkapitals ist nicht an der Risikolage der jeweiligen Gesellschaft orientiert – anders als beispielsweise im Bankaufsichtsrecht. Nimmt man an, dass die gesetzlich festgelegte Mindestkapitalziffer die „richtige" finanzielle Ausstattung der Gesellschaft definiert, wäre es unsinnig, als Mindestgründungsvermögen lediglich die Einzahlung der Hälfte (EUR 12.500[700]) zu fordern. Hier ist allerdings zu konstatieren: Wenn die Hälfte des Mindestkapitals erst „im Falle eines Falles" in die Aktiengesellschaft eingezahlt werden muss, so kommt es dann evtl. direkt den Gläubigern der Aktiengesellschaft zugute. Es kann wirklich seine Funktion als Verlustpuffer erfüllen.[701] Der Betrag dieses Puffers in Höhe von EUR 12.500 mutet dagegen eher lächerlich an.[702] Hier bietet es sich an (schon allein vor dem Hintergrund der jährlichen Inflation, die nach und nach auch den letzten „Puffer" auffrisst), wie übrigens auch in der Verordnung zur Societas Europaea umgesetzt[703] und noch durch die Rechtsregierung 1937 gefordert, zukünftig ein höheres Mindestkapital auch in der Aktiengesellschaft vorzusehen.[704] *Böcking / Dutzi* meinen zwar, wenn ein Mindestkapital wirklich ein relevantes Zeichen für Gläubiger einer Aktiengesellschaft setzen würde, dann würde es auch vom Markt eingeführt und man könnte auf seine gesetzliche Festlegung verzichten.[705] Gerade Gläubigergruppen, die auf einen gesetzlichen Schutz ihrer Vermögensinteressen angewiesen sind, haben allerdings nicht die Verhandlungsmacht, ihre Interessen gegen die der Aktionäre durchzusetzen. Ein gesetzliches Mindestkapital wird von Kritikern als Markteintrittshindernis gesehen; dadurch würde ein Wettbewerbsnachteil beispielsweise der deutschen GmbH gegenüber der englischen Limited begründet. Dieses Problem stellt sich allerdings im Aktienrecht (bislang) nicht.

---

698 *Ballwieser,* Der Konzern 2007, 419, 421.

699 *Ballwieser,* Der Konzern 2007, 419, 421.

700 §§ 36a Abs. 1, 36 Abs. 2, 7 AktG.

701 Daher ist der Einschätzung von *Böcking/Dutzi,* Der Konzern 2007, 435, 437 hier nicht zu folgen.

702 Vgl. *Gullifer/Payne,* Corporate Finance Law, 2011, S. 127, die zur Diskussion der Effizienz des Gläubigerschutzes ausführen, dass das gesetzlich vorgesehene Mindestnennkapital „*minuscule*" ist im Verhältnis zu den ausstehenden Verbindlichkeiten der meisten Gesellschaften.

703 Vgl. Art. 4 Abs. 2 SE-VO: Das gezeichnete Kapital muss mindestens 120.000 EUR betragen.

704 *Schall,* Kapitalgesellschaftsrechtlicher Gläubigerschutz, 2009, S. 244, hält den Gedanken, dass das (gesetzliche) Mindestkapital die Gegenleistung zur Haftungsbeschränkung darstellt, so auch für nicht mehr haltbar.

705 Vgl. *Böcking/Dutzi,* Der Konzern 2007, 435, 437.

Ein in idealer Höhe festgesetztes Mindestkapital der Aktiengesellschaft wirkt als Seriositätsschwelle für Gründer.[706] Diese zeigen mit der Gründung einer Aktiengesellschaft, dass sie tatsächlich willig sind, „eigenes" Geld für ihre Gründungsidee aufzubringen und im Falle eines geschäftlichen Misserfolges eventuell zu opfern. Die Festsetzung eines gesetzlichen Mindestkapitalerfordernisses bei EUR 50.000 für Aktiengesellschaften ist allerdings willkürlich. Ökonomisch begründbar ist diese Höhe abstrakt und unabhängig von der Kenntnis des Geschäftsfeldes und der Risikolage der Aktiengesellschaft nicht. Der Gesetzgeber trifft eine Wertentscheidung: Es sollen im Zweifel lieber einige Aktiengesellschaften weniger gegründet werden, als dass „unseriöse" Unternehmensgründer auf den Markt treten. Für Gesellschaften, für deren Zweck und Geschäftsfeld das Mindestkapital sowieso als Finanzierungsausstattung zu niedrig bemessen ist, schadet die Festsetzung dieser Mindestkapitalgrenze den Gründern nicht, und für die Gläubiger der Aktiengesellschaft bildet das eingezahlte Kapital immerhin eine erste Sicherheit oder ein Seriositätszeichen.

Historisch gesehen bietet sich dagegen eine andere Schlussfolgerung an. Der Hauptgrund, warum die Gründung von Aktiengesellschaften seit 1870 keiner staatlichen Erlaubnis mehr bedurfte, war, dass der Staat die Verantwortung für eine ordentliche Finanzierung der Aktiengesellschaften nicht mehr übernehmen konnte und wollte. In diesem Fall sollte auch nicht durch eine staatliche Genehmigung der Anschein erweckt werden, die Gesellschaft sei auskömmlich finanziert. Genauso kann an dieser Stelle argumentiert werden: Eine gesetzliche Festlegung eines Mindestkapitals spricht das Vertrauen der Gläubiger und des Marktes auf die genügende Finanzierung der gegründeten Aktiengesellschaft an. Da deren individuelles Geschäftsfeld und ihre Risikolage aber nicht die Grundlage der Festsetzung des gesetzlichen Mindestkapitalerfordernisses sind, entbehrt dieses Vertrauen seiner Grundlage. Ein etwa bestehendes Vertrauen wird damit durch das Mindestkapitalerfordernis gerade nicht geschützt. Historisch wurde ein Mindestkapitalerfordernis lediglich zur ordnungspolitischen Abgrenzung der Rechtsformen von Aktiengesellschaft und GmbH eingeführt.[707] Es wirkt lediglich – ebenso wie das Paradigma der Satzungsstrenge – in beschränktem Maße vorvertraglichen Informationsasymmetrien entgegen. Die Information, dass eine Gesellschaft einmal (kurzzeitig) über etwas Vermögen verfügte, ist für eine Investitionsentscheidung eines Gläubigers unbrauchbar. Einer der oben definierten Gefahren (vgl. C.II) für die Gläubiger der Aktiengesellschaft wirkt das Erfordernis eines gesetzlichen Mindestkapitals des-

706 Zum Teil wird dieses auch überhaupt nicht in Frage gestellt, vgl. *Gullifer/Payne*, Corporate Finance Law, 2011, S. 125, die dieses als *„entry price for limited liability"* bezeichnen.

707 Vgl. auch *Schall*, Kapitalgesellschaftsrechtlicher Gläubigerschutz, 2009, S. 244, der davon ausgeht, dass Satzungsstrenge, höheres gesetzliches Mindestkaptal und höhere formale Anforderungen und Publizitätspflichten der Aktiengesellschaft lediglich die Verwendung der Aktiengesellschaft für „Klein- und Kleinstunternehmen" verhindern (sollen).

wegen nicht effektiv entgegen. Eine ordnungspolitische Abgrenzung zwischen Aktiengesellschaft, GmbH und der Societas Europaea kann durch unterschiedliche Regelungsregime und Rechtsformzusätze heute besser erreicht werden als durch ein willkürlich festgesetztes Mindestkapitalerfordernis.

1.4 Die Ausprägung der Regelungen zur (verdeckten) Sacheinlage

Neben dem Bereich des Rückerwerbs eigener Aktien[708] war das Gebiet der (versteckten) Sachgründung ein Einfallstor für Missbräuche. Manipulationen des Wertes der einzulegenden Sache oder auch die Verschleierung des Vorliegens einer Sacheinlage waren an der Tagesordnung. Bei Sacheinlagen stellen sich – jedenfalls in nicht börsennotierten Gesellschaften – die Probleme, dass die einzubringende Sache entweder überbewertet sein kann und/oder die für die korrekt bewertete Sache überlassenen jungen Aktien sind unterbewertet. In beiden Fällen liegt eine Diskrepanz zwischen Wert der einzubringenden Sache und Wert der jungen Aktien vor. Die durch die Gesellschaft in der Satzung bestimmte Grundkapitalziffer, die Gläubigern Informationen über die wirtschaftliche Solidität der Unternehmen geben sollte, konnte so einfach unterlaufen werden.

Noch im ADHGB 1861 wurde die Frage einer Überbewertung von Sacheinlagen bei der Sachgründung vorrangig als ein Problem der Aktionäre angesehen, die Aktien von den Gründern der Aktiengesellschaften erwarben.[709] Gläubigerschutzaspekte spielten weniger eine Rolle. Sacheinlagen und Sachübernahmen wurden erstmals in der Aktienrechtsnovelle von 1870 in Art. 209b AktG 1870) geregelt, nachdem das ADHGB von 1861 noch keine Regelung enthalten hatte.[710] Der Begriff der „qualifizierten Gründung“ war geboren.[711] Der Gesellschaftsvertrag musste den Wert der geplanten Sacheinlage oder Sachübernahme und die Gegenleistung in Aktien oder auch den Kaufpreis (oder die Gegenleistung in Aktien) enthalten. Die Generalversammlung der Aktionäre musste in Fällen der Sukzessivgründung die Satzungsbestimmung genehmigen (vgl. Art. 209b Abs. 2 und Abs. 3 AktG 1870). Allerdings wurde noch keine (vollständige oder teilweise) Einbringung des Gegenstandes der Sacheinlage gefordert.[712] Durch die Aufnahme von Regelungen zur Sacheinlage und Sukzessivgründung sollten allerdings vorrangig die Interessen von

708 Vgl. unten unter D.II.3.

709 Vgl. die Protokolle zur Novelle, abgedruckt bei Schubert (Hrsg.), Verhandlungen über die Entwürfe eines Allgemeinen Deutschen Handelsgesetzbuches 1861, 1986, S. 329.

710 Eine solche war allerdings im Entwurf eines Handelsgesetzbuches für Preußen von 1857 vorgesehen gewesen, vgl. *Bayer,* in: Bayer/Habersack (Hrsg.), Aktienrecht im Wandel, Bd. 2, S. 708, 724.

711 Vgl. *Löwenfeld,* Das Recht der Actien-Gesellschaften, 1879, S. 125.

712 Siehe *Löwenfeld,* Das Recht der Actien-Gesellschaften, 1879, S. 123.

Mitaktionären geschützt werden – Gläubigerinteressen waren nachrangig.[713] Diesen Zweck erfüllten die Regelungen des AktG 1870 nur unzureichend. Besonders in Fällen der Sukzessivgründung wurden Sacheinlagen häufig zum Schaden der Mitaktionäre überbewertet.[714] Daher wurde in der Aktienrechtsnovelle von 1884 auch das Recht der Sacheinlage reformiert. Ein generelles Verbot von Sacheinlagen und Sachübernahmen wurde zwar diskutiert,[715] jedoch abgelehnt. Nach Art. 209b AktG 1884 musste der Gesellschaftsvertrag ausführliche Details zu Aktionärsidentität und Gegenleistung oder Vergütung enthalten. Zudem wurde erstmals eine *Gründungsprüfung* vorgeschrieben, die von Vorstand und Aufsichtsrat durchzuführen war, vgl. Art. 209f. und 209h AktG 1884.[716] Nach Eintragung der Gesellschaft im Handelsregister musste einer Generalversammlung der Aktionäre über die Gründungsprüfung Bericht erstattet werden. Diese mussten dann über die Errichtung der Gesellschaft beschließen, vgl. Art. 210a Abs. 4 S. 1 AktG 1884.[717]

Der Gesetzgeber der Aktienrechtsnovelle von 1884 war sich durchaus der Gefahren bewusst, die mit einer Umgehung der Sachgründungsvorschriften verbunden waren.[718] Diesen sollten Vorschriften über die sogenannte *Nachgründung* begegnen, vgl. Art. 213f. AktG 1884. Danach bedurften Verträge, durch die sich die Gesellschaft verpflichtete, in dem Zeitraum von zwei Jahren nach ihrer Eintragung in das Handelsregister Sachanlagen zu erwerben, der Zustimmung der Generalversammlung.[719] Dies galt allerdings nur unter der Bedingung, dass der Wert der Anlagen wertmäßig 10 % des Grundkapitals der Aktiengesellschaft überstieg.[720] Das Handelsgesetzbuch von 1897[721] erstreckte in § 192 Abs. 2 HGB 1897 die Pflicht zur Gründungsprüfung durch externe Revisoren auch auf Fälle, in denen nicht die Gründer, sondern sonstige Aktionäre Sacheinlagen in die Gesellschaft leisten,

713 So jedenfalls die Motive zur Aktienrechtsnovelle, Stenographische Berichte über die Verhandlungen des Reichstags des Norddeutschen Bundes, 1970, Bd. 4, Anlage Nr. 158, S. 645, 655.

714 Vgl. die ausführlich Beispiele bei *Lieder,* in: Bayer/Habersack (Hrsg.), Aktienrecht im Wandel, Bd. 1, S. 318, 348 ff., 352 ff.

715 Siehe die Begründung bei Schubert/Hommelhoff (Hrsg.), Hundert Jahre modernes Aktienrecht, 1985, S. 435 f.

716 Falls einer der Gründer selbst eine Sacheinlage einbringen wollte, so bedurfte es eines externen Revisors zur Durchführung der Gründungsprüfung, vgl. Art. 209h AktG 1884.

717 Siehe zu Details ausführlich *Bayer,* in: Bayer/Habersack (Hrsg.), Aktienrecht im Wandel, Bd. 2, S. 708, 730 f.

718 Vgl. die Begründung bei Schubert/Hommelhoff (Hrsg.), Hundert Jahre modernes Aktienrecht, 1985, S. 453 noch zum Entwurf des Art. 213e AktG 1884.

719 Das Mehrheitserfordernis wurde durch § 207 Abs. 3 HGB 1897 auf Dreiviertel des bei der Beschlussfassung vertretenen Grundkapitals erhöht.

720 Sowohl der Genehmigungsbeschluss als auch der Erwerbsvertrag mussten zum Handelsregister eingereicht und dort eingetragen werden.

721 Handelsgesetzbuch vom 10. Mai 1897, RGBl. Teil I, 1897, S. 219 ff., in Kraft getreten am 1. Januar 1900.

Sachen übernommen werden oder Gründer eine Gründerentschädigung nach § 186 Abs. HGB 1897 erhalten sollten.[722] Die Regelungen zur Sachgründung waren damit festgeschrieben. Sie wurden in der Folgezeit und insbesondere durch das Aktiengesetz von 1937[723] lediglich noch verschärft.

Die Regelungen zur effektiven Aufbringung auch von Sacheinlagen garantieren zusätzlich die effektive Aufbringung des in der Satzung festgelegten Grundkapitals der Gesellschaft. Gläubiger der Aktiengesellschaft können sich daher darauf verlassen, dass das in der Satzung angekündigte Kapital der Gesellschaft wenigstens zu Beginn und mindestens in Höhe des Mindestgründungskapitals zur Verfügung steht.

1.5 Zusammenfassung zum Gläubigerschutz durch aktienrechtliche Kapitalaufbringungsregelungen

Die Paradigmen der aktienrechtlichen Kapitalaufbringung haben sich vorwiegend zum Schutz der Aktionäre einer Aktiengesellschaft vor Missbräuchen und Schwindel durch ihre Gründer entwickelt. Zukünftige Aktionäre der Gesellschaft sollten nicht ihr anderweitig eventuell dringender benötigtes Kapital unsoliden Gründern anvertrauen. Das Prinzip des satzungsmäßig festgelegten Grundkapitals und das Verbot der Aktienliberierung minimiert wenigstens in Teilen vorvertragliche Informationsasymmetrien zulasten der Gläubiger mit Hilfe der Regelungen zur Publizität der Gesellschaftssatzung. Der Kapitalziffer nach der Gründung oder Kapitalerhöhung kommt für den Gläubigerschutz vorwiegend historische Bedeutung zu und bietet den Gläubigern daher nur vorübergehend Sicherheit[724], da der „Haftungsfonds“ schon nach kurzer Zeit durch operative Verluste oder Kosten aufgebraucht sein kann.[725] Die Regelungen zum aktienrechtlichen Mindestkapital wurden nicht aus Gläubigerschutzgründen, sondern aus Gründen der Abgrenzung der Rechtsform der Aktiengesellschaft von der der GmbH geschaffen. Auch in seiner Wirkung mindert ein gesetzliches Mindestkapital die Gefahren für Gläubiger der Gesellschaft nicht.[726] Etwas anderes gilt für das Prinzip des festen, in der Satzung der Gesellschaft bestimmten Grundkapitals. Dieses muss effektiv aufgebracht und darf auch nicht durch Einlegen überbewerteter Sacheinlagen umgangen werden. Gläubiger der Ak-

---

722 Siehe auch *Schäfer/Jahntz*, in: Bayer/Habersack (Hrsg.), Aktienrecht im Wandel, Bd. 2, S. 217, 255 f.

723 Aktiengesetz vom 30. Januar 1937, RGBl. Teil I, 1937, S. 107 ff., vgl. zur Entstehungsgeschichte *Bayer/Engelke*, in: Bayer/Habersack (Hrsg.), Aktienrecht im Wandel, Bd. 1, S. 619 ff.

724 Vgl. zum sog. Haftungsfonds und einer ökonomischen Analyse des Mindestnennkapitals ausführlich *Bunge* Das Telos des Stammkapitals im Lichte der Spieltheorie, 2011, S. 2 ff. m.w.N.

725 *Funke*, Gläubigerschutz durch Information im Recht der Aktiengesellschaft, 2011, S. 51 ff. konstatiert insofern „Schutzlücken“ im System der Kapitalsicherung.

726 Vgl. zu den Schwächen eines gesetzlichen Mindestkapitals auch ausführlich *Schall*, Kapitalgesellschaftsrechtlicher Gläubigerschutz, S. 102 f.

tiengesellschaft werden durch die genannten Publizitätsbestimmungen über diese Voraussetzungen informiert. So werden vorvertragliche Informationsasymmetrien zwar nur in Teilen, aber wenigstens doch in diesen minimiert. Weitere Gefahren für Gläubiger der Gesellschaft werden durch die Paradigmen zur Kapitalaufbringung nicht adressiert. Dem Gesetzgeber ging es bei ihrer Einführung dementsprechend auch eher um den Schutz der Aktionäre[727], die von den Gründern der Aktiengesellschaft Aktien erwarben, als um den Schutz der Gläubiger der Aktiengesellschaft. Diese hatten sich selbst durch Information zu schützen.[728]

2. Aktienrechtliche Regelungen zur Kapitalerhaltung in der geschichtlichen Entwicklung

Die deutsche Aktiengesellschaft verfügt über ein festes Grundkapital. Dieses entspricht betragsmäßig nicht zwangsläufig dem Mindestkapitalerfordernis von EUR 50.000, sondern liegt in der Praxis häufig weit darüber. Der Grundsatz der wertmäßigen Erhaltung dieses festen *Grundkapitals* beschränkt die Freiheit der Aktionäre, der Aktiengesellschaft ohne Rücksicht auf die finanzielle Situation der Gesellschaft deren Vermögen als Dividende an sich auszuschütten. Auf europäischer Ebene wird das System der festen Kapitalerhaltungspflicht allerdings zunehmend in Frage gestellt.[729] Hierzulande sind rechtsvergleichende Arbeiten von Kübler für die Diskussion um eine Reform der Kapitalerhaltungsvorschriften verantwortlich.[730] Eine Umstellung des kontinentaleuropäischen Kapitalerhaltungssystems auf ein Gläubigerschutzsystem angloamerikanische Prägung hätte so ausgedehnte Änderungen des Kapitalgesellschafts- und Bilanzrechts zur Folge, dass dies einen grundlegenden Paradigmenwechsel des deutschen Gesellschaftsrechts erfordern würde.[731] Die Grundprinzipien des deutschen Aktienrechts sind andere.

Die Paradigmen zur Konstruktion des Prinzips der effektiven Kapitalerhaltung werden im Folgenden beschrieben. Analysiert wird die geschichtliche Entwicklung des Verbots der Rückgewähr von Einlagen an die Aktionäre, das damit im Zusammenhang stehende aktienrechtliche Zinsverbot und der Rückerwerb eige-

---

727 Vgl. ausführlich *Escher-Weingart,* Reform durch Deregulierung im Kapitalgesellschaftsrecht, 2011, S. 66 ff. wonach die meisten Vorschriften des Aktienrechts historisch dem Anlegerschutz gedient hätten und erst aufgrund der Veränderungen der Unternehmensfinanzierung unter Eigenkapitalmangel als (auch) gläubigerschützend verstanden wurden.

728 Vgl. *Gullifer/Payne,* Corporate Finance Law, 2011, S. 120 zur den Regelungen der Kapitalaufbringung aus englischer Sicht.

729 Vgl. ebenso den Überblick bei *Lanfermann/Röhricht,* BB 2007, 8 ff.

730 *Kübler,* Aktie, Unternehmensfinanzierung und Kapitalmarkt, 1989, S. 29 ff., 61 ff.; *Kübler,* WM 1990, 1853 ff.; Kübler, ZHR *159 (1995), 550;* Kübler, *ZGR 2000, 550;* Kübler, *in: Hopt/Wymeersch (Hrsg.), Capital Markets and Company Law, S. 95.*

731 *Fleischer,* in: Doralt/Kalss (Hrsg.), Franz Klein – Vorreiter des modernen Aktien- und GmbH-Rechts, S. 115, 135.

ner Aktien durch die Aktiengesellschaft.[732] Die Regelungen zur Ausschüttung von Gesellschaftsvermögen an die Aktionäre und die Diskussion um eine Reform der bilanzgestützten Ausschüttungsbemessung durch die Forderung nach einem sogenannten Solvenztest[733] werden dargestellt und analysiert.[734]

2.1 Das Verbot einer Rückgewähr von Einlagen an die Aktionäre

Das preußische Aktiengesetz von 1843 enthielt erstmals Regelungen zum Schutz des einmal aufgebrachten Grundkapitals. Nach § 17 Abs. 1 AktG 1843 war es verboten, das „statutenmäßige Grundkapital durch Rückzahlungen an die Aktionäre" zu schmälern.[735] Abs. 2 bestimmte, dass lediglich der Jahresüberschuss an die Aktionäre der Gesellschaft ausbezahlt werden durfte. Das verhinderte auch bisher praktizierte Abschlagszahlungen auf erwartete Dividenden, vgl. § 17 Abs. 2 S. 2 AktG 1843. Das Aktienkapital durfte nicht mehr willkürlich herabgesetzt werden. Damit brach der Gesetzgeber mit wesentlichen Praktiken der Vergangenheit.[736] Nach § 25 Abs. 1 AktG 1843 musste der Vorstand bei einem hälftigen Verlust des Grundkapitals dies öffentlich bekannt machen; bei einer Auflösung der Gesellschaft durfte eine Vermögensverteilung an die Aktionäre nach § 29 Abs. 2 und 3 AktG 1843 erst erfolgen, wenn eine Aufforderung an die Gläubiger ergangen war, ihre Forderungen geltend zu machen, und ansonsten frühestens nach sechs Monaten.

Im April 1845 erließ das preußische Staatsministerium eine Instruktion, die Grundsätze in Ansehung der Konzessionierung von Aktiengesellschaften betreffend.[737] Diese brachte eine erhebliche Verschärfung der bisherigen preußischen Konzessionspraxis und damit auch des Prinzips der Aufbringung und Erhaltung

732 Die Frage der Kapitalerhaltung und damit die Frage des Gläubigerschutzes hat nichts mit der Frage zu tun, ob in Deutschland zukünftig die Ausgabe echter nennwertloser Stückaktien zugelassen wird, vgl. bislang Art. 8 Kapitalrichtlinie (Zweite Richtlinie 77/91/EWG des Rates vom 13. Dezember 1976, ABl. EG Nr. L 26 vom 31. Januar 1977, S. 1 ff.) (Fn. 1) und ausführlich zu dieser Entwicklung *Weiß*, Aktionärs- und Gläubigerschutz im System der echten nennwertlosen (Stück-) Aktie, 2007.

733 Vgl. hierzu auch aus neuer Perspektive *Schall*, Kapitalgesellschaftsrechtlicher Gläubigerschutz, 2009, S. 180 ff.

734 Ausführlich zu diesem Themenkomplex für den Spezialfall des Leveraged Buyout *Tasma*, Leveraged Buyout und Gläubigerschutz, 2012, S. 419 ff.

735 Eine Ausnahme bildeten sogenannte Bauzinsen, siehe hierzu unter b. und ausführlich zur geschichtlichen Entwicklung *Baums*, in: Berger/Borges u.a. (Hrsg.), Festschrift für Norbert Horn zum 70. Geburtstag, S. 249 ff.

736 Vgl. *Kießling*, in: Bayer/Habersack (Hrsg.), Aktienrecht im Wandel, Bd. 1, S. 193, 228.

737 Ministerialblatt für die gesamte innere Verwaltung in den Königlich Preußischen Staaten 1845, S. 121, abgedruckt bei *Weinhagen*, Das Recht der Aktien-Gesellschaften nach dem Allgemeinen Deutschen Handelsgesetzbuche und dem Preußischen Gesetze vom 15. Februar 1864 nebst einem Anhange, 1866, Anhang, S. 41 ff.

des Grundkapitals der Gesellschaft mit sich. Da einige Kapitalgeber sich infolgedessen aus den bestehenden Aktiengesellschaften zurückzogen, erlitten Anleger und Gläubiger der Gesellschaften zum Teil erhebliche Verluste.[738] Die Zirkularverfügung, wegen der bei der Bestätigung der Statuten von Aktiengesellschaften festzuhaltenden allgemeinen Grundsätze vom 29. März 1856[739] fasste die vorhergehenden Erlasse zusammen und enthielt erstmals Regelungen zu wesentlichen internen Strukturen der Aktiengesellschaft. Konzessionen für neue Aktiengesellschaften wurden durch die preußische Regierung gewissenhaft, aber langsam erteilt.[740] Das ADHGB von 1861 übernahm die Regelungen der Zirkularverfügungen großteils in das Gesetz.[741]

Nach Art. 216 Abs. 2 ADHGB 1861 war der Auszahlungsanspruch der Aktionäre auf ihren Gewinnanteil, das heißt den Jahresüberschuss, wie er in der Jahresbilanz ermittelt worden war[742], beschränkt, vgl. Art. 217 Abs. 1 ADHGB 1861. Auch musste ein sogenannter *Reservefonds* durch die Satzung der Aktiengesellschaft gebildet werden und war dann ebenfalls vor Ausschüttungen geschützt.[743] Die Regelungen des ADHGB von 1861 stützten sich inhaltlich hauptsächlich auf die Vorlagen aus Preußen. Nach der Begründung des Entwurfes zum ADHGB wurde diesem der Entwurf eines preußischen Handelsgesetzbuchs zugrunde gelegt, der sich für die Aktiengesellschaften wesentlich auf das preußische Aktiengesetz von 1843 stützte.[744] In den Nürnberger Beratungen zum ADHGB hatten die Vertreter der Hansestädte das eine ausreichende Kapitalausstattung der Gesellschaft überprüfende Konzessionssystem auch im Hinblick auf einen effektiven Gläubigerschutz abgelehnt.[745] In den Hansestädten war lediglich die öffentliche Hinterlegung der

---

738 Vgl. *Kießling*, in: Bayer/Habersack (Hrsg.), Aktienrecht im Wandel, Bd. 1, S. 193, 232.

739 Ministerialblatt für die gesamte innere Verwaltung in den Königlich Preußischen Staaten 1856, S. 93, abgedruckt bei *Weinhagen*, Das Recht der Aktien-Gesellschaften nach dem Allgemeinen Deutschen Handelsgesetzbuche und dem Preußischen Gesetze vom 15. Februar 1864 nebst einem Anhange, 1866, Anhang, S. 80 ff.

740 *Schäffle*, Deutsche Vierteljahresschrift 4 (1856), 259, 290; *Reich*, Ius Commune 2 (1969), 239, 264, der die Konzessionserteilung entweder „Fessel" oder „Farce" nannte; ebenso ausführlich *Bösselmann*, Die Entwicklung des deutschen Aktienwesens im 19. Jahrhundert, 1939, S. 114 f.

741 Vgl. ausführlich *Pahlow*, in: Bayer/Habersack (Hrsg.), Aktienrecht im Wandel, Bd. 1, S. 237 ff.

742 Siehe zur geschichtlichen Entwicklung der Rechnungslegungsvorschriften zur Feststellung des ausschüttungsfähigen Jahresüberschusses, unten unter III.; ausführlich auch *Schön/Osterloh-Conrad*, in: Bayer/Habersack (Hrsg.), Aktienrecht im Wandel, Bd. 2, S. 893 ff.

743 Aus diesem *Reservefonds* wird später die sogenannte *gesetzliche Rücklage*, siehe sogleich.

744 Daher ist eine weitgehende Übereinstimmung der Regelungen nicht verwunderlich.

745 Vgl. das Sondervotum der Hansestädte, das einen Konzessionierungszwang für „überwiegend nachtheilig" hielt, Protocolle der Commission zur Berathung eines allgemeinen deutschen Handelsgesetzbuches, abgedruckt in Schubert

Statuten der Gesellschaft vorgeschrieben; Regelungen des materiellen Aktienrechts bestanden nicht.[746] Das Publikum könne nur „die eigene Erfahrung" schützen. Die Gesetzgebung dürfe nicht „für die mangelhafte Vorsicht des Einzelnen" einen Ersatz schaffen.[747] Der Konzessionszwang wurde allerdings in Preußen weiterhin für zwingend notwendig gehalten, da die Gläubiger der Aktiengesellschaft nicht auf einen persönlich haftenden Gesellschafter zurückgreifen könnten.[748] Die Risiken der Aktiengesellschaft, insbesondere der Aufbringung und Erhaltung des Grundkapitals bei Gründung und Betrieb der Gesellschaft, wurden ernst genommen.[749] Der Schutz des Publikums und auch der Gläubiger der Aktiengesellschaft gegen Schwindel hatte höchste Priorität.[750] Der Konzessionszwang hatte noch im ADHGB von 1861 den Zweck, Gläubiger vor den Gefahren aus dem Prinzip der beschränkten Haftung der Aktionäre zu schützen, vgl. Art. 207 Abs. 1 ADHGB 1861. Später sollte aber vor allem der Sparer- und Anlegerschutz vor einer Steigerung des Börsenhandels gestärkt, und diese sollten vor dem eventuellen Verlust ihrer Ersparnisse bei einem Börsenzusammenbruch geschützt werden.[751]

Die Regelungen der Kapitalerhaltung waren seit dem Aktiengesetz 1870 in den Artt. 215 bis 217 AktG 1870 geregelt. Selbst nach der Aufhebung der Konzessionierungspflicht im Aktiengesetz von 1870[752] waren die Regelungen zur Erhaltung des Kapitals der Aktiengesellschaft weiterhin zwingender Natur.[753] Da es erhebliche Skandalfälle im Vorfeld gegeben hatte, war der Gesetzgeber über die Aufhebung

---

(Hrsg.), Protokolle der Commission zur Berathung eines allgemeinen deutschen Handelsgesetz-Buches, Neudruck 1984, S. 323.

746 Vgl. ausführlich *Pöhls,* Das Recht der Actiengesellschaften mit besonderer Rücksicht auf Eisenbahngesellschaften, 1842, S. 12 ff.

747 Vgl. Sondervotum der Hansestädte, abgedruckt in Schubert (Hrsg.), Protokolle der Commission zur Berathung eines allgemeinen deutschen Handelsgesetz-Buches, 1984, S. 319 ff.

748 Vgl. Entwurf eines Handelsgesetzbuchs für die Preußischen Staaten, 2. Teil, Motive, 1857, S. 91.

749 Siehe ausführlich *Pahlow,* in: Bayer/Habersack (Hrsg.), Aktienrecht im Wandel, Bd. 1, S. 237, 267.

750 Vgl. Motive, abgedruckt bei Baums (Hrsg.), Entwurf eines allgemeinen Handelsgesetzbuches für Deutschland (1848/49), 1982, S. 153 f.

751 Eindringlich *v. Mohl,* Deutsche Vierteljahresschrift 4 (1856), 1, 56 ff., 75. Ausführlich zum Aktienschwindel auch *Martens,* Die Aktiengesellschaft in der Kritik der ersten drei Viertel des 19. Jahrhunderts und ein Beitrag zu ihrer Geschichte, 1934, und *Bösselmann,* Die Entwicklung des deutschen Aktienwesens im 19. Jahrhundert, 1939.

752 Gesetz betreffend die Kommanditgesellschaft auf Aktien und die Aktiengesellschaft vom 11. Juni 1870, BGBl. des Norddeutschen Bundes, 1870, S. 325 ff.; siehe ausführlich *Schubert,* ZGR 1981, 285 ff. und auch *Lieder,* in: Bayer/Habersack (Hrsg.), Aktienrecht im Wandel, Bd. 1, S. 318 ff.

753 Vgl. *Bayer,* in: Bayer/Habersack (Hrsg.), Aktienrecht im Wandel, Bd. 2, S. 708, 721.

des Konzessionszwangs insgesamt sehr besorgt.[754] Bisher hatte Streit[755] darüber geherrscht, ob ein Jahresüberschuss im vergangenen Geschäftsjahr zur Dividendenausschüttung berechtigt, obwohl insgesamt das Grundkapital der Aktiengesellschaft nicht mehr wertmäßig vorhanden war. Mit Art. 217 Abs. 1 S. 2 AktG 1870 wurde festgelegt, dass Auszahlungen nicht erfolgen durften vor einer „Wiederergänzung des durch Verlust geminderten Gesamtbetrags der Einlagen". Diese Regelung übernahm das Handelsgesetzbuch 1897.[756]. Nach § 213 HGB 1897 hatten Aktionäre nur den Reingewinn von der Aktiengesellschaft zu fordern. Einlagen durften nicht zurück gewährt werden.

In der Weimarer Republik kam es zu einer zunehmenden Konzernierung. Damit verschärften sich die Probleme des Minderheiten- und des Gläubigerschutzes.[757] Mit der Reform der Eigenkapitalfinanzierung der Aktiengesellschaft durch die vorgeschlagene Einführung von Wandelschuldverschreibungen (convertible bonds) regte sich die Besorgnis einer „unzulässigen Vermischung" zwischen Gläubigern und Aktionären und einer verschleierten Unterpariemission, wenn der Wert der Aktien im Zeitpunkt der Umwandlung höher liege als der Wert der Schuldverschreibung.[758] Der 34. Deutsche Juristentag befürwortete daher die *bedingte Kapitalerhöhung* als funktionsgleiches Mittel zur Ausgabe von convertible bonds.[759] Um sowohl die Interessen von Aktionären als auch von Gläubigern der Gesellschaft zu wahren, sollten neue Finanzierungsformen jedenfalls die Erhaltung des Grundkapitals und das Verbot der Unterpariemission berücksichtigen, vgl. § 2 AktG-E 1931.[760] Nach den heutigen §§ 194 Abs. 1 Satz 2, 199 AktG, gilt die Hingabe von

---

754 Vgl. *Vogt, ZHR* 1 (1858), 477, 502. Dieser verurteilte schon 1858 die verderbliche „Gier, ohne eigene Anstrengung schnell reich zu werden", siehe ebenda, S. 523.

755 Vgl. ausführlich *Lieder,* in: Bayer/Habersack (Hrsg.), Aktienrecht im Wandel, Bd. 1, S. 318, 354 f.

756 Handelsgesetzbuch vom 10. Mai 1897, RGBl. Teil I, 1897, S. 219 ff., in Kraft getreten am 1. Januar 1900; ausführlich zur Entstehung des Gesetzes *Pahlow,* in: Bayer/Habersack (Hrsg.), Aktienrecht im Wandel, Bd. 1, S. 415 ff.

757 Vgl. *Spindler,* in: Bayer/Habersack (Hrsg.), Aktienrecht im Wandel, Bd. 1, S. 440, 446.

758 Der 34. Deutsche Juristentag lehnte daher 1926 diesen Rechtsimport aus dem US-amerikanischen Gesellschaftsrecht für Deutschland ab (Bd. 2, S. 798). Der vorhergehende 33. Deutsche Juristentag hatte sich noch für die Zulassung von convertible bonds ausgesprochen, vgl. die Verhandlungen des 33. DJT 1924, S. 428.

759 Siehe Generalbericht der Kommission des Deutschen Juristentages 1928, S. 12.

760 Siehe Erläuternde Bemerkungen im Entwurf eines Gesetzes über Aktiengesellschaften und Kommanditgesellschaften auf Aktien sowie Entwurf eines Einführungsgesetzes nebst erläuternden Bemerkungen, 1930, abgedruckt bei Schubert (Hrsg.), Quellen zur Aktienrechtsreform der Weimarer Republik (1926–1931), 1999, S. 960; vgl. ebenso Erläuternde Bemerkungen im Amtlichen Entwurf eines Gesetzes über Aktiengesellschaften und Kommanditgesellschaften auf Aktien sowie Entwurf eines Einführungsgesetzes nebst erläuternden Bemerkungen, 1931, abgedruckt bei Schubert/Hommelhoff (Hrsg.), Die Aktienrechtsreform am Ende der Weimarer Republik, 1987, S. 923.

Schuldverschreibungen im Umtausch gegen Bezugsaktien zwar nicht als Sacheinlage. Jedoch dürfen Bezugsaktien nur ausgegeben werden, wenn etwaige Wertdiskrepanzen entweder durch eine Gewinnrücklage, die zu diesem Zweck verwandt werden kann oder durch eine Zuzahlung des Umtauschberechtigten gedeckt ist.[761] Dem Paradigma eines Verbotes der Rückgewähr von Einlagen konnten in der Folgezeit auch neue Finanzierungsformen nichts anhaben. Das Paradigma hat sich bis heute als eines derjenigen erwiesen, die vom Gesetzgeber gegen jegliche Umgehungsversuche geschützt wurden.

Das Verbot der Rückgewähr einmal geleisteter Einlagen an die Aktionäre soll die Gefahr einer Vermögensverschiebung von der Gesellschaft an ihre Aktionäre und damit die Gefahr einer Unterinvestition beseitigen. Auch wenn das Paradigma maßgeblich wegen der Besorgnis des Staates um die Zweiterwerber von Aktien (und damit die Anleger der Gesellschaft) zustande kam, so ist es in seiner Wirkung doch auch gläubigerschützend. Da Kapital auch gegen den Willen der Aktionäre in der Aktiengesellschaft zu verbleiben hat, ist das Verbot einer Rückgewähr von Einlagen das Pendant der Regelungen zur effektiven Kapitalaufbringung. Gemeinsam bieten sie den Gläubigern der Aktiengesellschaft einen Kapitalpuffer vor Verlusten und bekämpfen die Gefahr einer Unterinvestition. Sie haben sich auch im geschichtlichen Kontext bewährt und sind daher (auch) im Interesse der Gläubiger der Gesellschaft beizubehalten.

2.2 Das aktienrechtliche Zinsverbot

„Den Aktionären dürfen Zinsen weder zugesagt noch ausgezahlt werden." Die aktienrechtliche Regelung des sogenannten *Zinsverbots*, normiert in § 57 Abs. 2 AktG[762], mutet heute seltsam an. Zinsen sind alle wiederkehrenden, in ihrer Höhe bestimmten oder bestimmbaren Zahlungen, die einem Aktionär ohne Rücksicht auf den festgestellten Bilanzgewinn geleistet werden sollen.[763] Da die Ausschüttung von Dividenden an die Aktionäre der Gesellschaft im Regelfall einen Jahresüberschuss der Gesellschaft voraussetzen, kann eine Regelung des Aktienrechts, die einen festen Zinssatz auf die Einlagen der Aktionäre der Gesellschaft verbietet, nur aus historischen Gegebenheiten erklärt werden.

Die Reichweite des § 57 Abs. 2 AktG ist heute umstritten. Er konkretisiert Abs. 1 S. 1[764]: Zinsen auf Einlagen der Aktionäre dürfen genauso wenig durch die Aktien-

761 Vgl. zur heutigen Rechtslage ausführlich *Schmidtbleicher*, Die Anleihegläubigermehrheit, 2010.

762 Der heutige § 57 Abs. 2 AktG entspricht § 54 Abs. 1 AktG 1937.

763 Vgl. statt vieler *Bayer*, in: MünchKomm AktG, § 57 Rdz. 99. Zum Zinsverbot im Aktienrecht mit einem ausführlichen geschichtlichen Überblick auch *Baums*, in: Berger/Borges u.a. (Hrsg.), Festschrift für Norbert Horn zum 70. Geburtstag, S. 249, neu abgedruckt auch in Florstedt u.a. (Hrsg.), Beiträge zur Geschichte des Wirtschaftsrechts, 2012, S. 140 ff.

764 So *Lutter*, in: Kölner Kommentar AktG, 2. Aufl., § 57 Rdz. 48.

gesellschaft gewährt werden, wie die Einlagen der Aktionäre an diese zurückbezahlt werden dürfen. Nach Abs. 2 ist es der Aktiengesellschaft zudem verboten, Zinsen auf Einlagen der Aktionäre diesen überhaupt zuzusagen oder auch dann Zinsen zu bezahlen, wenn der Aktionär seine Einlage noch überhaupt nicht oder teilweise nicht erbracht hat.[765] Das Zinsverbot des § 57 Abs. 2 AktG meint keine Zinsen im eigentlichen Sinne, da diese lediglich auf Darlehen gewährt werden. Die Einlage eines Aktionärs sei aber niemals Darlehen, deswegen seien „Zinsen" auf eine „Einlage"[766] ein „Widerspruch in sich"; sachlich sei eine Zinszusage der Aktiengesellschaft nichts anderes als eine Ausschüttungsgarantie.[767] Unstrittig gilt § 57 Abs. 2 AktG damit für sogenannte *Dividendengarantien.*[768] Ein unabhängiger Dritter darf für eigene Rechnung zwar auch Dividendenzahlungen der Aktiengesellschaft garantieren, jedoch ist „Dritter" in diesem Sinne nicht ein von einer Aktiengesellschaft abhängiges Unternehmen oder auch eine schuldende Gesellschaft in einem Gewinnabführungsvertrag.[769] Nach *Hirte* soll auch eine „Verzinsung" mit Genussrechten von dem Verbot des § 57 Abs. 2 AktG umfasst sein.[770]

Das Aktiengesetz selbst enthält allerdings auch einige Ausnahmen zum Zinsverbot des § 57 Abs. 2 AktG: In den Anwendungsfällen des § 304 AktG hat das herrschende Unternehmen den Aktionären der Tochter eine jährliche Mindestdividende zu garantieren (*Rentengarantie*). Vom Zinsverbot ebenfalls nicht erfasst werden *Verzugsdividenden* (§§ 139 ff. AktG), *Abschläge* auf den Bilanzgewinn (§ 59 AktG) und *Vorabdividenden („Gewinnvoraus für Vorzugsaktionäre")* (§ 60 Abs. 2 AktG).[771] Sonderregelungen enthält das Aktiengesetz auch für den zulässigen Erwerb eigener Aktien (§ 71 Abs. 1 AktG), den zulässigen Erwerb wechselseitiger Beteiligungen

765 Ein eigenständiger Bedeutungsgehalt des Abs. 2 neben Abs. 1 S. 1 wird heute angezweifelt, vgl. *Lutter*, in Kölner Kommentar AktG, 2. Aufl., § 57 Rdz. 48; *Bayer*, in MünchKomm AktG, § 57 Rdz. 97.

766 Zur Einlagenrückgewähr bei „Zinsen" auch RG, Urteil vom 30. Mai 1930, JW 1930, 3730, 3732.

767 *Lutter*, Kapital, Sicherung der Kapitalaufbringung und Kapitalerhaltung in den Aktien- und GmbH-Rechten der EWG, 1964, S. 417 ff.

768 *Hüffer*, Aktiengesetz, 2014, § 57 Rdz. 21. Vgl. auch BFH, Urteil vom 17. Oktober 1984, WM 1985, 537, 539 m.w.N.: Eine garantierte Dividende entspricht einer Rückgewähr von Einlagen. Siehe ebenso RG HRR 1937 Nr. 13: Ein Hauptversammlungsbeschluss, nach dem der Vorstand zum 1. Januar jeden Jahres eine Dividende von DM 20 pro Aktie zahlen soll, ist nichtig.

769 Weiter kann unterschieden werden zwischen *Renten-* und *Rentabilitätsgarantie.* Eine Rentengarantie liegt vor, wenn dem Aktionär ein jährlicher Mindestertrag auf die Mitgliedschaft versprochen wird; eine Rentabilitätsgarantie, wenn ein bestimmter jährlicher Bilanzgewinn der Aktiengesellschaft versprochen wird. Da bei einer Rentabilitätsgarantie auch etwaige Verluste der Aktiengesellschaft ausgeglichen werden müssen, ist im Zweifel eine Rentengarantie anzunehmen, vgl. *Lutter*, in Kölner Kommentar AktG, 2. Aufl., § 57 Rdz. 53.

770 *Hirte*, ZBB 1992, 50, 51; a.A. u.a. *Bayer*, in MünchKomm AktG, § 57 Rdz. 99.

771 Siehe zum Zinsverbot im Überblick auch *Henze*, AG 2004, 405, 409.

(§ 71 Abs. 4 AktG), die Auszahlung des Buchgewinns bei einer Kapitalherabsetzung (vgl. v. a. § 255 AktG) und die Zahlung eines Einziehungsentgeltes (§ 237 Abs. 2 und Abs. 3 AktG.).[772] Ob die Auszahlung eines Sondervorteils, Gründerlohns oder des Gründungsaufwands (§ 26 Abs. 1 und Abs. 2 AktG) eine Ausnahme vom Grundsatz des Zinsverbots darstellen, ist umstritten.[773]

Unter der Geltung des Code de Commerce war es noch üblich, dass Aktiengesellschaften ihren Aktionären nicht nur eine Dividende, sondern auch einen festen Zinssatz für ihr eingelegtes Kapital bezahlten. Üblicherweise betrug der Zinssatz 5–6 % des eingelegten Kapitals.[774] Einen Anspruch der Aktionäre auf eine feste Dividende neben der „realen" aus den Gewinnen der Aktiengesellschaft stellte 1810 noch der Cour de Cassation fest.[775] Aus diesem Grund verpflichtete eine französische Ministerialverordnung von 1818 zur Sicherung der Gläubiger der Aktiengesellschaft die Aktiengesellschaften zur Bildung einer Rücklage.[776] Ein fester Anteil der Gewinne musste jährlich dazu verwendet werden, das Grundkapital abzusichern oder wieder aufzufüllen. Dieser konnte entweder an den wirtschaftlichen Ertragserwartungen der Aktiengesellschaft oder am Gewinn ausgerichtet sein.[777] Mit der Bankenkrise 1825 / 1826 in England erkannte auch der französische Conseil d´Etat, dass eine feste Zinszahlung das Grundkapital der Aktiengesellschaft bedroht.[778] Eine Ausschüttung von Zinsen und Dividenden durfte nur noch erfolgen, wenn die Gesellschaftsgewinne sie trugen.[779]

Auch in Deutschland war die Zahlung von Zinsen auf Aktien in früheren Zeiten durchaus üblich. Allerdings wurde schon damals befürchtet, dass das Kapital der Aktiengesellschaft schon durch ihre Aktionäre (wieder) ausgeschöpft würde und diese damit ihrer „Finanzierungsverantwortung" für die Aktiengesellschaft nicht nachkämen. *Bauzinsen* durften allerdings in der Vorgründungsphase (Vorbereitungszeit der Aktiengesellschaft) bezahlt werden, um die Gründung von

---

772 Vgl. ausführlich *Baums,* in: Berger/Borges u.a. (Hrsg.), Festschrift für Norbert Horn zum 70. Geburtstag, S. 249.

773 Befürwortend *Lutter,* in: Kölner Kommentar AktG, 2. Aufl., § 57; a.A. *Hefermehl/Bungeroth,* in: Geßler/Hefermehl/Eckhardt/Kropff (Hrsg.), AktG, 1973, § 57 Rdz. 67 m.w.N.

774 *Lefebvre-Teillard,* La société anonyme au XIXe siècle, 1985, S. 167, 190 ff.; zur früheren Praxis *Lehmann,* Die geschichtliche Entwicklung des Aktienrechts bis zum Code de Commerce, 1895, S. 15 f., 73 f.

775 Urteil vom 14. Februar 1810, Arrêt de la Cour de Cassation, vgl. *Deutsch,* in: Bayer/Habersack (Hrsg.), Aktienrecht im Wandel, Bd. 1, S. 46, 60.

776 Diese war schon unter dem Ancien Régime verbreitet gewesen, vgl. *Lehmann,* Die geschichtliche Entwicklung des Aktienrechts bis zum Code de Commerce, 1895, S. 69 f.

777 Vgl. Nr. 3 Instruction ministérielle du 11. juillet 1818; ausführlich *Deutsch,* in: Bayer/Habersack (Hrsg.), Aktienrecht im Wandel, Bd. 1, S. 46, 60.

778 Vgl. zur Finanzkrise in England 1825/1826 ausführlich *Neal,* Journal of the Federal Reserve Bank of St. Louis 5 (1998), 53 ff.

779 *Lefebvre-Teillard,* La société anonyme au XIXe siècle, 1985, S. 192 ff.

Aktiengesellschaften zu erleichtern. Der politische Wille zur Finanzierung von Großprojekten durch finanzkräftige Aktiengesellschaften führte 1842 in Preußen sogar dazu, dass der preußische Staat Zinsen auf Eisenbahnaktien garantierte und gleichzeitig die Investition in klassische Staatsanleihen durch die Absenkung des Zinssatzes von 4 % auf 3,5 % unattraktiver gestaltete. Investitionen in Eisenbahnaktien wurden zusätzlich für *mündelsicher* erklärt und so neue Kapitalvermögen zur Finanzierung erschlossen.[780] Auf diese Maßnahmen erfolgte allerdings eine so gravierende Ausweitung der Spekulationsgeschäfte mit Eisenbahnaktien, dass die Staatsgarantie für diese Zinsen bald wieder zurückgenommen werden musste.

Nach § 17 Abs. 2 S. 1 des preußischen Aktiengesetzes von 1843 wurde auch in Preußen die Zahlung von Zinsen an die Aktionäre verboten. Eine Ausnahme bildeten auch hier Bauzinsen zur Vorbereitung der Geschäftsaufnahme.[781] Auch im ADHGB von 1861 war die Zahlung von Zinsen für den Zeitraum der Vorbereitung der Unternehmung noch gestattet, vgl. Art. 217 Abs. 2 ADHGB 1861, trotz des generell bestehenden Zinsverbotes.[782] Das Verbot der Verzinsung der Einlageleistung bei gleichzeitiger Zulässigkeit der Zahlung von Bauzinsen fand auch in das Aktiengesetz von 1870 Eingang, Art. 217 Abs. 1, S. 1 und Abs. 2 AktG 1870. Das AktG 1937 regelte in § 54 Abs. 1 die Begrenzung von Ausschüttungen an die Aktionäre auf den Reingewinn der Aktiengesellschaft; der zweite Halbsatz enthielt das Verbot, Aktienzinsen zu zahlen. Nach § 54 Abs. 2 AktG 1937 galt allerdings noch immer eine Ausnahme für Bauzinsen. Höhe und Zahlungszeitraum mussten im Gesellschaftsvertrag festgehalten sein. Diese Ausnahmeregelung wurde in § 57 Abs. 3 AktG übernommen.[783] Verschiedene Skandale, namentlich um die *Erdölwerke Frisia AG*[784] führten zu einer vermehrten Kritik an der Möglichkeit für Aktiengesellschaften, Bauzinsen an ihre Aktionäre zu bezahlen. Mit dem Gesetz

---

780 *Baums,* in: Berger/Borges u.a. (Hrsg.), Festschrift für Norbert Horn zum 70. Geburtstag, S. 249, 258 m.w.N.

781 Vgl. das Gutachten des Staatsrates, abgedruckt bei Baums (Hrsg.), Gesetz über die Aktiengesellschaften für die königlich preussischen Staaten vom 9. November 1843, 1981, S. 134, 152 ff., das diese Differenzierung zum ersten Mal enthält; siehe hierzu auch *Bayer,* in: Bayer/Habersack (Hrsg.), Aktienrecht im Wandel, Bd. 2, S. 708, 726.

782 Beispiele früher Satzungsregelungen zu Bauzinsen finden sich bei *Martin,* VSWG 56 (1969), 500, 557.

783 § 57 Abs. 3 AktG a. F.: „Für den Zeitraum, den die Vorbereitung des Unternehmens bis zum Anfang des vollen Betriebs erfordert, können den Aktionären in der ursprünglichen Satzung Zinsen von bestimmter Höhe zugesagt werden. Die Satzung muß den Zeitpunkt bezeichnen, mit dem die Entrichtung von Zinsen spätestens aufhört."

784 Die *Erdölwerke Frisia AG* hatte Bauzinsen in Höhe von sechs Prozent über zwei Jahre hinweg zugesagt, offenbar um Aktionäre anzulocken, vgl. *Lutter,* in: Kölner Kommentar AktG, 1. Aufl., § 57 Rdz. 27.

zur Umsetzung der Kapitalrichtlinie[785] wurde § 57 Abs. 3 AktG zum 1. Juli 1979 aufgehoben.[786]

Das Verbot einer Zahlung von Zinsen auf die Einlage der Aktionäre in die Aktiengesellschaft ist nicht zwingend ein Bestandteil eines auf einer festen Grundkapitalziffer basierenden Systems der aktienrechtlichen Kapitalerhaltung. Es ergänzt diese allerdings und soll die Verlagerung von Vermögen der Aktiengesellschaft an die Aktionäre und damit eine nachträgliche Unterinvestition in die Aktiengesellschaft verhindern. Bauzinsen als Unterfall der Aktienzinsen wären dagegen grundsätzlich geeignet, die Unternehmensleitung auch im Gründungsstadium der Aktiengesellschaft – in dem die Aktionäre noch keine Dividenden aus Jahresüberschüssen erwarten können – zu disziplinieren. Dadurch könnte die Attraktivität einer Aktie auch (noch) verlustreicher Unternehmen gesteigert werden. Hängt die Zahlung von Aktienzinsen von der Einzahlung der vollständigen Einlage durch die Aktionäre ab, so könnten Aktienzinsen auch die Anreize für eine (möglichst frühzeitige) Einzahlung der geschuldeten Einlagen liefern. Im Gründungsstadium der Aktiengesellschaft würden festgeschriebene Aktienzinsen die Zahlungen der Aktiengesellschaft an ihre Anleger verstetigen. Jedoch ist mit *Baums* zu konstatieren, dass für alle diese durchaus wünschenswerten Ziele geeignetere oder zumindest gläubigerfreundlichere Alternativen zur Verfügung stehen.[787] So kann eine verstetigte Auszahlungspolitik der Aktiengesellschaft auch über eine publizierte Dividendenpolitik derselben erreicht werden – vorausgesetzt, die Gesellschaft erwirtschaftet einen ausschüttungsfähigen Überschuss.

Aktienrechte, die kein an einer bilanziellen Bemessungsweise orientiertes festes Kapitalerhaltungsregime kennen, sondern Ausschüttungen an die Aktionäre auf der Basis eines sogenannten *Solvenztests*[788] ermöglichen, haben weniger Probleme mit der Gestattung von Aktienzinsen. Für die Gründungsförderung wird dies aber offenbar nicht verwendet. Einen Anreiz, gezeichnete Einlagen in die Aktiengesellschaft einzuzahlen, enthält beispielsweise der englische *Joint Stock Companies Act* von 1844: Aktienzinsen dürfen solchen Aktionären gezahlt werden, die ihre Einlage bereits vor Fälligkeit leisten. Auch das deutsche Recht kennt sogenannte *Prioritätsdividenden* in § 60 Abs. 2 AktG. Mit der Aktienrechtsreform von 1965 wurde die Zahlung von Abschlägen auf den Bilanzgewinn ermöglicht, die formell keine

---

785 Gesetz zur Durchführung der Zweiten Richtlinie des Rates der Europäischen Gemeinschaften zur Koordinierung des Gesellschaftsrechts vom 13. Dezember 1978, BGBl. Teil I vom 19. Dezember 1978, S. 1959 („Kapitalrichtlinienumsetzungsgesetz").

786 Siehe zu *Bauzinsen* auch *Ganske*, DB 1978, 2461, 2463 (*Ganske* war damals der für das Aktienrecht im Bundesjustizministerium zuständige Referatsleiter und wirkte auch schon an den Verhandlungen zur Kapitalrichtlinie mit) und *Müller*, WPg 1978, 565, 567.

787 *Baums*, in: Berger/Borges u.a. (Hrsg.), Festschrift für Norbert Horn zum 70. Geburtstag, S. 249 ff.

788 Vgl. hierzu ausführlich sogleich unter f.

„Zinsen" auf die Aktien sind, sondern ein Vorschuss auf die nach der Feststellung des Bilanzgewinns zu erwartende Dividende (vgl. § 59 AktG).

Das Verbot, Aktienzinsen an die Aktionäre zu bezahlen, adressiert wie das Verbot einer Rückgewähr von Einlagen die Gefahr der Unterinvestition der Aktionäre in die Gesellschaft und wirkt so gläubigerschützend. Die Möglichkeit einer Zahlung von Bauzinsen hat sich pfadabhängig bis in die heutige Zeit erhalten. Da von ihr indes nur geringer Gebrauch gemacht wurde, wurden sie durch die Möglichkeit der Zahlung einer Prioritätsdividende ersetzt. Das Zusammenspiel unterschiedlicher Paradigmen und ihre Stabilität über die Zeit zeigt sich am Beispiel des Zinsverbotes im Aktienrechts sehr gut.

2.3 Der Rückerwerb eigener Aktien der Aktiengesellschaft

Erwirbt eine Aktiengesellschaft eigene Aktien vom Markt zurück, so erwirbt sie damit keinen Vermögenswert.[789] Auch aus Sicht der Gläubiger stellen eigene Aktien keinen Vermögenswert dar, da der Wert der eigenen Aktien lediglich vom Wert des restlichen Gesellschaftsvermögens abhängt.[790] Ein Rückerwerb eigener Aktien führt zu einem wirtschaftlichen Abfluss des Vermögens der Gesellschaft, der für Gläubiger ähnlich gefährlich ist wie Dividendenausschüttungen. Ein Rückerwerb eigener Aktien kann sowohl für die Aktionäre als auch für die Gesellschaft von Vorteil sein. So kann beispielsweise die Eigenkapitalrendite gesteigert oder in Zeiten niedriger Zinssätze die Finanzierung der Aktiengesellschaft von Eigen- auf Fremdkapital[791] umgestellt werden, insbesondere, wenn die Finanzierung des Aktienrückerwerbs durch Kreditaufnahme erfolgen kann.[792] Der Erwerb eigener Aktien durch die Aktiengesellschaft hat damit für diese die gleichen Auswirkungen wie eine (zeitlich beschränkte) Kapitalherabsetzung.[793] Der Rückerwerb ist eine Art Sonderdividende an einige Aktionäre außerhalb des ordentlichen Geschäftsjahres,[794] kann aber ebenso durch die Aktiengesellschaften zur Kurspflege verwendet werden

---

789 Vgl. *Cahn*, Kapitalerhaltung im Konzern, 1998, S. 151, m.w.N.; *Bezzenberger*, Erwerb eigener Aktien durch die AG, 2002, Rdz. 54 ff.

790 Vgl. *Bezzenberger*, Erwerb eigener Aktien durch die AG, 2002, Rdz. 56.

791 Vgl. auch *Baums*, Die Mobilisierung des Fremdkapitals – ein rechtsgeschichtlicher Rückblick, in: Bessler (Hrsg.), Börsen, Banken und Kapitalmärkte, 2006, S. 333.

792 Siehe *Huber*, in: Forster/Grunewald u.a. (Hrsg.), Festschrift für Bruno Kropff zum 72. Geburtstag, S. 101, 106; *Posner*, AG 1994, 312, 314; ebenso ausführlich auch *Kopp*, Erwerb eigener Aktien, 1996, S. 117.

793 Vgl. ausführlich *Huber*, in: Forster/Grunewald u.a. (Hrsg.), Festschrift für Bruno Kropff zum 72. Geburtstag, S. 101, 111 f.; *Benckendorff*, Erwerb eigener Aktien im deutschen und US-amerikanischen Recht, 1998, S. 53 f.

794 Siehe hierzu und zu dem Ziel der Dividendenkontinuität in der Ausschüttungspolitik der Gesellschaften *Benckendorff*, Erwerb eigener Aktien im deutschen und US-amerikanischen Recht, 1998, S. 55 f.; *Bezzenberger*, Erwerb eigener Aktien durch die AG, 2002, Rdz. 75; *Huber*, Rückkauf eigener Aktien, in: Forster/Grunewald u.a. (Hrsg.): Aktien- und Bilanzrecht, Festschrift für Bruno Kropff, S. 101, 106;

und etwa ein Absinken des Börsenpreises durch die Generierung von Nachfrage verhindern.[795] Ein Rückerwerb kann daher sowohl für die Aktionäre als auch die Gesellschaft selbst Vorteile bieten.[796]

Für die Gläubiger der Gesellschaft bestehen bei einem Rückerwerb eigener Aktien allerdings massive Gefahren. Durch die Rückzahlung von Gesellschaftsvermögen an ehemalige Aktionäre steigt der Verschuldungsgrad der Aktiengesellschaft und damit auch ihre Insolvenzanfälligkeit.[797] Die eigenen Aktien bieten kein zusätzliches Haftkapital für die Gesellschaftsgläubiger, denn ihr Wert hängt allein vom restlichen Gesellschaftsvermögen ab. Heute gelten für den Rückerwerb eigener Aktien gesonderte Bilanzierungspflichten. Der Erwerb selbst führt lediglich zu einem Aktivtausch, da die eigenen Aktien mit dem Anschaffungswert bilanziert werden (§ 266 Abs. 2 B III 2 i.V.m. § 253 Abs. 1 S. 1 HGB[798]). Der Anschaffungswert wird durch eine aus freien Mitteln zu bildende Rücklage auf der Passivseite der Bilanz ausgeglichen (vgl. § 272 Abs. 4 HGB i.V.m. § 71 Abs. 2 S. 2 AktG).[799] Wirtschaftlich fließt das Vermögen der Gesellschaft ab, wenn sie die Aktien erwirbt. Sieht man lediglich den reinen Erwerb, der buchungstechnisch ein Aktivtausch ist, wird das verdeckt. In der Krise der Gesellschaft verlieren deren Aktien an Wert und die eigenen Aktien müssen auf ihren Teilwert abgeschrieben werden. Verluste aus dem laufenden Geschäft treffen dann mit Abschreibungen auf die eigenen Aktien zusammen. Eine Abwärtsspirale beginnt.[800] Auch die Bildung einer Rücklage in Höhe des Erwerbspreises ändert an der rapiden Verschlechterung der Bilanzlage der Gesellschaft wenig.[801] In der Frage einer Möglichkeit des Rückerwerbs eigener Aktien zeigen sich die Interessengegensätze zwischen Gläubigern der Gesellschaft und ihren Aktionären, denen der Rückerwerb als ein einfaches Mittel zur Erhöhung der Attraktivität des Anlageinstruments Aktie und zu einer Verbesserung der Struktur der Finanzierung dienen kann.[802]

---

ausführlich *Baums*, Rücklagenbildung und Gewinnausschüttung im Aktienrecht, in: Bitter/Lutter u.a. (Hrsg.): Festschrift für Karsten Schmidt, S. 57, 63 f.

795 Siehe *Kopp*, Erwerb eigener Aktien, 1996, S. 46 ff.; *Escher-Weingart/Kübler*, *ZHR* 162 (1998), 537, 554; zum sogenannten „signaling“ auch *Posner*, AG 1994, 312, 314; aus dem früheren Schrifttum schon *Keyssner*, Die Aktiengesellschaften und die Kommanditgesellschaften auf Aktien unter dem Reichs-Gesetz vom 11. Juni 1870, 1873, S. 224 f. zu den Vorteilen eines Rückerwerbs eigener Aktien für die Aktionäre der Gesellschaft.

796 Siehe hierzu *Escher-Weingart/Kübler*, *ZHR* 162 (1998), 537, 554; ausführlich auch *Cahn*, in: Bayer/Habersack (Hrsg.), Aktienrecht im Wandel, Bd. 2, S. 763, 770 ff.

797 Vgl. *Kopp*, Erwerb eigener Aktien, 1996, S. 56 f.; *Peltzer*, WM 1998, 322, 327.

798 Ausnahmen finden sich in § 272 Abs. 1 S. 4 bis S. 6 HGB.

799 Ebenso *Cahn*, in: Bayer/Habersack (Hrsg.), Aktienrecht im Wandel, Bd. 2, S. 763, 774.

800 Vgl. *Habersack*, ZIP 2004, 1121, 1122;*Oechsler*, *ZHR* 170 (2006), 72, 75, m.w.N.

801 Vgl. *Huber*, in: Forster/Grunewald u.a. (Hrsg.), Festschrift für Bruno Kropff zum 72. Geburtstag, S. 101, 122.

802 Siehe *Cahn*, in: Bayer/Habersack (Hrsg.), Aktienrecht im Wandel, Bd. 2, S. 763, 779.

Der Code de Commerce von 1807 enthielt noch keine Regelungen zur Kapitalerhaltung und ebenso wenig zur Frage der Zulässigkeit eines Rückerwerbs eigener Aktien oder Bilanzierungsvorschriften. Ein Rückerwerb war allerdings durchaus üblich.[803] Eine Regelung erfolgte erst mit der ersten Aktienrechtsnovelle von 1870.[804] Art. 215 Abs. 3 AktG 1870 enthielt ein umfassendes Verbot des Erwerbs eigener Aktien durch die Aktiengesellschaft.[805] Aktiengesellschaften sollten wenigstens nicht mit ihren eigenen Aktien spekulieren und so den sogenannten Gründungsschwindel noch anheizen können.[806] Verkannt wurde allerdings auch in der Literatur der damaligen Zeit nicht, dass der Gründungsboom der 1870er Jahre nicht nur durch missbräuchliche Aktiengesellschaftsgründungen ausgelöst wurde, sondern auch wichtige wirtschaftliche Strukturveränderungen widerspiegelte. So erlitten Familienunternehmen einen Bedeutungsverlust und wurden durch Großunternehmen verdrängt.[807] Ein Verstoß gegen das Verbot des Rückerwerbs eigener Aktien sollte zur Unwirksamkeit des Rechtsgeschäfts führen.[808] Bisher war der Rückerwerb sehr verbreitet und von der Rechtsprechung gestattet gewesen.[809] Viele Gesellschaften investierten einen erheblichen Teil ihres Kapitals in den Rückerwerb zum Schaden ihrer Aktionäre.[810] Art. 215 Abs. 3 AktG 1870 verbot daher einen Rückerwerb schlicht: „Die Aktiengesellschaft darf eigene Aktien nicht erwerben. Sie darf eigene Aktien nicht amortisieren, sofern dies nicht durch ursprünglichen Gesellschaftsvertrag oder durch einen den letzteren abändernden, vor der Ausgabe der Aktien gefassten Beschluß zugelassen ist". Vorbilder im französischen oder englischen Recht gab es nicht zu dieser Bestimmung.[811]

Es ist heute nicht ganz klar, aus welchen Gründen der Gesetzgeber 1870 den Erwerb eigener Aktien verbot. Einige Autoren gehen davon aus, dass die gesetzliche Neuregelung eine Reaktion des Gesetzgebers auf den offenbar häufig betrügerischen Handel mit eigenen Aktien der Aktiengesellschaften an der Wiener Börse war.[812]

---

803 So beschloss beispielsweise die 1819 gegründete Pommersche Provinzial-Zuckersiederei zwei Jahre nach der Konzessionierung einen Teil der ausgegebenen 477 Aktien wieder zurück zu kaufen, vgl. *Bösselmann,* Die Entwicklung des deutschen Aktienwesens im 19. Jahrhundert, 1939, S. 128, 159 f.

804 Zur ausführlichen Debatte vgl. im Überblick *Schubert,* ZGR 1981, 285, 308.

805 Gleichzeitig wurden auch die Möglichkeiten einer Amortisation eingeschränkt, vgl. *Bayer,* in: Bayer/Habersack (Hrsg.), Aktienrecht im Wandel, Bd. 2, S. 708, 726.

806 Siehe zu dieser Begründung ausführlich *Glagau,* Der Börsen- und Gründungsschwindel in Deutschland, 1877, S. 15 ff.

807 Vgl. *Feldenkirchen,* Zeitschrift für Unternehmensgeschichte 25 (1980), 77 ff.

808 Siehe ROHGE 17, 381, 384.

809 Vgl. nur ROHGE 3, 331 ff.

810 *Maltschew,* Der Rückerwerb eigener Aktien in der Weltwirtschaftskrise 1929–1931, 2004, S. 44 f.

811 Vgl. *Schubert,* ZGR 1981, 285, 313, zum Einfluss des französischen Rechts auf das Aktiengesetz von 1870.

812 Dieser führte in der Folgezeit zum Börsenkrach von 1873, vgl. *Schön,* Geschichte und Wesen der eigenen Aktien, 1937, S. 2 f.; *Goldschmidt, ZHR* 21 (1876), 1, 5; aus der neueren Literatur auch *Peltzer,* WM 1998, 322, 324.

Die Motive zur Aktienrechtsnovelle begründen das Verbot (lediglich) dogmatisch. Eine Aktiengesellschaft kann nicht Inhaberin ihrer eigenen Aktien sein; sie sei keine von sich selbst unterscheidbare Person.[813] Vor allem dogmatische Bedenken, aber auch die Frage des Gläubigerschutzes beeinflussten den Gesetzgeber. Das gesamte Gesellschaftsvermögen sollte die Aufbringung und vor allem die Erhaltung des Grundkapitals sichern, vgl. Art. 215 Abs. 3 AktG 1870 das gesamte Gesellschaftsvermögen. So war nicht nur ein Rückerwerb aus Mitteln untersagt, die zum Erhalt des Grundkapitals dienen mussten, sondern auch ein Erwerb aus Mitteln des Reservefonds oder auch aus den jährlichen Erträgen.[814] Dies bedeutete eine signifikante Unstimmigkeit im Verhältnis zu den Kapitalerhaltungsvorschriften der Artt. 215, 216 ADHGB 1861 und AktG 1870, denn diese sahen noch keine Bindung des Gesamtvermögens vor.[815] Auch kritisierten Vertreter der zeitgenössischen Literatur das Fehlen von Ausnahmeregelungen.[816] Das Reichsoberhandelsgericht bestätigte jedoch das Verbot.[817] Die späteren Argumente gegen die Möglichkeit eines Erwerbs eigener Aktien waren schon bekannt. Argumentiert wurde damit, dass ein Erwerb eigener Aktien, der nicht aus dem freien Vermögen der Aktiengesellschaft erfolgte[818], zu einer Verminderung des zum Erhalt des Grundkapitals erforderlichen Vermögens führte und faktisch eine Rückgewähr von Einlagen darstellte.[819]

Die Vorschriften über das Verbot des Rückerwerbs eigener Aktien standen in dieser Pauschalität allerdings sofort in der Kritik.[820] Im Aktiengesetz von 1884 wurden sie daher erneut reformiert und zum Teil liberalisiert. Nach Art. 215d AktG 1884 blieb der Erwerb eigener Aktien durch die Gesellschaft im „geschäftlichen Betrieb" der Unternehmung verboten.[821] Der Gesetzgeber wollte finanzielle Gefahren durch den Erwerb eigener Aktien sowohl für die Gesellschaft als auch für Aktionäre und

813 Motive, Stenographische Berichte über die Verhandlungen des Reichstags des Norddeutschen Bundes, 1970, Bd. 4 Anlage Nr. 158, S. 645, 658; vgl. ausführlich auch *Lieder,* in: Bayer/Habersack (Hrsg.), Aktienrecht im Wandel, Bd. 1, S. 318, 368.

814 Vgl. Verhandlungen des Bundesrathes, Drucksache Nr. 62/1870, S. 23.

815 Vergleichbar mit dem heutigen § 30 GmbHG.

816 Siehe Nachweise bei *Maltschew,* Der Rückerwerb eigener Aktien in der Weltwirtschaftskrise 1929–1931, 2004, S. 49; ebenso *Peltzer,* WM 1998, 322, 324.

817 ROHGE 17, 381; ROHGE 22, 191.

818 Gleiches galt für den Erwerb von Aktien, die noch nicht voll eingezahlt waren, siehe *Bayer,* in: Bayer/Habersack (Hrsg.), Aktienrecht im Wandel, Bd. 2, S. 708, 726.

819 Motive, Stenographische Berichte über die Verhandlungen des Reichstags des Norddeutschen Bundes, 1970, Bd. 4 Anlage Nr. 158, S. 645, 658; ebenso *Goldschmidt, ZHR* 21 (1876), 1, 5.

820 So war beispielsweise nicht verständlich, warum auch der für die Gesellschaft kostenlose Erwerb eigener Aktien beispielsweise durch Schenkung verboten sein sollte, vgl. *Peltzer,* WM 1998, 322, 325.

821 Die Inpfandnahme von Aktien wurde dem Rückerwerb gleichgestellt. Unter bestimmten weiteren Umständen wurde die Amortisation von Aktien wieder erleichtert, vgl. die Begründung bei Schubert/Hommelhoff (Hrsg.), Hundert Jahre

Gläubiger abwenden.[822] Dies ist bei einem für die Aktiengesellschaft kostenlosen Erwerb eigener Aktien nicht zu befürchten. Der Erwerb eigener Aktien durch Schenkung, Erbschaft oder Zwangsvollstreckung wurde daher (wieder) zugelassen.[823] Die Argumentation, ein Erwerb eigener Aktien sei mit dem Wesen der Aktiengesellschaft unvereinbar, wurde somit aufgegeben.[824] Die Rechtsfolge der Nichtigkeit des Erwerbsgeschäft wurde ebenfalls fallen gelassen. Rechtsfolge eines Verstoßes war nicht mehr die Nichtigkeit des Erwerbsgeschäfts, sondern der Pflichtverstoß führte zu einer Haftung des Vorstands und des Aufsichtsrats der Aktiengesellschaft, vgl. Art. 241 Abs. 3 AktG 1884.[825]

Das Handelsgesetzbuch von 1897[826] behielt die Regelung des Art. 215d AktG 1884 großteils bei. Mit der Umsetzung der Vorschrift in § 226 HGB 1897 änderte sich lediglich ihr Wortlaut.[827] Nunmehr war ein Erwerb eigener Aktien im „regelmäßigen Geschäftsbetrieb" verboten.[828] Da man den Erwerb eigener Aktien, um den Kurs der eigenen Aktien zu stützen, für außerhalb des „regelmäßigen Geschäftsbetriebes" liegend hielt, kam es in der Folgezeit und bis zur Weltwirtschaftskrise von 1929–1931 zu einem erheblichen Einsatz des Rückerwerbs eigener Aktien zur Kursstützung.[829] Beispielsweise investierte der Barmer Bankverein bis zu 64 % seines Grundkapitals in den Rückkauf eigener Aktien. Sinkende Aktienkurse erhöhten den Druck, immer mehr Aktien zu erwerben, um den Kurs zu stabilisieren. Das Erwerbs-

---

modernes Aktienrecht, 1985, S. 500 ff. und ausführlich auch *Cahn,* in: Bayer/Habersack (Hrsg.), Aktienrecht im Wandel, Bd. 2, S. 763.

822 Siehe *Peltzer,* WM 1998, 322, 325; m.w.N. aus dem zeitgenössischen Schrifttum auch *Bayer,* in: Bayer/Habersack (Hrsg.), Aktienrecht im Wandel, Bd. 2, S. 708, 731.

823 Vgl. Stenographische Protokolle der Verhandlungen des Reichstages, Bd. 3, Drucksachen 21/1884, S. 233, 330.

824 Vgl. Motive, Stenographische Berichte über die Verhandlungen des Reichstags des Norddeutschen Bundes, 1970, Bd. 4 Anlage Nr. 158, S. 645, 658; vgl. ausführlich auch *Lieder,* in: Bayer/Habersack (Hrsg.), Aktienrecht im Wandel, Bd. 1, S. 318, 368.

825 Vgl. Art. 241 Abs. 3 und Abs. 4; 226 Abs. 2 Nr. 3 ADHGB; hierzu *Peltzer,* WM 1998, 322, 325; *Maltschew,* Der Rückerwerb eigener Aktien in der Weltwirtschaftskrise 1929–1931, 2004, S. 53; a. A. beispielsweise *Lehmann,* Das Recht der Aktiengesellschaften, 1904, S. 85, der ein Verstoß gegen ein Verbotsgesetz annahm.

826 Handelsgesetzbuch vom 10. Mai 1897, RGBl. Teil I, 1897, S. 219 ff., in Kraft getreten am 1. Januar 1900; ausführlich zur Entstehung des Gesetzes *Pahlow,* in: Bayer/Habersack (Hrsg.), Aktienrecht im Wandel, Bd. 1, S. 415 ff.

827 So jedenfalls die Begründung zum Gesetzentwurf, abgedruckt bei Hahn/Mugdan (Hrsg.), Materialien zum Handelsgesetzbuch, 1897, S. 304, wonach lediglich eine Angleichung an § 8 Abs. 4 Genossenschaftsgesetz bezweckt war.

828 Ebenso *Maltschew,* Der Rückerwerb eigener Aktien in der Weltwirtschaftskrise 1929–1931, 2004, S. 53 f.

829 Die Möglichkeit einer Kursstützung über den Rückerwerb eigener Aktien nutzten insbesondere Banken, vgl. ausführlich *Maltschew,* Der Rückerwerb eigener Aktien in der Weltwirtschaftskrise 1929–1931, 2004, S. 28 ff. und auch *Peltzer,* WM 1998, 322, 325.

verbot des § 226 HGB stellt sich als untauglich heraus.[830] Weitere Skandale gab es im Zusammenhang mit dem Zusammenbruch der Favag 1929. Die Banken hatten zurückerworbene eigene Aktien nicht auf der Aktivseite der Bilanz aktiviert und durch eine zu bildende Rücklage auf der Passivseite ausgeglichen (Bilanzverlängerung), sondern den Nennwert der eigenen Aktien vom Grundkapital abgezogen. So wurde das Verhältnis von Grundkapital zu Reserven günstiger ausgestaltet und die Gesellschaftsgläubiger über die finanzielle Lage der Gesellschaft getäuscht.[831] Neben der schwierigen wirtschaftlichen Lage vieler Gesellschaften war ein weiterer Grund hierfür, dass die Verbotsvorschrift von der Wirtschaft nie akzeptiert worden war.[832] Eine Verlustspirale setzte ein. Für die Gläubiger der Aktiengesellschaft besonders gefährlich war ein Rückerwerb eigener Aktien unter dem Nennwert. Da bilanziell eigene Aktien lediglich vom Grundkapital der Gesellschaft abgezogen wurden (und nicht auf der Aktivseite der Bilanz angesetzt), wurden selbst in der Krise noch Buchgewinne ausgewiesen und ausgeschüttet.[833]

Durch die Notverordnung vom 19. September 1931 sollte diesen Praktiken dann endgültig ein Ende gesetzt werden.[834] Allerdings galt auch hierbei die Hauptsorge des Gesetzgebers nicht dem Schutz der Gläubiger der Gesellschaft, sondern dem Anlegerschutz und besonders der (mangelnden) Gleichbehandlung der Aktionäre. Der Geschäftsführung nahestehende Aktionäre konnten ihre Aktien an diese verkaufen, den anderen wurde durch den künstlich gestützten Aktienkurs ein (zu) hoher Unternehmenswert vorgespiegelt.[835] Nach § 226 Abs. 1 HGB n. F. durften Aktien unter anderem zur Schadensabwehr[836] erworben werden, allerdings nur bis maximal 10 % des Grundkapitalbetrages. Auch erfasste das Erwerbsverbot Fälle einer Kursgarantie durch die Gesellschaft, Fälle, in denen Dritte auf Rechnung der Gesellschaft Aktien erwarben und den Erwerb von Aktien der Gesellschaft durch

---

830 Vgl. ausführlich mit weiteren Beispielen und Nachweisen aus der zeitgenössischen Literatur *Maltschew,* in: *Engelke/Maltschew,* in: Bayer/Habersack (Hrsg.), Aktienrecht im Wandel, Bd. 1, S. 570, 577.

831 Vgl. ausführlich zu dieser „Scheinkapitalherabsetzung" *Engelke/Maltschew,* in: Bayer/Habersack (Hrsg.), Aktienrecht im Wandel, Bd. 1, S. 570, 589, m.w.N. und Beispielen.

832 Siehe *Cahn,* in: Bayer/Habersack (Hrsg.), Aktienrecht im Wandel, Bd. 2, S. 763, 782.

833 Siehe *Maltschew,* Der Rückerwerb eigener Aktien in der Weltwirtschaftskrise 1929–1931, 2004, S. 32.

834 Auslöser war u.a. der Konkurs der Nordwolle AG und darauf folgend der Darmstädter und Nationalbank 1931, vgl. *Maltschew,* Der Rückerwerb eigener Aktien in der Weltwirtschaftskrise 1929–1931, 2004, S. 77 ff.

835 Siehe *Maltschew,* Der Rückerwerb eigener Aktien in der Weltwirtschaftskrise 1929–1931, 2004, S. 89.

836 Darunter fielen Stützungskäufe bei massiven Kursverlusten und auch die Abwehr feindlicher Übernahmen, vgl. Protokolle der Verhandlungen des Reichswirtschaftsrathes, abgedruckt in Schubert/Hommelhoff (Hrsg.), Die Aktienrechtsreform am Ende der Weimarer Republik, 1987, S. 154 f.

abhängige Unternehmen.[837] Daneben war der Rückerwerb eigener Aktien lediglich noch zulässig für die Ausführung einer Einkaufskommission, § 226 Abs. 1 S. 2 Nr. 1 HGB n.F. und einen Erwerb zur Einziehung, § 226 Abs. 1 S. 2 Nr. 2 HGB n.F. Eine „normale“ Kurspflege sollte unzulässig sein, aber eine Kursstützung im Einzelfall weiterhin erlaubt.[838] Die Notverordnung enthielt zugleich erstmals die Verpflichtung für Aktiengesellschaften, die erworbenen eigenen Aktien im Umlaufvermögen zu aktivieren. Damit sollte verhindert werden, dass die Gesellschaften das Nennkapital der eigenen Aktien vom Betrag des Grundkapitals abzogen und so auch noch in Zeiten von Aktienkursverlusten Buchgewinne auswiesen.[839]

§§ 65, 114 Abs. 6 AktG 1937 nahmen die Regelungen der Notverordnung fast unverändert auf. Diese wurden gleichfalls in §§ 71, 136 Abs. 2 AktG 1965 übernommen. Zusätzlich wurden jetzt auch Aktienerwerbe von im Mehrheitsbesitz stehenden Unternehmen erfasst.[840] Größere Änderungen im Recht des Rückerwerbs eigener Aktien ergaben sich erst wieder mit dem Zwang zur Umsetzung der Kapitalrichtlinie in deutsches Recht. Der Erwerb eigener Aktien durfte nur noch aus dem freien Vermögen und nicht mehr aus dem Kapital oder den gebundenen Rücklagen geschehen.[841] Die erworbenen Aktien mussten zwar weiter aktiviert, aber jetzt durch eine gebundene Rücklage auf der Passivseite der Bilanz neutralisiert werden.[842] Nach Artt. 19 Abs. 2, 20 Abs. 1 der Kapitalrichtlinie war in einer Reihe von Erwerbsgründen ein Erwerb eigener Aktien auch dann zulässig, wenn hierdurch die Grenze von 10 % überschritten wurde oder wenn die Akten noch nicht voll eingezahlt waren oder sie nur aus nicht-freiem Vermögen bezahlt werden konnten. Die Kapitalrichtlinie wurde in den §§ 71–71e, 150a AktG in deutsches Recht umgesetzt, allerdings wurden nicht alle Liberalisierungsmöglichkeiten genutzt.[843] § 150a AktG wurde

---

837 Siehe zu beiden Fällen, die auf den negativen Fallbeispielen der Nordwolle AG und der Karstadt AG beruhten, ausführlich *Maltschew,* Der Rückerwerb eigener Aktien in der Weltwirtschaftskrise 1929–1931, 2004, S. 102 ff.

838 *Spindler,* Recht und Konzern, 1993, S. 85.

839 Vgl. *Cahn,* in: Bayer/Habersack (Hrsg.), Aktienrecht im Wandel, Bd. 2, S. 763, 784, m.w.N.; *Maltschew,* Der Rückerwerb eigener Aktien in der Weltwirtschaftskrise 1929–1931, 2004, S. 62 ff., 128 ff.

840 Vgl. die Begründung des Regierungsentwurfs, abgedruckt bei *Kropff,* Textausgabe des Aktiengesetzes vom 6.9.1965 (Bundesgesetzblatt I S. 1089) und des Einführungsgesetzes zum Aktiengesetz vom 6.9.1965 (Bundesgesetzblatt I S. 1185) mit Begründung des Regierungsentwurfs, 1965, S. 90 ff. Ein Erwerb eigener Aktien war nun ebenfalls gestattet zum Zweck einer Abfindung nach § 305 Abs. 2 und § 320 Abs. 5 und durch Gesamtrechtsnachfolge, vgl. *Cahn,* in: Bayer/Habersack (Hrsg.), Aktienrecht im Wandel, Bd. 2, S. 763, 784 f.

841 Vgl. Art. 19 Abs. 1 lit c) Kapitalrichtlinie.

842 Damit wird ein Aktivtausch vermieden und eine Bilanzverlängerung angeordnet, vgl. *Cahn,* in: Bayer/Habersack (Hrsg.), Aktienrecht im Wandel, Bd. 2, S. 763, 785.

843 So wurde die Möglichkeit, einen Erwerb eigener Aktien außerhalb der aufgelisteten Erwerbsgründe aufgrund eines Beschlusses der Hauptversammlung zuzulassen (Art. 19 Abs. 1 lit a) Kapitalrichtlinie), nicht wahrgenommen. Auch

durch das Bilanzrichtliniengesetz vom 19. Dezember 1985 durch § 272 Abs. 4 HGB ersetzt, der erlaubte, dass die Rücklage für eigene Aktien auch zu Lasten frei verfügbarer Gewinnrücklagen gebildet werden durfte.[844]

Bei der Frage des Rückerwerbs eigener Aktien hat neben der Frage des Anlegerschutzes und der Gleichbehandlung der Aktionäre auch stets der Gläubigerschutzgedanke eine Rolle gespielt. Dieser trat seit den 90er Jahren immer weiter in den Hintergrund. Die positiven Seiten eines Rückerwerbs eigener Aktien für die Interessen der Aktionäre und die Funktionsfähigkeit des Kapitalmarktes finden immer weitere Berücksichtigung. Mit § 71 Abs. 1 Nr. 8 AktG wurde durch das KonTraG von 1998 die Optionen der Kapitalrichtlinie ausgenutzt und ein Erwerb eigener Aktien aufgrund eines Hauptversammlungsbeschlusses ohne das Vorliegen eines Erwerbsgrundes gestattet. Im Folgenden war das Recht des Erwerbs eigener Aktien v. a. Boden für kapitalmarktrechtliche Regulierung.[845]

Ein Rückerwerb eigener Aktien erhöht für die Gläubiger der Gesellschaft die Gefahr einer Überinvestition[846] der Gesellschaft. Gerät sie in eine wirtschaftliche Krise, so sinkt der Wert der eigenen Aktien parallel zum Börsenwert der Gesellschaft. Einen Haftungsfonds für die Gläubiger der Gesellschaft bieten eigene Aktien somit nicht.[847] Erwirbt die Gesellschaft Aktien von ihren Aktionären zurück, steigt die Gefahr einer materiellen Unterinvestition[848] ebenso, wie durch eine Dividendenausschüttung. Die Erlaubnis eines Rückerwerbs eigener Aktien nur durch einen Beschluss der Aktionäre ohne Sicherung der Gläubiger (wie beispielsweise in Fällen einer Kapitalherabsetzung) unterläuft deren Schutzbedürfnis.

Das Problem des Rückerwerbs eigener Aktien nimmt eine Zwitterstellung ein. Auf der einen Seite gefährdet ein Rückerwerb die Interessen der Gläubiger der Gesellschaft, da mit den eigenen Aktien keine Vermögenswerte in das Vermögen der Gesellschaft gelangen. Es besteht die Gefahr einer Unterinvestition. Auf der anderen Seite kann ein Rückerwerb von Vorteil für Bestand und Finanzkraft der Gesellschaft und damit auch für ihre Aktionäre und reflexhaft ebenfalls für ihre Gläubiger sein. Diese Unentschlossenheit des Gesetzgebers zeigt sich an den vielen Wandlungen, die die Regelungen zum Rückerwerb eigener Aktien in der Vergangenheit genommen haben. Ein Paradigma eines Verbotes des Rückerwerbs hatte sich zwar schon einmal ausgebildet. Es wurde indes im weiteren Verlauf auch durch die

---

wurde die 10 %-Grenze des Erwerbs für alle Fälle beibehalten, in denen die Richtlinie die Abschaffung nicht ausdrücklich verlangte.

844 Vgl. *Cahn*, in: Bayer/Habersack (Hrsg.), Aktienrecht im Wandel, Bd. 2, S. 763, 785 f.

845 Vgl. ausführlich *Cahn*, in: Bayer/Habersack (Hrsg.), Aktienrecht im Wandel, Bd. 2, S. 763, 785, 787 ff.; vgl. auch die Empfehlungen der Regierungskommission Corporate Governance, abgedruckt bei Baums (Hrsg.), Bericht der Regierungskommission Corporate Governance, 2001, S. 220 ff.

846 Vgl. hierzu oben unter C.II.3.2.

847 Siehe zu den modernen Diskussionen um die Gefahren eines Rückerwerbs eigener Aktien und die Möglichkeiten dieses Einsatzmittels *Oechsler*, *ZHR* 170 (2006), 72.

848 Vgl. hierzu oben unter C.II.3.1.

Entwicklungen auf europäischer Ebene liberalisiert und auf das Paradigma eines Verbotes der Rückgewähr von Einlagen an die Aktionäre zurückgeführt. Es ergänzt damit den gesetzlichen Gläubigerschutz vor einer Unterinvestition der Aktionäre in dem gleichen Maße wie die Regelungen zur Bemessung der Ausschüttungen der Gesellschaft an ihre Aktionäre.

2.4 Die Regelung und Bemessung der Ausschüttung von Gesellschaftsvermögen an Aktionäre

Im gesetzlichen Regelfall entscheidet nach heutigem deutschem Recht die Hauptversammlung über die Verwendung der Hälfte des ausschüttungsfähigen Jahresüberschusses (§ 58 Abs. 3 i.V.m. § 58 Abs. 2 AktG). Seit 2002 kann sie durch Satzungsbestimmung der Verwaltung der Aktiengesellschaft zusätzlich die Kompetenz zur Bildung von Gewinnrücklagen ganz entziehen (§ 58 Abs. 2 AktG).[849] Die Frage der "richtigen" Ausschüttungspolitik[850] ist allerdings selbst theoretisch streitbehaftet.[851] *Ausschüttungen* von Vermögen der Aktiengesellschaft an ihre Aktionäre unterliegen einem strengen System der Kapitalerhaltung. Dieses versucht, einen Interessenausgleich zu schaffen zwischen den Aktionären der Aktiengesellschaft mit ihrem Interesse an Dividendenzahlung und dem Interesse der Gläubiger der Aktiengesellschaft an einer Verhinderung einer nachträglichen Unterkapitalisierung derselben. Die Möglichkeiten der Aktiengesellschaft, Gesellschaftsvermögen an die Anteilseigner auszuschütten, werden daher eingeschränkt, aber nicht vollständig untersagt.[852] Wie oben unter C.II.3.3 ausgeführt, kann auch eine übermäßige Gewinnthesaurierung unter Umständen gläubigerschädigend wirken.[853] Es muss

---

849 Dies geht zurück auf eine Empfehlung der Regierungskommission Corporate Governance, siehe den Bericht der Regierungskommission Corporate Governance, BT-Drucks. 14/7515, S. 93, abgedruckt bei Baums (Hrsg.), Bericht der Regierungskommission Corporate Governance, 2001, Rdz. 197.

850 Vgl. zu den verschiedenen Konzepten einer kapitalerhaltungsorientierten Ausschüttungspolitik und einer renditeorientierten Ausschüttungspolitik nach dem Marktwertmaximierungsmodell *Röhricht*, Gläubigerschutz im Spannungsverhältnis zwischen Gesellschafts-, Bilanz- und Insolvenzrecht, 2011, S. 33 ff. m.w.N.

851 Vgl. die Darstellung der Diskussion vor der Aktienrechtsreform 1965 bei *Bahrenfuss,* Die Entstehung des Aktiengesetzes von 1965, 2001, S. 688 ff.; für die Zeit nach der Reform siehe die Darstellung bei *Pütz/Willgerodt,* Gleiches Recht für Beteiligungskapital, 1985, S. 113 ff.; ausführlich auch *Schütte,* Die Dividendenentscheidung in der Aktiengesellschaft, 1995, S. 63 ff., 80 ff. Weitere ausführliche Nachweise bei *Baums,* Rücklagenbildung und Gewinnausschüttung im Aktienrecht, in: Bitter/Lutter u.a. (Hrsg.), Festschrift für Karsten Schmidt, 2009, S. 57, 65 in Fn. 29.

852 Vgl. zu diesem Begründungsansatz auch *Pellens/Jödicke u.a.,* Der Konzern 2007, 427, 429.

853 Vgl. mit Nachweisen zu Dividendenpolitik und Rücklagenbildung auch *Baums,* Rücklagenbildung und Gewinnausschüttung im Aktienrecht, in: Bitter/Lutter u.a. (Hrsg.), Festschrift für Karsten Schmidt, 2009, S. 57, 59 in Fn. 6.

somit eine Balance gefunden werden: Höchstausschüttungsregeln beschützen die Gläubiger der Aktiengesellschaft vor einer nachträglichen Unterinvestition der Aktionäre in dieselbe und damit vor einer Erhöhung ihres Insolvenzrisikos und ihrer Insolvenzwahrscheinlichkeit.

Das System der bilanziellen Kapitalerhaltung baut auf einem Rechnungslegungssystem auf, das unter III. näher betrachtet wird. Änderungen an diesem und damit an den Grundparametern des Systems der bilanziellen Kapitalerhaltung führen zur Veränderung von Ausschüttungsbedingungen „durch die Hintertür". Das deutsche Rechnungslegungssystem des Handelsgesetzbuches steht heute unter massivem Anpassungsdruck internationaler Rechnungslegungsvorschriften, dem der deutsche Gesetzgeber im Bilanzmodernisierungsgesetz zum Teil nachgegeben hat. Im Folgenden wird auf das System der bilanziellen Kapitalerhaltung als maßgeblichem Paradigma des deutschen Gläubigerschutzsystems eingegangen. Dabei wird zunächst der Status quo erläutert. Die bilanzgestützten Ausschüttungsregelungen des Aktienrechts stehen unter massiver Kritik in der Literatur. Insbesondere wird an Stelle des bisherigen „Bilanztests" aus Gläubigerschutzgründen die Einführung eines sogenannten „Solvenztests" gefordert.[854] Eine Stellungnahme zum Gläubigerschutz durch Bilanz- und Solvenztests rundet den Abschnitt ab.

2.4.1 Das System der bilanziellen Kapitalerhaltung als Status Quo

Eine Auszahlung von Gesellschaftsvermögen an die Anteilseigner ist nach dem Status Quo im deutschen Aktienrecht lediglich dann möglich, wenn das Vermögen der Aktiengesellschaft abzüglich ihrer Verbindlichkeiten die Summe aus dem gezeichneten Kapital und den nicht ausschüttbaren Rücklagen übersteigt.[855] Nach § 150 Abs. 1 und Abs. 2 AktG müssen so lange 5 % des Jahresüberschusses der Aktiengesellschaft in eine gesetzliche Rücklage eingestellt werden, bis die Summe aus dieser gesetzlichen Rücklage und der Kapitalrücklage 10 % des gezeichneten Kapitals übersteigt. Daneben ist die Thesaurierung von maximal 50 % des verbleibenden Jahresüberschusses durch den Vorstand möglich, wenn der Jahresabschluss wie im Regelfall durch Aufsichtsrat und Vorstand festgestellt wurde (§ 58 Abs. 2 S. 1 AktG und § 172 AktG). Erst der darüber hinausgehende Betrag, der noch einmal um Einstellungen und Auszahlungen aus den Gewinnrücklagen modifiziert wird (= Bilanzgewinn), kann durch den Vorstand der Hauptversammlung der Aktiengesellschaft zur Ausschüttung an die Aktionäre vorgeschlagen werden. Die Hauptversammlung darf nach *Hennrichs* allerdings dann kein Vermögen an die Aktionäre ausschütten, wenn zwar die Bilanz einen Gewinn ausweist, sich aber in der Zwischenzeit die Situation der Gesellschaft negativ verändert hat.[856]

---

854 Vgl. zur Harmonisierung des europäischen Bilanzrechts auch ausführlich *Krapf/Schürmann*, Solvenztest, 2008, S. 23 ff. m.w.N.

855 Vgl. Art. 15 Abs. 1a Kapitalrichtlinie (Zweite Richtlinie 77/91/EWG des Rates vom 13. Dezember 1976, ABl. EG Nr. L 26 vom 31. Januar 1977, S. 1 ff.) (Fn. 5).

856 Siehe *Hennrichs,* Der Konzern 2008, 42, 45 m.w.N. und Beispielen.

In Deutschland damit wird traditionell der "Bilanztest" praktiziert. Eine Ausschüttung von Dividenden[857] an die Aktionäre einer Aktiengesellschaft ist lediglich dann möglich, wenn nach der hypothetischen Ausschüttung der Dividende das verbliebene Vermögen der Gesellschaft wertmäßig noch mindestens ihre Schulden und gesetzlichen Rückstellungen deckt. Lediglich ein bilanzielles „Plus" darf ausgeschüttet werden. Auch unter dem Regime der Kapitalrichtlinie herrschen europaweit unterschiedliche Konzepte der Kapitalerhaltung vor.[858] In Großbritannien[859] stellt die nach UK-GAAP aufgestellte und geprüfte Bilanz lediglich den Ausgangspunkt für die Beurteilung einer Ausschüttung an die Aktionäre der Aktiengesellschaft dar. Hierauf folgt eine liquiditätsbezogene Korrektur.[860] Aktiengesellschaften in Polen stellen auch ihre Jahreseinzelabschlüsse nach den Grundsätzen der IFRS auf. Nach diesen Bilanzen bemessen sich die Ausschüttungsmöglichkeiten für die Aktionäre, ohne dass noch einmal eine Korrektur erfolgt.[861] Auch das Recht des US-Staates Delaware sieht einen Bilanztest vor Ausschüttungen von Gesellschaftsvermögen an die Aktionäre vor. Hat eine Gesellschaft lediglich Aktien mit „no par value" (NPV[862]) ausgegeben, so sind Ausschüttungen von Gesellschaftsvermögen an die Aktionäre möglich, wenn das Eigenkapital der Gesellschaft größer Null ist, das heißt das Aktivvermögen die Verbindlichkeiten der Gesellschaft deckt (sogenannter *bare net asset test*). Wurden Aktien mit einem bestimmten Nennbetrag (par value shares; PV) ausgegeben, so muss für eine Ausschüttung von Gesellschaftsvermögen das Eigenkapital der Gesellschaft das gezeichnete Grundkapital übersteigen (*enhanced assets test*). Auch wenn allein echte nennwertlose Stückaktien ausgegeben werden, kann das *board of directors* einen Teil des eingezahlten Kapitals als „Grundkapital" der Aktiengesellschaft deklarieren. Dieses wirkt dann als Puffer zugunsten der Gläubiger und kann ebenfalls nicht ausgeschüttet werden (*enhanced balance sheet test*).[863]

---

857 Vgl. zur Dividendenpolitik US-amerikanischer, britischer und deutscher Unternehmen ausführlich *Röhricht*, Gläubigerschutz im Spannungsverhältnis zwischen Gesellschafts-, Bilanz- und Insolvenzrecht, 2011, S. 39 ff. m.w.N.

858 Vgl. zu Einzelheiten die KPMG-Studie im Auftrag der Europäischen Kommission, a. a. O. (Fn. 38).

859 Dieser Begriff wird im Folgenden als die gängige Abkürzung des „Vereinigten Königreichs Großbritanniens und Nordirlands" verwendet.

860 Vgl. *en detail* die KPMG-Studie im Auftrag der Europäischen Kommission, a. a. O. (Fn. 38).

861 Zu Einzelheiten vergleiche die KPMG-Studie im Auftrag der Europäischen Kommission, a. a. O. (Fn. 38).

862 *No par value* Aktien entsprechen echten nennwertlosen Stückaktien. Zu diesen und ihrer Einführung ausführlich *Weiß*, Aktionärs- und Gläubigerschutz im System der echten nennwertlosen (Stück-)Aktie, 2007.

863 Vgl. zum Ganzen die KPMG-Studie im Auftrag der Europäischen Kommission, a. a. O. (Fn. 38).

2.4.2 Kritik am bilanzgestützten europäischen Kapitalerhaltungssystem

Das bilanzgestützte Kapitalerhaltungsregime, das noch in der Kapitalrichtlinie[864] verankert ist, wird heute durch Reformvorschläge vor allem aus dem angelsächsischen Raum herausgefordert.[865] Zum einen wird ein bilanzgestütztes Kapitalerhaltungssystem für zu *inflexibel*[866] und daher für die Aktiengesellschaft für zu teuer gehalten und zum zweiten wird seine Fähigkeit zum Schutz der Gläubiger der Aktiengesellschaft angezweifelt. Zum ersten Vorbehalt lässt sich mit *K. Schmidt* treffend entgegen: „*...Beispiele von Kapitalgesellschaften, die um des Kapitalschutzes willen totes, der Ausschüttung unfähiges Barvermögen verwalten, wurden bisher nicht empirisch belegt.*"[867] Eine von der Europäischen Kommission bei KPMG in Auftrag gegebene Studie kommt dementsprechend auch zu dem Ergebnis, dass europäische (funktionierende) Unternehmen das System der bilanziellen Kapitalerhaltung nicht als große Belastung wahrnehmen.[868]

Der zweite Vorwurf des mangelnden Gläubigerschutzes ist ernster zu nehmen. Gläubiger sind an der zukünftigen Nicht-Insolvenz der Aktiengesellschaft interessiert; jede nachträgliche Erhöhung des Geschäftsrisikos der Aktiengesellschaft, beispielsweise durch die Ausschüttung von Vermögen, das zur Weiterführung des Geschäfts benötigt wird, beeinträchtigt Gläubigerinteressen. Der letzte Jahresabschluss der Aktiengesellschaft, aus dem sich die Möglichkeit einer Ausschüttung von Gesellschaftsvermögen ergibt, enthält allerdings die vergangenheitsbezogenen Daten des letzten Geschäftsjahres. Als Prognoseinstrument für die Möglichkeit einer Ausschüttung von Aktionärsvermögen ist er somit wenig geeignet. Eine zukunftsgerichtete Prüfung der Mittelzuflüsse und -abflüsse wäre wohl generell von größerer Relevanz für die Gläubiger der Aktiengesellschaft.[869] Daneben besteht in einem bilanzgestützten System die Möglichkeit und Gefahr einer konzerninternen Verlagerung von Gewinnen, die ebenfalls gläubigerschädigend wirken kann.[870] Dem System der bilanziellen Kapitalerhaltung wird daher auch vorgeworfen, dass es der Geschäftsführung der Aktiengesellschaft einen Machtausbau via „empire building" auf Kosten der Aktionäre der Aktiengesellschaft ermögliche.[871]

---

864 Zweite Richtlinie 77/91/EWG des Rates vom 13. Dezember 1976, ABl. EG Nr. L 26 vom 31. Januar 1977, S. 1 ff. (Fn. 5); vgl. dazu ausführlich *Bayer/Schmidt,* in: Bayer/Habersack (Hrsg.), Aktienrecht im Wandel, Bd. 1, S. 944 ff.

865 Man vergleiche nur die Forderung im sogenannten *Rickford*-Report *Rickford,* 15 European Business Law Review 2004, 919, das System des festen geschützten Grundkapitals abzuschaffen und durch einen Solvenztest zu ersetzen. A.A. dagegen die Gruppe von Wissenschaftlern um *Lutter* Lutter (Hrsg.), Das Kapital der Aktiengesellschaft in Europa, 2006.

866 Für viele ausführlich *Jungmann,* ZGR 2006, 638, 641.

867 *K. Schmidt,* GmbHR 2007, 1, 4 im Zuge der GmbH-Reform.

868 Vgl. die KPMG-Studie der Europäischen Kommission, a. a. O. (Fn. 38).

869 *Böcking/Dutzi,* Der Konzern 2007, 435, 439.

870 *Böcking/Dutzi,* Der Konzern 2007, 435, 439.

871 Vgl. Nachweise bei *Baums,* Rücklagenbildung und Gewinnausschüttung im Aktienrecht, in: Bitter/Lutter u.a. (Hrsg.), Festschrift für Karsten Schmidt, 2009, S. 57, 64 f.:

2.4.3 *„Solvenztests" im bisherigen deutschen Aktienrecht*

Der 66. Deutsche Juristentag, der sich mit der Reform des Gläubigerschutzes im Kapitalgesellschaftsrecht beschäftigte, lehnte mit 60 zu 56 Stimmen (bei 53 Enthaltungen) einen Antrag *Lutters* ab, wonach wenigstens die an die IFRS-Bilanz anknüpfende *Ausschüttungssperre* durch einen formalisierten *Solvenztest* ergänzt werden sollte.[872] Hört man dies, so könnte man meinen, das momentane deutsche Aktienrecht kenne keine Solvenztests zur Prüfung von Ausschüttungen an die Aktionäre. Dem ist allerdings nicht so. Die Geschäftsführung der Aktiengesellschaft hat die Solvenz derselben ständig zu überprüfen – besonders in einer etwaigen Krise der Aktiengesellschaft. Es ist hierfür ein funktionierendes Überwachungssystem einzurichten.[873] Ist die Aktiengesellschaft nicht nur vorübergehend zahlungsunfähig (§ 17 InsO), so hat die Geschäftsführung Insolvenzantrag zu stellen. Nach § 252 Abs. 1 Nr. 2 HGB muss bei der Bewertung der Bilanzposten zur Aufstellung des Jahresabschlusses eine (positive) Fortführungsprognose der Aktiengesellschaft erstellt werden. Die Geschäftsführung muss die zukünftige Solvenz der Aktiengesellschaft bei ihrem Vorschlag für die Verwendung des Bilanzgewinns (§ 170 Abs. 2 S. 1 AktG) an die Hauptversammlung berücksichtigen. Der Vorstand der Aktiengesellschaft darf vor allem den Bestand der Gesellschaft nicht gefährden.[874] Ausnahmsweise kann er daher auch verpflichtet sein, Gewinne der Aktiengesellschaft aus dem laufenden Geschäftsjahr zu thesaurieren und sie nicht zur Ausschüttung an die Aktionäre der Hauptversammlung der Aktiengesellschaft vorzuschlagen.[875]

Während sich die vorgenannten Prüfungspflichten hinsichtlich der Solvenz der Aktiengesellschaft an die Geschäftsführung der Aktiengesellschaft richten, unterliegen auch Aktionäre nach geltendem deutschem Aktienrecht ähnlich gearteten Pflichten. Nach *Hennrichs* darf die Hauptversammlung auch schon nach geltendem Aktienrecht kein Vermögen an die Aktionäre ausschütten, wenn zwar die Bilanz der Gesellschaft einen Gewinn ausweist, sich aber zwischen seiner Feststellung und der Ausschüttungsentscheidung die Situation der Gesellschaft zum Schlechten gewendet hat.[876] Die Rechtsprechung des Bundesgerichtshofs zum sogenannten existenzvernichtenden Eingriff[877] dient als Liquiditätssicherung der Aktiengesellschaft und damit auch der Gläubiger derselben, sollten die Aktionäre der Aktiengesellschaft im Rahmen eines Ausschüttungsbeschlusses Solvenzgesichtspunkte der Aktiengesellschaft missachten. Aktionäre sind somit auch mit ihrem Dividendenanspruch nicht

---

Zur Machbarkeit eines alternativen Kapitalerhaltungssystems in Europa vgl. auch *Lanfermann/Richard*, Der Aufsichtsrat 2008, 39.

872 Vgl. die Beschlüsse des 66. DJT, S. 22, abrufbar unter www.djt.de (zuletzt abgerufen am 15. Juli 2015).

873 §§ 91 Abs. 2, 92 Abs. 2, 93 Abs. 1 S. 1 AktG.

874 Siehe statt vieler *Hüffer*, Aktiengesetz, 2014, § 76 Rdz. 13 m.w.N.

875 Ebenso *Baums*, Rücklagenbildung und Gewinnausschüttung im Aktienrecht, in: Bitter/Lutter u.a. (Hrsg.), Festschrift für Karsten Schmidt, 2009, S. 57, 68.

876 Siehe *Hennrichs*, Der Konzern 2008, 42, 45 m.w.N.

877 Siehe ausführlich unten unter IV. 2.a.

als beliebige Dritte im Verhältnis zur Aktiengesellschaft zu werten. Ausschüttungen dürfen nicht zu einer Zahlungsunfähigkeit der Gesellschaft führen.[878]

2.4.4 Das Kapitalschutzregime de lege ferenda

Auf einer allgemeinen Ebene stellt sich die Frage, ob, und wenn ja inwieweit mögliche Dividendenausschüttungen an die Aktionäre der Aktiengesellschaft und die Bilanzen der Gesellschaft miteinander verbunden sein sollen. Sollen beide unabhängig voneinander aufgestellt und festgelegt werden? Oder schließt man von den Bilanzwerten einer Gesellschaft in irgendeiner Form auf die mögliche Dividendenausschüttung? Im Unterschied zu bilanziellen Prüfungen zur Ausschüttung von Vermögen der Aktiengesellschaft an ihre Aktionäre soll durch *Solvenztests* der zukünftige Liquiditätsbedarf der Aktiengesellschaft bestimmt werden und in der Folge ihre „überschüssige" Liquidität zur Ausschüttung an ihre Aktionäre freigegeben werden.[879] Gemeinhin werden Solvenztests daher als „zukunftsgerichtet" bezeichnet, im Unterschied zu den angeblich „vergangenheitsbezogenen" Bilanztests.

Vorschläge für eine Reform des europäischen und deutschen Kapitalerhaltungsregimes wurden in der Vergangenheit eingehend diskutiert.[880] Diese reichen von der fast unveränderten Beibehaltung des bisherigen Kapitalerhaltungssystems bis zur Abschaffung des gesetzlichen Mindestkapitals und des Kapitalerhaltungssystems der Kapitalrichtlinie. Im Folgenden werden die möglichen Konzepte für Ausschüttungssperren zum Schutz der Gläubiger der Aktiengesellschaft abstrakt erläutert. Danach wird auf drei Vorschläge zur Reform des Kapitalerhaltungsregimes aus der Literatur näher eingegangen, die inhaltlich die Bandbreite der vertretenen Meinungen abdecken. Es folgt eine Bewertung der Forderung nach einer Reform des bilanzgestützten Ausschüttungsregimes.

Es finden sich international mehrere Konzepte zum Schutz der Gläubiger einer Aktiengesellschaft vor überhöhten Ausschüttungen der Aktiengesellschaft an ihre Aktionäre verbreitet und werden als Blaupause für eine Reform des Kapitalerhaltungsregimes vorgeschlagen: Der Gesetzgeber kann allein einen „Bilanztest" als Vorbedingung einer Ausschüttung von Gesellschaftsvermögen an die Aktionäre der Gesellschaft vorsehen, wie es momentan in Deutschland und beispielsweise

---

878 *Naumann,* Der Konzern 2007, 422, 424; ausführlich auch *Haas,* Reform des gesellschaftsrechtlichen Gläubigerschutzes, 2006.

879 Vgl. allgemein zur Grundstruktur von Solvenztests *Pellens/Jödicke u.a.,* DB 2005, 1393, 1400; ausführlich auch *Pellens/Sellhorn,* in: Lutter (Hrsg.), Das Kapital der Aktiengesellschaft in Europa, 2006, S. 451, 480 ff.

880 Die bekanntesten sind wohl die Vorschläge um *Rickford,* 15 European Business Law Review 2004, 919, Lutter (Hrsg.), Das Kapital der Aktiengesellschaft in Europa, 2006; der KPMG-Studie, a. a. O. (Fn. 38), der Vorschlag um die sogenannte *High Level Group of Company Law Experts,* Report on a Modern Regulatory Framework for the Company Law in Europe, Brussels, 2002, S. 82, der sogenannte *niederländische Vorschlag* (vgl. dazu sogleich unter (3)) und der Vorschlag des *IDW* (vgl. dazu sogleich unter (4)).

Polen der Fall ist.[881] Als untergeordnete Frage ist in diesem Fall weiterhin zu beantworten, nach welchen Bilanzierungsregeln die Bilanz der Aktiengesellschaft aufzustellen ist, mit anderen Worten wie „vorsichtig“ und damit gläubigerschützend diese Regelungen sind. Des Weiteren ist denkbar, grundsätzlich von der Handelsbilanz auszugehen und diese Bilanz für Ausschüttungszwecke lediglich um einige Posten zu bereinigen und anzupassen (wie dies momentan in Großbritannien üblich ist). Als dritte Möglichkeit können Bilanztest und Solvenztest kumulativ für eine Ausschüttung von Gesellschaftsvermögen an die Aktionäre verlangt werden. Manche Rechtsordnungen (z.B. in Kalifornien) bauen in den Solvenztest noch eine sogenannte *solvency margin*, also eine Art Gläubigerschutzpuffer ein. Nach der Ausschüttung des Dividende müssen die Vermögensgegenstände der Gesellschaft ihre momentanen Verbindlichkeiten noch um diesen Puffer überschreiten.[882] Eine Gruppe von Wissenschaftlern um *Rickford*[883] fordert, einen Solvenztest als Basis der Ausschüttungen zu wählen und diese lediglich mit einem Bilanztest zu ergänzen. Fällt der Bilanztest negativ aus, so könne die Geschäftsführung trotzdem die Ausschüttung des Gesellschaftsvermögens an die Aktionäre veranlassen (diesen die Ausschüttung vorschlagen), sie muss dann allerdings eine Rechtfertigung dafür liefern (sogenanntes *solvency certificate*).[884]

Es wird auch vorgeschlagen, deutschen Aktiengesellschaften ein Wahlrecht bezüglich der Art des Kapitalschutzes zugunsten ihrer Gläubiger einzuräumen. Entweder könnten sie weiterhin einen Jahresabschluss nach HGB-Grundsätzen aufstellen, dann würde das „alte“ System der bilanziellen Kapitalerhaltung greifen. Alternativ könnte der Aktiengesellschaft auch erlaubt werden, einen Einzelabschluss nach den dann noch zu modifizierenden Regelungen der IFRS aufzustellen.[885] In diesem Fall sollte zusätzlich zum „alten“ Bilanztest ein Solvenztest durchzuführen sein. Diese Wahlentscheidung wäre allerdings nicht durch die Gläubiger der Aktiengesellschaft zu fällen. Deren Interessen wären somit nicht diejenigen, die primär Berücksichtigung fänden.

Der Begriff des „Solvenztests“ (oder *solvency test*) wird zwar in der Literatur viel verwendet, jedoch häufig nur ungenau definiert.[886] Solvenztest können nicht nur zur Bestimmung der maximalen Dividendenhöhe herangezogen werden. Sie können

---

881 Vgl. oben und ausführlich die KPMG-Studie der Europäischen Kommission, a. a. O. (Fn. 38).

882 Vgl. ausführlich zur Übertragungsmöglichkeit des kalifornischen Systems auf das europäische System der Kapitalerhaltung *Pellens/Brandt u.a.*, DB 2006, 2021 ff.

883 *Rickford*, 15 European Business Law Review 2004, 919.

884 Evtl. wäre das *solvency certificate* dann vom Abschlussprüfer der Gesellschaft zu zertifizieren – dies lehnt *Rickford*, 15 European Business Law Review 2004, 919 allerdings ab.

885 Dies fordert aus Wettbewerbsgründen wenigstens für börsennotierte Gesellschaften beispielsweise *Naumann*, Der Konzern 2007, 422 ff.

886 Vgl. *Krapf/Schürmann*, Solvenztest, 2008, S. 117 ff. zur Frage eines Gläubigerschutzes durch Solvenztests.

auch bei anderen Verteilungen des Gesellschaftsvermögens wie dem Rückkauf eigener Aktien oder Kapitalherabsetzungen dienlich sein. Eine interne *cash flow-Planung* weisen heute alle für die KPMG-Studie[887] befragten Unternehmen auf: Es wird allgemein eine detaillierte *cash-flow-Prognose* für das kommende Jahr und eine mittelfristige, ungenauere Voraussage für die nächsten drei bis fünf Jahre erstellt.[888] Es kommen mehrere Modelle eines hierauf basierenden zukünftigen europäischen Solvenztests in Betracht: Nach dem Recht des US-Staates Delaware, Neuseelands und Kanadas wird die Form des Solvenztests von der Aktiengesellschaft selbst bestimmt. Eventuell kommen weitere *fiduciary duties* oder ein *solvency certificate* hinzu. Ein Solvenztest kann auch mit den aktuellen Vermögensgegenständen zu den Verbindlichkeiten in der Bilanz (Bilanzkennzahlen) angestellt werden und unterscheidet sich dann nicht merklich von einem klassischen Bilanztest. *Rickford*[889] und *Lutter*[890] fordern als Solvenztest eine einjährige *cash-flow-Planung* der Aktiengesellschaft, die alle kurzfristig fällig werdenden Verbindlichkeiten und kurzfristig liquidierbaren Vermögensgegenstände und bekannte zukünftige Verbindlichkeiten umfasst. Eventuell ist durch die Geschäftsführung der Aktiengesellschaft des Weiteren ein *solvency certificate* zu erteilen. Diese Planung wird durch die von der KPMG-Studie befragten Aktiengesellschaften sowieso schon selbstständig durchgeführt.[891] Es kann also lediglich gefordert werden, zusätzliche gesetzliche Anforderungen an einen solchen Solvenztest zu stellen. Andere fordern als Solvenztest sogar eine mittelfristige *cash-flow-Planung* inklusive bekannter zukünftiger Verbindlichkeiten als Grundlage der Ausschüttung von Gesellschaftsvermögen an die Aktionäre. Hier ist es allerdings wegen der Prognoseunsicherheit schwer, zu belastbaren Ergebnissen zu kommen.[892]

Die von *Jonathan Rickford* geleitet Gruppe[893] hat 2004 eine ausführliche Untersuchung zum in Europa geltenden System aus gesetzlichem Mindestkapital und der auf der Bilanz der Aktiengesellschaft basierenden Kapitalerhaltung vorgelegt. Dieses sei ineffektiv und deswegen abzuschaffen. Die Gruppe schlägt vor, an Stelle des herrschenden Systems einen Solvenztest einzuführen. Dieser soll so ausgestaltet sein, dass eine Aktiengesellschaft immer dann Dividenden an ihre Aktionäre ausschütten darf, wenn diese Aktiengesellschaft nach der pflichtgemäßen Einschätzung ihrer Direktoren in der Lage sein wird, ihre fälligen und im nächsten Jahr fällig werdenden Verpflichtungen zu erfüllen. Ein solcher Solvenztest soll unter anderem ermöglichen, dass trotz eines negativen jährlichen Ergebnisses des Unternehmens und wenn die Verpflichtungen der Gesellschaft den bilanziellen Wert ihrer Vermögensgegenstände übersteigen (sogenannter *„negativer balance sheet test“*), bei

887 KPMG-Studie, a. a. O. (Fn. 38), Executive Summary.
888 KPMG-Studie, a. a. O. (Fn. 38), S. 407.
889 *Rickford,* 15 European Business Law Review 2004, 919.
890 Lutter (Hrsg.), Das Kapital der Aktiengesellschaft in Europa, 2006.
891 KPMG-Studie, a. a. O. (Fn. 38), S. 409.
892 KPMG-Studie, a. a. O. (Fn. 38), S. 409.
893 *Rickford,* 15 European Business Law Review (2004), 1–109.

einer positiven Prognose der Geschäftsentwicklung Dividenden an Aktionäre der Gesellschaft ausgeschüttet werden können. Eine solche Regelung würde eine weitgehende Änderung der Kapitalrichtlinie erfordern.[894][895]

In einer vom niederländischen Justizministerium in Auftrag gegebenen Studie schlagen *Schutte-Veenstra, Boschma* und *Lennarts* ebenfalls vor, das europäische System von gesetzlichem Mindestkapital, Kapitalaufbringung und -erhaltung zu reformieren.[896] In Zukunft soll vor allem auf die Verantwortung der Direktoren der Aktiengesellschaft für die finanzielle Stabilität der Gesellschaft abgestellt werden. Die Direktoren hätten zu entscheiden, ob eine etwaige Dividendenausschüttung berechtigte Interessen der Gläubiger der Aktiengesellschaft betreffen würde. Ein Statement des *„board of directors"* soll sicherstellen, dass die Direktoren der Gesellschaft einen Ausschüttungsbeschluss der Hauptversammlung in diesem Sinne unterstützen.[897] Ein *„solvency statement"* würde nicht nur geringe Verwaltungskosten produzieren, sondern hätte auch internationale Vorbilder: Neuseeland hat eine solche Verpflichtung der Direktoren von Aktiengesellschaften schon vor über einem Jahrzehnt eingeführt[898] und auch in Großbritannien besteht seit März 2005 eine Verpflichtung zur Abgabe eines „solvency statement", wenn *private companies* ihr Kapital herabsetzen. Die Autoren schlagen daneben die Einführung eines einfachen Bilanztests vor. Für diesen dürfte durch die bevorstehende Auszahlung von Gesellschaftsvermögen an die Aktionäre das „freie Vermögen"[899] der Gesellschaft nicht unter null fallen. Dies soll – trotz der Unsicherheiten – durch die Bilanz des Jahresabschlusses bestimmt werden. Um Unsicherheiten infolge der Einführung von auf IFRS-Rechnungslegungsregeln basierenden Jahresabschlüssen[900] zu begegnen, schlagen die Autoren, zusätzlich zum genannten einfachen Bilanztest, die Einführung eines Solvenztests zum erhöhten Schutz der Gläubiger der Aktiengesellschaft vor.[901] Kurzfristig fällig werdende Verbindlichkeiten werden den Vermögensgegenständen der Gesellschaft in einer Liquiditätsplanung gegenübergestellt. Der Nachteil

---

894 Vgl. in Reaktion darauf Lutter (Hrsg.), Das Kapital der Aktiengesellschaft in Europa, 2006. Vgl. ebenso *High Level Group of Company Law Experts,* Report on a Modern Regulatory Framework for the Company Law in Europe, Brussels, 2002, S. 82.

895 Vgl. ausführlich auch die Übersicht bei *Krapf/Schürmann*, Solvenztest, 2008, S. 89 ff. m.w.N.

896 Siehe *Schutte-Veenstra/Boschma u.a.,* Alternative Systems for Capital Protection, 2005.

897 In den Niederlanden bestimmt die Hauptversammlung über die Ausschüttung von Dividenden.

898 Vgl. hierzu die rechtsvergleichenden Untersuchungen in *Rickford,* 15 European Business Law Review 2004, 919 ab S. 47

899 Dieser Ausdruck passt nicht mehr so richtig, weicht man von einem System des festen Grundkapitals ab.

900 Siehe dazu sogleich unter D.III.

901 *Schutte-Veenstra/Boschma u.a.,* Alternative Systems for Capital Protection, 2005, S. 71

eines Solvenztests, der lediglich kurzfristig fällig werdende Verbindlichkeiten in seine Prognoseentscheidung einbezieht, soll gerade durch eine Kombination aus Solvenztest und einfachem Bilanztest vermieden werden.[902] Allerdings gehen die Autoren mit Blick auf niederländisches Gesellschaftsrecht schon heute davon aus, dass die Auszahlung einer Dividende an die Aktionäre der Aktiengesellschaft, deren Auszahlung die Befriedigung von Gläubigern der Gesellschaft gefährde, rechtswidrig sei und daher in diesem Fall die Direktoren der Aktiengesellschaft persönlich zum Schadensersatz herangezogen werden können.[903] Das Problem eines auf die Verantwortung der Vorstände der Aktiengesellschaft abstellenden Systems besteht jedoch darin, dass deren Haftung – als vermutlich einzige in Betracht kommende Sanktion – tatsächlich sehr beschränkt ist.[904]

Das *Institut der Wirtschaftsprüfer* (IDW)[905] will einen Test des Finanzstatus der Aktiengesellschaft mit einem Test der darauf aufbauenden Liquiditätsplanung verbinden. Im *Finanzstatustest* sollen das verfügbare Finanzmittelpotential und die Verbindlichkeiten der Aktiengesellschaft nach dem Grad der Fälligkeit gegenübergestellt werden.[906] Die *Liquiditätsplanung* der Aktiengesellschaft soll erwartete und hinreichend sichere künftige Zahlungseingänge und -ausgänge inklusive Zahlungen im Konzernverbund vergleichen. Die Liquiditätsplanung sollte wenigstens jeweils für das laufende und das zukünftige Geschäftsjahr erfolgen. Gesetzliche Anforderungen an die Planung sollen sicherstellen, dass die Planungen untereinander wenigstens einigermaßen vergleichbar und objektivierbar sind. Ergänzt werden sollen beide Analysen durch eine sogenannte *Solvenzerklärung* der Geschäftsführung der Aktiengesellschaft. Hierbei sollen zwar aus Gründen der Vertraulichkeit keine detaillierten Planungsdaten veröffentlicht werden. Allerdings wird eine Prüfung der Solvenzerklärung durch den Abschlussprüfer der Aktiengesellschaft in Betracht gezogen.[907] Allerdings sei zu beachten, dass zumindest die Finanzplanung als Prognose nicht auf Richtigkeit, sondern lediglich auf Vollständigkeit der Informationen und ähnliches überprüft werden könnte und daher lediglich eine Negativerklärung des Abschlussprüfers in Betracht käme.[908]

---

902 Zu Details des Vorschlags siehe auch *Krapf/Schürmann*, Solvenztest, 2008, S. 97 ff.

903 *Schutte-Veenstra/Boschma u.a.*, Alternative Systems for Capital Protection, 2005, S. 68.

904 Vgl. ausführlich zu Pflichten und Haftung der Geschäftsleiter sowohl in Deutschland als auch in England *Steffek*, Gläubigerschutz in der Kapitalgesellschaft, 2011, S. 259 ff. m.w.N.

905 Vorschläge des IDW zur Neukonzeption der Kapitalerhaltung und zur Ausschüttungsbemessung, Presseinformation 8/2006 vom 11. September 2006.

906 Vgl. auch Bewertung des Vorschlags bei *Pellens u.a.*, Mindestkapital und bilanzielle Kapitalerhaltung versus Solvenztest, in: Küting u.a. (Hrsg.), Bilanz als Informations- und Kontrollinstrument, 2008, S. 7, 18.

907 Vgl. zu Details des Vorschlags *Krapf/Schürmann*, Solvenztest, 2008, S. 109 ff. m.w.N.

908 Dass dieser Vorschlag aus der Feder des Instituts der Wirtschaftsprüfer (IDW) stammt, kann nicht verwundern.

2.4.5 *„Solvenztest" versus „Bilanztest" – eine Stellungnahme*

Die vermögensorientierte Beurteilung der Möglichkeiten der Ausschüttung von Vermögen einer Aktiengesellschaft gestützt auf ihre Bilanz umfasst auch langfristige Verbindlichkeiten (Ein- und Auszahlungen) derselben, die außerhalb des (überschaubaren) Prognosezeitraums eines Solvenztests liegen. Die Gläubiger der Aktiengesellschaft sind vor allem daran interessiert, ihre (langfristigen) Forderungen gegen die Aktiengesellschaft erfüllt zu sehen. Auf einen „Bilanztest" zur Prüfung von Ausschüttungsmöglichkeiten kann daher aus Sicht der Gläubiger der Aktiengesellschaft nur schwer verzichtet werden.[909]

Unter idealisierten Bedingungen kommen ein liquiditätsorientierter Solvenztest und eine bilanzielle Überschuldungsprüfung der Aktiengesellschaft zu dem *gleichen Ergebnis*: Geht man von einem vollkommenen Kapitalmarkt aus, so verliert der Insolvenzgrund der Zahlungsunfähigkeit seine Bedeutung. Zahlungsunfähigkeit der Aktiengesellschaft würde immer zeitgleich mit der Überschuldung des Unternehmens eintreten. Denn solange die Vermögenswerte des Unternehmens seine Verbindlichkeiten noch übersteigen, hat das Unternehmen noch einen positiven Marktwert und könnte zusätzliches Fremdkapital am Kapitalmarkt aufnehmen. Diese Schlussfolgerung setzt allerdings die (unrealistische) Modellannahme voraus, dass die „Zahlungsströme intertemporal beliebig und zum gleichen Zinssatz ausgetauscht werden können".[910] Der Schluss setzt weiterhin voraus, dass sämtliche Vermögensgegenstände des Unternehmens mit ihrem aktuellen Marktwert und die Verbindlichkeiten mit dem Rückzahlungsbetrag bewertet wurden. Nach *Fuchs / Stibi*[911] kann daher auch eine nach IFRS-Regeln aufgestellte Bilanz als eine Art langfristiger Solvenztest verstanden werden.

In der Realität ist der Kapitalmarkt jedoch nicht vollkommen und die Kapitalmarktteilnehmer können nicht auf vollständige Informationen zurückgreifen. Vermögensgegenstände der Aktiengesellschaft werden auch nicht sämtlich mit ihrem aktuellen Marktwert bewertet. Nach *Böcking / Dutzi* sollen wenigstens „informationsökonomische Analysen" darauf schließen lassen, dass Solvenztests als sogenannte „situative Ausschüttungssperren" „permanenten Ausschüttungssperren", die beispielsweise auf einem bilanziellen Kapitalerhaltungssystem basieren, überlegen sind.[912] Laut *Hennrichs*[913] leiden Bilanztests (zumindest wenn die Bilanz nach IFRS-Rechnungslegungsregeln zustande gekommen ist) und Solvenztests an den gleichen Schwächen. Beide Male würden nicht realisierte Werte den Berechnungen zugrunde gelegt, sondern „Erwartungen". Im Fall einer IFRS-Rechnungslegung (dazu sogleich unter III.) seien es „Ertragserwartungen", bei Solvenztests „Einzahlungserwartungen". Diese müssten zwangsläufig gleich ausfallen. Eindeutige empirische oder theo-

909 Vgl. *Naumann,* Der Konzern 2007, 422, 425 m.w.N.
910 Siehe *Pellens/Jödicke u.a.,* Der Konzern 2007, 427, 432.
911 Vgl. ausführlich *Fuchs/Stibi,* BB 2007, 19 ff.
912 *Böcking/Dutzi,* Der Konzern 2007, 435, 439.
913 *Hennrichs,* Der Konzern 2008, 42, 50 mit weiteren Nachweisen in Fn. 84.

retische Untersuchungen über Vor- und Nachteile von Bilanz- und Solvenztests für den Schutz von Gläubigern einer Aktiengesellschaft liegen nicht vor. Solange ist die von den Autoren der diskutierten Reformvorschläge implizierte Annahme, dass unter realistischen Bedingungen ein Solvenztest zu besseren Ergebnissen führen würde als ein System der bilanziellen Kapitalerhaltung, eine wissenschaftlich nicht genügend abgesicherte Glaubensaussage.[914]

Solvenztests basieren auf prognostizierten Mittelzu- und -abflüssen. Diesen Prognosen wohnt immer eine Unsicherheit inne, die zunimmt, je größer der prognostizierte Zeitraum ist. Der „Schätzfehler" kann erheblich sein. Im Interesse der Gläubiger liegt eine langfristige Solvenz des Unternehmens; diese kann durch einen Solvenztest allein nicht überprüft werden. Eine Addition von „Bilanztest" und „Solvenztest" führt unter imperfekten (realistischen) Bedingungen zum bestmöglichen Gläubigerschutz. *Pellens / Jödicke / Schmidt* hatten vor diesem Hintergrund noch gehofft, dass die von der Europäischen Kommission bei KPMG in Auftrag gegebene Machbarkeitsstudie die „Konsequenzen der Abweichungen von den Idealbedingungen" schätzen würde.[915] Dies ist allerdings nicht geschehen und steht auch weiterhin aus.[916] Befragte Unternehmen empfinden das System der bilanziellen Kapitalerhaltung nicht als große Bürde.[917] Die Höhe der jeweiligen Dividende wird vielmehr durch eine „politische Entscheidung" auf Konzernebene in Ansehung des Aktienkurses getroffen. Bei dieser Entscheidung spielen Fragen nach der Stetigkeit der Dividende und der gewünschte Signale an den Kapitalmarkt eher eine Rolle.[918]

2.5 Zusammenfassung zum Gläubigerschutz durch aktienrechtliche Kapitalerhaltungsregeln

Das Verbot einer Rückgewähr von Einlagen und das aktienrechtliche Zinsverbot wirken gläubigerschützend, da sie die Gefahr einer nachträglichen Unterinvestition, wie oben unter C.II.3.1 definiert, der Aktionäre in die Aktiengesellschaft minimieren. Erwirbt die Aktiengesellschaft (übermäßig) eigene Aktien zurück, sind die Gläubiger der Gesellschaft dem gleichen Risiko einer nachträglichen Unterinvestition ausgesetzt. Ein Rückerwerb sollte daher aus Gläubigerschutzgesichtspunkten lediglich dann möglich sein, wenn auch eine Dividendenaus-

---

914 *Pellens/Jödicke u.a.*, DB 2005, 1393; ebenso *Pellens/Jödicke u.a.*, Der Konzern 2007, 427.

915 *Pellens/Jödicke u.a.*, Der Konzern 2007, 427, 432.

916 Nach *Pellens u.a.*, Mindestkapital und bilanzielle Kapitalerhaltung versus Solvenztest, in: Küting u.a. (Hrsg.), Bilanz als Informations- und Kontrollinstrument, 2008, S. 7, 23 f. könnte eine Solvenzprüfung unproblematisch als Teil bestehender Prüfungshandlungen der Abschlussprüfer integriert werden.

917 Siehe ausführlich zu der von der Europäischen Kommission in Auftrag gegebenen Studie auch *Maul/Richard*, Status: Recht 2008, 169 ff.

918 Vgl. zur Ausschüttungspolitik börsennotierter Unternehmen in Deutschland *Pellens/Gassen u.a.*, Die Betriebswirtschaft 2003, 309 ff.; KPMG-Studie, a. a. O. (Fn. 38), Executive Summary.

schüttung an die Aktionäre möglich wäre. Ein generelles Verbot des Rückerwerbs braucht es dafür nicht. Gleiches gilt für das Verbot der Zahlung von Aktienzinsen. Eine Zahlung könnte unter den gleichen Bedingungen wie eine Ausschüttung aus dem freien Vermögen der Gesellschaft erfolgen, ohne dass die Gläubiger der Gesellschaft dadurch einer erhöhten Gefahr ausgesetzt würden. Aus der historischen Betrachtung ergeben sich hier keine Gegenargumente (vgl. oben unter 2.2). Die Ergänzung des bisher in Deutschland praktizierten Bilanztests zur Frage der Zulässigkeit von Ausschüttungen sollte sinnvollerweise auch zum Schutz der Gläubiger der Gesellschaft durch einen Solvenztest ergänzt werden (vgl. zur historischen Betrachtung der Ausschüttungsregeln oben unter 2.1 und 2.4). Allerdings hat ein solcher schon nach bisherigem deutschem Recht regelmäßig durch die Geschäftsführung der Aktiengesellschaft zu erfolgen. Diese Pflichten könnten noch etwas deutlicher festgeschrieben werden. Nachteile eines bilanzgestützten Ausschüttungssystems lassen sich für die Gläubiger der Aktiengesellschaft nicht erkennen.[919] Das System der Paradigmen zur Erhaltung des in der Satzung festgesetzten Grundkapitals der Gesellschaft adressiert effektiv die Frage einer nachträglichen Unterinvestition der Aktionäre in ihre Gesellschaft. Die weiteren oben unter C.II.3 beschriebenen Gefahren für die Gläubiger der Aktiengesellschaft, im Besonderen die Gefahren der Überinvestition und auch einer nachträglichen Erhöhung des Verschuldungsgrades der Gesellschaft werden hingegen nicht adressiert (vgl. hierzu auch unter E).

3. Zusammenfassung zum Gläubigerschutz durch Regelungen der aktienrechtlichen Finanzverfassung

Die aktienrechtliche Finanzverfassung bildet nach allgemeiner Meinung den Kern gläubigerschützender Regelungen des Aktienrechts. Der Gefahr einer Unterinvestition wird durch die Paradigmen eines festen Grundkapitals, seiner effektiven Aufbringung und dem Verbot einer Rückgewähr von Einlagen an die Aktionäre effektiv entgegen gewirkt. Das Mindestkapitalerfordernis trägt zu diesem Dreiklang nichts bei. Es ist lediglich aus ordnungspolitischen Gründen zur Trennung von Aktiengesellschaft, GmbH und Societas Europaea zu rechtfertigen. Der Rückerwerb eigener Aktien durch die Aktiengesellschaft bedeutet eine Erhöhung des Investitionsrisikos der Gläubiger der Aktiengesellschaft. Es besteht die Gefahr von „Überinvestitionen", insbesondere, wenn der Rückerwerb durch die Aufnahme von Krediten finanziert wird. Die Kritik am europäischen System der Kapitalerhaltung durch eine feste Grundkapitalziffer ist aus Sicht des Gläubigerschutzes nicht stichhaltig. Ein Solvenztest allein kann den Gläubigern der Gesellschaft keine erhöhte Sicherheit bieten. Eine Ergänzung des bisher praktizierten Bilanztests durch einen

919 Zur Rückkehr zur bilanziellen Betrachtungsweise in der Kapitalerhaltung vgl. auch ausführlich *Schall*, Kapitalgesellschaftsrechtlicher Gläubigerschutz, 2009, S. 162 ff.

Solvenztest findet schon nach bisherigem deutschem Recht statt. Sie könnte allerdings noch etwas deutlicher gesetzlich festgeschrieben werden.[920]

Es ist festzuhalten, dass mit dem Aktiengesetz von 1884 die meisten der oben diskutierten Paradigmen des Aktienrechts bereits ausgeformt waren. Zu späteren Paradigmenwechseln kam es lediglich im Recht des gesetzlichen Mindestkapitals mit der Goldbilanzverordnung von 1923, um das Recht der Aktiengesellschaft vor Überläufern zu schützen, die im Recht der GmbH nach dem Willen des Gesetzgebers besser aufgehoben waren. Auch im Recht des Rückerwerbs eigener Aktien wurde das deutsche grundsätzliche Verbot eines Rückerwerbs mit Ausnahmetatbeständen durch Regelungen der Kapitalrichtlinie überwunden. Zwar ist auch die Kapitalrichtlinie sowohl dem Aktionärs- als auch dem Gläubigerschutz verpflichtet.[921] Im Punkt Rückerwerb eigener Aktien wurden allerdings mehr die Vorteile für die Finanzgestaltung der Gesellschaft und die Aktionäre berücksichtigt, als die Gefahren für die Gläubiger der Gesellschaft.

Der Gläubigerschutz spielte bei der Entwicklung der oben diskutierten Paradigmen der Finanzverfassung neben dem Aktionärs- und Anlegerschutz nur eine untergeordnete Rolle. Gläubiger hatten sich vorwiegend selbst zu schützen. Schutzbedürftig waren aus Sicht des historischen Gesetzgebers vor allem wirtschaftlich nicht informierte Kleinanleger, die auf „Schwindelanstalten" eingehen und so ihr Vermögen verlieren könnten. Im Vergleich mit dem Schutz der Aktionäre kam dem Gläubigerschutz damit für die Entwicklung der diskutierten Paradigmen der Finanzverfassung eine mindere Bedeutung zu. Gläubiger waren vielmehr auf ihren Selbstschutz angewiesen. Dieser wurde durch Informations- und Publizitätspflichten unterstützt.

Auch einen Schutz vor einer Überinvestition oder einer Erhöhung des Verschuldungsgrades beispielsweise durch die vermehrte Aufnahme von Darlehen durch die Aktiengesellschaft gewährt das Aktienrecht den Gläubigern nicht. § 14 des preußischen Entwurfs zu einem ADHGB hatte noch eine Bestimmung enthalten, nach der die Darlehensaufnahme durch die Aktiengesellschaft lediglich mit Genehmigung der Generalversammlung erfolgen durfte. Eine Ausnahme lag vor, wenn sie zur Deckung der laufenden Ausgaben erfolgte und betragsmäßig maximal 5 % des Grundkapitals betrug.[922] Auch damals wurde schon argumentiert, dass die Aufnahme erheblicher Darlehensvaluta sowohl die Aktionäre als auch die

920 Das Verhältnis von Kapitalerhaltungsregelungen und anlegerschützenden Haftungsvorschriften (wie beispielsweise die §§ 44, 45 BörsG, §§ 37 b, 37c WpHG) ist auch heute noch umstritten; Paradigmen haben sich bislang nicht herausgebildet.

921 Vgl. Erwägungsgrund 2 und 4 der Kapitalrichtlinie, ebenso *Grundmann*, Europäisches Gesellschaftsrecht, 2004, Rdz. 319; *Habersack*, Europäisches Gesellschaftsrecht, 2006, § 6 Rdz. 3.

922 Eine solche Verpflichtung musste schon vorab in die Satzungen der preußischen Gesellschaften aufgenommen werden, vgl. Motive zum preußischen Entwurf, Drucksachen zu den Verhandlungen des Bundesrath des Norddeutschen Bundes Nr. 86/1869, S. 28 f. und die Nachweise zu den gesetzlichen und behördlichen

gegenwärtigen Gesellschaftsgläubiger beeinträchtige.[923] Diese Regelungen wurde damals aus Praktikabilitätsgründen nicht übernommen.[924] Auch heute enthalten die Regelungen zur Finanzverfassung der Aktiengesellschaft keine diesbezüglichen Paradigmen. Gläubiger werden auf das oben beschriebene „Vertragsmodell“ verwiesen.

III. Rechnungslegung, Rechnungsprüfung, Publizität und die Entwicklung des Gewinnbegriffs unter Gläubigerschutzaspekten

Das aktienrechtliche Kapitalschutzsystem baut auf dem Paradigma des festen Grundkapitals auf. Das Paradigma eines Bilanztests und das eines Verbots der Rückgewähr von Einlagen führen zu Beschränkungen der Ausschüttungsmöglichkeiten von Vermögen der Aktiengesellschaft an ihre Aktionäre.[925] Die Strenge eines Bilanztestparadigmas zur Begrenzung der Ausschüttungsmöglichkeiten und damit das Niveau des Gläubigerschutzes im Aktienrecht hängen maßgeblich von den Regelungen zur Aufstellung dieser Bilanz und vor allem von der Definition des ausschüttungsfähigen Reingewinns ab. Gläubigerschutz wird – wie oben schon gesehen – im Aktienrecht auch durch die Information der Gläubiger über die finanziellen Verhältnisse der Aktiengesellschaft verwirklicht. Für diese sind die Ausprägung der Regelungen über die Publizität (des Jahresabschlusses) von Bedeutung.

Heute finden sich die Grundsätze der Rechnungslegung für Aktiengesellschaften in den §§ 238 ff. HGB. Sonderregeln für Kapitalgesellschaften gelten nach den §§ 264 ff. HGB. Diese differenzieren zwar nach der Größe der Gesellschaft und nicht seiner Rechtsform. Das Recht der Rechnungslegung hat sich allerdings als Teil des Aktienrechts, als ein Aktienbilanzrecht entwickelt.[926] Wegen der Reglementierung der Ausschüttungen von Gesellschaftsvermögen an die Aktionäre der Gesellschaft und der wirtschaftlichen Bedeutung der Aktiengesellschaften für die wirtschaftliche Entwicklung waren die Grundsätze der Rechnungslegung für Aktiengesellschaften besonders relevant und prägten sich hier aus.

Im 19. und auch noch im 20. Jahrhundert war das alles überragende Ziel des Gesetzgebers im Recht der aktienrechtlichen Rechnungslegung, überhöhte Ausschüttungen

---

Regelungen hierzu bei Baums, in: Bayer/Habersack, (Hrsg.), Aktienrecht im Wandel, Bd. 2, S. 955, 970 in den Fußnoten 53 und 55.

923 Motive zum preußischen Entwurf, Drucksachen zu den Verhandlungen des Bundesrath des Norddeutschen Bundes Nr. 86/1869, S. 28.

924 Drucksachen zu den Verhandlungen des Bundesrathes des Norddeutschen Bundes Nr. 56/1870, S. 33.

925 Vgl. im Gegenzug dazu die IFRS, denen weder Ausschüttungsbemessungsfunktion noch laut *Röhricht* aufgrund eines anderen Verständnisses des Vorsichtsprinzips Gläubigerschutzfunktion zukommt, vgl. *Röhricht*, Gläubigerschutz im Spannungsverhältnis zwischen Gesellschafts-, Bilanz- und Insolvenzrecht, 2011, S. 100 m.w.N.

926 Vgl. oben unter D.II.

von Gesellschaftsvermögen an die Aktionäre zu verhindern. Neben dieser Kapitalerhaltungsfunktion kam der Informationsfunktion der aktienrechtlichen Bilanz nur der zweite Rang zu.[927] In jüngerer Zeit wurde der Informationsfunktion der Bilanz erhöhte Bedeutung zugesprochen; dies gilt vor allem für die Konzernbilanz.

1. Geschichtliche Ausprägung von Rechnungslegungsnormen und Publizitätserfordernissen

Schon im 19. Jahrhundert setzte sich im deutschen Raum die Erstellung einer jährlichen Bilanz als Grundlage für die Auszahlung von Dividenden an die Aktionäre der Gesellschaften durch. Nach § 34 des Preußischen Eisenbahngesetzes von 1843 hatte eine Aktiengesellschaft rudimentäre Rechnungslegungs- und Buchführungspflichten zu erfüllen. Eine Jahresrechnung musste jährlich bei der Regierung eingereicht werden. Der preußische Gesetzgeber verfolgte mit dieser Regelung allerdings weniger die Interessen der Gläubiger der Eisenbahngesellschaften, vielmehr wurden die Jahresrechnungen zur Berechnung der Tarife zur Benutzung der Eisenbahnen herangezogen.[928] Sämtliche Erträge der Gesellschaften wurden allerdings so bald wie möglich an die Aktionäre ausgeschüttet, eine Vermögensgegenüberstellung zwischen zwei Jahren fand nicht statt.[929] Die bilanzielle Rechnungslegung stand in keinem erkennbaren Zusammenhang zu den Ausschüttungen der Gesellschaften.[930] Es herrschte das Paradigma der *Totalbilanz*. Nach dieser Vorstellung konnte eine endgültige Abrechnung der wirtschaftlichen Verhältnisse der Aktiengesellschaft gegenüber Dritten nur am „Lebensende“ der Gesellschaft mit ihrer Auflösung erfolgen.[931] Die Aktionären in der Zwischenzeit gewährten Dividenden könnten theoretisch wieder zurück gefordert werden.[932] Der Paradigmenwechsel zum Grundsatz der *Zwischenbilanz* prägt das Aktienrecht bis heute. Ein in einer Zwischenbilanz ausgewiesener Gewinn wird als „endgültig“ behandelt. Aktionäre müssen für regu-

927 Vgl. Hahn/Mugdan (Hrsg.), Materialien zum Handelsgesetzbuch, 1897, S. 226; ebenso *Schön/Osterloh-Conrad,* in: Bayer/Habersack (Hrsg.), Aktienrecht im Wandel, Bd. 2, S. 893, 895.

928 Vgl. *Kießling,* in: Bayer/Habersack (Hrsg.), Aktienrecht im Wandel, Bd. 1, S. 126, 154.

929 Kritik und kritische Beispiele bei *Lehmann,* Die geschichtliche Entwicklung des Aktienrechts bis zum Code de Commerce, 1895, S. 67 f., der sogar von „Raubbau“ spricht.

930 Nachweise von Praktiken finden sich bei *Simon,* Die Bilanzen der Aktiengesellschaften und der Kommanditgesellschaften auf Aktien, 1899, S. 40 ff., der auch von ratenweisen Auszahlungen an die Aktionäre berichtet; siehe auch *Lehmann,* Die geschichtliche Entwicklung des Aktienrechts bis zum Code de Commerce, 1895, S. 70 f.

931 So noch *Pöhls,* Das Recht der Actiengesellschaften mit besonderer Rücksicht auf Eisenbahngesellschaften, 1842, S. 235.

932 Nach *Pöhls,* Das Recht der Actiengesellschaften mit besonderer Rücksicht auf Eisenbahngesellschaften, 1842, S. 240.

lär ausgeschüttete Dividenden keine Rückforderungsansprüche befürchten.[933] Noch im 19. Jahrhundert wurde es als ein besonderes Privileg der Aktiengesellschaften betrachtet, dass sie einen auf unsicheren Schätzungen beruhenden Gewinn an die Aktionäre auszahlen durfte.[934] *Grünhut* sprach von einer „periodischen" Liquidation der Gesellschaft.[935] Nach *Renaud* durfte Vermögen allerdings jedenfalls dann nicht ausgeschüttet werden, wenn durch negative Geschäftsentwicklung zwischen Bilanzaufstellung und -auszahlung die Dividende nicht mehr aus dem freien Vermögen gezahlt werden konnte.[936]

Als Hauptproblem einer jährlichen Ausschüttung von Gewinn der Aktiengesellschaft wurde schon früh die Bewertung ihrer Vermögensgegenstände erkannt, da deren Wert mit der Zeit schwanken konnte.[937] Die Staatsaufsicht galt im Konzessionssystem des 19. Jahrhunderts auch für die Rechnungslegung und Bilanzierung der Aktiengesellschaften (vgl. § 24 S. 2 AktG 1843). Nach dem späteren Art. 240 ADHGB 1861 musste die Gesellschaft, sobald ihr Grundkapital hälftig aufgebraucht war, dies der für sie zuständigen Verwaltungsbehörde melden. Detaillierte Vorschriften, insbesondere für die Verwendung des Gewinns der Aktiengesellschaften, enthielten die frühen Regularien allerdings nicht. Dies war auch insofern unnötig, da die Gewinnverwendung unter staatlicher Aufsicht erfolgte.[938]

Nach § 2 Nr. 4 AktG 1843 musste lediglich der Gesellschaftsvertrag der Aktiengesellschaften Grundsätze zur Aufstellung der Bilanz enthalten. Das Aktienregulativ von 1856 enthielt genauere Regelungen.[939] So musste die jährliche Bilanz innerhalb von drei Monaten nach Ende des Geschäftsjahres aufgestellt und dann veröffentlicht

---

933 Siehe schon *Lehmann,* Die geschichtliche Entwicklung des Aktienrechts bis zum Code de Commerce, 1895, S. 403; ebenso *Renaud,* Das Recht der Actiengesellschaften, 1. Aufl. 1863, S. 652 f. und ausführlich *Barth,* Die Entwicklung des deutschen Bilanzrechts und die ihm zugrundeliegenden Bilanzauffassungen handelsrechtlich und steuerrechtlich, 1955, S. 51; *Grünhut,* Zeitschrift für das Privat- und öffentliche Recht der Gegenwart 1 (1874), 375.

934 Vgl. Protokolle zum ADHGB, abgedruckt in v. Lutz (Hrsg.), Protokolle der Commission zur Berathung eines allgemeinen deutschen Handelsgesetzbuchs, 1858–1863, Bd. 4, S. 1054 f.; hierzu auch *Schön/Osterloh-Conrad,* in: Bayer/Habersack (Hrsg.), Aktienrecht im Wandel, Bd. 2, S. 893, 896.

935 *Grünhut,* Zeitschrift für das Privat- und öffentliche Recht der Gegenwart 1 (1874), 375, 389.

936 Vgl. *Renaud,* Das Recht der Actiengesellschaften, 1. Aufl. 1863, S. 666 f., er konnte sich aber mit dieser Ansicht nicht durchsetzen, vgl. *Simon,* Die Bilanzen der Aktiengesellschaften und der Kommanditgesellschaften auf Aktien, 1899, S. 318 f.

937 Vgl. *Grünhut,* Zeitschrift für das Privat- und öffentliche Recht der Gegenwart 1 (1874), 375, 389.

938 Vgl. *Schön/Osterloh-Conrad,* in: Bayer/Habersack (Hrsg.), Aktienrecht im Wandel, Bd. 2, S. 893, 897.

939 Vgl. die Zirkularverfügung wegen der bei der Bestätigung der Statuten von Aktiengesellschaften festzuhaltenden allgemeinen Grundsätze, Aktienregulativ vom 29.3.1856, abgedruckt bei *Barth,* Die Entwicklung des deutschen Bilanzrechts und

werden. Zudem war der bilanzielle Reingewinn, aus dem allein Ausschüttungen an die Aktionäre erfolgen durfte, nicht als Differenz aus einer Gewinn- und Verlustrechnung, sondern als Überschuss der bilanziellen Aktiva über die Passiva definiert. Es musste ein Reservefonds gebildet werden, in den vor einer Ausschüttung wenigstens 10 % des Reingewinns der Gesellschaft einzuzahlen waren bis zu einer maximalen Höhe von 10 % der Grundkapitalziffer. Davor hatte das Allgemeine Landrecht in den §§ 644–646 schon grundlegende Vorgaben über den Wertansatz von Vermögensgegenständen enthalten. Es galt bereits das Anschaffungspreisprinzip und das Niederstwertprinzip für Vorräte. Gegenstände des Anlage- und auch des Umlaufvermögens mussten unter bestimmten Umständen abgeschrieben werden genau wie unsichere oder nicht beitreibbare Forderungen.[940]

Im Recht der Rechnungslegung folgte der Gesetzgeber im ADHGB 1861 zum Teil der Vorstellung der Hansestädte. Nach diesen konnten sich lediglich die Gläubiger der Aktiengesellschaft selbst vor Betrügereien sichern.[941] Dieses Prinzip des Selbstschutzes setzte eine ausreichende Information der Gläubiger der Aktiengesellschaft voraus. Nach Art. 29 ADHGB 1861 musste die Aktiengesellschaft eine jährliche Bilanz und ein Inventar aufstellen. Art. 31 ADHGB 1861[942] enthielt die erste gesetzliche Bewertungsregel für Vermögensgegenstände. Gegenstände des Aktivvermögens und Forderungen mussten mit ihrem Zeitwert in der Bilanz angesetzt werden.[943] Ließ sich dieser nicht realisieren, mussten Abschreibungen vorgenommen werden. Damit ähnelten die ursprünglichen Bilanzierungsprinzipien denjenigen, die heute als internationale Bilanzierungsregelungen die handelsrechtlichen Rechnungslegungsgrundsätze unter Druck setzen.[944] Auch noch zur Zeit der Aktienrechtsnovelle von 1884 ging der Gesetzgeber davon aus, dass der dort für Gegenstände genannte „gemeine Wert" der Verkehrswert der Gegenstände sei.[945]

§ 2 Nr. 4 preußisches AktG 1843 fand sich in Art. 209 Nr. 6 ADHGB 1861 wieder, nach dem der Gesellschaftsvertrag der Aktiengesellschaft die Grundsätze ihrer Bilanzierung enthalten musste. Ebenso musste dargestellt werden, wie der Gewinn berechnet wurde und wie die Prüfung des Jahresabschlusses stattfinden sollte. Falls

---

der auf ihm beruhenden Bilanzauffassungen, handelsrechtlich und steuerrechtlich, Bd. 1, S. 285 ff.

940 Siehe *Schön/Osterloh-Conrad,* in: Bayer/Habersack (Hrsg.), Aktienrecht im Wandel, Bd. 2, S. 893, 898 f.

941 Vgl. *Renaud,* Das Recht der Actiengesellschaften, 1. Aufl. 1863, S. 369 f.

942 Später § 40 HGB 1897.

943 Vgl. Reichsoberhandelsgericht, Urteil vom 3. Dezember 1873, ROHGE 12, 15, 18 f.; ebenso *Renaud,* Das Recht der Actiengesellschaften, 1. Aufl. 1863, S. 554; vgl. auch *Schön/Osterloh-Conrad,* in: Bayer/Habersack (Hrsg.), Aktienrecht im Wandel, Bd. 2, S. 893, 899, m.w.N. in Fn. 21 und 22.

944 Vgl. unten unter D.III.2.

945 Vgl. Stenographische Berichte über die Verhandlungen des deutschen Reichstages, 1884, Nr. 21, S. 303; a.A. beispielsweise *Simon,* Die Bilanzen der Aktiengesellschaften und der Kommanditgesellschaften auf Aktien, 1899, S. 299 f.

es einen Aufsichtsrat in der Aktiengesellschaft gab, so hatte dieser nach Art. 225 ADHGB 1861 jedenfalls die Aufgabe, die Rechnungslegung zu kontrollieren. Nach Art. 239 Abs. 1 ADHGB 1861 bestand eine Pflicht zur Vorlage der Bilanz bei den Aktionären der Aktiengesellschaft, allerdings – trotz Konzessionspflicht – nicht bei der für die Aktiengesellschaft zuständigen Verwaltungsbehörde. Lediglich wenn die Hälfte des Grundkapitals verbraucht worden war, musste nach Art. 240 ADHGB 1861 eine Generalversammlung einberufen werden, die dann über die Fortsetzung der Gesellschaft zu entscheiden hatte. Der Verwaltungsbehörde war Mitteilung zu machen und diese konnte dann Einsicht in die Bücher der Aktiengesellschaft verlangen.[946] In den Aufzeichnungen der Beratungen zum ADHGB von 1861 findet sich ausdrücklich die Aussage, dass über das Statut der Gesellschaft eine notarielle oder gerichtliche Urkunde zu errichten sei, da sonst „kein Dritter, sei er Aktionär oder Gläubiger der Gesellschaft, sicher sein könne, daß [sich] an den Bestimmungen auf deren Grund er sich zur Zeichnung oder zum Kreditieren veranlaßt gesehen, nicht nachträglich etwas geändert habe".[947] Gläubigerschutzaspekte waren von Beginn an Ursache der Publizitätsregelungen des Aktienrechts.

Der Gewinn wurde so an die Aktionäre verteilt, wie dies die Statuten der Gesellschaften bestimmten.[948] Es wurde davon ausgegangen, dass mit der Aufstellung der Jahresbilanz ein Dividendenanspruch der Aktionäre entsteht und dieser auf die volle Ausschüttung des Reingewinns (weniger die finanziellen Mittel aus dem Reservefonds) lautete.[949] Lediglich wenn die Satzung der Aktiengesellschaft vorsah, dass die Aktionäre der Gesellschaft auch einen Thesaurierungsbeschluss fällen konnten, wurde eine Einschränkung des Auszahlungsanspruchs der Aktionäre für möglich gehalten. Dies galt unabhängig von dem zukünftigen Finanzbedarf der Aktiengesellschaft.[950] Führt man sich diesen Ausschüttungsanspruch vor Augen, so ist verständlich, dass frühere Aktiengesellschaften häufig tatsächlich lediglich

---

946 Zum Problem des Art. 218 ADHGB, der eine Verteilung fiktiver Dividenden ermöglichte, vgl. *Renaud,* Das Recht der Actiengesellschaften, 1. Aufl. 1863, S. 674 und ablehnend *Grünhut,* Zeitschrift für das Privat- und öffentliche Recht der Gegenwart 1 (1874), 375, 385 ff.

947 Vgl. v. Lutz (Hrsg.), Protokolle der Commission zur Berathung eines allgemeinen deutschen Handelsgesetzbuchs, 1858–1863, 3. Teil, S. 1035.

948 Siehe *Renaud,* Das Recht der Actiengesellschaften, 1. Aufl. 1863, S. 661 ff. und Protokolle zum ADHGB, abgedruckt in v. Lutz (Hrsg.), Protokolle der Commission zur Berathung eines allgemeinen deutschen Handelsgesetzbuchs, 1858–1863, Bd. 4, S. 1053 ff.;

949 Vgl. *Renaud,* Das Recht der Actiengesellschaften, 1. Aufl. 1863, S. 659; *Grünhut,* Zeitschrift für das Privat- und öffentliche Recht der Gegenwart 1 (1874), 375, 382.

950 Vgl. RG, Urteil vom 12. Juli 1897, RGZ 40, 33, 36; ebenso *Keyssner,* Die Aktiengesellschaften und die Kommanditgesellschaften auf Aktien unter dem Reichs-Gesetz vom 11. Juni 1870, 1873, S. 249; *Renaud,* Das Recht der Actiengesellschaften, 1. Aufl. 1863, S. 660; *Grünhut,* Zeitschrift für das Privat- und öffentliche Recht der Gegenwart 1 (1874), 375, 383.

Vermögenswerte im Wert ihres Grundkapitals besaßen. Jeder zusätzliche erwirtschaftete Reingewinn musste (fast) vollständig an die Aktionäre der Gesellschaft ausgeschüttet werden.

Schön / Osterloh-Conrad sprechen für den Zeitraum von 1870 bis zum HGB von 1897 vom „Primat des Gläubigerschutzes".[951] Dies trifft nur eingeschränkt zu. Der Gesetzgeber ging zwar davon aus, dass die Gläubiger der Aktiengesellschaft nicht derselben vertrauen, sondern lediglich ihren Vermögenswerten und damit dem Bestand des Grundkapitals.[952] Dieses sollte daher mit allen Mitteln bewahrt werden.[953] Eine darüber hinausgehende Vermögensbindung – wie im heutigen Aktienrecht – war kein Ziel des Gesetzgebers. Nach Art. 217 ADHGB 1861 musste das Grundkapital, wenn es betragsmäßig angegriffen war, zunächst wieder ausgeglichen werden, bevor eine Dividende an die Aktionäre ausbezahlt werden konnte. Ein bestmöglicher Gläubigerschutz durch eine möglichst große Vermögensbindung war also nicht Ziel des deutschen Gesetzgebers. Vielmehr sollten Aktionäre vor betrügerischen Gründern geschützt werden. Die Bewertungsvorschrift des Art. 239a ADHGB 1861 wurde dennoch als nicht ausreichend kritisiert.[954] So waren zwar Wertpapiere höchstens mit ihrem Zeitwert (Kurswert) anzusetzen, allerdings gab es (noch) keine untere Bewertungsschranke, wie dies später der Anschaffungswert der Wertpapiere werden sollte.

Die Möglichkeit der Bilanzierung von Vermögenswerten nach ihrem Zeitwert wurde als einer der wichtigsten Gründe für den Gründungsschwindel der damaligen Zeit gesehen.[955] Auch nicht realisierte Gewinne konnten an die Gründer (Aktionäre) ausgeschüttet werden, ohne Rücksicht auf den Finanzbedarf der Unternehmung.[956] Die Möglichkeit, einen Reservefonds zu halten, genügte nicht als Verlustpuffer. Wo ein solcher nicht bestand, konnte er nur nachträglich mit der Zustimmung aller Ak-

---

951 *Schön/Osterloh-Conrad,* in: Bayer/Habersack (Hrsg.), Aktienrecht im Wandel, Bd. 2, S. 893, 902 ff.

952 Vgl. Stenographische Berichte über die Verhandlungen des Reichstages des Norddeutschen Bundes, 1870, Anlagen, Nr. 158, S. 655.

953 So Stenographische Berichte über die Verhandlungen des Reichstages des Norddeutschen Bundes, 1870, Anlagen, Nr. 158, S. 657.

954 Vgl. kritisch v. a. *Keyssner,* Die Aktiengesellschaften und die Kommanditgesellschaften auf Aktien unter dem Reichs-Gesetz vom 11. Juni 1870, 1873, S. 239 f.; ebenso *Renaud,* Das Recht der Actiengesellschaften, 1. Aufl. 1863, S. 561; hierzu auch *Barth,* Die Entwicklung des deutschen Bilanzrechts und die ihm zugrundeliegenden Bilanzauffassungen handelsrechtlich und steuerrechtlich, 1955, S. 74.

955 Siehe *Barth,* Die Entwicklung des deutschen Bilanzrechts und die ihm zugrundeliegenden Bilanzauffassungen handelsrechtlich und steuerrechtlich, 1955, S. 75; *Oechelhaeuser,* Die Nachtheile des Aktienwesens und die Reform der Aktiengesetzgebung, 1878, S. 80.

956 Vgl. *Barth,* Die Entwicklung des deutschen Bilanzrechts und die ihm zugrundeliegenden Bilanzauffassungen handelsrechtlich und steuerrechtlich, 1955, S. 74; ebenso *Funke,* Gläubigerschutz durch Information im Recht der Aktiengesellschaft, 2011, S. 54 m.w.N.

tionäre eingeführt werden.[957] Als wichtigstes Mittel des Selbstschutzes der Gläubiger der Gesellschaft galt die Publizität von Finanzdaten der Aktiengesellschaften. Nach Art. 239 AktG 1870 musste die Bilanz veröffentlicht werden. Art. 209 Nr. 6 AktG 1870 führte den Aufsichtsrat als verpflichtendes Organ der Aktiengesellschaft ein, um die Bilanzen der Gesellschaften unabhängig vom Vorstand der Gesellschaften zu prüfen. Die Strafnorm des Art. 249 Abs. 1 Nr. 3 ADHGB 1870 sanktionierte jede unwahre oder verschleiernde Darstellung des Vermögens der Aktiengesellschaft. Gesellschaftsgläubiger sollten wenigstens vor Bilanzmanipulationen geschützt werden. Es sollten keine (zu) hohen Dividenden an die Aktionäre der Gesellschaft ausgeschüttet werden.[958]

In der Gründerkrise von 1871 bis 1873 fiel ein Drittel der neugegründeten Aktiengesellschaften in Konkurs.[959] *Oechelhäuser* benennt „missbräuchliche Bilanzaufstellungen“ und die „künstlichen Berechnungen problematischer Gewinne“ als Gründe für den „Gründerkrach“.[960] Mit dem Aktiengesetz von 1884 wurde versucht, dieser Machenschaften Herr zu werden. Eine ordentliche Bilanz wurde als Grundvoraussetzung für den ordentlichen Betrieb der Aktiengesellschaften gesehen. Jedenfalls ihr Grundkapital musste für ihre Gläubiger erhalten werden.[961] Überhöhten Ausschüttungen sollte daher auf jeden Fall entgegen gewirkt werden.[962] Nach dem Paradigma der Zwischenbilanz trat das Paradigma der Bewertung von Vermögensgegenständen auf den Plan: Alle Vermögenswerte mussten nach Art. 185a Nr. 1–3 i.V.m. Art. 239b AktG 1884 mit ihrem realisierten oder dem niedrigeren Wert aus Anschaffungskosten oder Herstellungskosten und Zeitwert bewertet werden (Realisations- und Niederstwertprinzip). Insbesondere wurde eine Bewertung, die oberhalb der Anschaffungskosten lag, ausgeschlossen (Art. 185a AktG 1884). Die Funktion der Information der Bilanz über die wahren Vermögensverhältnisse der Aktien-

---

957 So *Keyssner,* Die Aktiengesellschaften und die Kommanditgesellschaften auf Aktien unter dem Reichs-Gesetz vom 11. Juni 1870, 1873, S. 249.

958 Siehe Stenographische Berichte über die Verhandlungen des Reichstages des Norddeutschen Bundes, 1870, Bd. 4, Anlage Nr. 158, S. 645, 657; ebenso schon der Bericht des Justizausschusses, Drucksachen zu den Verhandlunen des Bundesrahtes des Norddeutschen Bundes Nr. 62/1870, S. 12.

959 Vgl Zahlen bei *Söhnchen,* Die historische Entwicklung der rechtlichen Gründungsvoraussetzungen von Handels- und Aktiengesellschaften, 2005, S. 191 f. Zu den darauf folgenden Diskussion um den Bestand der Aktiengesellschaft vgl. *Reich,* Ius Commune 2 (1969), 239, 271 f.

960 Vgl. *Oechelhaeuser,* Die Nachtheile des Aktienwesens und die Reform der Aktiengesetzgebung, 1878, S. 78 und S. 79 ff. zu den in der zeitgenössischen Literatur angebotenen Lösungen; hierzu auch *Schön/Osterloh-Conrad,* in: Bayer/Habersack (Hrsg.), Aktienrecht im Wandel, Bd. 2, S. 893, 904, m.w.N.

961 Vgl. die Stenographischen Berichte über die Verhandlungen des deutschen Reichstages, 1884, Nr. 21 S. 301 ff.

962 Siehe die Stenographischen Berichte über die Verhandlungen des deutschen Reichstages, 1884, Nr. 21 S. 303.

gesellschaften trat hinter dem Ziel, möglichst keine überhöhten Ausschüttungen zuzulassen, endgültig zurück.[963]

Als weiteres Paradigma, das sich bis heute im Recht der Rechnungslegung gehalten hat, wird der Reservefonds der Aktiengesellschaften verpflichtend eingeführt (Art. 239b i.V.m. 185b AktG 1884). Dieser bildete einen gesetzlichen Verlustpuffer zugunsten der Gläubiger der Aktiengesellschaft. Wenigstens 1 / 20 des jährlichen Reingewinns musste bis zu einer Höhe von 1 / 10 des Wertes des Grundkapitals in den Reservefonds eingestellt werden. Zusätzlich wurde erstmals eine Regelung zur Verwendung des Agios getroffen. Auch dieses musste gänzlich in den Reservefonds eingestellt werden und war so der Ausschüttung an die Aktionäre entzogen. Aktienemissionen über pari ermöglichten somit der Aktiengesellschaft keine erhöhte Ausschüttungsflexibilität mehr.[964] Der Reservefonds sollte zur Deckung von Verlusten der Aktiengesellschaft dienen und so als Nebeneffekt auch helfen, Kursschwankungen der Aktien der Gesellschaft zu vermeiden.[965] Die Generalversammlung wurde ermächtigt, die Bilanz der Gesellschaft festzustellen (vgl. Artt. 139b i.V.m. 185c AktG 1884) und über die Verwendung des Reingewinns zu entscheiden. Ein Anspruch des Aktionärs auf Dividendenzahlung allein aufgrund der Aufstellung der Bilanz wurde endgültig verneint. Der Gläubigerschutz durch Publizität wurde weiter ausgebaut.[966] Nach Art. 239 Abs. 2 AktG 1884 mussten sowohl die Bilanz als auch die Gewinn- und Verlustrechnung veröffentlicht werden. Ein Geschäftsbericht musste erstellt werden. Die Unterlagen waren vom Aufsichtsrat zu prüfen. Auch die Aktionäre konnten Einsicht nehmen und sich eine Abschrift aushändigen lassen.[967]

Das Handelsgesetzbuch übernahm 1897 die genannten Vorschriften im Wesentlichen unverändert in die §§ 261, 262 HGB, insbesondere wurde auch das Erfordernis eines Reservefonds nicht mehr aufgegeben. § 38 HGB führte die Grundsätze ordnungsgemäßer Buchführung ein. Nach § 260 HGB blieb des Weiteren die Generalversammlung für die Genehmigung des Jahresabschlusses und die Verteilung des Gewinns zuständig.[968] Wie oben erwähnt, sollte dem Gläubigerschutz in der Aktiengesellschaft vor allem durch Publizität und eine vorsichtige Bewertung von

---

963 Vgl. *Schön/Osterloh-Conrad,* in: Bayer/Habersack (Hrsg.), Aktienrecht im Wandel, Bd. 2, S. 893, 905, m.w.N.

964 *Hommelhoff,* in: Schubert/Hommelhoff (Hrsg.), Hundert Jahre modernes Aktienrecht, 1985, S. 53, 84, spricht von „Scheingewinnen".

965 Ebenso *Hommelhoff,* in: Schubert/Hommelhoff (Hrsg.), Hundert Jahre modernes Aktienrecht, 1985, S. 53, 85.

966 Dezidiert Stenographische Berichte über die Verhandlungen des deutschen Reichstages, 1884, Nr. 21, S. 243.

967 Ausführlich *Schön/Osterloh-Conrad,* in: Bayer/Habersack (Hrsg.), Aktienrecht im Wandel, Bd. 2, S. 893, 907; aus dem zeitgenössischen Schrifttum auch *Renaud,* Das Recht der Actiengesellschaften, 1863, 1. Aufl. 1863, S. 563.

968 Vgl. Hahn/Mugdan (Hrsg.), Materialien zum Handelsgesetzbuch, 1897, S. 312; kritisch hierzu *Simon,* Die Bilanzen der Aktiengesellschaften und der Kommandit-

Vermögensgegenständen nach dem Realisations- und Niederstwertprinzip gedient werden.[969] Dies führte zu der Bildung erheblicher stiller Reserven, die nicht in den Bilanzen der Aktiengesellschaften verzeichnet waren.[970] Dementsprechend kreiste in den folgenden Jahrzehnten die bilanzrechtliche Diskussion um die Frage, ob der Anspruch der Aktionäre auf eine wahrheitsgemäße Ermittlung des Gewinns der Aktiengesellschaft die Aufdeckung von stillen Reserven oder die Beschränkung der Möglichkeit dieselben zu bilden fordert.[971]

Die vorherrschende Meinung am Anfang des 20. Jahrhunderts war, dass die Bildung stiller Reserven zur Förderung des wirtschaftlichen Geschäftsbetriebs zulässig sei[972], ferner um den Gewinn zulasten der Aktionäre niedrig zu halten und so keinem Zwang zur Ausschüttung von Vermögenswerten der Gesellschaft an die Aktionäre ausgesetzt zu sein.[973] Die Abweichungen vom Grundsatz der Bilanzwahrheit wurde nur zum Teil erkannt. Die Aktienrechtsreform der Weimarer Republik brachte einige Änderungen in den Publizitätsbestimmungen, schränkte aber die Unterbewertung von Vermögenswerten und die Bildung stiller Reserven nur teilweise ein.[974] Der Freiraum des Vorstands sollte allerdings durch eine erhöhte Kontrolle durch die Aktionäre und die Öffentlichkeit ausgeglichen werden.[975] Die Notverordnung von 1931 enthält Regelungen über die Gliederung von Jahresbilanz, Gewinn und Verlustrechnung und Geschäftsbericht nach § 260a HGB n. F.[976]

Die wirtschaftlichen Zusammenbrüche zahlreicher Aktiengesellschaften (unter anderem der Favag AG) zeigten auch das Versagen des Aufsichtsrats der Aktiengesellschaften bei der Bilanzprüfung.[977] Das weitere Paradigma einer externen Revision des Jahresabschlusses wurde dementsprechend in § 262a Abs. 1

---

gesellschaften auf Aktien, 1899, S. 16 ff., der die Generalversammlung für unfähig hält, die Finanzlage der Gesellschaft fachmännisch zu beurteilen.

969 Vgl. *Schön/Osterloh-Conrad,* in: Bayer/Habersack (Hrsg.), Aktienrecht im Wandel, Bd. 2, S. 893, 909, m.w.N.

970 Vgl. RG, Urteil vom 12. Juli 1897, RGZ 40, 33, 36, nach dem das Bilanzrecht nur vor einer Über- und nicht vor einer Unterbewertung der Aktiva schützen wolle.

971 Vgl. statt vieler *Simon,* Die Bilanzen der Aktiengesellschaften und der Kommanditgesellschaften auf Aktien, 1899, S. 324 ff.

972 Vgl. Stenographische Berichte über die Verhandlungen des Reichstages, 1895/1897, Bd. 7, Anlage, S. 3913; ebenso Hahn/Mugdan (Hrsg.), Materialien zum Handelsgesetzbuch, 1897, S. 227.

973 So noch der Bericht der durch den 34. Juristentag zur Prüfung einer Reform des Aktienrechts eingesetzten Kommission, 1928, S. 33.

974 Vgl. *Klausing,* Die Reform des Aktienrechts, 1933, S. 104.

975 Vgl. Reichsjustizministerium, Entwurf eines Gesetzes über Aktiengesellschaften und Kommanditgesellschaften auf Aktien sowie Entwurf eines Einführungsgesetzes nebst erläuternden Bemerkungen, 1930, S. 95.

976 Zu Details siehe *Schön/Osterloh-Conrad,* in: Bayer/Habersack (Hrsg.), Aktienrecht im Wandel, Bd. 2, S. 893, 917.

977 Siehe *Barth,* Die Entwicklung des deutschen Bilanzrechts und die ihm zugrundeliegenden Bilanzauffassungen handelsrechtlich und steuerrechtlich, 1955, S. 94.

HGB n.F. eingefügt. Der Bilanzprüfer war durch die Generalversammlung zu wählen und für die formelle und materielle Richtigkeit der Bilanzierung der Aktiengesellschaften zuständig.[978] Die Regelungen des Aktiengesetzes von 1937 brachten keine grundlegenden Neuerungen.[979] Die Feststellung der Bilanz wurde auf den Vorstand verlagert, um der Hauptversammlung der Aktiengesellschaft das Recht zu nehmen, ohne Rücksicht auf die finanzielle Lage der Gesellschaft über den Reingewinn zu bestimmen.[980] Der Vorstand konnte offene Rücklagen zur Innenfinanzierung der Aktiengesellschaft bilden. Nach § 52 S. 1 AktG stand den Aktionären weiterhin ein Anspruch auf denjenigen Reingewinn zu, der nicht nach Gesetz oder Satzung von der Verteilung ausgeschlossen war. Der Kampf um die Zulässigkeit stiller Reserven tobte weiter.[981] Gläubigerschutzfragen spielten dabei allerdings weniger eine Rolle. Es wurde vielmehr befürchtet, dass der Vorstand die Finanzierungshoheit oder die Wahlmöglichkeiten zur Innenfinanzierung verlieren würde, sollten die Aktionäre der Gesellschaft im Bilde über ihre tatsächliche Vermögenslage sein („Prinzip der gläsernen Taschen") und „ihren" Anteil am Gewinn als Ausschüttung fordern. Das Aktiengesetz von 1965 versuchte daraufhin einen Kompromiss. Es sollte ein möglichst wahres Bild von der Vermögenslage der Gesellschaft in der Bilanz gezeichnet werden, aber unter weiterer Berücksichtigung der (alten) Bewertungsvorschriften zu Anschaffungs- und Herstellungskosten.[982] Dies misslang. Die Offenlegungspflichten wurden kontinuierlich weiter verschärft.[983] Außerhalb der Publizitätsregelungen spielten Fragen des Gläubigerschutzes nur eine untergeordnete Rolle. Auch die späteren europäischen Richtlinien sahen vor allem einen Schutz des Geschäftspartners

978 Noch abgelehnt hatte die Idee eines unabhängigen Bilanzprüfers die durch den 34. Juristentag zur Prüfung einer Reform des Aktienrechts eingesetzte Kommission, vgl. Bericht, 1928, S. 33.

979 Vgl. *Klausing,* Die Reform des Aktienrechts, 1933, S. 54, der lediglich einige Spezifizierungen der Publizitätsbestimmungen beschreibt.

980 Vgl. *Barth,* Die Entwicklung des deutschen Bilanzrechts und die ihm zugrundeliegenden Bilanzauffassungen handelsrechtlich und steuerrechtlich, 1955, S. 101 und die Amtliche Begründung zu § 126, abgedruckt bei *Klausing,* Gesetz über Aktiengesellschaften und Kommanditgesellschaften auf Aktien, 1937, S. 112.

981 Vgl. beispielsweise die Begründung des Regierungsentwurfs zu § 146 AktG-E 1965, abgedruckt in *Kropff,* Textausgabe des Aktiengesetzes vom 6.9.1965 (Bundesgesetzblatt I S. 1089) und des Einführungsgesetzes zum Aktiengesetz vom 6.9.1965 (Bundesgesetzblatt I S. 1185) mit Begründung des Regierungsentwurfs, 1965, S. 238.

982 Vgl. den Ausschussbericht zu § 149 AktG, abgedruckt in *Kropff,* Textausgabe des Aktiengesetzes vom 6.9.1965 (Bundesgesetzblatt I S. 1089) und des Einführungsgesetzes zum Aktiengesetz vom 6.9.1965 (Bundesgesetzblatt I S. 1185) mit Begründung des Regierungsentwurfs, 1965, S. 219.

983 Siehe *Schön/Osterloh-Conrad,* in: Bayer/Habersack (Hrsg.), Aktienrecht im Wandel, Bd. 2, S. 893, 932.

der Aktiengesellschaft durch Information vor.[984] Mit dem Aktiengesetz von 1884 wendet sich die Kapitalerhaltung im Gläubigerinteresse hin zu den Mitteln des Bilanzrechts, durften in Zukunft durften die historischen Anschaffungs- und Herstellungskosten beim Wertansatz der Vermögensgegenstände mehr überschritten werden, abnutzbare Vermögensgegenstände waren (planmäßig oder außerplanmäßig) abzuschreiben und Realisations-, Imparitäts- und Niederstwertprinzip waren festgeschrieben.[985]

2. Herausforderung bilanzrechtlicher Grundsätze auf europäischer und deutscher Ebene

Auch in den USA galt im 19. Jahrhundert eine dem derzeitigen deutschen System entsprechende Rechnungslegung. Aufgrund der stärkeren Kapitalmarktorientierung der amerikanischen Staaten sind diese jedoch zu dem jetzigen System übergegangen.[986] Der amerikanische Revised Model Business Corporation Act gibt selbst das Konzept eines festen Grundkapitals auf.[987] Lediglich einige Staaten wie Kalifornien folgen noch Ausschüttungsregelungen nach bilanzrechtlichen Maßstäben.[988] Wie schon zu den aktienrechtlichen Kapitalerhaltungsregelungen, die auf einem Bilanztest basieren, angedeutet wurde, ist das aktienrechtliche Ausschüttungsregime erheblich unter Druck geraten. Auch wenn beispielsweise der Deutsche Juristentag 2006 weiterhin für eine Beibehaltung bilanzgestützter Ausschüttungssperren votierte,[989] so ist doch nicht zu leugnen, dass das seit 1884 die Rechnungslegung der Aktiengesellschaften dominierende Prinzip der vorsichtigen Bilanzierung durch moderne Entwicklungen ausgehöhlt wird. Internationale Rechnungslegungsregeln folgen viel mehr dem historischen Bewertungsansatz des deutschen Gesetzgebers (Bewertung mit dem Zeitwert) als dem Umweg des Gläubigerschutzes über eine möglichst niedrige Bilanzierung von Vermögenswerten. Seit dem Kapitalaufnahmeerleichterungsgesetz von 1998 dürfen zwar börsennotierte Konzerne auf der Grundlage international akzeptierter Rechnungslegungsstandards ihren Konzernabschluss erstellen. Dies gilt allerdings (bislang) nicht für den ausschüttungsrechtlich relevanten Einzelabschluss.[990]

---

984 Vgl. *Grundmann,* Europäisches Gesellschaftsrecht, 2004, Rdz. 227 ff.; ebenso *Habersack,* Europäisches Gesellschaftsrecht, 2006, Rdz. 35 ff.; ausführlich zum europäischen Bilanzrecht auch *Schön,* ZGR 2000, 706 ff.

985 Siehe ebenso *Funke,* Gläubigerschutz durch Information im Recht der Aktiengesellschaft, 2011, S. 55 m.w.N.

986 *Arnold/Tettinger,* Der Konzern 2004, 183, 184.

987 Vgl. *Merkt,* ZGR 2004, 305, 311 ff.

988 Siehe hierzu *Kuhner/Sabiwalsky,* Der Konzern 2006, 504, 506.

989 Vgl. Beschlüsse des 66. Deutschen Juristentages, Abteilung Wirtschaftsrecht, Reform des gesellschaftsrechtlichen Gläubigerschutzes, Beschluss Nr. 10 (abzurufen auf www.djt.de; zuletzt abgerufen am 15. Juli 2015).

990 Die Begründung findet sich in BT-Drucks. 13/8141, S. 8 f.

Die europäischen Rahmenbedingungen für eine Änderungen des handelsrechtlichen Bilanzierungsprinzips stehen fest.[991] Nach Art. 4 der IAS-VO[992] von 2002 sind börsennotierte Kapitalgesellschaften nicht nur verpflichtet, ihren Konzernabschluss seit dem 1. Januar 2005 auf der Grundlage von IAS / IFRS-Standards zu erstellen.[993] Art. 5 IAS-VO[994] räumt darüber hinaus den Mitgliedstaaten das Recht ein, auch Einzelabschlüsse ihrer Unternehmen nach IAS / IFRS zu erlauben oder vorzuschreiben. Dies hat Deutschland bislang abgelehnt.[995] Ob dies so bleiben wird, muss eher vorsichtig gesehen werden.[996] Daneben können auch die nationalen Einzelbilanzaufstellungsvorschriften an das Prinzip des „true and fair value" angenähert werden.[997] Der Schutz insbesondere von Gläubigern der Aktiengesellschaft durch Information[998] wurde im europäischen Gesellschaftsrecht schon früh als das beste Mittel ihres Schutzes angesehen.[999] Art. 15 der Kapitalrichtlinie legt allerdings weiterhin eine bilanzorientierte Vermögensbindung als tragenden Pfeiler auch des deutschen Aktienrechts fest.[1000]

Eine nach IFRS-Regeln aufgestellte Bilanz gibt Optionen zur Zeitwertbewertung von Vermögensgegenständen. Sie ist generell volatiler und weist tendenziell (trotz eines höheren Ansatzes für Pensionsverpflichtungen) im Verhältnis zu einer

---

991 Vgl. aber zu Reformen des Bilanz- und Abschlussprüferrechts ausführlich *Schmidt*, Neuere Entwicklungen im Europäischen Gesellschaftsrecht, in: VGR (Hrsg.), Gesellschaftsrecht in der Diskussion 2014, 2015, S. 25, 41 ff.

992 Verordnung (EG) Nr. 1606/2002 des Europäischen Parlaments und des Rates vom 19. Juli 2002 betreffend die Anwendung internationaler Rechnungslegungsstandards, ABl. EG Nr. L 243 vom 11. September 2002, S. 1 ff.

993 Vgl. die Ausführungsordnungen zur Transformation der Bilanzierungsregelungen, Verordnung (EG) Nr. 1725/2003 vom 29. September 2003, ABl. EG Nr. L 261 vom 13. Oktober 2003, S. 1 ff.; Verordnung (EG) Nr. 707/2004 vom 6. April 2004, ABl. EG Nr. L 111 vom 17. April 2004, S. 3 ff.

994 Verordnung (EG) Nr. 1606/2002 des Europäischen Parlaments und des Rates betreffend die Anwendung internationaler Rechnungslegungsstandards vom 19. Juli 2002, ABl. Nr. L 243/1.

995 Vgl. Begründung des Regierungsentwurfs, BT-Drucks. 15/3419, S. 23 f, der einen IAS-Abschluss als Ausschüttungsbemessungsgrundlage für ungeeignet hält.

996 Siehe *Merkt*, ZGR 2004, 305, 307 f.

997 Vgl. Richtlinie 2001/65/EG vom 27. September 2001, ABl. EG L 283 vom 27. Oktober 2001, S. 28 ff. über Finanzierungsinstrumente und Richtlinie 2003/51/EG vom 18. Juni 2003, ABl. EG L 178 vom 27. Juli 2003, S. 16 ff. über andere Vermögensgegenstände.

998 Vgl. EuGH, Urteil vom 30. September 2003 – C-167/01, Slg. 2003, I-10155, Rdz. 135 (Inspire Art). Dazu *Behrens*, IPRax 2004, 20; *Fischer*, ZIP 2004, 1477; *Horn*, NJW 2004, 893; *Kindler*, NZG 2003, 1086; *K. Schmidt*, *ZHR* 168 (2004), 493.

999 So *Bayer/Schmidt*, in: Bayer/Habersack (Hrsg.), Aktienrecht im Wandel, Bd. 1, S. 944, 981.

1000 *Habersack/Schürnbrand*, in: Bayer/Habersack (Hrsg.), Aktienrecht im Wandel, Bd. 1, S. 889, 935.

Bilanzierung nach HGB-Grundsätzen ein höheres Eigenkapital aus. Eine Krise der Gesellschaft und die Gefahr einer Überschuldung werden dadurch erst später erkennbar.[1001] Der Informationsfunktion der Bilanz wird indes eine größere Rolle eingeräumt.[1002]

2.1 IFRS, IAS und die Auswirkungen auf das Kapitalschutzsystem

Seit 2005 haben kapitalmarktorientierte Aktiengesellschaften ihre Konzernabschlüsse nach IAS / IFRS-Regeln, statt, wie bisher in Deutschland üblich, nach den Rechnungslegungsgrundsätzen des Handelsgesetzbuchs zu errichten. Nicht börsennotierte Aktiengesellschaften können ebenfalls wahlweise IFRS-konforme Konzernabschlüsse aufstellen oder aber weiterhin ganz nach HGB-Grundsätzen bilanzieren. Die International Financial Reporting Standards (IFRS) sind ein Rahmenwerk einzelner Bilanzierungsstandards (International Accounting Standards (IAS)). Die einzelnen Standards werden von dem 14köpfigen *International Accounting Standards Board* (IASB) aufgestellt.[1003] Dachorganisation ist die International Accounting Standards Committee Foundation (IASCF) mit Sitz in Delaware, USA. In der IAS-Verordnung hat die Europäische Gemeinschaft am 19. Juli 2002 die Anwendung dieser internationalen Rechnungslegungsstandards mit einigen wenigen Ausnahmen für verbindlich erklärt.[1004] Einige IAS wurden allerdings nicht übernommen: so z.B. IAS 32. Dies würde dazu führen, dass viele deutsche Unternehmen, insbesondere Personenhandelsgesellschaften und Genossenschaften, gesellschaftsrechtliches Eigenkapital in einer IFRS-Bilanz als Fremdkapital ausweisen müssten.[1005] Die amtliche deutsche Übersetzung der übernommenen IFRS / IAS wurde am 13. Oktober 2003 veröffentlicht.[1006] Durch das *Komitologie-*

1001 *Merkt,* in: Börsig/Wagenhofer (Hrsg.), IFRS in Rechnungswesen und Controlling, S. 89, 103.

1002 Vgl. ausführlich zum Verhältnis von Publizität und Gläubigerschutz *Merkt,* in: Eidenmüller/Schön (Hrsg.), Efficient Creditor Protection in European Company Law, S. 96 ff.

1003 Es wird zum Teil problematisiert, dass mit dieser Regelung die Europäische Gemeinschaft die Rechtsetzungskompetenz faktisch an ein privates Gremium von Experten abgegeben habe. Dies werfe Fragen der demokratischen Legitimation auf vgl. *Schulze-Osterloh,* Der Konzern 2004, 173, 177; a.A. *Böcking,* Der Konzern 2004, 177, 178.

1004 Verordnung (EG) Nr. 1606/2002 des Europäischen Parlaments und des Rates vom 19. Juli 2002 betreffend die Anwendung internationaler Rechnungslegungsstandards (sog. IAS-Verordnung) (ABl. EG Nr. L 243 vom 11. September 2002, S. 1 ff.); Ausnahmen bilden die IAS 32 und IAS 39 und die dazugehörigen SIC 5, 16 und 17.

1005 *Naumann,* Der Konzern 2007, 422, 423 m.w.N. in Fn. 5.

1006 Verordnung (EG) Nr. 1725/2003 der Kommission vom 29. September 2003 betreffend die Übernahme bestimmter internationaler Rechnungslegungsstandards in Übereinstimmung mit der Verordnung (EG) Nr. 1606/2002 des Europäischen Parlaments und des Rates (ABl. EG Nr. L 243 vom 11. September 2002, S. 1 ff.).

verfahren werden auch neuere Standards in europäisches Recht überführt. Die EG-Kommission beschließt über die Anwendung einzelner Standards, Art. 3 Abs. 1 IAS-Verordnung, und wird dabei durch einen Regelungsausschuss für Rechnungslegung unterstützt.[1007]

Art. 5 IAS-VO enthält ein Wahlrecht des nationalen Gesetzgebers, die Anwendung der IAS / IFRS auch auf andere als die Konzernabschlüsse kapitalmarktorientierter Unternehmen auszudehnen. Kritik erfährt vor allem ein Punkt: Durch die zunehmende Einführung von IFRS-Abschlüssen auch für den nationalen Einzelabschluss werden die traditionellen Grundsätze ordnungsgemäßer Buchführung immer mehr zurückgedrängt. Bereits 17 von 27 europäischen Mitgliedstaaten erlauben einen Einzelabschluss nach IFRS.[1008]

Eine Änderung der Bilanzierungsgrundsätze hat in Deutschland unmittelbar Auswirkungen auf die Gewinnberechnung, die Ausschüttungsmöglichkeiten und das gesamte Kapitalerhaltungssystem von börsennotierten Aktiengesellschaften. Die tatsächlichen Unterschiede einer Bilanzierung nach IFRS oder nach HGB und die generellen Auswirkungen einer Umstellung von HGB auf IFRS, unter anderem auf die Gewinnermittlung der Gesellschaft, sind zumindest in der juristischen Literatur noch nicht klar herausgearbeitet. Fest steht, dass mit einer Umstellung die das HGB überspannenden Grundsätze des *Vorsichts-* und des *Realisationsprinzips* zum Teil zugunsten einer *„realitätsnäheren"* *„valuation at fair value"*-Bewertung aufgegeben werden. Einfache Unterscheidungen zwischen den in Deutschland bisher praktizierten Bilanzierungsgrundsätzen des HGB und denen der IFRS leiden allerdings an dem Makel der Vereinfachung: So lässt sich zwar schreiben, dass das primäre Ziel der HGB-Bilanzierungsgrundsätze der *Gläubigerschutz* sei und die IFRS dagegen eher den *Investorenschutz* im Blick haben.[1009] Die relevanten Unterschiede sind indes genauer in den Blick zu nehmen.

Schon seit Art. 31 Abs. 1 ADHGB galt in der deutschen Rechnungslegung das sogenannte *Anschaffungspreisprinzip.*[1010] Dagegen gilt bei einer Bilanzierung nach IFRS meist das sogenannte *Zeitwertprinzip.* Bilanzergebnisse aufgrund von IFRS-Bilanzierungsregeln sind durch die vermehrte Zeitwertbewertung volatiler als Ergebnisse aufgrund von handelsrechtlichen Rechnungslegungsgrundsätzen.[1011] Daneben sind die Bilanzierungsregeln nach IFRS nicht darauf ausgelegt, gesetzliche

---

1007 Vgl. Beschluss des Rates der Europäischen Gemeinschaften vom 28. Juni 1999, 199/468/EG i.V.m. Art. 6 Abs. 2 IAS-Verordnung.

1008 Allerdings müssen in 8 dieser 17 Staaten die IFRS-Abschlüsse, um die zulässige Dividendenhöhe zu bestimmen, nachträglich modifiziert werden. Insbesondere dürfen nicht ohne weiteres Dividenden ausgeschüttet werden, wo der IFRS-Abschluss auch noch nicht realisierte Gewinne in seine Berechnungen einbezieht; vgl. KPMG-Studie, a. a. O. (Fn. 38).

1009 Vgl. *Böcking,* Der Konzern 2004, 177, 178.

1010 Siehe zur geschichtlichen Entwicklung unten unter D.III.2.2.

1011 *Naumann,* Der Konzern 2007, 422 ff.

Kapitalerhaltungssysteme zu stützen. Daher fehlen beispielsweise Regeln zur Behandlung von *Reserven*.[1012]

Pensionsverpflichtungen machen einen großen Teil der zu bilanzierenden Verbindlichkeiten großer deutscher Aktiengesellschaften aus. Bislang werden Pensionsrückstellungen in Deutschland nach der steuerlichen Bewertungsvorschrift des § 6a EStG auch in der Handelsbilanz bewertet. Unter bestimmten Umständen ist es auch möglich, Pensionsverpflichtungen im Zuge handelsrechtlicher Passivierungswahlrechte überhaupt nicht erst zu bilden. Dadurch wird die tatsächliche wirtschaftliche Belastung der Aktiengesellschaft nicht zutreffend wiedergegeben. Umstellungen der Bewertung von Pensionsrückstellungen auf IFRS-Bewertungsansätze (IAS 19) können daher die Pensionsrückstellungen deutscher Aktiengesellschaften um bis zu 40 % steigen lassen.[1013] Zumindest Pensionsverpflichtungen der Aktiengesellschaft müssen nach IFRS-Grundsätzen vorsichtiger bilanziert werden.[1014] Dies liegt im Interesse der Gläubiger der Aktiengesellschaft.

Die Bilanzierungsregeln nach IFRS / IAS weisen in vielen Bereichen allerdings größere Ermessensspielräume auf als die Bilanzierungsgrundsätze des HGB.[1015] Die Verbindung zwischen Bilanzierungs- und Kapitalerhaltungsrecht, die sowohl von der Zweiten als auch von der Vierten Gesellschaftsrechtlichen Richtlinie aufgestellt wird, wird mit einer Umstellung zunehmend brüchig. Leitbild der Bilanzierungsregeln nach IAS / IFRS ist die Idee der bestmöglichen Kapitalmarktinformation durch Transparenz und nicht die vorsichtige Gewinnermittlung.[1016] Dies hat auch Auswirkungen auf das Niveau des Gläubigerschutzes im Recht der Aktiengesellschaft.

2.2 „HGB-Bilanzierung“ versus „Bilanzierung nach IAS / IFRS“ unter Gläubigerschutzaspekten

Auch eine Bilanzierung der Aktiengesellschaft nach HGB-Grundsätzen ist aus Gläubigersicht nicht perfekt. Explizite und implizite Wahlrechte können auch hier zu einer weniger vorsichtigen und damit weniger gläubigerschützenden Bewertung und Gewinnermittlung führen.[1017] Nach *Rickford*[1018] können auf der anderen Seite auch in der Anwendung der IAS / IFRS- Bilanzierungsregeln wirtschaftlich sinnvolle Ausschüttungen verhindert werden.

1012 *Schutte-Veenstra/Boschma u.a.*, Alternative Systems for Capital Protection, 2005, S. 67.

1013 *Naumann,* Der Konzern 2007, 422, 424. Für einen Vergleich mit den US-amerikanischen US-GAAP siehe *Baums,* Die Fremdkapitalfinanzierung der Aktiengesellschaft durch das Publikum, in: Bayer/Habersack (Hrsg.), Aktienrecht im Wandel, Bd. 2, S. 955 ff.

1014 *Hennrichs,* Der Konzern 2008, 42, 49; vgl. auch detailliert die KPMG-Studie, a. a. O. (Fn. 38).

1015 *Naumann,* Der Konzern 2007, 422, 426.

1016 Vgl. *Kuhner,* ZGR 2005, 753, 755.

1017 So auch ausführlich *Böcking/Dutzi,* Der Konzern 2007, 435, 438.

1018 Siehe *Rickford,* 15 European Business Law Review 2004, 919, 924 f.

Allerdings führt eine „Vereinheitlichung der Informationsbasis durch IAS / IFRS [...] zu einer Verringerung der asymmetrischen Informationsverteilung und damit zu einer Begrenzung der Macht" der Geschäftsführung der Aktiengesellschaft.[1019] Von daher lässt sich ebenso sagen, dass die Einführung vereinheitlichter Rechnungslegungsstandards die Transparenz der finanziellen Situation auch für internationale *financiers* der Aktiengesellschaft im Vorfeld erhöht und so den Gläubigerschutz auf diesem Wege stärkt. Sinkt das Risiko für die Kapitalgeber, so sinken auch die Kapitalkosten für die Gesellschaft.[1020] Man wird jedoch eines feststellen können: Eine Bilanzierung nach IFRS-Grundsätzen führt in der Regel dazu, dass Gewinne zeitlich früher ausgewiesen werden, als dies nach einer HGB-Bilanz der Fall wäre. Die IFRS verfolgen eher das Ziel der Informationsvermittlung und weniger das einer objektivierten Gewinnermittlung.[1021] Verluste werden in der Regel zeitgleich ausgewiesen. Dies bedeutet, dass der nach IFRS-Grundsätzen ermittelte Gewinn über die Jahre hinweg dem Gewinn der Unternehmung nach HGB-Bilanzierungsgrundsätzen zwar in der Gesamtsumme entspricht. Jedoch wird er tendenziell zeitlich früher ausgewiesen. Wird eine nach IFRS-Grundsätzen erstellte Bilanz zur Bemessungsgrundlage für die Höhe der erlaubten Ausschüttungen an die Aktionäre der Gesellschaft und damit zur Grundlage des Kapitalerhaltungsregimes, so muss beachtet werden, dass möglicherweise Gewinne an die Aktionäre ausgeschüttet werden können, die nach HGB-Grundsätzen in der Gesellschaft zu verbleiben hätten. Umgekehrt kommt es zu gewinnreduzierenden Effekten durch die Umstellung von Pensionsverpflichtungen der Aktiengesellschaft auf die Bewertungskriterien der IAS / IFRS.

2.3 Das Bilanzrechtsmodernisierungsgesetz als Aktualisierung des Gläubigerschutzes

Formal beruhen die heutigen deutschen Grundsätze der HGB-Bilanzierung auf den europäischen Regelungen der Vierten Gesellschaftsrechtlichen Richtlinie.[1022] Der Gläubigerschutz wird prinzipiell realisiert durch vorsichtige handelsrechtliche Ansatz- und Bewertungsvorschriften (*Realisations-, Imparitäts-, Anschaffungskosten-, Niederstwert- und Höchstwertprinzip*). Lediglich ein „Gewinn", der als ausreichend sicher angesehen werden kann, soll als solcher ausgewiesen werden und für Ausschüttungen an die Aktionäre unter bestimmten weiteren Voraussetzungen zur

---

1019 *Böcking,* Der Konzern 2004, 177, 179.

1020 Vgl. *Böcking,* Der Konzern 2004, 177, 179.

1021 *Naumann,* Der Konzern 2007, 422, 423.

1022 Bilanzrichtlinie (BilRL), 78/660/EWG, ABl. EG Nr. L 222 vom 14. August 1978, S. 11 ff.; vgl. auch neuerdings Richtlinie 2013/34/EU des Europäischen Parlaments und des Rates vom 26. Juni 2013 über den Jahresabschluss, den konsolidierten Abschluss und damit verbundene Berichte von Unternehmen bestimmter Rechtsformen und zur Änderung der Richtlinie 2006/43/EG des Europäischen Parlaments und des Rates und zur Aufhebung der Richtlinien 78/660/EWG und 83/349/EWG vom 29. Juni 2013.

Verfügung stehen.[1023] Indem deutsche Aktiengesellschaften handelsrechtliche Bilanzierungswahlrechte ausnutzen, können stille Reserven geschaffen werden, die den Gläubigern der Aktiengesellschaft einen zusätzlichen „Verlustpuffer“ im Krisenfall bieten könnten. Faktisch sind in wirtschaftlichen Krisen der Aktiengesellschaft diese Verlustpuffer allerdings meist wieder aufgelöst, so dass „im Falle eines Falles“ den Gläubigern wenig nicht in der Bilanz ausgewiesenes Vermögen zur Verfügung steht.

Mit dem Bilanzrechtsmodernisierungsgesetz (BilMoG)[1024] veränderten sich die Bilanzierungsgrundsätze des Handelsgesetzbuchs auch außerhalb der Diskussion um die Möglichkeit einer Erstellung der Einzelbilanz nach IFRS / IAS.[1025] Mit dem BilMoG setzte die damalige Bundesregierung einen weiteren Punkt (Nr. 4) ihres sogenannten 10-Punkte-Programms zur Stärkung der Unternehmensintegrität und Verbesserung des Anlegerschutzes um. Die Entkoppelung des Gesellschaftsrechts vom ebenfalls grundsätzlich auf der Handelsbilanz aufbauenden Steuerrecht schreitet damit weiter voran.[1026] Diese Entwicklung würde noch verstärkt, wenn mittelfristig eine Bilanzierung nach IFRS / IAS-Grundsätzen auch im handelsrechtlichen Einzelabschluss ermöglicht würde.[1027] Auch diese Entwicklung deutet darauf hin, dass die verbliebenen Reste der Paradigmen einer Bilanzierung nach dem Niederstwert- und Realisationsprinzip in der Handelsbilanz bald wieder auf den Prüfstand gestellt werden.

3. Zusammenfassung zum aktienrechtlichen Gläubigerschutz durch Rechnungslegungsnormen und Publizitätsregelungen

Den §§ 238 ff. HGB lag über ein Jahrhundert lang das Prinzip der vorsichtigen Bilanzierung zum Schutz der Gläubiger der Aktiengesellschaft zugrunde.[1028] Wenigstens das Grundkapital der Gesellschaft sollte diesen als Haftungsfonds erhalten bleiben. Da der Gesetzgeber schon früh erkannte, dass Bewertungsfragen maßgeblich den

1023 *Pellens/Jödicke u.a.,* Der Konzern 2007, 427, 429 m.w.N.

1024 Gesetz zur Modernisierung des Bilanzrechts vom 28. Mai 2009, BGBl. Teil I 2009, S. 1102. Regierungsentwurf eines Gesetzes zur Modernisierung des Bilanzrechts (Bilanzrechtsmodernisierungsgesetz – BilMoG) vom 21. Mai 2008, BT-Drucks. 344/08 vom 23. Mai 2008.

1025 Vgl. den Regierungsentwurf eines Gesetzes zur Modernisierung des Bilanzrechts, BT-Drucks. 344/08 vom 23. Mai 2006; so auch schon der Referentenentwurf hierzu des Bundesministeriums der Justiz vom 8. November 2007.

1026 Vgl. ausführlich *Pellens* u.a., Mindestkapital und bilanzielle Kapitalerhaltung versus Solvenztest, in: Küting u.a. (Hrsg.), Bilanz als Informations- und Kontrollinstrument, 2008, S. 7, 14 m.w.N.

1027 Es wird vermutet, dass dies vielleicht auch das Ende des deutschen Konzernrechts als „Kind des Steuerrechts“ einläutet, vgl. *Hirte,* ZGR 2007, 511, 513.

1028 Vgl. *Kleindiek,* ZGR 2006, 335, 348; *Kübler, ZHR* 159 (1995), 550, 556 ff.; *Kuhner,* ZGR 2005, 753, 754 ff.; *Merkt,* ZGR 2004, 305, 307 f.; *Bezzenberger,* Das Kapital der Aktiengesellschaft, 2005, S. 132 ff.

auszuweisenden Gewinn der Aktiengesellschaft beeinflussten, waren diese das maßgebliche Feld für Schutzbestimmungen zugunsten der Gläubiger der Aktiengesellschaft. Die Paradigmen des Realisations- und Niederstwertprinzips haben indes nicht nur die Gefahr für Gläubiger der Gesellschaft einer Unterinvestition ihrer Aktionäre reduziert, sondern auch zur Bildung von stillen Reserven geführt.[1029] Diese wurden über Jahrzehnte als Mittel der Innenfinanzierung der Aktiengesellschaft für förderlich und auch dem Gläubigerschutz der Gesellschaft nicht abträglich gehalten. Stille Reserven sind allerdings in der Krise der Gesellschaft, also dem Zeitpunkt, an dem sich ein gesetzlicher Gläubigerschutz bewähren muss, meist schon wieder aufgelöst. Ihre Bildung wirkt daher nicht gegen eine der oben postulierten Gefahren für Gläubiger der Aktiengesellschaft. Aus Gläubigerschutzgründen spricht daher nichts für ihre Beibehaltung. Allein die Tatsache, dass die Geschäftsführung der Aktiengesellschaft mehr Mittel zur Innenfinanzierung zur Verfügung hat, mindert möglicherweise die Insolvenzwahrscheinlichkeit der Gesellschaft, steigert allerdings nicht den Schutz der Gläubiger in der Krise der Gesellschaft.

Die Herausforderung der handelsrechtlichen Bilanzierungsregelungen durch internationale Bewertungsvorschriften von IAS / IFRS betrifft den Gläubigerschutz, boten doch die vorsichtigen Vermögensansätze der Vergangenheit größere Gewähr, dass unrealisierte Gewinne nicht an die Aktionäre zulasten der Gläubiger der Gesellschaft ausgeschüttet würden.[1030] Eine Bilanzierung nach IFRS / IAS-Grundsätzen minimiert allerdings Informationsdefizite der Gläubiger der Aktiengesellschaft im Vorfeld.[1031] Der Zielkonflikt der handelsrechtlichen Bilanz zwischen Information des Rechtsverkehrs, der Kapitalmärkte und zur Bemessung des ausschüttungsfähigen Gewinns könnte so gelöst werden.[1032]

IV. Die Herabsetzung des Grundkapitals der Gesellschaft

Die Herabsetzung des Grundkapitals der Aktiengesellschaft entzieht dieser einen Teil des Haftungsfonds, der über die Paradigmen der festen Grundkapitalziffer und des Verbots einer Rückgewähr von Einlagen geschaffen wurde. Im Gegenzug hierzu

---

1029 Einen kritischen Überblick über die Entwicklung der deutschen Rechnungslegungsgrundsätze gibt *Walz,* in: Assmann/Gounalakis u.a. (Hrsg.), Wirtschafts- und Medienrecht in der offenen Demokratie, S. 557 ff.

1030 Zum traditionell hohen Rang des Gläubigerschutzprinzips im deutschen Bilanzrecht grundlegend *Beisse,* in: Beisse/Lutter u.a. (Hrsg.), Festschrift für Karl Beusch zum 68. Geburtstag am 31. Oktober 1993, S. 77 ff. und *Moxter,* in: Letzgus/Hill u.a. (Hrsg.), Festschrift für Herbert Helmrich zum 60. Geburtstag, S. 709, 718.

1031 Ausschüttungen auf der Basis von IFRS auch in Deutschland fordern *Lanfermann/Richard,* DB 2008, 1925.

1032 Zu diesem Zielkonflikt und mit Hinweisen auch zur steuerlichen Gewinnermittlung, vgl. ausführlich *Schön,* ZGR 2000, 706, 729 ff. Zu den Folgen einer Nutzung der IFRS für Gewinnausschüttungen und deren Kosten siehe auch *Maul/Richard,* Status: Recht 2008, 85 ff. und ebenso *Maul/Richard,* Status: Recht 2008, 169 ff.

stellt eine Kapitalerhöhung auch die Gläubiger der Gesellschaft grundsätzlich besser. Gläubigerschutzfragen stellen sich hierbei nicht.[1033] Zwar gibt es auch bei der Kapitalerhöhung ein Verbot der Unterpariemission, § 9 Abs. 1 AktG. Auch eine Sachkapitalerhöhung bietet zwar die Gefahr, dass Sachwerte überbewertet eingebracht werden. Besser gestellt als vor der Erhöhung werden die Gläubiger allerdings mit einer Erhöhung des Grundkapitals und damit der erhöhten Ausschüttungssperre an die Aktionäre allemal. Selbst wenn gegen das Verbot der Unterpariemission verstoßen wird, werden doch keine negativen Werte in die Gesellschaft eingelegt. Eine etwaige Verwässerung des Aktienwertes ist für die Gläubiger der Aktiengesellschaft nicht von Bedeutung, da die Aktionäre der Gesellschaft lediglich nachrangig zu befriedigen sind.[1034] Eine Erhöhung des Grundkapitals der Aktiengesellschaft, nachdem die Forderung eines Gläubiger schon begründet wurde, stellt diesen durch den Grundsatz der Bindung des gesamten Vermögens jedenfalls besser als zuvor. Problematisch ist allein die Herabsetzung des Kapitals der Aktiengesellschaft.[1035] Auch die Art. 30 ff. der Kapitalrichtlinie enthalten spezifische Regelungen hierzu. Größerer Umsetzungsbedarf ist hieraus im deutschen Aktienrecht nicht erwachsen.[1036]

Die Kapitalherabsetzung war im Code de Commerce von 1807 nicht geregelt. Dieser enthielt insbesondere keine Verfahrensregeln hinsichtlich des Gläubigerschutzes.[1037] Kapitalherabsetzungen waren zwar noch nicht allgemein üblich, wurden allerdings von Gesellschaften praktiziert, die zu viel Kapital für ihren vorgesehenen Gesellschaftszweck hatten. Die effektive Kapitalherabsetzung erfolgte entweder, indem der Nennwert der Aktien abgesenkt wurde[1038] oder indem die Aktienstückzahl reduziert wurde.[1039] Im 19. Jahrhundert gab es auch im deutschen Aktienrecht lange Zeit keine speziellen Regelungen zur Herabsetzung des Grundkapitals. Der gesetzgeberische Fokus lag auf dem Schutz derselben durch das Registerrecht.[1040] Das Aktienrecht war das Recht der großen und prosperierenden Gesellschaften.[1041]

1033 Vgl. zu den Art. 25 bis Art. 29 der Kapitalrichtlinie *Grundmann,* Europäisches Gesellschaftsrecht, 2004, Rdz. 353; *Habersack,* Europäisches Gesellschaftsrecht, 2006, § 6 Rdz. 58; *Bayer/Schmidt,* in: Bayer/Habersack (Hrsg.), Aktienrecht im Wandel, Bd. 1, S. 944, 975.

1034 Ausführlich zur Geschichte der Kapitalerhöhungsnormen in Deutschland, *Hirte,* in: Bayer/Habersack (Hrsg.), Aktienrecht im Wandel, Bd. 2, S. 827, 846.

1035 Vgl. *Habersack,* Europäisches Gesellschaftsrecht, 2006, § 6 Rdz. 74.

1036 Siehe *Bayer/Schmidt,* in: Bayer/Habersack (Hrsg.), Aktienrecht im Wandel, Bd. 1, S. 944, 981.

1037 *Lefebvre-Teillard,* La société anonyme au XIXe siècle, 1985, S. 247 ff.

1038 Dies war meist unproblematisch möglich, da die Einlagen häufig nicht vollständig geleistet wurden.

1039 Dies war insbesondere dann häufig, wenn noch nicht alle Aktien ausgegeben waren, vgl. *Deutsch,* in: Bayer/Habersack (Hrsg.), Aktienrecht im Wandel, Bd. 1, S. 46, 59, m.w.N.

1040 Vgl. *Pahlow,* in: Bayer/Habersack (Hrsg.), Aktienrecht im Wandel, Bd. 1, S. 415, 427.

1041 *Hirte,* in: Bayer/Habersack (Hrsg.), Aktienrecht im Wandel, Bd. 2, S. 827, 840.

Auch aus diesem Grund wurde einer etwaigen Herabsetzung des Kapitals der Gesellschaft nicht viel Bedeutung beigemessen.[1042] Bis zum Aktiengesetz von 1870 mussten Kapitalherabsetzungen zudem staatlich genehmigt werden, da jede Änderung der Satzung der Gesellschaft einer staatlichen Genehmigung bedurfte. Hierbei wurde unter anderem zwar theoretisch geprüft, dass ein hinreichender Reservefonds für die Gläubiger nach Auszahlung des Herabsetzungsbetrages zur Verfügung stand, wie effektiv diese Prüfung praktisch durchgeführt wurde, ist jedoch fraglich.[1043] Das ADHGB 1861 regelte allerdings in Art. 248 eine teilweise Zurückzahlung des Grundkapitals an die Aktionäre. Hierin wurde eine teilweise Liquidation der Gesellschaft gesehen. Der Schutz der Gläubiger der Aktiengesellschaft erfolgte daher über die aktienrechtlichen Liquidationsvorschriften, die Voraussetzung eines Generalversammlungsbeschlusses und die nötige staatliche Genehmigung.

Das Aktiengesetz von 1870 enthielt in Art. 248 einen ersten eigenständigen Tatbestand zur Herabsetzung des Kapitals der Gesellschaft.[1044] Erforderlich war ein Beschluss der Generalversammlung über dieselbe mit einfacher Mehrheit.[1045] Dieser Beschluss musste im Handelsregister veröffentlicht werden (vgl. Art. 248 Abs. 2 i.V.m. Art. 243 Abs. 1 ADHGB 1870). Des Weiteren wurde eine Herabsetzung des Grundkapitals als Teilliquidation der Gesellschaft verstanden. Zum Schutz der Gläubiger vor einer Ausschüttung des Vermögens der Gesellschaft musste deswegen ein dreimaliger Gläubigeraufruf erfolgen und eine zwölfmonatige Sperrfrist abgewartet werden (vgl. Artt. 243, 245 ADHGB 1870).[1046] Mit dem Aktiengesetz von 1884 wurde das Mehrheitserfordernis für den Beschluss der Generalversammlung auf drei Viertel angehoben, vgl. § 248 Abs. 1 ADHGB 1884. Dieser musste ebenfalls veröffentlicht werden (Art. 214 ADHGB 1884). In dem Beschluss mussten die Elemente der Rückzahlung von Aktien oder auch der Herabsetzung des Grundkapitals enthalten sein. Auch hieran ist zu sehen, dass der Gesetzgeber den Schutz der Gläubiger zuvorderst über gesetzliche Vorschriften zur Publizität erreichen wollte. Erst das Handelsgesetzbuch von 1897 gab die Unterscheidung zwischen der Rückzahlung von Einlagen und der Herabsetzung des Grundkapitals auf (vgl. Art. 288 Abs. 1 HGB 1897), auch wenn der Beschluss der Generalversammlung weiterhin den genauen Zweck der Maßnahme bestimmen musste. Sowohl der Herabsetzungsbeschluss (vgl. § 289 Abs. 1 HGB 1897) als auch seine Durchführung (§ 291 HGB 1897) mussten publiziert werden.

Wird das Kapital der Gesellschaft herabgesetzt, um eine Unterbilanz zu beseitigen und die Gesellschaft zu sanieren, so treten durch die Herabsetzung des Grundkapitals

---

1042 Dies ändert sich nach *Hirte*, Kapitalgesellschaftsrecht, 2006, S. 33 erst mit dem Börsengang der Deutschen Telekom 1996.

1043 Vgl. oben unter D.II.1.2.

1044 Vgl. *Bayer*, in: Bayer/Habersack (Hrsg.), Aktienrecht im Wandel, Bd. 2, S. 708, 722, m.w.N. Beispiele für nunmehr gesetzeswidrige Kapitalregelungen finden sich bei *Molle*, Die Lehre von den Aktiengesellschaften und den Commanditgesellschaften auf Aktien, 1875, S. 93 f.

1045 Siehe *Hirte*, in: Bayer/Habersack (Hrsg.), Aktienrecht im Wandel, Bd. 2, S. 827, 876.

1046 Entspricht den heutigen §§ 267, 272 AktG; hierzu auch ROHGE 24, 242, 246 ff.

selbst keine zusätzlichen Gefahren für die Gläubiger der Gesellschaft auf.[1047] Ist die wirtschaftliche Situation der Gesellschaft schon so schlecht, dass das Grundkapital betragsmäßig angegriffen ist, so ist das Haftungspolster für die Gläubiger sowieso schon verloren. Unter der Geltung des Handelsgesetzbuches war dies noch nicht anerkannt. Die Beseitigung einer Unterbilanz war zwar ebenso möglich, allerdings lediglich als Unterfall der ordentlichen Herabsetzung. Die Wirtschaftskrise von 1929 eröffnete das Bedürfnis nach einer vereinfachten Kapitalherabsetzung zu Sanierungszwecken.[1048] Die Notverordnung von 1931 führte die Möglichkeit einer vereinfachten Kapitalherabsetzung ein.[1049] Dementsprechend brachte das Aktiengesetz von 1937 Neuerungen, die auch heute noch weitgehend gelten. Insbesondere wurde die vereinfachte Kapitalherabsetzung zu Sanierungszwecken festgeschrieben.[1050] Die Kapitalherabsetzungsvorschriften wurden dreigeteilt: §§ 175–181 AktG 1937 regelte die ordentliche Kapitalherabsetzung, §§ 182 bis 191 AktG 1937 die vereinfachte Kapitalherabsetzung zu Sanierungszwecken und §§ 192 bis 194 AktG 1937 die Herabsetzung zur Einziehung. Da der Gläubigerschutzstandard der Liquidationsvorschriften für zu streng gehalten wurde, wurde der Schutz der Gläubiger durch die Regelungen der Liquidation in Fällen der Kapitalherabsetzung insgesamt aufgegeben.[1051] Die Sperrfrist zur Ausschüttung von Gesellschaftsvermögen wurde auf die heutigen sechs Monate verkürzt (vgl. § 178 Abs. 2 AktG 1937).[1052] Zur Beschleunigung des Herabsetzungsverfahrens war lediglich noch ein einziger Aufruf der Gläubiger der Aktiengesellschaft notwendig.[1053] Entsprechende Regelungen enthält auch das Aktiengesetz von

---

1047 *Hirte* spricht von geminderten Gefahren für die Gläubiger, vgl. *Hirte,* in: Bayer/Habersack (Hrsg.), Aktienrecht im Wandel, Bd. 2, S. 827, 877.

1048 Vgl. Fünfter Teil Kapital II Dritte Verordnung des Reichspräsidenten zur Sicherung von Wirtschaft und Finanzen und zur Bekämpfung politischer Ausschreitungen vom 6. Oktober 1931, RGBl. Teil 1, 1931, S. 537 ff. Die Geltung der Vorschriften wurde verlängert durch die Verordnung zur Durchführung der Vorschriften über die Kapitalherabsetzung in erlaubter Form vom 18. Februar 1932, RGBl. Teil 1, 1932, S. 75 ff. Zur sanierenden Kapitalherabsetzung auch ausführlich *K. Schmidt,* ZGR 1982, 519, 531.

1049 Fünfter Teil Kapital II Dritte Verordnung des Reichspräsidenten zur Sicherung von Wirtschaft und Finanzen und zur Bekämpfung politischer Ausschreitungen vom 6.19.1931, RGBl. Teil I, 1931, S. 537, 556; teilweise wurden §§ 275, 288, 289 HGB nicht mehr angewendet.

1050 Vgl. die Amtliche Begründung zum Aktiengesetz von 1937, abgedruckt bei *Klausing,* Gesetz über Aktiengesellschaften und Kommanditgesellschaften auf Aktien, 1937, S. 162; ebenso *K. Schmidt,* ZGR 1982, 519, 532.

1051 Vgl. die Amtliche Begründung zum Aktiengesetz von 1937, abgedruckt bei *Klausing,* Gesetz über Aktiengesellschaften und Kommanditgesellschaften auf Aktien, 1937, S. 162 ff.

1052 Heute ebenso in § 225 Abs. 2 AktG.

1053 Vgl. zu den weiteren Anpassungen ausführlich *Oechsler,* in: MünchKomm AktG, 2. Aufl., § 229 Rdz. 2.

1965.[1054] Die Umsetzung der Kapitalrichtlinie durch das Transformationsgesetz vom 13. Dezember 1978[1055] fügte lediglich in § 237 Abs. 2 AktG den heutigen Satz 2 ein, änderte indes nichts Grundlegendes. Die Herabsetzung des Grundkapitals beeinträchtigt die Gläubiger der Gesellschaft zwar nicht unmittelbar. Geht sie jedoch einher mit einer Ausschüttung von Gesellschaftsvermögen an die Aktionäre der Gesellschaft, so besteht das Risiko der Unterinvestition. Aus diesen Gründen enthält § 225 Abs. 1 AktG die Verpflichtung einer Sicherheitsleistung für Gläubiger, deren Forderungen vor Eintragung des Herabsetzungsbeschlusses begründet wurden (Abs. 1 S. 1 AktG), wenn diese sich innerhalb von sechs Monaten nach Aufruf melden und keinen Anspruch auf primäre Befriedigung ihrer Forderungen haben. Ausnahmen bestehen nur dort, wo diesen Gläubigern ein bevorzugtes Befriedigungsrecht, etwa aus einer überwachten Vermögensmasse[1056] oder einer ähnlichen Sicherung zukommt.[1057]

Bei einer Herabsetzung des Grundkapitals darf zudem dasselbe nicht unter das Mindestgrundkapital fallen.[1058] Auf eine Kenntnis der Gläubiger von der (bevorstehenden oder sogar schon beschlossenen) Kapitalherabsetzung kommt es nicht an. § 225 AktG schützt nicht ein etwaiges Vertrauen der jeweiligen Gläubiger auf die Höhe des gesellschaftlichen Haftungsvermögens. Ist das Rechtsverhältnis einmal begründet, kann der Gläubiger seine Risikosituation nicht mehr ändern. Deswegen darf die Gesellschaft auch nicht das Risiko ihres Gläubigers dadurch erhöhen, dass sie das gebundene Vermögen „entbindet" und damit eventuell sein Haftungsvermögen in Zukunft an die Gesellschafter ausgeschüttet wird.[1059] Damit wird der abstrakten Gefahr eines Vermögenstransfers von der Gesellschaft zu ihren Aktionären vorgebeugt. § 225 Abs. 1 S. 1, Abs. 2 S. 1 AktG ist daneben Schutzgesetz im Sinne des § 823 Abs. 2 Bürgerliches Gesetzbuch.[1060] Die Verwaltungsmitglieder haften bei Verstoß unmittelbar auf Schadensersatz. Die Aktiengesellschaft selbst haftet nach § 31 BGB und kann die Verwaltungsmitglieder nach §§ 93, 116 AktG in Regress neh-

---

1054 Vgl. den fortbestehenden Dreiklang zwischen ordentlicher, effektiver Kapitalherabsetzung (§§ 222–228 AktG), vereinfachter, nomineller Kapitalherabsetzung (§§ 229–236 AktG) und Herabsetzung zur Einziehung von Aktien (§§ 237–239 AktG).

1055 BGBl. Teil I, 1978, S. 1959 ff.

1056 Hierzu zählen u.a. Pfandbriefgläubiger im Verhältnis zu ihren Pfandbriefbanken (vgl. § 30 Pfandbriefgesetz) und Versicherungsnehmer im Verhältnis zu ihren Versicherungsgebern (vlg. § 77 VAG), vgl. *Oechsler*, in: MünchKomm AktG, § 225 Rdz. 27; ebenso *Hüffer*, Aktiengesetz, 2014, § 225 Rdz. 10.

1057 Entsprechende Gläubigerschutzvorschriften finden sich in den §§ 233, 303 AktG, 22 UmwG – auf diese soll daher nicht näher eingegangen werden.

1058 Ausnahmsweise ist auch eine Herabsetzung unterhalb des Mindestkapitals zulässig, wenn sofort anschließend dieses wieder auf einen Betrag oberhalb des Mindestgrundkapitals erhöht wird (sogenannter Kapitalschnitt), vgl. § 228 Abs. 1 AktG, Art. 34 S. 2 Kapitalrichtlinie, hierzu *Hüffer*, Aktiengesetz, 2014, § 228 Rdz. 2 m.w.N.

1059 *Lutter*, in: Kölner Kommentar AktG, 3. Aufl., § 225 Rdz. 10.

1060 Vgl. *Hüffer*, Aktiengesetz, 2014, § 225 Rdz. 18.

men. Auch bei der Einziehung von Aktien nach §§ 237 ff. AktG gelten die gleichen Regelungen zur Sicherung der Gläubiger.[1061] Eine Ausnahme hiervon kommt auch nach § 237 Abs. 3 AktG lediglich in Betracht, wenn keine Vermögensgefahr für die Gläubiger der Gesellschaft angenommen wird. Dies ist dann der Fall, wenn weder die Aktien durch die Gesellschaft unentgeltlich noch zu Lasten des Bilanzgewinns oder einer anderen Gewinnrücklage, die auch an die Aktionäre hätte ausgeschüttet werden können, erworben werden.

Bei der vereinfachten Kapitalherabsetzung zur Beseitigung einer Unterbilanz[1062] haben Gläubiger der Gesellschaft kein Recht auf Sicherheitsleistung. Dies ist konsequent, da die besondere (negative) Entwicklung der Aktiengesellschaft zuvor schon diejenigen Vermögenswerte aufgezehrt hat, die benötigt werden, um das Grundkapital auszufüllen. Gläubigerschutzbestimmungen finden sich in den §§ 229 ff. AktG. Es ist zu erwarten, dass das Phänomen einer Unterbilanz ohne gleichzeitige Überschuldung der Aktiengesellschaft[1063] abnimmt, je realitätsnäher die Aktiengesellschaft bilanziert und damit ihre stillen Reserven umso mehr aufgedeckt werden. Eine zusätzliche Gefahr für Gläubiger der Gesellschaft geht indes von den zukünftig vereinfacht möglichen Ausschüttungen an die Aktionäre der Gesellschaft aus.[1064] So ist zunächst einmal sicher zu stellen, dass Verluste voraussichtlich dauerhaft sind.[1065] Zum zweiten darf jedenfalls keine Ausschüttung von Gesellschaftsvermögen an die Aktionäre erfolgen. Dies stellt § 230 AktG klar. Eine Ausschüttung von Vermögen der Aktiengesellschaft an ihre Aktionäre und ebenso eine Befreiung von der Pflicht zur Einlageleistung kommt nicht in Betracht. Allerdings darf ein Betrag bis zur Höhe von 10 % der neuen Grundkapitalziffer in die Kapitalrücklage eingestellt und als Verlustpuffer in neuen Krisen der Gesellschaft verwendet werden, vgl. § 231 AktG.[1066] Durch die vermögensrechtliche Bindung dieser Rücklage nach § 150 AktG ist ihre Auflösung nur eingeschränkt zulässig, beispielsweise zur zukünftigen Erhöhung des Kapitals der Gesellschaft aus Gesellschaftsmitteln,[1067] zum Ausgleich eines Jahresfehlbetrages, der weder durch einen Gewinnvortrag noch durch aufzulösende Gewinnrücklagen gedeckt werden kann[1068]

1061 Der Gläubigerschutz bei der Kapitalherabsetzung zur Einziehung von Aktien nach § 237 Abs. 2 AktG, der Abwicklung der Aktiengesellschaft (§ 272 AktG), bei der Beendigung eines Beherrschungs- und Gewinnabführungsvertrags (§ 303 AktG), einer Eingliederung (§ 321 AktG) und einer Verschmelzung (§ 22 UmwG) ist ähnlich geregelt; vgl. *Hüffer*, Aktiengesetz, 2014, § 225 Rdz. 1.

1062 Vgl. *Hüffer*, Aktiengesetz, 2014, § 222 Rdz. 20.

1063 *Oechsler*, in: MünchKomm AktG, § 229 Rdz. 21.

1064 Vgl. *Oechsler*, in: MünchKomm AktG, § 229 Rdz. 5.

1065 *Oechsler*, in: MünchKomm AktG, § 229 Rdz. 22 m.w.N.; *Hüffer*, Aktiengesetz, 2014, § 229 Rdz. 7 f.

1066 Vgl. *Oechsler*, in: MünchKomm AktG, § 229 Rdz. 12.

1067 § 150 Abs. 4 S. 1 Nr. 3 AktG.

1068 § 150 Abs. 3 Nr. 1 AktG.

und zum Ausgleich eines nicht anderweitig gedeckten Verlustvortrags.[1069] Weitere Verwendungen sind lediglich dann zulässig, wenn die gesetzliche Rücklage und die Kapitalrücklage gemeinsam 10 % der neuen Grundkapitalziffer übersteigen. Die Satzung kann einen höheren Anteil festlegen.[1070]

Einen ergänzenden Schutz vor dem Vermögenstransfer der Aktiengesellschaft an ihre Aktionäre bietet § 232 AktG.[1071] Sollte sich die Kapitalherabsetzung als zu hoch erweisen, so dürfen auch im Jahr der Kapitalherabsetzung und auch in den nächsten zwei Jahren die freien Mittel nicht an die Aktionäre ausgeschüttet werden.[1072] Nach § 233 AktG ist auch innerhalb der nächsten fünf Jahre eine Ausschüttung an die Aktionäre lediglich dann möglich, wenn die gesetzliche Rücklage und Kapitalrücklage zusammen 10 % des herabgesetzten Grundkapitals erreichen.[1073] Eine Dividende von mehr als 4 % darf erst für ein Geschäftsjahr ausgeschüttet werden, das mehr als zwei Jahre nach der Beschlussfassung über die Kapitalherabsetzung beginnt.[1074]

Die gläubigerschützenden Regelungen der Kapitalherabsetzung und der vereinfachten Kapitalherabsetzung lassen sich unter das Paradigma des Verbots eines Rückgewähr von Einlagen an die Aktionäre zusammenfassen. Eine Ausschüttung von Gesellschaftsvermögen an die Aktionäre und damit die Gefahr der Unterinvestition soll unter allen Umständen vermieden werden. Entweder ist schutzbedürftigen Gläubigern Sicherheit zu leisten oder Ausschüttungen an die Aktionäre werden für einige Jahre insgesamt ausgeschlossen. Damit ergänzen die Regelungen zur Kapitalherabsetzung die Regelungen der oben diskutierten Finanzverfassung der Aktiengesellschaft. Weitere Gefahren für die Gläubiger der Aktiengesellschaft werden allerdings auch durch die Regelungen zur Kapitalherabsetzung nicht adressiert.

V. Durchbrechungen der Haftungsbeschränkung zugunsten der Gläubiger der Aktiengesellschaft

1. Allgemeine Durchbrechungen des Trennungsprinzips

Aktionäre haften den Gläubigern ihrer Aktiengesellschaft grundsätzlich nicht, auch denn nicht, wenn sie ihre Einlage noch schulden.[1075] Eine Außenhaftung der Ak-

1069 § 150 Abs. 3 Nr. 2 AktG.

1070 § 150 Abs. 4 Nr. 1 und Nr. 2 AktG.

1071 Ebenso BGHZ 119, 305, 324 (Klöckner); ebenso *Hüffer*, Aktiengesetz, 2014, § 232 Rdz. 1.

1072 Ein Beispiel können Verlustrückstellungen sein, die sich als unnötig erweisen oder Abschreibungen, die später rückgängig gemacht werden müssen, vgl. ausführlich *Hirte*, Kapitalgesellschaftsrecht, 2006, S. 331.

1073 Vgl. *Oechsler*, in: MünchKomm AktG, § 233 Rdz. 11.

1074 *Oechsler*, in: MünchKomm AktG, § 233 Rdz. 2.

1075 Vgl. zur Zusammenhang zwischen Haftungsbeschränkung und sogenanntem Haftungsdurchgriff ausführlich auch *Steffek*, Gläubigerschutz in der Kapitalgesellschaft, 2011, S. 772 ff. m.w.N.

tionäre[1076] gibt es – von den Regelungen des § 823 BGB abgesehen – im deutschen Recht nicht, lediglich eine – wenn auch beschränkte Innenhaftung[1077] der Aktionäre gegenüber der Aktiengesellschaft selbst. Aktionäre schulden der Aktiengesellschaft zunächst einmal nur ihre Einlage. Häufig wird daher formuliert, dass Aktionäre „nur in Höhe der Einlage haften" und damit lediglich beschränkt (sog. Grundsatz der beschränkten Haftung). Unter bestimmten Umständen kann dieser Grundsatz der beschränkten Haftung zugunsten von Gläubigern der Aktiengesellschaft allerdings durchbrochen werden.[1078] Hierbei geht es um Fälle, in denen neben die Gesellschaft, unter Umständen aber auch allein, der Aktionär als Schuldner tritt (sog. Haftungsdurchgriff). Dies ist selbstverständlich in allen Fällen der Fall, in denen der Aktionär selbst deliktisch handelt.[1079] Daneben gibt es gesetzliche Anordnungen von Gesamtschuldnerschaft wie zum Beispiel bei der Eingliederung: Nach § 322 AktG gilt die Haftungsbeschränkung nicht zu Lasten der Gläubiger einer eingegliederten Aktiengesellschaft (vgl. §§ 319 ff.). Die Hauptgesellschaft haftet ihnen gegenüber als Gesamtschuldnerin. Ausnahmevorschriften enthalten auch §§ 62 Abs. 2, 93 Abs. 5, 117 Abs. 5, 309 Abs. 4 S. 3, 317 AktG. Gläubiger können in Fällen von verbotenen Leistungen, Schadensersatzpflichten, Beherrschungsverträgen und im faktischen Konzern Ansprüche gegen Aktionäre und Organmitglieder gelten machen.[1080] Anerkannt ist ein Regel-Ausnahme-Verhältnis zwischen der Trennung der Vermögens von Aktiengesellschaften und Aktionären und einem Durchgriff der Gläubiger der Aktiengesellschaft auf das Vermögen der Aktionäre.[1081] Das Problem eines Durchgriffs ist kein spezifisch aktienrechtliches Problem, sondern kommt vor allem bei der GmbH vor.[1082] Fleischer stuft die Durchbrechungen des Grundkonzepts der beschränkten Haftung der Aktionäre als *legal transplant* aus US-amerikanischen Gesellschaftsrechtsordnungen ein (*piercing the corporate veil*[1083]).[1084] Dieser Begriff ist im vorliegenden Zusammenhang indes irreführend.[1085] Rechtsvergleichende Überlegungen des Gesetzgebers prägen das deutsche Aktienrecht von Anfang an. Es ist lediglich in den letzten Jahrzehnten

---

1076 Vgl. zu einer Außenhaftung wegen Gläubigerschädigung auch *Baums*, Eigenkapital: Begriff, Aufgaben, Sicherung, ZHR 175 (2011), 160, 203.

1077 Vgl. ausführlich zum Wechsel zur Innenhaftung als Tendenz modernen Gläubigerschutzes *Schall*, Kapitalgesellschaftsrechtlicher Gläubigerschutz, S. 220 ff.

1078 Zum Haftungsdurchgriff bei juristischen Personen vgl. *Drobnig*, Haftungsdurchgriff bei Kapitalgesellschaften, 1959, S. 25 ff.

1079 Beispielsweise nach §§ 823 ff. BGB, aber auch nach §§ 117, 317 AktG.

1080 Vgl. *Hüffer*, Aktiengesetz, 2014, § 1 Rdz. 9.

1081 *K. Schmidt*, Gesellschaftsrecht, 2002, § 9 I 1 a; *Hüffer*, Aktiengesetz, 2014, § 1 Rdz. 15.

1082 Vgl. *K. Schmidt*, Gesellschaftsrecht, 2002, § 9 I 2 a.

1083 Vgl. zur Rechtsfigur des *Lifting the Veil* zwischen Gläubigern und Aktionären im englischen Recht ausführlich *Gullifer/Payne*, Corporate Finance Law, 2011, S. 107.

1084 *Fleischer*, in: Doralt/Kalss (Hrsg.), Franz Klein – Vorreiter des modernen Aktien- und GmbH-Rechts, S. 115, 126.

1085 Vgl. *Schall*, Kapitalgesellschaftsrechtlicher Gläubigerschutz, 2009, S. 213 ff.

eine zunehmende Orientierung des deutschen Gesetzgebers an Rechtsinstituten aus US-amerikanischen Rechtsordnungen festzustellen.

Als Element des präventiven[1086] Gläubigerschutzes wird Haftungsdrohungen gegenüber Aktionären und auch der Geschäftsführung der Aktiengesellschaft präventive Wirkung zugesprochen.[1087] Diese sollen verhaltenssteuernd wirken und gewährleisten, dass die Beteiligten die Aktiengesellschaft mit hinreichendem Kapital ausstatten und eine Insolvenz der Gesellschaft möglichst vermeiden. Für *Merkt / Spindler* entspricht ein Durchgriff in bestimmten Fällen einem „elementaren Gerechtigkeitsempfinden".[1088] Einzelheiten zu den Voraussetzungen und der Konzeption der Durchgriffstatbestände sind überaus unklar.[1089] Paradigmen haben sich bisher keine herausgebildet. Die Rechtsprechung entscheidet fallabhängig und in der Literatur herrscht über die richtige dogmatische Grundlage Streit. Die in der Literatur verbreitete sogenannte Normzwecklehre[1090] trifft auf die ältere sogenannte Missbrauchslehre[1091]. Eine einheitliche dogmatische Grundlage eines Haftungsdurchgriffs existiert in Deutschland bislang nicht.[1092] Urteile ergehen zudem vorwiegend zum Recht der GmbH.[1093] Häufig werden fallgruppenbasiert die Fälle einer Vermögens- und Sphärenvermischung, der materiellen Unterkapitalisierung (die im Übrigen von der Rechtsprechung noch immer abgelehnt wird) und des individuellen Rechtsmissbrauchs getrennt.[1094] Eine Durchbrechung des Trennungsprinzip erfolgt vermehrt über die Anspruchsgrundlage des § 826 Bürgerliches Gesetzbuch.

Eine Vermögens- und Sphärenvermischung[1095] soll gegeben sein, wenn eine Abgrenzung zwischen Vermögen der Gesellschaft und Privatvermögen der Gesellschafter nicht mehr gegeben ist (beispielsweise aufgrund von unzureichender Rechnungslegung) und hierdurch die Beachtung von Vorschriften der Kapitalerhal-

---

1086 Vgl. zum Konzept des abstrakt-präventiven Gläubigerschutzes der Kapitalrichtlinie (a.a.O. Fn. 5) *Röhricht*, Gläubigerschutz im Spannungsverhältnis zwischen Gesellschafts-, Bilanz- und Insolvenzrecht, 2011, S. 58.

1087 Vgl. *Schäfer/Ott*, Lehrbuch der ökonomischen Analyse des Zivilrechts, 2005, S. 99, m.w.N.

1088 Siehe *Merkt/Spindler*, in: Lutter (Hrsg.), Das Kapital der Aktiengesellschaft in Europa, S. 207, 209, welche Möglichkeiten des Haftungsdurchgriffs in allen namhaften Gesellschaftsrechtsordnungen vorgefunden haben.

1089 Siehe schon *Drobnig*, Haftungsdurchgriff bei Kapitalgesellschaften, 1959; *Serick*, Rechtsform und Realität juristischer Personen, 1955; vgl. die ausführlichen Nachweise zum zeitgenössischen Schrifttum bei *Merkt/Spindler*, in: Lutter (Hrsg.), Das Kapital der Aktiengesellschaft in Europa, S. 207, 210 in Fn. 4.

1090 Begründet von *Müller-Freienfels*, AcP 156 (1957), 522 ff.

1091 Hierzu wegweisend *Serick*, Rechtsform und Realität juristischer Personen, 1955, S. 38, 203 ff.

1092 Vgl. *Heider*, in: MünchKomm AktG, § 1 Rdz. 46 f.

1093 *Reuter*, in: MünchKomm AktG, Vor § 21 Rdz. 19.

1094 Vgl. BGHZ 125, 366, 368 f.

1095 Vgl. ausführlich *Schall*, Kapitalgesellschaftsrechtlicher Gläubigerschutz, 2009, S. 241 m.w.N.

tung unkontrollierbar wird.[1096] Die Vermögensvermischung[1097] muss auch einem Gesellschafter zurechenbar sein. In einer großen Publikumsaktiengesellschaft – von dieser ging der historische Gesetzgeber aus – ist eine Vermögensvermischung selten bis nie so virulent, wie in einer kleinen GmbH.[1098] Eine Unterkapitalisierung der Gesellschaft[1099] liegt vor, wenn ihr Eigenkapital nicht ausreicht, um den für die angestrebte oder betriebene Geschäftstätigkeit erforderlichen mittel- oder langfristigen Kapitalbedarf zu decken.[1100] Eine Durchgriffshaftung wegen anfänglicher materieller Unterkapitalisierung von Kapitalgesellschaften wurde bislang durchgehend von der Rechtsprechung verneint.[1101] Auch in seinem Urteil zu diesem Themenkreis hat der Bundesgerichtshof eine Haftung der Gesellschafter für Verbindlichkeiten der betroffenen Beschäftigungs- und Qualifizierungsgesellschaft über den Betrag ihrer Einlageverbindlichkeiten hinaus abgelehnt.[1102] Einer allgemeinen Missbrauchshaftung auf Grundlage materieller Unterkapitalisierung wird weiterhin eine Absage erteilt, *Schall*[1103] hält sie „denklogisch" nicht ohne die vorherige Bestimmung von Kapitalisierungspflichten für denkbar.

Damit liegt nach geltendem deutschem Aktienrecht in einer anfänglichen materiellen Unterkapitalisierung keine Fallgruppe des existenzvernichtenden Eingriffs, der nach § 826 BGB zu Ersatzansprüchen führen kann.[1104] Sonstige Durchgriffsansprüche bestehen nicht.[1105] Es besteht keine Pflicht der Gesellschafter, fehlendes Kapital in die Aktiengesellschaft nachzuschießen.[1106] Ein Durchgriff der Gläubiger auf die Aktionäre der Aktiengesellschaft wegen Rechtsformmissbrauchs wäre prinzipiell möglich, wenn die Gesellschaft lediglich zu dem Zweck gegründet wurde, die Gläubiger der Gesellschaft zu benachteiligen oder auch in Fällen der Vermögensvermengung (siehe soeben). Das wird allerdings im Recht der Aktiengesellschaft eher

---

1096 Siehe für das Recht der GmbH BGHZ 95, 330, 334.

1097 Siehe ausführlich auch *Steffek*, Gläubigerschutz in der Kapitalgesellschaft, 2011, S. 829 ff. m.w.N.

1098 Vgl. wiederum für die GmbH BGHZ 125, 366, 368 f.

1099 Vgl. ausführlich *Schall*, Kapitalgesellschaftsrechtlicher Gläubigerschutz, 2009, S. 241 f. m.w.N.

1100 *Ulmer*, in: Hachenburg (Hrsg.), GmbHG, 8. Aufl. 1992, Anhang § 30 Rdz. 16.

1101 BGH, Urteil vom 5. April 1977, BGHZ 68, 312–323 (Typenhaus) zum Haftungsdurchgriff im Recht der GmbH bei materieller Unterkapitalisierung.

1102 BGH, Urteil vom 28. April 2008, BGHZ 176, 204–221 (Gamma).

1103 *Schall*, Kapitalgesellschaftsrechtlicher Gläubigerschutz, 2009, S. 243.

1104 Zum Gläubigerschutz im Recht der GmbH bei materieller Unterkapitalisierung vgl. *Doralt*, WiPolBl Beilage 1 (1974), 23 ff.

1105 Auch wenn prinzipiell ein Durchgriff nach § 826 BGB unter den allgemeinen Anforderungen auch in Fällen der Unterkapitalisierung nicht von vornherein ausgeschlossen werden kann, beispielsweise bei einer gezielten Gläubigertäuschung zum Zweck der Selbstbereicherung.

1106 *Merkt/Spindler*, in: Lutter (Hrsg.), Das Kapital der Aktiengesellschaft in Europa, S. 207, 215.

nicht der Fall sein.[1107] Ein Durchgriff auf Aktionäre der Gesellschaft ist insgesamt nach Maßgabe des sogenannten existenzvernichtenden Eingriffs als Unterfall des § 826 Bürgerliches Gesetzbuch denkbar.[1108] Während eines Insolvenzverfahrens kann kein Anspruch aus einem existenzvernichtenden Eingriff geltend gemacht werden.[1109] Die Grundsätze der Rechtsprechung befinden sich im Fluss. Der Gesetzgeber hat sich Fällen des Durchgriffs bislang außerhalb des Konzernrechts (noch) nicht angenommen. Die oben erwähnten möglichen Fälle eines Durchgriffs in der Rechtsprechung betreffen vor allem die GmbH und nicht das Recht der Aktiengesellschaft. Paradigmen, die eine Bewertung des durch sie gewährten Gläubigerschutzes ermöglichen, haben sich zur Aktiengesellschaft noch nicht herausgebildet und können deswegen hier nicht weiter diskutiert werden. Nach *Schall*[1110] können Durchgriffskonzepte wegen Rechtsmissbrauchs nur in ganz eindeutigen Fällen eine Rolle spielen, wo es um den „groben Fehlgebrauch der Haftungsbeschränkung" geht. Dem ist zu folgen.

2. Durchgriffsmöglichkeiten für Deliktsgläubiger?

Der Grundsatz der beschränkten Haftung der Aktionäre für Verbindlichkeiten ihrer Aktiengesellschaften gilt grundsätzlich auch für Schadensersatzforderungen gegen die Aktiengesellschaft aus deliktischen Ansprüchen.[1111] Durch die Verteilung des Geschäftsrisikos der Aktiengesellschaft zwischen Aktionären und Gläubigern der Gesellschaft (siehe oben unter C.II.1.) sollen Aktionäre dazu angehalten werden, auch wirtschaftliche Risiken in der Hoffnung auf Gewinne einzugehen. Auch wenn zwischen Aktionären und Gläubigern der Aktiengesellschaft ein Stufenverhältnis in der Risikotragungslast besteht,[1112] tragen die Gläubiger der Aktiengesellschaft einen Teil ihres Geschäftsrisikos mit. Deliktsgläubiger sind besonders schutzbedürftig. Sie können vor dem Entstehen ihrer Forderung gegen die Aktiengesellschaft keine vertraglichen Schutzabreden vereinbaren und haben so keine Möglichkeit des präventiven Selbstschutzes. Ist der Schädiger nicht eine haftungsbeschränkte

---

1107 So BGH, NJW-RR 1988, 1181, 1182, in dem Fall einer GmbH, die nur gegründet wurde, um die Entstehung von Arbeitsverhältnissen mit dem tatsächlichen Arbeitgeber zu umgehen.

1108 Siehe *Merkt/Spindler*, in: Lutter (Hrsg.), Das Kapital der Aktiengesellschaft in Europa, S. 207, 218 f

1109 Vgl. BGH, NJW 2001, 3702, 3703; vgl. mit einem Rechtsvergleich zur Figur des Durchgriffs bei juristischen Personen und der amerikanischen Lehre vom *disregard of legal entity Serick*, Rechtsform und Realität juristischer Personen, 1955.

1110 Vgl. *Schall*, Kapitalgesellschaftsrechtlicher Gläubigerschutz, 2009, S. 240 ff., 323, der „Waschkorbanlagen, fraudulöse Aschenputtel- oder Stafettenkonstruktionen" oder willenlose Strohmänner als Beispiele anführt.

1111 Vgl. ausführlich zur Durchgriffshaftung gegen Gesellschafter *Schall*, Kapitalgesellschaftsrechtlicher Gläubigerschutz, 2009, S. 213 ff.

1112 Vgl. ausführlich oben unter C.II.1.b.

Kapitalgesellschaft, gilt dies zwar ebenso – allerdings haftet dieser grundsätzlich zeitlich und betragsmäßig unbegrenzt, sieht man von der Möglichkeit der Restschuldbefreiung nach einer Privatinsolvenz bei Privatleuten ab.

Ist die Haftung der Aktionäre – wie nach geltender Rechtslage im Aktienrecht – auf ihre Einlage beschränkt, können Aktionäre auf Kosten der (zukünftigen) Deliktsgläubiger der Aktiengesellschaft spekulieren. Hierbei ist lediglich der Fall zu betrachten, dass ein Unternehmen seine Kosten durch (deliktische) Schädigung Dritter – beispielsweise durch Umweltschädigungen „externalisiert", ohne über hinreichende Haftungsmasse zu verfügen.[1113] Nicht gemeint ist der Fall, dass lediglich das Eigenkapital der Gesellschaft (aufgrund der Spekulation der Geschäftsführung oder durch unvorteilhafte Geschäfte im normalen Geschäftsverkehr) verloren geht, da sich hier das Risiko eines Gläubigers der Gesellschaft nicht von dem einer vermögenden Privatperson unterscheidet. Für Unternehmer besteht ein Anreiz, ihre risikoreichen Aktivitäten in Kapitalgesellschaften mit beschränkter Haftung zu konzentrieren. Deliktsverbindlichkeiten von Unternehmen können sich heutzutage auf horrende Summen belaufen: Aus der Vergangenheit sind vor allem die Asbesthaftungsfälle des vergangenen Jahrhunderts zu nennen. Die daraus resultierenden Schadenersatzpflichten der Gesellschaften führten in den USA zur Insolvenz einiger großer Asbestgesellschaften.[1114] Aus den 60er Jahren des letzten Jahrhunderts sind in Deutschland die *Conterganfälle* bekannt.[1115] In Hinblick auf die Verwendung moderner Technologien lassen sich problemlos weitere Anwendungsfälle konstruieren: Gentechnisch veränderte Pflanzenarten, lebensverlängernde Nanotechnologie, *gene enhancing* oder auch einfach immer größer werdende Ozeandampfer, die giftige Abfälle über den Globus transportieren. Das Aktienrecht ermöglicht es Gesellschaften grundsätzlich, ihre diesbezüglichen Risiken auszulagern.

Um die Externalisierung von Gesellschaftsrisiken zulasten der Deliktsgläubiger der Aktiengesellschaft zu beschränken, rücken in den USA hohe sogenannte *punitive damages* gegen Tabakkonzerne, Asbestgesellschaften, Pestizidhersteller, etc. die Möglichkeit einer Insolvenz der Gesellschaften auf Grund von Deliktsverbindlichkeiten in den Fokus der Wissenschaft. So wird vorgeschlagen, innerhalb von *corporate groups* die beschränkte Haftung der Aktionäre für Verbindlichkeiten der Aktiengesellschaft abzuschaffen, wenigstens den kontrollierenden Aktionär persönlich heranzuziehen oder auch Geschäftsleiter börsennotierter Aktiengesell-

---

1113 Vgl. zur Externalisierung von Risiken *Tasma*, Leveraged Buyout und Gläubigerschutz, 2012, S. 80 ff. m.w.N. und Beispielen.

1114 *Hansmann/Kraakman*, 100 Yale Law Journal 1991, 1879, 1895 spricht von elf.

1115 Das Pharmaunternehmen Grünenthal hatte zwischen 1957 bis 1961 das Beruhigungsmittel Contergan vertrieben, das zur Schädigung von ca. 5.000 Kindern in Deutschland führte. In der Folgezeit zahlte Grünenthal insgesamt DM 114 Millionen zum Ausgleich der Schäden in eine Stiftung ein, vgl. Auskünfte auf der Homepage von *Grünenthal*, vgl. www.contergan.grunenthal.info (zuletzt abgerufen am 15. Juli 2015).

schaften persönlich haftbar zu machen.[1116] *Hansmann / Kraakman* erwägen, die beschränkte Haftung von Aktionären für Deliktsverbindlichkeiten ihrer Aktiengesellschaft aufzuheben und eine subsidiäre *pro rata* Haftung aller Aktionäre für Deliktsverbindlichkeiten anzuordnen.[1117] Die Haftung solle zeitlich dann ansetzen, wenn entweder die entsprechende(n) Klage(n) der Deliktsgläubiger anhängig ist / sind, die Geschäftsführung mit hoher Sicherheit davon ausgehen muss, dass solche Klagen anhängig gemacht werden oder wenn die Gesellschaft ohne einen Rechtsnachfolger aufgelöst wird. Im letzteren Fall gilt in Deutschland das Prinzip der Nachhaftung der Gesellschaft. Allerdings entstehen Schäden aus z. B. Umweltbelastungen häufig deutlich zeitverzögert. *Hansmann / Kraakman* erwarten, dass eine Aufhebung der beschränkten Haftung in diesem Bereich zu einem großen Angebot an Versicherungsmöglichkeiten auch für Kleinanleger führen würde. Der Aktienpreis würde diese Kosten dann zwar auch reflektieren – allerdings wäre das Risiko dann nicht von den Deliktsgläubigern oder / und der Gesamtgesellschaft zu tragen. Die *pro-rata*-Haftung der Aktionäre für Deliktsverbindlichkeiten stehe einem funktionierenden Kapitalmarkt und Aktienhandel nicht entgegen.[1118]

Für diese Schlussfolgerung lassen sich geschichtliche Belege finden. Funktionierende Kapitalmärkte haben sich schon vor der Beschränkung der Haftung der Aktionäre von Aktiengesellschaften in Europa entwickelt. In Großbritannien war es vor 1844 produzierenden Gesellschaften (fast) unmöglich, inkorporiert zu werden und so eine Haftungsbeschränkung der „Aktionäre“ zu erreichen. Trotzdem existierten 1844 schon über 1.000 Aktiengesellschaften in Großbritannien. Zwischen 1844 und 1855 war eine Inkorporation der Aktiengesellschaften möglich, allerdings unterlagen ihre Aktionäre einer unbeschränkten Haftung. Eine beschränkte Haftung der Aktionäre wurde 1855 eingeführt. In den USA war es zwar schon zu Beginn des 19. Jahrhunderts in den meisten Staaten möglich, eine beschränkte Haftung der Aktionäre zu erreichen. Allerdings schienen Staaten wie Massachusetts (1830) und Rhode Island (1849), die eine solche erst später einführten, keine sonderlichen Wettbewerbsnachteile davon zu tragen. In Kalifornien unterlagen Aktionäre sowohl in- als auch ausländischer Gesellschaften einer *pro rata* Haftung für Verbindlichkeiten der Gesellschaft bis 1931. Eine andere Lösungsmöglichkeit des Problems von Deliktsgläubigern hat in der Russischen Föderation Eingang in die Gesetze gefunden. Deliktsgläubiger der Aktiengesellschaft sind in der Insolvenz der Gesellschaft vor (ungesicherten) Vertragsgläubigern zu befriedigen.[1119]

1116 Siehe *Hansmann/Kraakman,* 100 Yale Law Journal 1991, 1879, 1880 in Fn. 1.

1117 Vgl. ausführlich zur Begründung *Hansmann/Kraakman,* 89 Georgia Law Review 2001, 439, 466.

1118 Vgl. *Hansmann/Kraakman u.a.,* 119 Harvard Law Review 2006, 1335, 1350. Diese halten allerdings den Schutz des Vermögens der Gesellschaft vor den Gläubigern ihrer Aktionäre (sog. entity shielding) für unabdingbar für einen funktionierenden Kapitalmarkt.

1119 Vgl. zum Ganzen *Hansmann/Kraakman,* 89 Georgia Law Review 2001, 439, 466, und auch *Hansmann/Kraakman u.a.,* 119 Harvard Law Review 2006, 1335, 1350.

Historisch lassen sich für eine Gleichbehandlung von Vertragsgläubigern mit Deliktsgläubigern, die unter Gläubigerschutzaspekten inhaltlich nicht gerechtfertigt ist, zwei Gründe anführen: Erstens wurde historisch nicht trennscharf zwischen vertraglichen und deliktischen Schadensersatzansprüchen unterschieden. Mit der Einführung der beschränkten Haftung für die Aktionäre der Aktiengesellschaft wurde diese unbewusst auch auf die deliktischen Ansprüche der Deliktsgläubiger erstreckt. Durch die Pfadabhängigkeit gesellschaftsrechtlicher Paradigmen und den mangelnden Druck zu einem Paradigmenwechsel (siehe sogleich) hat sich diese Gleichbehandlung bis heute fortgesetzt. Zweitens ist durch das Phänomen von Massenklagen und hohe Schadensersatzsummen für deliktische Schäden besonders in den USA erst in den letzten Jahren vermehrt das Deliktsrecht in den Fokus der Öffentlichkeit gerückt.[1120]

Lösungsvorschläge angesichts der besonderen Schutzbedürftigkeit der Deliktsgläubiger von Aktiengesellschaften Rechnung zu tragen, können an mehreren Punkten ansetzen. Entweder der Gesetzgeber versucht sicherzustellen, dass der Gesellschaft jedenfalls genügend finanzielle Mittel zur Verfügung stehen, um ihre Deliktsgläubiger zu bezahlen. Festgesetzte Versicherungssummen für risikoreiche Geschäfte, höhere Kapitalisierungsanforderungen wie im Recht der Kreditinstitute oder eine persönliche Haftung der Geschäftsführer würden den Schutz für Deliktsgläubiger erhöhen[1121] – allerdings um den Preis der Inflexibilität. Deliktsgläubigern könnten in der Insolvenz der Aktiengesellschaft eine vorrangige Befriedigungsmöglichkeit vor den Vertragsgläubigern eingeräumt werden. Die präventive Überwachung der Aktiengesellschaft würde dann von verhandlungsmächtigen Vertragsgläubigern übernommen, die nicht durch eine Verringerung ihrer Befriedigungsquote für Deliktsverbindlichkeiten der Aktiengesellschaft einstehen wollten.

Ein Paradigmenwechsel und damit eine Wiedereinführung der Haftung der Aktionäre einer Aktiengesellschaft – sei es auch *pro rata* und subsidiär zur Verpflichtung der Aktiengesellschaft – wird aller Voraussicht nach in Bälde nicht stattfinden. Innerer oder äußerer Druck auf den deutschen Gesetzgeber zur Überwindung der Paradigmenstabilität ist nicht ersichtlich. Weder Markt noch Politik engagieren sich für die Sonderrolle von Deliktsgläubigern im Aktienrecht. Eine Interessenvertretung potentieller Deliktsgläubiger gibt es naturgemäß nicht.[1122] Durchsetzungsprobleme einer über die Einlageverpflichtung hinausgehenden Haftung der Aktionäre lassen dem deutschen Gesetzgeber einen Paradigmenwechsel wenig attraktiv erscheinen. Angesichts der Schwierigkeiten, die Konsequenzen eines Paradigmenwechsels vorab zu bestimmen, kann dem deutschen Gesetzgeber auch ein solcher – obwohl zum Schutz der Deliktsgläubiger denkbar – nicht angeraten werden.

1120 Ebenso *Hansmann/Kraakman*, 100 Yale Law Journal 1991, 1879, 1925.

1121 Vgl. beispielsweise CERCLA im amerikanischen Umweltrecht. Nach diesem müssen Unternehmen der Sondermüllindustrie ein Mindestniveau an Vermögensgegenständen aufweisen oder eine Versicherung für Schäden abschließen. Gleichzeitig besteht eine Haftung von Betreibern und Eigentümern.

1122 *Hansmann/Kraakman*, 89 Georgia Law Review 2001, 439, 467.

E. Die Funktionsfähigkeit des aktienrechtlichen Gläubigerschutzsystems

Die Reform des Kapitalschutzregimes im Aktienrecht ist über die fortwährende Wirtschaftskrise der letzten Jahre zwar zurückgetreten, stellt sich jedoch inhaltlich mit derselben Dringlichkeit. Die Zukunftsfähigkeit der deutschen Aktiengesellschaft muss durch den deutschen Gesetzgeber (auch) in Zukunft sichergestellt werden.[1123] Hierbei sind neben der politischen Zielsetzung des deutschen Gesetzgebers, für Investoren möglichst attraktive Gesellschaftsrechtsmodelle anzubieten, Risiken für Gläubiger der Gesellschaft zu berücksichtigen.[1124]

1. Paradigmen und Paradigmenwechsel im deutschen Aktienrecht

Die geschichtliche Entwicklung des deutschen Gläubigerschutzsystems im Aktienrecht wurde im Rahmen dieser Arbeit nicht nur beschrieben als eine Ansammlung von Fakten, Daten und Zahlen eingebettet in den sozio-ökonomischen Hintergrund und die politische Historie der jeweiligen Zeit, sondern auch theoretisch als ein komplexes Gebilde aus ineinander greifenden Regeln und Normen, das sich über die Zeit entwickelt hat. Als Einstieg in die Untersuchung der geschichtlichen Entwicklung des Gläubigerschutzsystems im Aktienrecht wurde daher die von *Mark J. Roe* 1996 vorgestellte Synthese aus Chaostheorie, Pfadabhängigkeit und Evolutionswissenschaft zur Erklärung der Entwicklung juristischer Normen herangezogen[1125] und es wurden Bedingungen für gesellschaftsrechtliche *Paradigmen* und *Paradigmenwechsel* im deutschen aktienrechtlichen Gläubigerschutzsystem definiert.[1126] Hierbei wurde gezeigt, dass die historische *Entstehung* gläubigerschützender Rechtsinstitute des Aktienrechts von den tatsächlichen Ausgangsbedingungen in der jeweiligen Rechtsgemeinschaft abhängt, die zum Zeitpunkt der Entstehung eines Rechtsinstituts herrschten. Die Ausführungen zur geschichtlichen Ausprägung als gläubigerschützend begriffener Rechtsinstitute[1127] haben gezeigt, dass diese Bedingungen solchen politischen und wirtschaftlichen Unwägbarkeiten unterlagen, dass ihre Auswir-

---

1123 Vgl. zur Notwendigkeit eines gesetzlichen Gläubigerschutzsystems oben unter C.III.

1124 Vgl. z.B. die Forderungen nach einem „Finanzplatz Deutschland", zum Beispiel bei v. Schimmelmann/Franke (Hrsg.), Finanzplatz Deutschland, 2006.

1125 Siehe *Roe,* 109 Harvard Law Review 1996, 641 ff.; zu Pfadabhängigkeiten im Gesellschaftsrecht noch einmal ausführlich *Bebchuk/Roe,* 52 Stanford Law Review 1999, 127 ff.

1126 Vgl. oben unter B.

1127 Vgl. oben unter D.

kungen vom historischen Gesetzgeber oftmals nicht vorhergesehen wurden.[1128] Vor dem Hintergrund der Entwicklungsgeschichte könnten auch früher einmal bestehenden Lösungen für Gläubigerschutzprobleme, die einen früheren Rechtsreformprozess nicht überlebt haben, daher theoretisch für die sich stellenden Gläubigerschutzprobleme (gleich) gut geeignete Lösungen bieten.[1129] Das Konzept der Pfadabhängigkeit wurde im Folgenden als Erklärungsmodell für die Frage eingesetzt, aus welchen historischen Entwicklungslinien sich die heute bestehenden gläubigerschützenden Rechtsinstitute des deutschen Aktienrechts entwickelt haben. Die heutigen aktienrechtlichen Rechtsinstitute wurden vor diesem Hintergrund als rechtliche Paradigmen beschrieben und etwaige Paradigmenwechsel definiert.[1130] Gläubigerschützende Paradigmen im Aktienrecht finden sich vor allem in den Regelungen zur Finanzverfassung der Aktiengesellschaft[1131] und in dem ausgefeilten System der Rechnungslegung, das sich parallel zum Recht der Aktiengesellschaft entwickelt hat.[1132]

Einzelne (Wirtschafts-)Krisen gaben in der Geschichte des deutschen Aktienrechts den Anstoß, die aktienrechtlichen Regelungen zu überarbeiten. Beispielsweise war die Einführung eines gesetzlichen Mindestkapitals im Aktienrecht 1923 unmittelbar eine Reaktion des Gesetzgebers auf den Missbrauch der Rechtsform der Aktiengesellschaft durch unsolide Gründer zu dieser Zeit.[1133] Als Beispiele für diese Rechtsentwicklung können auch die große Aktienrechtsreform von 1884 und

1128 Die Einführung eines Mindestnennkapitals im Recht der GmbH Anfang des letzten Jahrhunderts führte zu einer „Flucht" unseriöser Unternehmensgründer in die Aktiengesellschaft. Auch daraus resultierten in der Wirtschaftskrise der Weimarer Republik große Verlusten von Gläubigern und Aktionären dieser Gesellschaften, vgl. näher zur Entwicklung des Aktienrechts in der Weimarer Republik *Nörr*, *ZHR* 150 (1986), 155 ff. m.w.N.

1129 Siehe zum Ganzen ausführlich und mit Beispielen *Roe*, 109 Harvard Law Review 1996, 641 ff. und die Diskussion oben unter B.III.2.1; vgl. zu aktuellen Reformvorhaben auf europäischer Ebene *Schmidt*, Neuere Entwicklungen im Europäischen Gesellschaftsrecht, in: VGR (Hrsg.), Gesellschaftsrecht in der Diskussion 2014, 2015, S. 25 ff.

1130 Vgl. *Heine*, Regulierungswettbewerb im Gesellschaftsrecht, 2003, S. 208 ff., 223 ff. m.w.N.; vgl. auch *Spindler*, in: Bayer/Habersack (Hrsg.), Aktienrecht im Wandel, Bd. 2, S. 995, 1005 zur historischen Bedeutung von Paradigmenwechsel.

1131 Vgl. oben unter D.II.

1132 Das Bilanzrecht hat sich geschichtlich als Teil des Aktienrechts entwickelt und wurde erst im letzten Jahrhundert auch auf andere Gesellschaftsformen ausgedehnt, vgl. ausführlich *Barth*, Die Entwicklung des deutschen Bilanzrechts und die ihm zugrundeliegenden Bilanzauffassungen handelsrechtlich und steuerrechtlich, 1955.

1133 Siehe zur Einführung eines Mindestnennkapitals in das Recht der Aktiengesellschaft ausführlich unter D.II.1.3.1. Vgl. ebenso *Krüger*, Mindestkapital und Gläubigerschutz, 2005 und *Thieme*, Auswirkungen einer Veränderung der Mindeststammkapitalziffer im Spiegel der gesellschaftsrechtlichen Praxis, 2013, S. 5 m.w.N.

die Notverordnungen von 1931 aufgezählt werden.[1134] Die Pfadabhängigkeit gesellschaftsrechtlicher Paradigmen und die daraus resultierende Stabilität aktienrechtlicher Rechtsinstitute bewirkten, dass es lediglich mit zeitlichen Verzögerungen zu einer Anpassung der Rechtsinstitute an die geänderte Rechtswirklichkeit kam.[1135] Aus Sicht der Rechtsentwicklung wirkten daher wirtschaftliche Skandale und Krisen als Katalysatoren, die die Beharrungskräfte gesellschaftsrechtlicher Paradigmen überwinden halfen.

2. Gläubigergruppen und Gläubigerrisiken

Des Weiteren wurden die spezifischen strukturellen Gefahren herausgearbeitet, die Gläubigern einer haftungsbeschränkten Kapitalgesellschaft typischerweise drohen.[1136] Hierbei wurde unterschieden zwischen *(verhandlungsmächtigen) Vertragsgläubigern* der Aktiengesellschaft und *(nicht verhandlungsmächtigen) Klein- und Deliktsgläubigern*, die sich selbstständig keinen – über das gesetzliche Niveau herausgehenden – Schutz erhandeln können oder wollen (was bei Deliktsgläubigern in der Natur der Sache, bei Vertragsgläubigern entweder in der ungleichen Verhandlungsstärke der Vertragsparteien oder in unverhältnismäßigen Informations- und Transaktionskosten begründet liegt).[1137] Das heutige deutsche Gläubigerschutzsystem im Aktienrecht differenziert nicht zwischen den verschiedenen Gruppen von Gläubigern und damit auch nicht zwischen (verhandlungsmächtigen) Vertrags- und (nicht verhandlungsmächtigen) Klein- und Deliktsgläubigern.[1138] Auch historisch wurde in Deutschland nicht zwischen unterschiedlichen Gläubigergruppen differenziert, auch nicht nach ihrer jeweiligen Schutzbedürftigkeit. Die (Nicht-)Einteilung durch den deutschen Gesetzgeber steht somit zwar in einer stringenten Tradition. Es ist jedoch für die Zukunft zu überlegen, ob hier nicht ein Ansatzpunkt für eine Reform des Gläubigerschutzregimes zu finden ist.

Ein umfassendes gesetzliches Gläubigerschutzsystem müsste alle oben unter C.II. identifizierten Gläubigerschutzrisiken im Aktienrecht adressieren. Es ist nach Meinung der Verfasserin ein unabdingbares Element einer Gesellschaftsform mit beschränkter Haftung, dass die Gesellschaftsgläubiger einen Teil des Geschäftsrisikos der Gesellschaft mittragen. Das allgemeine Geschäfts- und Insolvenzrisiko aus der ordentlichen Geschäftstätigkeit, also das Risiko unvermeidbarer Verluste bei vollständig ordnungsgemäßer Geschäftsführung (*residual loss),* wurde daher

1134 Vgl. ausführlich oben unter D.I.2, D.II.1.1 und D.II.1.3.

1135 Vgl. *Ribstein,* 40 Hous. L. Rev. 2003, 77, 78.

1136 Vgl. oben unter C. und insbesondere unter C.II.

1137 Vgl. zu Einstufung und Behandlung ausführlich *Gullifer/Payne*, Corporate Finance Law, 2011, S. 154 ff. und zum englischen Recht.

1138 Um lediglich die (meist kleine) Zahl der Deliktsgläubiger zu schützen, wäre jedenfalls ein so ausgefeiltes System wie das deutsche Kapitalerhaltungsregime nicht nötig, vgl. *Kuhner,* ZGR 2005, 753, 761.

ausgeklammert. Das heutige deutsche Aktienrecht wird – wie bei der jeweiligen Bearbeitung der im Allgemeinen als gläubigerschützend verstandenen Paradigmen in ihrer historischen Entwicklung in Abschnitt D. gezeigt – dieser Aufgabe lediglich in Teilen gerecht.

2.1 Das Risiko vorvertraglicher Informationsasymmetrien und anfänglicher materieller Unterinvestition

Es wurden zunächst *vorvertragliche Informationsasymmetrien*[1139] als aktiengesellschaftsspezifische Gefahr identifiziert. Liegen diese vor, treffen (spätere) Gläubiger der Aktiengesellschaft auf der Grundlage falscher oder unvollständiger Informationen eine Investitionsentscheidung in die Aktiengesellschaft. Da sie als Gläubiger der Gesellschaft deren Geschäfts- und Insolvenzrisiko zum Teil mittragen, investieren sie im Falle vorvertraglicher Informationsasymmetrien unter falschen Voraussetzungen in die Aktiengesellschaft. Sie setzen sich somit der Gefahr eines Verlustes ihrer Forderung gegen die Aktiengesellschaft unter falschen oder unvollständigen Annahmen aus.[1140] In diese Risikokategorie fallen insbesondere Fälle der anfänglichen *materiellen Unterkapitalisierung*. Wird die Aktiengesellschaft von ihren Gründern nicht mit genügend Eigenkapital für den Betrieb der Unternehmung ausgestattet, so steigt die Insolvenzwahrscheinlichkeit der Gesellschaft über das normale Maß des Geschäftsrisikos hinaus an.

Zwingende Standards, wie beispielsweise das Prinzip der Satzungsstenge, ersparen Informationskosten der Gläubiger, als sie sich um Besonderheiten gerade ihrer Schuldnerin, der Aktiengesellschaft, nicht im Detail zu kümmern brauchen. Vorvertragliche Informationsasymmetrien werden durch Standardisierung minimiert oder sogar vollständig beseitigt. Die Entstehung des *Paradigmas der Satzungsstrenge* im deutschen Aktienrecht kann als ein Paradebeispiel einer Regelung gelten, die eher zufällig entstand, sich im Laufe der Zeit pfadabhängig entwickelte und heute ungeahnte rechtliche Konsequenzen im Recht der Aktiengesellschaft zeitigt.[1141]

Die Regelungen des französischen Code de Commerce von 1807 enthielten erstmals generell abstrakte aktienrechtliche Bestimmungen zur Konzession (Einzelgenehmigung) von Aktiengesellschaften.[1142] Dieses wurde zunächst 1838

1139 Vgl. *Funke*, Gläubigerschutz durch Information im Recht der Aktiengesellschaft, 2011, S. 98 ff.

1140 Vgl. auch ausführlich zum Problem asymmetrischer Information zwischen Gläubigern als Fremdkapitalgebern und der Gesellschaft *Servatius*, Gläubigereinfluss durch Covenants, 2008, S. 51 ff.

1141 Nach *Spindler*, in: Bayer/Habersack (Hrsg.), Aktienrecht im Wandel, Bd. 2, S. 995, 998 war sich das deutsche Recht der Tragweite seiner Weichenstellungen nicht bewusst. Vgl. ebenso auch *Hirte*, in: Lutter/Wiedemann (Hrsg.), Gestaltungsfreiheit im Gesellschaftsrecht, S. 61 ff.

1142 Vgl. Artt. 19, 29–37, 40 und 45 des Code de Commerce, siehe die deutsche Übersetzung in Anlage 4 bei *Bösselmann*, Die Entwicklung des deutschen Aktienwesens

in das preußische Gesetz über die Eisenbahnunternehmungen und dann 1843 in das Gesetz über Aktiengesellschaften übernommen.[1143] Grund für den Wechsel vom Octroi- zum Konzessionssystem war, dass die bisher vergebenen Octroi keine genügende Sicherheit gegen Missbräuche entweder durch Monopolbildung oder durch die Gefährdung von sowohl Anleger- als auch Gläubigerinteressen boten.[1144] Die Bedingungen, die Voraussetzung einer Erteilung einer Konzession waren, waren nicht in den genannten Gesetzen selbst zu finden, sondern in Sonderinstruktionen der Ministerialbürokratie.[1145] Das System von Konzessionspflicht kombiniert mit den Anforderungen der Sonderinstruktionen (die sogenannten Normativbestimmungen) wurde auch in das Allgemeine Deutsche Handelsgesetzbuch (ADHGB) übernommen.[1146] Hiernach oblag die Festlegung der Statuten der Aktiengesellschaft zunächst den Gründern und im weiteren Fortgang den Aktionären der Aktiengesellschaft.[1147] Es herrschte grundsätzlich Satzungsfreiheit, allerdings wurde – zumindest theoretisch – die angemessene materielle Kapitalausstattung der Aktiengesellschaft durch die Gründer im Rah-

---

im 19. Jahrhundert, 1939, S. 203 f.; siehe auch Baums (Hrsg.), Gesetz über die Aktiengesellschaften für die königlich preussischen Staaten vom 9. November 1843, 1981, S. 24; *Beitzke, ZHR* 108 (1941), 32, 37; *Großfeld,* Aktiengesellschaft, Unternehmenskonzentration und Kleinaktionär, 1968, S. 121.

1143 Vgl. § 3 Abs. 1 des Gesetzes über die Eisenbahnunternehmungen 1838 und § 1 Abs. 1 des Preußischen Gesetzes über Aktiengesellschaften 1843, hierzu ausführlich *Kießling,* in: Bayer/Habersack (Hrsg.), Aktienrecht im Wandel, Bd. 1, S. 126 ff. und *Schubert,* SZGerm 116 (1999), 152 ff.; ausführlich auch *Martin,* VSWG 56 (1969), 500 ff. Text und Materialien bei Baums (Hrsg.), Gesetz über die Aktiengesellschaften für die königlich preussischen Staaten vom 9. November 1843, 1981

1144 Siehe die Motive zum Kommissionsentwurf eines AktG, abgedruckt bei Baums (Hrsg.), Gesetz über die Aktiengesellschaften für die königlich preussischen Staaten vom 9. November 1843, 1981, S. 54.

1145 Allerhöchst genehmigte Instruktion des Staatsministeriums an sämmtliche Oberpräsidenten über die Prüfung der Anträge auf Konzessionierung von Eisenbahn-Anlagen vom 30. November 1838, abgedruckt bei *Weinhagen,* Das Recht der Aktien-Gesellschaften nach dem Allgemeinen Deutschen Handelsgesetzbuche und dem Preußischen Gesetze vom 15. Februar 1864 nebst einem Anhange, 1866, Anhang S. 37 ff. Instruktionen, die Grundsätze in Ansehung der Konzessionierung von Aktiengesellschaften betreffend vom 22. April 1845, Ministerialblatt für die gesamte innere Verwaltung in den Königlich Preußischen Staaten 1845, S. 121; vgl. auch die Einleitung bei Baums (Hrsg.), Gesetz über die Aktiengesellschaften für die königlich preussischen Staaten vom 9. November 1843, 1981.

1146 Vgl. Art. 208 Abs. 1, 211 Abs. 1 ADHGB. Nach Art. 206, 249 ADHGB durften Landesgesetzgeber allerdings auf eine Konzessionspflicht verzichten. Dies nahmen die Hansestädte, Baden, Württemberg, Oldenburg und Sachsen in Anspruch, vgl. *Dippel,* DRiZ 1965, 315.

1147 Siehe *Bösselmann,* Die Entwicklung des deutschen Aktienwesens im 19. Jahrhundert, 1939, S. 64; *Assmann,* in: Großkommentar AktG, 4. Aufl., Einleitung Rdz. 59.

men des Konzessionsverfahrens kontrolliert. Mit dem Paradigmenwechsel zum System der Normativbestimmungen mit dem Aktiengesetz von 1870 wurde diese Kontrolle einer vorvertraglichen materiellen Unterinvestition der Aktionäre – so lückenhaft sie in der Praxis gewesen sein mag[1148] – aufgegeben.[1149] Nach dem Willen des preußischen Staates sollte sich das Vertrauen, das Aktionäre und Gesellschaftsgläubiger in die staatliche Kontrolle unter anderem der wirtschaftlichen Solidität und ordentlichen Geschäftsführung der Aktiengesellschaften setzten,[1150] nicht länger als haltlos erweisen.[1151] Der Gesetzgeber zog sich damit aus der Kontrolle auf materielle Unterinvestition zurück. Auch heute noch lehnt die Rechtsprechung eine theoretisch denkbare Haftung der Gesellschafter wegen materieller Unterkapitalisierung der Gesellschaft ab.[1152] Dies ist aufgrund der historischen Entwicklung stringent. Eine Rückkehr zum Konzessionssystem und damit zu einer staatlichen Prüfung der Kapitalausstattung deutscher Aktiengesellschaft würde diese im Wettbewerb der Rechtsordnungen eher zurückwerfen als voranbringen.

2.2 Die Risiken nachträglicher Unter- und Überinvestition

Aus Sicht eines Gläubigers, der eine Forderung gegen die Aktiengesellschaft hat, die in Kenntnis der finanziellen Situation der Gesellschaft und ihres Geschäftsmodells begründet wurde, ist jede Erhöhung seines Ausfallrisikos ein Risiko und erhöht seine Risikoexposition im Vergleich zum Zeitpunkt des Entstehens der Forderung. Im Unterschied zur anfänglichen materiellen Unterkapitalisierung betrifft die *nachträgliche Unterinvestition* einen Sachverhalt, in welchem die Aktiengesellschaft nicht genügend Mittel investiert oder diese zurückbehält, um ihre Geschäfte auch in Zukunft erfolgreich betreiben zu können.[1153] Als Problem nachträglicher Unterinvestition wird darüber hinaus

---

1148 Vgl. hierzu oben unter D.I.1.

1149 Vgl. ausführlich zu den Motiven des Gesetzgebers *Spindler,* in: Bayer/Habersack (Hrsg.), Aktienrecht im Wandel, Bd. 2, S. 995, 1004 f.; *Schubert,* ZGR 1981, 285 ff.

1150 So *Lieder,* in: Bayer/Habersack (Hrsg.), Aktienrecht im Wandel, Bd. 1, S. 318, 328; zu den Missständen auch *Schäffle,* Deutsche Vierteljahresschrift 4 (1856), 259, 290.

1151 Vgl. Motive zur Aktienrechtsnovelle von 1870, in: Sammlung sämtlicher Drucksachen des Reichstages des Norddeutschen Bundes im Jahre 1870, Band III, 1870, S. 15; *Schubert,* ZGR 1981, 285, 288; *Bösselmann,* Die Entwicklung des deutschen Aktienwesens im 19. Jahrhundert, 1939, S. 73.

1152 BGH, Urteil vom 28. April 2008, BGHZ 176, 204–221 = NJW 2008, 2437–2441 (Gamma). Damit liegt in einer materiellen Unterkapitalisierung keine Fallgruppe des sog. *existenzvernichtenden Eingriffs,* der nach § 826 BGB zu Ersatzansprüchen führen kann. Vgl. ebenso ausführlich unter D.V.

1153 Vgl. zur Auswirkung einer formellen Mindestkapitalziffer auf das Unterinvestitionsproblem *Bunge,* Das Telos des Stammkapitals im Lichte der Spieltheorie, 2011, S. 105 m.w.N.

der Fall verstanden, dass Geschäftsprojekte der Aktiengesellschaft trotz eines positiven Erwartungswerts nicht durchgeführt werden. Hierzu kann es in der Realität vor allem bei (zu) dünner Eigenkapitaldecke kommen. Die Anteilseigner haben in diesem Fall keinen Anreiz, der Gesellschaft neue Eigenmittel zuzuführen, wenn die Gewinne aus den damit finanzierten Projekten den Fremdkapitalgebern zufließen.[1154]

Unter dem Stichwort des *Risikos der Überinvestition* wurden alle Fälle nachträglich gläubigerschädigenden Verhaltens zusammengefasst, in denen gezielt das Investitionsrisiko der Gläubiger in die Aktiengesellschaft anders als durch Vermögenstransfers an die Aktionäre oder Dritte nachträglich gesteigert wird. Es wird davon ausgegangen, dass in einer wirtschaftlichen Krise der Aktiengesellschaft, in der das eingelegte Kapital der Aktionäre schon so gut wie aufgebraucht ist, Aktionäre fundamentale Anreize haben, nunmehr (allein) auf Risiko der Gläubiger der Gesellschaft zu spekulieren und so vielleicht ihr eingesetztes Kapital doch wieder zurück zu erhalten.[1155] Zwar ist umstritten, inwieweit dieses sogenannte *gambling for resurrection* in der Geschäftswirklichkeit vorkommt[1156], als theoretisches Risiko für Gläubiger ist es jedoch zu nennen.[1157]

Die heutigen Regelungen der Finanzverfassung und der Kapitalaufbringungs- und -erhaltungsregelungen, wie sie sich historisch ausgeprägt haben, erfassen eine Erhöhung der Ausfallwahrscheinlichkeit von Gläubigern durch Geschäfte mit negativem Gesamtkapitalwert tatsächlich nicht. Sollte das Kapitalschutzregime in Zukunft gelockert werden und hypothetisch erleichterte Ausschüttung von Gesellschaftsvermögen an die Aktionäre ermöglicht werden, so würden hierdurch vielleicht die Anreize zur Überinvestition zulasten der Gläubiger sinken. Ein nennenswert gläubigerschützender Effekt ist hiervon jedoch – auch im Verhältnis zur Anreizsituation heute – nicht zu erwarten. Beide genannten Risiken wurden weder durch den historischen Gesetzgeber adressiert, noch werden sie in der heutigen Diskussion

2.3 Das Risiko einer Erhöhung der Verschuldensquote

Die *Erhöhung der Verschuldensquote* einer Aktiengesellschaft und damit die Erhöhung ihres Verschuldensgrades nimmt Gläubigern proportional das in die Gesell-

1154 Siehe hierzu *Baums*, in: Bayer/Habersack (Hrsg.), Aktienrecht im Wandel, Bd. 2, S. 955, 988.

1155 Zahlenbeispiele finden sich bei *Wagenhofer/Ewert,* Externe Unternehmensrechnung mit sechs Tabellen, 2007, S. 155 f.

1156 Jedenfalls gibt es nur eine verschwindend geringe Anzahl von Gerichtsentscheidungen zu diesem Themenkomplex, vgl. *Teichmann,* NJW 2006, 2444, 2447 m.w.N. in Fn. 48.

1157 Eine vorausschauende Gesellschaftsrechtsordnung wird daher „darauf bedacht sein, ein solches Geschäftsgebaren zum Nachteil der Fremdkapitalgeber von vornherein zu unterbinden“, vgl. *Fleischer,* ZGR 2004, 437, 447.

schaft eingelegte Kapital der Aktionäre als Kapitalpuffer. Die Verschuldensquote wird sowohl durch (i) Ausschüttungen von Vermögen der Aktiengesellschaft an ihre Aktionäre erhöht wie auch (ii) durch die Begründung von (weiteren) Verbindlichkeiten.

Ausschüttungen von Vermögen der Aktiengesellschaft, das zur Deckung von Gläubigerforderungen benötigt wird, an die Aktionäre zu verhindern, ist das zentrale Motiv des traditionellen deutschen Kapitalerhaltungssystems. Gläubiger werden vor der Verschlechterung der Vermögenslage der Gesellschaft und dem damit einhergehenden Anstieg des Insolvenzrisikos der Gesellschaft geschützt, wenn Kapitaltransfers der Gesellschaft an ihre Aktionäre reglementiert oder sogar unterbunden werden. Die Regelungen zur aktienrechtlichen Finanzverfassung der Aktiengesellschaft, ergänzt um die Regelungen der Satzungsstrenge leisten bei der Aktiengesellschaft trotz der gewandelten Kapitalteleologie[1158] auch heute (noch) – im Unterschied zu den Regelungen der GmbH und besonders der Unternehmergesellschaft – hier einen wesentlichen Beitrag zum Schutz der Gläubiger. Dies ist nicht zuletzt deswegen der Fall, weil Aktiengesellschaften rechtstatsächlich vor allem als echte Publikumsgesellschaften[1159] über eine hohe Kapitalisierung verfügen und das gesamte Kapital in der Aktiengesellschaft gebunden wird.[1160] Der Kapitalschutz wirkt nicht nur durch die oben dargestellten gesellschaftsrechtlichen Ausschüttungssperren bei der Gewinnverwendung. Zusätzlich begrenzen Bilanzansatz- und -bewertungsregeln, das heißt *bilanzielle Ausschüttungssperren* bei der Gewinnermittlung das ausschüttbare Jahresergebnis.[1161]

Ausschüttungsregelungen und -sperren adressieren jedoch nicht das Risiko der Erhöhung der Verschuldensrate durch die Aufnahme (weiterer) Verbindlichkeiten. Verhandlungsmächtige Vertragsgläubiger schützen sich vor dem Risiko einer nachträglichen Erhöhung der Leverage mittels vertraglicher *covenants* und Informations- und Zustimmungspflichten. Das momentane gesetzliche Kapitalerhaltungssystem des deutschen Aktienrechts hilft hier nicht.[1162]

1158 Vgl. ausführlich *Schall*, Kapitalgesellschaftsrechtlicher Gläubigerschutz, 2009, S. 44 ff, 244 f.

1159 Vgl. jüngst *Feller*, Mindeststammkapital und Kapitalaufbringung als Instrumente des Gläubigerschutzes bei kleinen und mittleren Unternehmen, 2014, S. 6 ff. zu den Unterschieden bei KMU.

1160 Vgl. zu den Gläubigerschutzregimen in England, den USA und Frankreich *Schall*, Kapitalgesellschaftsrechtlicher Gläubigerschutz, 2009, S. 251 ff.

1161 Vgl. *Röhricht*, Gläubigerschutz im Spannungsverhältnis zwischen Gesellschafts-, Bilanz- und Insolvenzrecht, 2011, S. 96 ff., die in diesem Zusammenhang das Vorsichtsprinzip in seinen Ausprägungen als Realisations- und Imparitätsprinzip gesondert hervorhebt.

1162 Siehe *Rammert*, BFuP 06/2004, 578 ff. und unten unter D.II.

3. Zusammenfassung zur Funktionsfähigkeit

Die Geschichte des Aktienrechts ist tatsächlich eine Geschichte seiner Krisen und Skandale.[1163] Es werden durch die heute als gläubigerschützend qualifizierten Paradigmen des Aktienrechts lediglich – wie soeben gezeigt – ein Teil der oben unter C.II. identifizierten Gläubigerschutzrisiken im Aktienrecht adressiert. Die Analyse der historischen Entwicklung zeigt jeweils, dass sowohl dem Problem der Vermögensverschiebung an Aktionäre als auch Erhöhung des Verschuldensgrades durch Ausschüttung an Aktionäre historisch und heute ausgefeilt Rechnung getragen werden. Als Paradigmen sind hier schlagwortartig die Prinzipien der Kapitalerhaltung zu nennen.[1164]

Im Gegenzug dazu war das Risiko einer anfänglichen materiellen Unterinvestition der Aktiengesellschaft dem historischen Gesetzgeber zwar bekannt und bewusst und es wurde noch im Konzessionssystem versucht, seiner durch staatliche Kontrolle der materiell ausreichenden Kapitalausstattung der Aktiengesellschaft im Rahmen der Konzessionierung Rechnung zu tragen. Dieser Versuch ist allerdings historisch gescheitert.[1165] Die Nachfolgerregelungen – wenn man sie so bezeichnen will – eines gesetzlichen Mindestkapitals, der Regelungen zur Kapitalaufbringung und einer satzungsmäßig zuzulegenden Grundkapitalziffer[1166] adressieren das Problem der anfänglichen materiellen Unterinvestition der Aktiengesellschaft nur unzureichend und werden – auch deswegen – verbreitet kritisiert (vgl. oben unter D.II.1.5). Das Optimum einer staatlichen „Garantie" (im Sinne einer Überprüfung) der angemessenen Kapitalausstattung hat sich zwar in anderen Rechtsgebieten etablieren können,[1167] wird im Aktienrecht jedoch allgemein weder heute gefordert noch anerkannt. Es ist aber vor dem Hintergrund des Gläubigerschutzes eine nähere Betrachtung wert.

Vorvertragliche Informationsasymmetrien werden darüber hinaus durch die Standardisierung des Aktienrechts durch das Paradigma der Satzungsstrenge minimiert oder sogar ganz beseitigt, das sich ohne Krisen und Skandale in das Recht der Aktiengesellschaft quasi „eingeschlichen" und dessen Bedeutung sich mit jeder Aktienrechtsreform, die die Regelungen des Aktiengesetzes ausgefeilt hat, erhöht hat.[1168]

1163 Vgl. ebenso schon *Bayer*, NZG 2013, 1, 2 in Fn. 12 und unter Hinweis u.a. auf *Lieder*, Der Aufsichtsrat im Wandel der Zeit, 2006, S. 612 ff.

1164 Vgl. gekürzt soeben unter E.2.1 und ausführlich unter D.I.1 und D.II.1.1.

1165 Vgl. ausführlich unter D.I.1 und D.II.1.1.

1166 Vgl. jeweils ausführlich oben unter D.II.1.2, D.II.1.3 und D.II.1.4.

1167 Vgl. die Regelungen über „angemessene Eigenmittel" bei Banken und Versicherungen (§ 101 Abs. 1 Gesetz über das Kreditwesen (KWG), § 5 Abs. 4 i.V.m. § 53c Gesetz über die Beaufsichtigung der Versicherungsunternehmen (VAG)) und zur Übertragbarkeit des Modells einer bankaufsichtsrechtlichen Lösung *Baums*, Eigenkapital: Begriff, Aufgaben, Sicherung, ZHR 175 (2011), 160, 191 ff.

1168 Vgl. ausführlich oben unter D.I.2.

Die ausführliche Darstellung der einzelnen heute als gläubigerschützend qualifizierten Regelungen in ihrer historischen Entwicklung hat gezeigt, dass Gläubigerschutzrisiken nur in Teilen und vor allem nur in Teilen effektiv adressiert werden. Sieht man die Aktienrechtsentwicklung auch als eine Entwicklung aufgrund aktienrechtlicher und allgemein wirtschaftlicher Krisen und Skandale, so ist im Umkehrschluss jedoch wenigstens festzustellen, dass die nicht durch das deutsche Gläubigerschutzsystem des Aktienrechts adressierten Risiken anscheinend in der Vergangenheit noch durch keine größeren Krisen hervorgetreten sind und sich daher kein Handlungsbedarf für den deutschen Gesetzgeber herauskristallisiert hat.

F. Schlussfolgerungen

- Das heutige deutsche Recht der Aktiengesellschaft enthält Regelungen zum Schutz ihrer Gläubiger. Hierbei wird nicht zwischen verschiedenen Gruppen von Gläubigern und insbesondere nicht zwischen vertraglichen und deliktischen Gläubigern der Aktiengesellschaft unterschieden. Regeln zum Schutz der Gläubiger der Aktiengesellschaft werden historisch begründet mit deren Schutzbedürfnis aufgrund der beschränkten Haftung der Aktionäre für Verbindlichkeiten der Aktiengesellschaft. Diese Begründung erweist sich als tragfähig. Insbesondere kann ein auf vertraglichen Vereinbarungen von Großgläubigern beruhendes privatautonomes Schutzregime die gesetzlichen Schutzregelungen zugunsten der Gläubiger von Aktiengesellschaften nicht ersetzen.
- Die gläubigerschützenden Regelungen des Aktienrechts lassen sich als ein System von Paradigmen betrachten, die sich im Laufe der Geschichte des Aktienrechts herausgebildet und bis heute Bestand haben. Zu Paradigmenwechseln kam es in Bezug auf Gläubigerschutzregelungen in der Geschichte des Aktienrechts nur selten. Die Gründe der Herausbildung spezifischer Paradigmen liegen häufig in zufälligen Entwicklungen der Rechtswirklichkeit zu der jeweiligen Zeit. Ist ein Paradigma einmal entstanden, so entwickelt es sich pfadabhängig über die Zeit weiter. Die Stabilität gesellschaftsrechtlicher Paradigmen führt dazu, dass Änderungen lediglich durch den Aufbau von innerem oder äußerem Druck auf den Gesetzgeber erfolgen. Die Betrachtung der historischen Entwicklung der Gläubigerschutznormen zeigt, dass häufig wirtschaftliche Skandale und Krisen den Ausschlag für gesellschaftsrechtliche Entwicklung gaben. Dies lässt sich auch theoretisch begründen.
- Effizienzerwägungen bieten sich zwar auf einer theoretischen Ebene für die Beurteilung der Qualität von Gläubigerschutznormen an. Bei einer realistischen Betrachtung führt die Komplexität der historischen Entwicklung und die faktische Stabilität gesellschaftsrechtlicher Paradigmen dazu, dass mathematisch-technische Effizienzerwägungen dennoch keinen Ertrag liefern können. Die These einer Entwicklung gesellschaftsrechtlicher Paradigmen zum optimalsten denkbaren Gläubigerschutzsystem lässt sich indes nicht bestätigen. Dieses Ergebnis kann mit Hilfe der vorgestellten dreistufigen Theorie zur Entwicklung von Rechtsnormen bestehend aus Chaostheorie, Evolutionswissenschaften und Pfadabhängigkeit leicht erklärt werden.
- Es bestehen mehrere zentrale Gefahren für Gläubiger von Aktiengesellschaften, die aus der beschränkten Haftung der Aktionäre für Verbindlichkeiten der Gesellschaft herrühren. Das allgemeine Geschäftsrisiko der Aktiengesellschaft kann jedoch nicht darunter gefasst werden. Dieses wird von den Gläubigern der Aktiengesellschaft nach dem Willen des Gesetzgebers anteilig mitgetragen. Näheres regelt das Insolvenzrecht. Gefahren für Gläubiger der Aktiengesellschaft lassen sich aufteilen in Gefahren für Vertragsgläubiger, die aus einer Informationsasym-

metrie zur finanziellen Lage der Gesellschaft im Vorfeld des Vertragsabschlusses herrühren, in die Gefahr einer Unterinvestition der Aktionäre, die Gefahr einer Überinvestition besonders in Krisenzeiten und der Gefahr einer Erhöhung des Verschuldungsgrades zu Lasten der Gläubiger der Gesellschaft.

- Das heutige deutsche Aktienrecht adressiert von den hier genannten Gläubigergefahren nur einen Teil. Dies hängt auch mit der historischen Ausprägung der heute als gläubigerschützend qualifizierten Paradigmen des Aktienrechts zusammen. Im langfristigen historischen Zusammenhang stellt sich das Problem einer Interessendivergenz zwischen Gläubigern und Aktionären einer Gesellschaft nicht mit dieser Härte. Der historische Gesetzgeber ging vielmehr in den meisten Fällen von einem Interessensgegensatz nicht zwischen Aktionären und Gläubigern einer Gesellschaft, sondern zwischen ihren Kleinaktionären und Gläubigern auf der einen Seite und den Gesellschaftsgründern und Großaktionären auf der anderen Seite aus.
- Anders als heute in Teilen des Schrifttums reflektiert war der historische Gesetzgeber wenig(er) um den Schutz der Gläubiger der Aktiengesellschaft besorgt. Gesetzgeberische Aktivitäten galten eher dem Schutz der Anleger der Aktiengesellschaft vor Machenschaften der Gründer und damit dem Schutz der Zweiterwerber von Aktien. Hierzu trugen die Entwicklungen des Gründungschwindels in den 1870er Jahren maßgeblich bei. Daraufhin folgte die grundlegende Aktienrechtsreform von 1884, mit der fast sämtliche Paradigmen des Aktienrechts schon zu der damaligen Zeit entstanden. Diese haben sich in der Folgezeit aufgrund der ihn innewohnenden Paradigmenstabilität nicht mehr grundlegend geändert.
- So wurden insbesondere die Paradigmen zur Aufbringung und Erhaltung des Grundkapitals vorwiegend entwickelt, um Aktionäre vor den Bereicherungsabsichten von Aktiengesellschaftsgründern zu schützen. Früh wurde das System eines festen Grundkapitals eingeführt, das effektiv aufgebracht und danach nicht wieder an die Aktionäre ausgeschüttet werden durfte. Allerdings hat sich die Bindung des Aktiengesellschaftsvermögens mit der Zeit verschärft. Zur Zeit der Einführung der Vermögensbindung war es üblich, dass Aktiengesellschaften ihren gesamten ausschüttungsfähigen Reingewinn tatsächlich an die Aktionäre ausschütteten. Diesen stand sogar zeitweise ein hierauf gerichteter Anspruch zu. Jedenfalls aus Gründen des Gläubigerschutzes besteht kein Grund für eine Unterscheidung für eine unterschiedliche Ausgestaltung des Gläubigerschutzregimes in den einzelnen Kapitalgesellschaftsrechtsformen. Diese hat sich faktisch dadurch entwickelt, dass der Innenfinanzierung der Aktiengesellschaft und damit die Thesaurierung von Gesellschaftsvermögen in den Aktiengesellschaften immer größere Bedeutung zukam.
- Der Schutz der Gesellschaftsgläubiger sollte schon früh vorwiegend durch die Unterstützung ihres Selbstschutzes erfolgen. Dies wurde durch eine zunehmende Verschärfung der handels- und aktienrechtlichen Publizitätsregelungen erreicht, die auch weiterhin im europäischen und deutschen Gesellschaftsrecht andauert.
- Die Entwicklung des Schutzes der Gesellschaftsgläubiger über die Grundsätze der Rechnungslegung ist komplizierter nachzuvollziehen. Um eine übermäßige Aus-

schüttung von Gesellschaftsvermögen an die Aktionäre zu unterbinden, wurden im Laufe der Zeit zunehmend Bewertungsvorschriften für das Gesellschaftsvermögen geschaffen, nach denen die einzelnen Vermögenswerte möglichst niedrig anzusetzen waren. Niederstwert- und Realisationsprinzip verfestigten sich in der Folgezeit. Dies führte zu einer zunehmenden Bildung von stillen Reserven der Aktiengesellschaften und in der Folge zu einer zu Beginn des 20. Jahrhunderts willkommenen Innenfinanzierung der Aktiengesellschaften. Diese kam faktisch auch den Gläubigern der Aktiengesellschaft zugute. Ursprünglich war eine Bewertung von Vermögensgegenständen mit ihrem Verkehrswert für sinnvoll gehalten worden.

- Dieses Entwicklung dreht sich seit einigen Jahren wieder um. Mit der Betonung des Grundsatzes der Bilanzwahrheit und damit der Betonung des *fair value* in den internationalen Rechnungslegungsstandards wird international dem deutschen System einer möglichst niedrigen Bilanzierung von Vermögenswerten eine Absage erteilt. Aus Sicht der Gläubiger der Aktiengesellschaft besteht indes lediglich ein Interesse daran, übermäßige Ausschüttungen von Gesellschaftsvermögen an die Aktionäre der Gesellschaft vorzubeugen. Auch eine übermäßige Thesaurierung von Gesellschaftsvermögen oder die Bildung stiller Reserven liegt nicht unbedingt im Interesse der Gläubiger der Aktiengesellschaft. Ein hinreichendes Maß an Gläubigerschutz kann auch durch eine Bilanzierung nach internationalen Rechnungslegungsstandards erreicht werden.
- Die Kritik am heutigen bilanzbasierten System der Ausschüttungsbemessung im deutschen und europäischen Aktienrecht ist dagegen unbegründet. Ein Solvenztest – unabhängig von seiner konkreten Ausgestaltung – leidet an der erheblichen Prognoseunsicherheit sämtlicher zukunftsgerichteter Planung. Aus Sicht der Gläubiger der Aktiengesellschaft wäre dagegen eine Ergänzung des heutigen Bilanztest durch einen Solvenztest sinnvoll. Ein solcher ist zwar schon nach geltendem Aktienrecht implizit erforderlich. Allerdings schadet es nicht, ihn im Aktienrecht auch ausdrücklich als Ergänzung des Bilanztests vorzusehen.
- Basierend auf dem Prinzip der Satzungsstrenge wird der Gläubigerschutz im heutigen deutschen Aktienrecht vor allem über die Paradigmen des festen Grundkapitals, der gesetzlichen Rücklage, der effektiven Aufbringung des Grundkapitals und des Verbots der Rückgewähr der einmal geleisteten Einlage an die Aktionäre realisiert. Damit im Zusammenhang stehen die Regelungen zum Zinsverbot und zur Einschränkung eines Rückerwerbs eigener Aktien durch die Aktiengesellschaft. Sie werden ergänzt durch die aktienrechtlichen Regelungen zur Kapitalherabsetzung. Eine Durchbrechung der beschränkten Haftung der Aktionäre wird nur in Ausnahmefällen angenommen. Paradigmen haben sich hierzu noch nicht herausgebildet.
- Angesichts der besonderen Gefährdungslage von Deliktsgläubigern der Aktiengesellschaft erscheint ein besonderer Schutz derselben gerechtfertigt. Dieser ist im deutschen Aktienrecht bislang nicht angelegt. Dieser könnte dogmatisch beispielsweise über ein vorrangiges Befriedigungsrecht der Deliktsgläubiger in der Insolvenz der Aktiengesellschaft realisiert werden. Angesichts der Unsicherheiten,

die mit einem so grundlegenden Paradigmenwechsel verbunden sind, kann dieser dem deutschen Gesetzgeber indes momentan nicht empfohlen werden.

- Der Gläubigerschutz im Aktienrecht stand trotz seiner großen Bedeutung nie im Zentrum der deutschen Aktienrechtsgesetzgebung. Durch die Ausprägung der oben diskutierten Paradigmen ist dennoch ein in Teilbereichen leistungsfähiges, wenn auch aus den angegebenen Gründen nicht optimales Gläubigerschutzsystem im Aktienrecht entstanden. Dieses sieht sich insbesondere angesichts einer möglichen Öffnung der Kapitalrichtlinie vielfältigem Veränderungsdruck ausgesetzt. Die weitere Entwicklung kann hierzu mit Spannung erwartet werden. Fest steht jedenfalls, dass aufgrund der Stabilität gesellschaftsrechtlicher Paradigmen auch in Zukunft keine (schnelle) gesetzgeberische Entwicklung hin zu einem gläubigerschützenden Idealkonzept stattfinden wird. Die Entwicklungen der Vergangenheit geben indes Anlass zur Hoffnung auf eine sinnvolle Weiterentwicklung.

Frankfurter wirtschaftsrechtliche Studien

Herausgegeben von
Theodor Baums, Andreas Cahn, Brigitte Haar, Katja Langenbucher,
Tobias Tröger, Manfred Wandt, Peter von Wilmowsky

Band 1 Tomas Brinkmann: Unternehmensinteresse und Unternehmensrechtsstruktur. Aufgaben und Grenzen eines normativen Regulativs unternehmenspolitischer Prozesse. 1983.

Band 2 Rüdiger Hahn: Behinderungsmißbräuche marktbeherrschender Unternehmen. Eine Untersuchung der Beeinträchtigung von Wettbewerb und Marktstruktur durch horizontalen Nichtleistungswettbewerb als Gegenstand der Mißbrauchaufsicht nach § 22 Abs. 4 S. 2 Nr. 1 GWB. 1984.

Band 3 Peter Buchmann: Registerpublizität und Gläubigerschutz bei der Einmann-Gesellschaft. 1984.

Band 4 Christian Joerges/Eugen Hiller/Knut Holzscheck/Hans-W. Micklitz: Vertriebspraktiken im Automobilersatzteilsektor. Ihre Auswirkungen auf die Interessen der Verbraucher. 1985.

Band 5 Annette Boerner: Die Haftung des herrschenden Kommanditisten. 1985.

Band 6 Dirk H. Mahler: Rechtsmißbrauch und einstweiliger Rechtsschutz bei Dokumentenakkreditiven und "Akkreditiven auf erstes Anfordern": Eine rechtsvergleichende Untersuchung. 1986.

Band 7 Brigitte Kratz: Ausländische Eingriffsnorm und inländischer Privatrechtsvertrag. 1986.

Band 8 Dimitris Tsibanoulis: Die genossenschaftliche Gründungsprüfung. 1987.

Band 9 Jürgen Braun: Rechtsfragen des Transport-Unfall-Informations- und Hilfeleistungs-Systems der deutschen chemischen Industrie. 1987.

Band 10 Thomas Pfeiffer: Die Bedeutung des privatrechtlichen Immissionsschutzes. Eine Untersuchung zu §§ 1004, 906 BGB. 1987.

Band 11 Michael Bothe/Josef Brink/Christian Kirchner/Albrecht Stockmayer: Rechtsfragen der internationalen Verschuldungskrise. Voraussetzungen, Formen und Verfahren internationaler Umschuldungsmaßnahmen und Umschuldungsvereinbarungen. 1988.

Band 12 Felix Dörr: Die fehlerhafte GmbH. 1989.

Band 13 Rolf Trittmann: Anwendungsprobleme des Haager Beweisübereinkommens im Rechtshilfeverkehr zwischen der Bundesrepublik und den Vereinigten Staaten von Amerika. Exklusive Regelung zur Überbrückung der Unterschiede zwischen dem kontinental-europäischen und anglo-amerikanischen Zivilprozeßrechtssystem? 1989.

Band 14 Margaretha Sudhof: Dreieckige Rechtsverhältnisse im Wirtschaftsverwaltungsrecht - Am Beispiel von Konkurrentenklagen. 1989.

Band 15 Michael Weigel: Schriftformklauseln in Allgemeinen Geschäftsbedingungen. 1989.

Band 16 Hans-Peter Schröder: Der sichere Weg bei der Vertragsgestaltung. 1990.

Band 17 Matthias Haas: Haftungsfreizeichnungsklauseln in Allgemeinen Geschäftsbedingungen. Eine rechtsdogmatische und ökonomische Analyse. 1991.

Band 18 Andreas Hahn: Instandhaltungsverträge. Begriffe, Einordnung, Rechtsfolgenbestimmung, Auswirkung auf die Kautelarpraxis. 1991.

Band 19 Jürgen Götz: Der Entherrschungsvertrag im Aktienrecht. 1991.

Band 20 Friedrich Wächtershäuser: Das Gesellschaftsrecht des internationalen Joint Ventures. 1992.

Band 21 Christina Escher-Weingart: Nutzungsausfall als Schaden und sein Ersatz. 1993.

Band 22 Jean-Claude Zerey: Rechtliche Probleme der Finanzierung von *Leveraged Buyouts* und *Tender Offers* durch Banken in den USA und in der Bundesrepublik Deutschland. Eine rechtsvergleichende Studie über die Rolle der Banken bei Unternehmenskontrolltransaktionen in den USA und in der Bundesrepublik Deutschland. 1994.

Band 23 Markus Bauer: Gläubigerschutz durch eine formelle Nennkapitalziffer - Kapitalgesellschaftsrechtliche Notwendigkeit oder überholtes Konzept? Eine rechtsvergleichende Untersuchung der Gläubigerschutzkonzepte des amerikanischen und deutschen Kapitalgesellschaftsrechts. 1995.

Band 24 Marion Vollmann: Minderheitenschutz im aktienrechtlichen Beschlußmängelrecht. Eine Bestandsaufnahme und Vorschläge zu einer rechtspolitischen Reform. 1997.

Band 25 Lydia Klose-Mokroß: Gläubigerschutz im Kapitalgesellschaftsrecht am Beispiel der Lehre von der verdeckten Sacheinlage. 1997.

Band 26 Stephan Aubel: Der vereinfachte Bezugsrechtsausschluß. Aktionärs- und Gesellschaftsinteressen beim vereinfachten Bezugsrechtsausschluß nach Maßgabe des § 186 Absatz 3 Satz 4 AktG. 1998.

Band 27 Kurt Peter Dittrich: Die Privatplazierung im deutschen Kapitalmarktrecht. Eine Untersuchung der Vorschriften des Auslandinvestmentgesetzes, des Wertpapier-Verkaufsprospektgesetzes und des Gesetzes über Kapitalanlage-Gesellschaften unter Berücksichtigung des Rechts der Vereinigten Staaten von Amerika und des Vereinigten Königreichs. 1998.

Band 28 Viola Sailer: Aktienrechtliche Minderheitskompetenzen zwischen Mißbrauch und unternehmerischer Entscheidungsfreiheit. 1999.

Band 29 Marc Zimmerling: Kapitalerhaltung und Konzernfinanzierung. Eine Untersuchung der kapitalerhaltungsrechtlichen Problematik aufsteigender Sicherheiten im Konzern. 1998.

Band 30 Joachim Wichert: Die Finanzen der Kommanditgesellschaft auf Aktien. 1999.

Band 31 Kerstin Andrea Müller: Produktverantwortung und ihre Durchsetzung. Eine kartellrechtliche Beurteilung von Selbstverpflichtungen im Umweltrecht aus deutscher und europäischer Sicht unter besonderer Berücksichtigung der Altautoentsorgung. 1999.

Band 32 Bettina Friedrich: Konvergenzen im Gesellschaftsrecht. Recht-Fertigung durch Status- und Befundsicherung. 2000.

Band 33 Rudolf Lemke: Haftungsrechtliche Fragen des Ratingwesens – ein Regelungsproblem? 2000.

Band 34 Klaus R. Roller: Die Vergütung des Aufsichtsrats in Abhängigkeit vom Aktienkurs. 2000.

Band 35 Bettina Bokelmann: Personelle Verflechtungen über Aufsichtsräte. Aufsichtsratsmitglieder mit hauptberuflicher Vorstandsfunktion. 2000.

Band 36 Kai-Uwe Steck: Regulierung von US-amerikanischen Investmentgesellschaften (Investment Companies). Unter besonderer Berücksichtigung des National Securities Markets Improvement Act of 1996 (NSMIA) und anderer aktueller Rechtsanpassungen. 2000.

Band 37 Kristofer Bott: Wissenszurechnung bei Organisationen. 2000.

Band 38 Ursula Lenzen: Unerlaubte Eingriffe in die Börsenkursbildung. 2000.

Band 39 Martin Schulz: Verfassungsrechtliche Vorgaben für das Kollisionsrecht in einem Gemeinsamen Markt. Eine rechtsvergleichende Untersuchung zu den Grenzen einzelstaatlicher Anknüpfungsmethoden im internationalen Vertrags-, Delikts- und Gesellschaftsrecht am Beispiel der Vereinigten Staaten von Amerika. 2000.

Band 40 Maximilian Koch: Diversifizierung und Vorstandskompetenzen. 2001.

Band 41 Corrado Wohlwend: Die Hauptversammlung im Wandel der Kommunikationsformen. 2001.

Band 42 Michael Rozijn: Der Unternehmensmaklervertrag. Zur Anwendung des allgemeinen Maklervertragsrechts auf Mergers & Acquisitions-Dienstleistungen. 2001.

Band 43 Konstantinos N. Kyriakakis: Die Überwachung einer US-amerikanischen Aktiengesellschaft durch institutionelle Anleger. 2002.

Band 44 Uta Fredebeil: Aktienemissionen. Das underwriting agreement (der Übernahmevertrag) und seine spezifischen Klauseln. 2002.

Band 45 Michaela G. Döbler: Die Einführung des WTO-weiten Erschöpfungsgrundsatzes in das Markenrecht der EU und der USA. 2002.

Band 46 Jan Liersch: Regulierung des Blockhandels an den organisierten Aktienmärkten der Vereinigten Staaten, Großbritanniens und Deutschlands. 2002.

Band 47 Sascha Lotze: US-amerikanisches Kapitalmarktrecht und Internet. Aufsichts- und haftungsrechtliche Fragen des Internet-Einsatzes bei Wertpapieremissionen und im Wertpapierhandel. 2002.

Band 48 Boris Trautmann: Die Konkurrenz von Haftpflicht- und Versicherungsanspruch. Ein Beitrag zur ökonomischen Analyse des Rechts unter Berücksichtigung von Unsicherheit und Verhaltensanomalien. 2002.

Band 49 Matthias Möller: Rechtsformen der Wagnisfinanzierung. Eine rechtsvergleichende Studie zu den USA und zu Deutschland. 2003.

Band 50 Heiner Feldhaus: Die Eignung zur erheblichen Kursbeeinflussung bei der Ad-hoc-Publizität. Eine rechtsvergleichende und interdisziplinäre Untersuchung unter Berücksichtigung der europarechtlichen Vorgaben. 2003.

Band 51 Matthias Janke: Gesellschaftsrechtliche Treuepflicht. Neubewertung der richterrechtlichen Generalklausel im Rahmen einer rechtsvergleichenden und ökonomischen Analyse. 2003.

Band 52 Katrin Thoma: Eigengeschäfte des Vorstands mit der Aktiengesellschaft. Eine vergleichende Untersuchung zum englischen, U.S.-amerikanischen und deutschen Recht. 2003.

Band 53 Mathias Stöcker: Rechtsfragen grenzüberschreitender Unternehmenszusammenschlüsse – unter besonderer Berücksichtigung des Falles Daimler/Chrysler – 2003.

Band 54 Otto Korte: Zur mißbräuchlichen Wahrnehmung der aktienrechtlichen Anfechtungsbefugnis. 2003.

Band 55 Wilhelm Wilderink: Die Auflösung, die Übertragung und die Verschmelzung von In vestmentfonds. 2003.

Band 56 Anja Birkenkämper: Rechtsfragen feindlicher Übernahmen. Jurisitische Nachlese zum Fall Krupp/Thyssen. 2003.

Band 57 Manuel Lorenzo Alonso: Die Neuausrichtung der Zwischenstaatlichkeitsklausel der Art. 81, 82 EG. Folgen der neuesten Entwicklungen des Gemeinschaftsrechts für die Zwischenstaatlichkeitsklausel – unter besonderer Berücksichtigung des Bankenbereichs. 2003.

Band 58 Dirk Kocher: Kapitalgesellschaft & Co. KG in Finnland. Eine Untersuchung zur Frage der Übertragbarkeit der deutschen Grundtypenvermischung auf das finnische Recht. 2003.

Band 59 Ruiting Qin: Parteiautonomie: Eine rechtsvergleichende Untersuchung. Versuch zur Entwicklung einer Gerechtigkeitsjurisprudenz im IPR. 2003.

Band 60 René Runte: Walter Julius Derenberg – Leben und Werk. 2004.

Band 61 Udo Prinz: Umstrukturierung durch *Schemes of Arrangement* mit Gesellschaftern im englischen Recht. – Ein Vorbild? 2004.

Band 62 Rainer Schmitz: Die Haftung des Vorstands gegenüber den Aktionären. Eine rechtsvergleichende Untersuchung nach deutschem und US-amerikanischem Recht. 2004.

Band 63 York Oehlschläger: Die typische und atypische stille Beteiligung an einer Aktiengesellschaft. Möglichkeiten und Grenzen der Gestaltung für die stille Gesellschaft zwischen Personengesellschaftsrecht, Aktienrecht, Konzernrecht und Umwandlungsrecht. 2004.

Band 64 Stefan Klein: Die Rechtsstellung auswärtiger Gesellschaften im deutschen und US-amerikanischen Recht. Ein Beitrag zur Neuausrichtung des deutschen internationalen Gesellschaftsrechts unter besonderer Berücksichtigung des Europäischen Gemeinschaftsrechts. 2004.

Band 65 Knut Sauer: Haftung für Falschinformation des Sekundärmarktes. 2004.

Band 66 Michael Senger: Bankenaufsicht, Unternehmensverbindungen und Bankengruppen. 2004.

Band 67 Maximilian Rittmeister: Gewährleistung beim Unternehmenskauf. Die Gewährleistungshaftung des Verkäufers bei einem Unternehmenskauf seit In-Kraft-Treten des Schuldrechtsmodernisierungsgesetzes. 2005.

Band 68 Ole Ziegler: Der Anteilserwerb am Kapitalmarkt nach der Schuldrechtsreform. 2005.

Band 69 Maia Tacheva: Rechtsbehelfe des Käufers im Warenkaufrecht. Eine rechtsvergleichende Untersuchung des Übereinkommens der Vereinten Nationen über Verträge über den internationalen Warenkauf (CISG), des englischen Sale of Goods Act, des bulgarischen Kaufrechts und des deutschen Kaufrechts vor und nach dem Schuldrechtsmodernisierungsgesetz. 2005.

Band 70 Michael Lange: Rechtsfragen der Finanzierung eines feindlichen Übernahmeangebotes. Am Beispiel der großen Publikumsgesellschaft nach US-amerikanischem und deutschem Recht. 2005.

Band 71 Niklas Dieterich: Outsourcing bei Kapitalanlagegesellschaften. 2005.

Band 72 Julia Sernetz: Derivate und Corporate Governance. Kompetenzen und Pflichten des Vorstands von Aktiengesellschaften beim Einsatz von Derivaten. 2006.

Band 73 Marcel Polte: Aktiengattungen. Eine rechtsvergleichende Untersuchung zum deutschen, US-amerikanischen und englischen Recht. 2005.

Band 74 Jens Bornscheid: Stapled Stock (Verbundaktien). 2006.

Band 75 Robert F. Thoma: Der Wettbewerb um Stimmen im US-amerikanischen und deutschen Aktienrecht. 2006.

Band 76 Markus Lauer: Gemeinsam geführte Unternehmen im Bilanz- und Gesellschaftsrecht. 2006.

Band 77 Arne Christian Lawall: Die virtuelle Holding nach deutschem Aktienrecht. 2006.

Band 78 Marcel Barth: Schadensberechnung bei fehlerhafter Kapitalmarktinformation. 2006.

Band 79 Dirk Reidenbach: Aktienanalysten und Ratingagenturen – Wer überwacht die Überwacher? 2006.

Band 80 Jochen Herr: Neue EU-Wettbewerbsregeln für Technologietransfer-Vereinbarungen. 2006.

Band 81 Simon Markus Beck: Kritik des Eigenkapitalersatzrechts. Zugleich ein Beitrag zur Stärkung des insolvenzrechtlichen Gläubigerschutzes. 2006.

Band 82 Emrullah Kervankiran: Haftungsbeschränkung im türkischen Gesellschaftsrecht. Ein Rechtsvergleich. 2007.

Band 83 David C. Donald: Der Einfluss der Wertpapierabwicklung auf die Ausübung von Aktionärsrechten. Eine Untersuchung der Entstehungsgeschichte und Auswirkungen des U.S.-amerikanischen „Indirect Holding System". 2008.

Band 84 Mathias Eisen: Haftung und Regulierung internationaler Rating-Agenturen. 2007.

Band 85 Nina Bogenschütz: Neuausrichtung des Eigenkapitalbegriffs. Dogmatische Überlegungen im Lichte hybrider Finanzierungen. 2008.

Band 86 Hans-Jürgen Schmitt: Das Geldwäsche-Risikomanagement der Kreditinstitute. 2008.

Band 87 Daniel Komo: Grenzüberschreitende Zusammenschlüsse britischer und deutscher Unternehmen. 2008.

Band 88 Stefan Rothweiler: Der Informationsfluss vom beherrschten zum herrschenden Unternehmen im Gesellschafts- und Kapitalmarktrecht. 2008.

Band 89 Stefan Berg: Kreditderivate im deutschen Privatrecht. 2008.

Band 90 Christian Fischer: Rechtsfragen grenzüberschreitender Übernahmeangebote. 2008.

Band 91 Volker Konopatzki: Funktionsauslagerung bei Kreditinstituten. Gesellschaftsrechtlicher und bankenaufsichtsrechtlicher Rahmen. 2008.

Band 92 Nicolas A. Ostler: Stimmrecht ohne Beteiligungsinteresse. Erwerb und Ausübung des Aktienstimmrechts ohne das Vermögensinteresse an der Beteiligung. 2010.

Band 93 Stefan Brass: Hedgefonds als aktive Investoren. Rechtliche Schranken und rechtspolitische Vorschläge. 2010.

Band 94 Ulrike Blömer: Grenzüberschreitende Sachverhalte im Bankenaufsichtsrecht. 2010.

Band 95 Emanuel H. F. Ballo: Die AGB-Kontrolle von Kreditverträgen in der Akquisitionsfinanzierung. Eine Untersuchung am Beispiel des *Senior Multicurrency Term and Revolving Facilities Agreement*. 2010.

Band 96 Mathias Neumann: Gerüchte als Kapitalmarktinformationen. Die kapitalmarktrechtliche Behandlung von Informationen mit unsicherem Wahrheitsgehalt. 2011.

Band 97 Maren Gräfe: Squeeze-outs nach deutschem, französischem und spanischem Gesellschaftsrecht. Eine ökonomische und rechtsvergleichende Analyse unter Berücksichtigung der europäischen Rechtsentwicklung. 2011.

Band 98 Carsten Lammers: Der Prüfungsausschuss des Aufsichtsrats nach dem Sarbanes-Oxley Act und dem BilMoG. Zum Spannungsverhältnis zwischen US-amerikanischem Kapitalmarktrecht, europäischen Vorgaben und deutschem Aktienrecht. 2011.

Band 99 Andreas Wieland: Inhaberkontrollverfahren. Die Anteilseignerkontrolle beim Erwerb bedeutender Beteiligungen an Unternehmen des Finanzsektors. 2012.

Band 100 Henny Müchler: Die Investmentaktiengesellschaft mit veränderlichem Kapital. 2014.

Band 101 Nikolaus Bunting: Die Gründung von Kapitalgesellschaften in Deutschland, dem Vereinigten Königreich und den USA. Eine rechtsvergleichende und rechtspolitische Studie. 2015.

Band 102 Daniel Gajek: Umstrukturierungen und Finanzinstrumente. Die Bedeutung der Umstrukturierung der Emittentin für die von ihr ausgegebenen Finanzinstrumente. 2015.

Band 103 Jenny W. Gesley: Die Aufsicht über die Finanzmärkte in den USA. Nationale Entwicklungen und internationale Vorgaben. 2016.

Band 104 Lisa Pfaffinger: Unbeschränkte Gesellschafterhaftung und Gläubigerschutz. Eine ökonomische Betrachtung des Haftungssystems der Personengesellschaften. 2016.

Band 105 Julius Brandt: Die Steuerung von Liquiditätsrisiken im Aktienrecht und Bankaufsichtsrecht. 2016.

Band 106 Maike Sauter: Die Ausprägung des Gläubigerschutzes in der geschichtlichen Entwicklung des Aktienrechts. 2017.

www.peterlang.com